AF576195

ROBERT SCHUMANN

Quand la musique œuvre contre la douleur
Une approche psychanalytique

Psychanalyse et Civilisations
Collection dirigée par Jean Nadal

L'histoire de la découverte de la psychanalyse témoigne que démarche clinique et théorie issues de champs voisins ont concouru, par étayage réciproque à élaborer le concept d'inconscient, à éclairer les rapports entre pathologie et société et à reconsidérer les liens entre le malaise du sujet singulier et celui de la civilisation.

Dans cette perspective, la collection *Psychanalyse et Civilisations* tend à promouvoir cette ouverture nécessaire pour maintenir en éveil la créativité que Freud y a trouvée pour étayer, repenser et élargir la théorie. Ouverture indispensable aussi pour éviter l'enfermement dans une attitude solipsiste, qui en voulant protéger un territoire et préserver une identité, coupe en réalité la recherche psychanalytique de ses racines les plus profondes.

Dernières parutions

Serafino MALAGUERNA, *L'Anorexie face au miroir. Le déclin de la fonction paternelle*, 2010.
Larissa SOARES ORNELLAS FARIAS, *La mélancolie au féminin. Les rapports mère-fille en lumière*, 2009.
Alain LEFEVRE, *Les lesbiennes, une bande de femmes. Réalité ou mythe ?*, 2009.
Richard ABIBON, *Les Toiles des rêves. Art, mythes et inconscient*, 2009.
Jacy ARDITI-ALAZRAKI, *Un certain savoir sur la psychose. Virginie Woolf, Herman Melville, Vincent van Gogh*, 2009.
Esmat TORKGHASHGHAEI, *L'univers apocalyptique des sectes. Une approche pluridisciplinaire*, 2009.
Pascal HACHET, *Le mensonge indispensable. Du trauma social au mythe*, 2009.
Marie-Laure DIMON (dir.), *Psychanalyse et politique. Sujet et citoyen : incompatibilités ?*, 2009.
Louis MOREAU DE BELLAING, *Le Pouvoir. Légitimation IV*, 2009.
Marie-Noël GODET, *Des psychothérapeutes d'Etat à l'Etat thérapeute*, 2009.
Albert LE DORZE, *La politisation de l'ordre sexuel*, 2008.
Bertrand PIRET (sous la dir.), *La haine, l'étranger et la pulsion de mort*, 2008.
André BROUSELLE, *L'oreille musicale du psychanalyste*, 2008.
Jean-Michel LOUKA, *De la notion au concept de transfert de Freud à Lacan*, 2008.

Jean-Paul Descombey

ROBERT SCHUMANN

Quand la musique œuvre contre la douleur
Une approche psychanalytique

L'HARMATTAN

DU MÊME AUTEUR

Questions de garde pour l'Internat des Hôpitaux psychiatriques de la Seine (avec N. Beaufils), Maloine, 1966.

« Pratiques de secteur et idéologie de secteur. Banalisation ou spécificité du fait psychiatrique », in *Quelle psychiatrie, quels psychiatres pour demain ?* Rapports aux journées d'Avignon, Privat, 1983.

Alcoolique, mon frère, toi. L'alcoolisme entre médecine, psychiatrie et psychanalyse. Préface de Ch. Brisset. Lettre-Post-face de Joyce Mac Dougall. Privat, 1985 ; 2ème édition L'Harmattan, 1999.

Précis d'alcoologie clinique. Préface de D. Barrucand. Dunod, 1995 ; 2ème édition 1998. Édition italienne, Borla, 1996.

L'Homme alcoolique. Préface de P. Fouquet, Odile Jacob, 1998.

L'économie addictive. Alcoolisme et autres dépendances, Dunod, 2005.

La psychiatrie sinistrée. Défense et illustration de la psychiatrie, L'Harmattan, 2006.

5-7, rue de l'Ecole polytechnique, 75005 Paris

http://www.librairieharmattan.com
diffusion.harmattan@wanadoo.fr
harmattan1@wanadoo.fr

ISBN : 978-2-296-11194-3
EAN : 9782296111943

AVERTISSEMENT

Je propose ici au lecteur un ouvrage consacré à Robert Schumann et à son oeuvre. Je ne suis ni musicologue ni musicien professionnel, mais uniquement praticien amateur du chant sous la direction de maîtres de chant et de musique, et surtout admirateur voire amoureux de l'oeuvre d'un des plus grands, à mes yeux, parmi les compositeurs de musique européens.

Une circonstance toute extérieure sinon accidentelle, mon immobilisation forcée pendant deux mois, suite à une intervention chirurgicale, m'a amené à réentendre, voire à entendre pour la première fois des enregistrements de la quasi totalité des oeuvres du Maître par ses interprètes les plus prestigieux et les plus inspirés. Si je connaissais déjà, parfois directement pour les avoir travaillés, un certain nombre de lieder dont, en particulier, ceux de l'immense floraison de l'année 1840, je pus alors acquérir une connaissance plus approfondie de l'autre apport de Schumann à la musique qu'est son oeuvre pianistique, dont la plus grande partie était déjà composée à cette date de 1840.

Piano, lieder, restaient les pièces de musique de chambre, longtemps si mal connues malgré leur beauté, à l'exception, peut-être du splendide quintette, puis les oeuvres concertantes, symphoniques et chorales, l'unique opéra, les oratorios profanes et les splendides "scènes de Faust".

Parallèlement, je lus à peu près tout ce qui a pu être écrit sur Schumann et sa musique; le livre de Marcel Beaufils sur le piano de Schumann, ainsi que les écrits de Harry Halbreich, remarquables "bonus" d'une intégrale pianistique, ces derniers malheureusement non réédités en librairie, et, pour la musique vocale, l'indispensable volume de Monsieur Fischer-Dieskau. Ces livres ont constitué la base de mes connaissances en la matière. Mais ce fut aussi toute une bibliographie, riche en nombre et en qualité, du vieux mais toujours lumineux livre de Victor Basch à celui, essentiel, de Marcel Brion et à la toute récente et incontournable somme de Madame Brigitte François-Sappey; ceci sans oublier, évidemment, les écrits inspirés par la théorie psychanalytique, de Christian David (sur le thème central du "double"), de Michel Schneider, de Rémy Stricker et, plus récemment parus, de Candice Vétroff-Müller.

Car c'était pour moi une raison supplémentaire de me passionner pour l'homme Schumann, que de m'interroger sur la souffrance psychique immense qui a poursuivi ce génie toute sa vie, jusqu'à sa fin tragique. Et si beaucoup de lieux communs, qui n'en sont pas moins pour cela bien souvent des âneries, ont pu être énoncés sur les rapports du génie et de la folie, je me suis efforcé de tenir compte, quand même, de la psychopathologie propre à l'individu Schumann, sans chercher à en faire une explication quelque peu linéaire et simpliste de ce qui caractérise son oeuvre. Et en particulier, sans voir dans l'évolution de ses compositions musicales le simple reflet, quasi passif, comme automatique, de ce qu'on désigne comme la folie du grand homme et de sa lente dégradation psychique. Bien au contraire, les choses paraissent autrement complexes, au point que le travail créateur de Schumann semble bien avoir été ce qui lui a permis, relativement longtemps, de se défendre contre le mal psychique qui le rongeait. Si les ultimes "Chants de l'aube" expriment si directement - mais avec quel génie - la douleur du compositeur, ils ne témoignent nullement, à l'instar de la plupart des oeuvres, même tardives, d'une quelconque dégradation mentale.

Je me suis efforcé, enfin, de situer Schumann et son oeuvre, non seulement dans la succession ou le voisinage des grands musiciens allemands : Mozart, mais surtout Bach,

Beethoven, mais surtout Schubert, et son "frère adoptif" Mendelssohn, sans oublier le jeune Brahms dont Schumann eut le mérite de percevoir d'emblée le génie naissant. Non seulement, donc, vis-à-vis de ses illustres prédécesseurs envers lesquels il reconnaissait sa dette, mais vis-à-vis de son temps, de cette Allemagne du XIXème siècle dont il était incontestablement le fils et à la fois l'un des artisans majeurs d'une culture allemande qui illumina l'Europe.

Je me dois de remercier ici mes maîtres de chant et de musique, Henri Bougerolle, Roselyne Masset-Lecoq, Josette Morata, pour tout ce qu'ils ont pu m'apporter sur le plan musical, ainsi que mon fils Pierre et l'un de ses amis pour leur lecture critique du bref chapitre historique, enfin ma compagne Marie-Claire, qui a eu la patience de relire tout le manuscrit.

Mes remerciements seraient bien incomplets s'ils n'étaient adressés, aussi, à Monsieur Fischer-Dieskau, et ce, à un double titre : celui du grand musicien, du grand artiste à la culture immense, modèle de chanteur, bien inégalable, évidemment, mais modèle quand même, pour tout chanteur, même en amateur, et ceci, même si chacun ne peut chanter qu'avec son style propre. Mais reconnaissance, aussi, à l'homme sensible dont la sagacité m'a permis, à moi, le "spécialiste", de mettre au jour un certain aspect important de la personnalité et du drame du grand Schumann.

Aussi la particularité de cet ouvrage sera d'être un essai de contribution à la connaissance de Schumann et de son oeuvre, dans une optique psychodynamique éclairée par la référence à la théorie freudienne.

En effet, sans qu'il soit question de n'envisager les choses que sous l'angle psychanalytique, ni de se livrer à l'éternelle mais bien banalisée et banalisante spéculation sur les rapports entre la folie et le génie, entre la folie et la musique, on aura ici la préoccupation de montrer la place que prend une problématique psychopathologique dans la vie et l'activité du compositeur, laquelle était un élément fondamental de l'existence même de Schumann. De s'interroger sur le rôle que la créativité, assez extraordinaire voire prodigieuse, de l'homme, a pu jouer dans sa lutte, toute sa vie durant, contre une souffrance, une douleur psychiques hors normes.

Pour cela, outre la biographie, avec ses péripéties émaillées d'épisodes cruellement douloureux, le plus souvent dépressifs, mélancoliques, mais aussi consistant en phases d'hyperactivité, faisant de lui un "bourreau de travail"; outre les indications fournies par les nombreux écrits de Schumann lui-même, homme spectaculairement avare de parole, mais riche d'écriture, qu'il s'agisse de son journal, de sa correspondance, en particulier avec Clara, ce seront, aussi, les particularités de sa musique, de ses compositions, tant pianistiques et instrumentales que vocales, que nous essaierons d'éclairer; en particulier comment la musique, sa musique, son activité créatrice ont pu jouer, face à la douleur qui rongeait le grand artiste, le rôle de constituant essentiel de son arsenal psychique défensif; arsenal qu'il opposa avec courage, ténacité, parfois acharnement au naufrage qui l'emporta finalement, mais trop précocement, à 46 ans, dans ce suicide dans le Rhin et sa fin à l'asile d'Endenich. Et, presque jusqu'à cette terrible fin, Schumann conservera, à quelques exceptions près (on pense à deux ou trois oeuvres seulement, oeuvres "de fin de vie"), et quoi qu'on ait pu dire, des capacités créatrices à peu près intactes. Mais quand celles-ci fléchirent, il ne lui resta plus qu'à mourir.

Et pour ne pas trop risquer l'écueil d'une construction théorique, plaquée sur l'histoire et l'oeuvre d'un homme de génie, on s'appesantira donc d'abord sur le rôle qu'ont pu jouer des personnalités, en premier lieu celles de ses parents. Et, dès avant l'entrée dans sa vie de Clara, figure indissociable de celle de notre héros, entrée survenue de cette presqu'enfant puis grande musicienne, on verra le rôle joué dans sa problématique par les femmes, de sa mère "abusive" et névrosée, de sa soeur aînée, psychotique, suicidée dans la rivière Mülde (un essai juvénile de roman autobiographique avait pour héros un certain "Robert de la Mülde"!), puis de toutes ces belles-soeurs et amies de coeur et d'esprit, toutes aussi "inatteignables" les unes que les autres, (des "Madones", comme il les appelait). Retiendront aussi notre attention l'investissement massif de son travail créateur; de la procréation de nombreux enfants, ceci dans l'inconscience à peu près totale du préjudice ainsi causé à l'épanouissement artistique de Clara; de la nécessité permanente, pour lui vitale, d'un groupe de "copains", ceux réels du Kafeebaum, ou imaginaires, virtuels, du "Davidsbund" ; du recours trop fréquent à l'alcool, et, permanent, aux cigares.

Si tout le monde, ou à peu près, s'accorde à voir Schumann affecté d'une psychose maniaco-dépressive, il a été plus difficile d'admettre que son addiction au tabac et à l'alcool avait son importance, voire sa réalité. Entre autres (et, sans doute pas seulement !), sous le prétexte que ç'avait été un argument du vieux père Wieck pour s'opposer au mariage avec Clara; seul Monsieur Fischer-Dieskau a brisé, sur ce problème, une sorte d'omerta pudique.

Mais ce serait, encore une fois, bien arbitraire de se limiter ici à ces considérations biographiques et cliniques voire psychopathologiques. Car ce ne serait que l'avers d'une pièce dont l'envers, indissociable, serait absolument nécessaire à considérer : en quoi les compositions de Schumann reflètent, non directement, passivement, linéairement, le mal dont il souffrit, mais, essentiellement, le conflit, le combat qu'en lui même il dut livrer. Peu d'études ont été faites dans cette perspective, sauf, dans un passé récent, celle, très remarquable, de Michel Schneider, "La tombée du jour".

Aussi, le livre que nous proposons au lecteur comportera-t-il un bref chapitre consacré à l'Allemagne (aux "Allemagnes") telle qu'elle se présentait dans la première moitié du XIXème siècle, à la biographie de Schumann, au couple Robert-Clara Schumann et à un essai d'analyse psychopathologique rétrospective du "cas Schumann". Et si cet essai se montre convaincant pour le public qu'il prétend toucher, un deuxième livre présentera une analyse des oeuvres du Maître, mais toujours avec le souci, au travers de leurs particularités musicales, d'y apercevoir l'homme, ses souffrances, sa douleur, ses conflits, dont cette "dualité" qui l'habite en permanence, qui trouve son image accomplie dans le drame de Faust, et sa représentation sous les personnages et les noms de Eusebius et Florestan. Il n'y a pas, ici, de sujet sans "Doppelganger".

Mais de même qu'aucune étude psychopathologique de qui que ce soit ne saurait être valable, sérieuse, sans son étayage rigoureux sur la clinique, de même il ne nous paraît pas convenable de traiter du "cas Schumann" sans nous appuyer sur ses créations musicales, qui dénotent, de la façon la plus évidente, le rôle que la musique a joué chez le grand homme romantique allemand que fut Schumann.

A ce sujet, il me faut absolument m'expliquer sur la démarche suivie dans ce livre. En effet les éditions L'Harmattan offrent l'hospitalité, dans leur collection "Psychanalyse et civilisation" à un ouvrage qui porte, en sous-titre : "une approche psychanalytique". Et le lecteur pourra peut-être se trouver surpris de ne voir apparaître le chapitre "Qui t'a rendu si malade ? " dans lequel la théorisation de la psychopathologie de Schumann est explicitée, que comme ultime chapitre. C'est, disons-le tout de suite, de façon délibérée. A mes yeux, l'interprétation psychanalytique rigoureuse et bien comprise ne saurait consister en l'emploi de sortes de "recettes" applicables à quoi que ce soit, à n'importe quoi. Freud lui-même faisait un sort à cette conception erronée, simpliste, de la psychanalyse dès son ouvrage fondamental de 1899, "L'interprétation des rêves". Il ne pouvait être question d'utiliser quelques clés des songes, auxquelles on n'aurait recours, et secours, précisait Freud, que quand, par exemple dans le cas de ce que Freud nomme "rêves typiques", le travail associatif se révèle impossible. En fait, il en est de même pour tout travail psychanalytique, lequel n'est concevable qu'à travers la prise en considération, d'abord, du contenu manifeste, celui-ci fût-il masqué, distordu, voire trompeur. Et non par l'usage, comme deus ex machina, d'une théorie coupée de son indispensable substrat clinique. Faute de quoi, le Freudisme serait amené à dégénérer, la métapsychologie à devenir métaphysique, comme les écrits de Marx sont devenus la vulgate stalinienne. C'est pourquoi, ce n'est qu'après le récit, certes dépourvu de la prétention à l'objectivité absolue, des péripéties de la vie de Schumann et après la relation de la saga du couple Robert Schumann-Clara Wieck que peut se justifier ce qui est soutenu dans ce dernier chapitre "Qui t'a rendu si malade ?" Les avatars d'un récent film consacré à Clara Schumann viennent à l'appui, film dans lequel aux amours contrariés de Clara et de Brahms se voient substituées les "scènes de lit" indispensables à la commercialisation d'un film. La psychanalyse ne saurait, si elle veut rester elle même, se réduire à une sorte de sexologie vulgaire, en "prêt à porter".

Peut-être y aura-t-il encore à aborder l'activité littéraire, les choix littéraires de Schumann (ils ne sont pas "innocents", de Jean-Paul et E.T.A. Hoffmann à Heine, sans parler de quelques autres), les choix musicaux (Maîtres, "frères" comme Mendelssohn et jeunes disciples et protégés comme Brahms, Joachim ou Dietrich), et les attitudes citoyennes voire politiques qui furent celles de Schumann dans la période particulièrement mouvementée en Allemagne, qui fut celle de sa vie entre 1810 et 1856. Mais ceci est une autre histoire.

CHAPITRE I

DANS QUELLE ALLEMAGNE NAQUIT ET VECUT SCHUMANN ?

Si tout un chacun qui s'est intéressé à Schumann et à son oeuvre s'accorde à voir en lui, et par delà sa problématique et son génie propres, le "représentant le plus représentatif" du romantisme allemand, il n'en reste pas moins que ce mouvement romantique lui même, et sa spécificité germanique, restent à comprendre et à expliquer par rapport au contexte historique et social que constitue l'Allemagne dans la première moitié du XIXème siècle.

A moins qu'à l'instar de Monsieur Marcel Brion, dans son fondamental ouvrage[1], on ne rattache de façon exclusive et comme unilinéaire "le cas Schumann" qu'au seul contenu du courant romantique, et ceci jusques et y compris ce qui relève de l'intime ("innig"), voire de la psychopathologie de l'individu Schumann.

Et s'il s'agit du romantisme, c'est du romantisme ALLEMAND qu'il est question. Or le qualificatif "allemand" lui-même ne peut que nous poser plus de questions qu'il ne constitue une explication close, finale.

Car qu'est-ce que l'Allemagne en 1810, quand naît Schumann, que devient-elle dans les cinq décennies qui vont suivre ? S'il existe des liens qui unissent d'ores et déjà les peuples allemands - langue, culture, situation en "Mitteleuropa", passé historique du Saint Empire - cela ne constitue pas, pas encore tout au moins, une nation, et encore moins un état. Il s'agit alors plutôt d'une mosaïque de principautés de taille et importance fort différentes, de développement économique et administratif fort disparate, même si le nombre en sera réduit de façon drastique par les bouleversements qu'apporteront les campagnes et l'occupation napoléoniennes. Et si Schumann naît et vit en Saxe puis en Rhénanie, ce sont alors la Prusse et l'Autriche-Hongrie qui sont les pôles essentiels, souvent antagonistes, de ce qui constitue cette mosaïque allemande. Il n'en reste pas moins que c'est à cette époque où vit Schumann que s'affirmeront les prémisses de l'unification allemande. Leurs premières manifestations seront d'ordre économique : l'union douanière (Zollverein), et le développement massif des chemins de fer.

Cependant, dans l'ensemble, les états allemands restent, aux plans politique, économique et social, très retardataires par rapport à l'évolution connue par la Grande Bretagne et la France révolutionnaire et napoléonienne. Mais si de nombreux éléments, dans les pays allemands, font pressentir une évolution vers des changements économiques, sociaux et politiques importants, déterminants, de nombreux obstacles, aussi, freinent ce mouvement. Epuisées voire saignées à blanc sur les plans économique et démographique par une Guerre de Trente Ans dont elles mettront un siècle à se remettre, longtemps restées rurales et féodales, les nations allemandes connaîtront un développement, d'abord timide puis croissant, de leurs bourgeoisies commerçantes et industrielles, ceci malgré la survivance, quelque temps encore, des organisations traditionnelles (corporations, guildes etc...). De plus, la bourgeoisie naissante et offensive, l'est beaucoup plus en faveur des libertés du commerce et de l'industrie qu'envers les libertés politiques, démocratiques.

---

[1] Robert Schumann et l'âme romantique, Paris, 1954, Albin Michel.

Pour reprendre ici un mot de Gramsci : “il vecchio muore, il novo non puo nascere; e in questo interregno si verificano i fenomeni morbosi piu svariati.”

L’oeuvre napoléonienne en Europe aura grandement contribué à accélérer ce mouvement, en particulier en Rhénanie et en Bavière. Et si les idées de la Révolution Française ont quelque peu pénétré l’Europe (par exemple avec l’introduction du code civil napoléonien en Rhénanie et, plus généralement, en Allemagne de l’Ouest), cette Europe connaîtra pendant le XIXème siècle toute une série de révolutions et de contre-révolutions. Schumann naît quelques années après Iéna et Austerlitz et cinq ans avant la chute de Napoléon et le congrès de Vienne.

La complexité de cette situation en interdit toute vision schématique. Car interviennent aussi les disparités et évolutions religieuses, idéologiques, culturelles. La Prusse a vu naître, non sans influence des penseurs français du XVIIIème siècle (Voltaire à Potsdam) le despotisme éclairé, compromis transitoire entre d’un côté l’absolutisme, la féodalité, le règne des hobereaux, des “Junkers” et de l’autre les évolutions inéluctables dues au développement d’une société civile, d’une bureaucratie efficace, à la montée d’une bourgeoisie éclairée; le peuple, jugé trop ignorant, devra son bonheur à la volonté du souverain, fût-ce par la force. La Prusse, comme mainte principauté allemande, est protestante, en regard d’une Autriche restée massivement catholique et féodale.

Mais puisque de grands bouleversements sont en gestation, et que ceux-ci tardent à éclater, c’est, pour le moment, essentiellement sur le plan des idées et de la culture que le mouvement se développe.

L’“Aufklärung”, sorte de version allemande, assez spécifique, des “Lumières” et le classicisme allemand (1770-1805), incarné par les écrivains et poètes nationaux comme “le grand olympien” Goethe, ou le lyrique Schiller, ainsi que par les philosophes héritiers de Kant (Fichte, avec son “Discours à la nation allemande”, Schelling, Hegel), suscitent, en réaction le mouvement dit “Sturm und Drang”[2] (1770-1780), précurseur du mouvement d’emblée ambigu, à la fois révolutionnaire et conservateur, voire réactionnaire, que sera le romantisme allemand (1805-1212). En effet, au sein de celui-ci, certains, à la suite de Herder cherchent au mouvement des racines inspiratrices ancestrales et prônent alors un retour au Moyen-Âge, à vrai dire un Moyen-Âge plus mythique que fait de réalité historique. A l’extrême opposé, d’autres, comme Heine, incarnent le côté subversif du romantisme. Heine sera à la fois le poète de prédilection de Schumann, celui qui lui inspirera le plus grand nombre de ses lieder, et le critique et proscrit politique, l’ami des socialistes, Marx compris. On pense, à ce sujet, au célèbre poème “Les tisserands” qui l’a fait considérer comme “réaliste”.

Vis à vis de la Révolution Française, l’intelligentsia allemande va d’abord s’enflammer, sans toujours faire siennes les idées proprement politiques, anti-monarchiques, de la révolution. Puis, sans pour cela en effacer toutes les traces idéologiques, les mêmes milieux éclairés prendront leurs distances, voire se dresseront contre son impact quand cette révolution deviendra jacobine et instituera la terreur. De même les idées que Napoléon importera en Allemagne seront bien accueillies et s’y implanteront, en particulier en Rhénanie, mais n’empêcheront pas la naissance d’un mouvement nationaliste anti français. Ce mouvement national, voire nationaliste ne sera d’ailleurs pas univoque : à coté d’un mouvement national-démocratique sera bien présent un courant nationaliste-réactionnaire. Et quand apparaîtra, en troisième acteur, une aile plus radicale, ce seront des affrontements violents, tels la guerre civile en Bade-

[2] “Tempête et Passion”

Würtemberg (où se démène Engels, l'ami de Marx, le "Clausewitz du mouvement ouvrier"), lors de la campagne pour la Constitution du Reich), ou des insurrections de Berlin, Vienne ou Dresde en 1849, où l'on voit Bakounine et Wagner sur les barricades, émeutes que connaîtra directement Schumann, avec à la fois sympathie et terreur, et que la Prusse réprimera de façon particulièrement sanglante.

Au milieu de ces conflits, révolutions et contre-révolutions, après en avoir été bien souvent les éléments marchants, les intellectuels, et spécialement les artistes comme Schumann, ne s'impliqueront guère directement dans un camp politique ou un autre. Ils participeront, par contre, à peu près exclusivement à la tourmente idéologique qui anime et secoue cette époque. Car la bourgeoisie dont ils sont en général issus, pousse certes au progrès économique voire politique, mais aussi au développement d'une mentalité bourgeoise, étriquée déjà. Et écrivains comme artistes ne se privent pas - et Schumann sera parmi eux des plus virulents - d'être des combattants montant à l'assaut de "l'esprit philistin", esprit dont le style "Biedermeyer" sera bientôt très représentatif.

Schumann est issu de la petite bourgeoisie saxonne. Son père est installé à Zwickau, d'abord comme commerçant, statut qui était nécessaire pour pouvoir épouser Johanna Schnabel, fille d'un chirurgien. Devenir libraire lui permit de concilier ce statut obligé dans le négoce avec ses goûts d'intellectuel, semi autodidacte certes, mais de qualité. Plus à l'aise dans ses bouquins que dans ses livres de comptes, il s'est même hissé aux fonctions d'éditeur et, suprême hardiesse, d'éditeur d'auteurs étrangers, tel Walter Scott, qu'il a ainsi contribué à faire connaître en Allemagne. Toute différente est la mère de Robert, petite bourgeoise assez bornée, et sans doute fort névrosée et dépressive. De son fils préféré, son "Lichterpunkt"[3] , comme elle l'appelle, elle voudra, bien que non dénuée quant à elle de culture musicale, en faire un bourgeois, notable établi comme magistrat, ceci à l'encontre, chez l'intéressé, de la "molécule paternelle" chère à Diderot. Son aspiration à lui oscille entre la littérature et la musique, héritages spirituels paternels. Dans sa chambre de jeune homme, Schumann mettra trois portraits : ceux de Goethe, de son père et de Napoléon. Il saura, adulte, avoir l'audace de placer dans quatre de ses oeuvres, des allusions transparentes à "La Marseillaise", chant révolutionnaire interdit par Metternich et ses séides. Il sera le plus fidèle interprète musical des actes avec ses convictions pourtant sincèrement libérales, fuyant, non sans remords les sollicitations des émeutiers de Dresde en 1849, puis composant en leur honneur, dans la foulée, ses quatre "Marches républicaines" pour piano. Plus tard, vieillissant, il ira avec Clara se prosterner devant "le grand homme" Metternich. Tel fut, en gros, le contexte historique dans lequel s'est inscrite la vie de Schumann et la mesure dans laquelle il y fut impliqué.

[3] " Point de lumière"

CHAPITRE II

DE LA NAISSANCE A ZWICKAU EN 1810 AU "PRINTEMPS DES LIEDER" DE 1840

Zwickau. C'est une paisible bourgade, encore très "vieille Allemagne", en 1810, où il n'y a pas encore d'industrie. Située dans une campagne verdoyante, sur la rivière Mülde, que franchissent des ponts à angles obtus, avec ses clochers baroques, elle est faite d'édifices aux toits hauts, dont la maison natale de Schumann, qui existe encore, au coin d'une vaste place; "ses fenêtres menues ont l'air de regarder, comme en clignotant, le marché désert" (Pitrou). De cette ville "ouatée de silence", Schumann gardera la nostalgie et tirera quelqu'inspiration : "la diligence qui passe dans un tintamarre de ferraille et de grelots sur les gros pavés centenaires de la grand place... le cor du postillon... (et) une ou deux fois la semaine, le brouhaha du marché avec les villageois en costume... et le dimanche, l'appel des cloches et le va-et- vient des fidèles". La vie intellectuelle semble s'être concentrée dans les librairies, et c'est là que, précisément, naît Schumann.

C'est le 8 Juin 1810, jour de la Saint Médard, à 21 heures 30 que Schumann vient au monde, soit sept ans après Berlioz, un an après Mendelssohn, un an avant Chopin, deux avant Liszt, trois avant Wagner. Il est le dernier né d'une fratrie de cinq enfants, après trois fils (Edouard, Karl et Julius), et une fille (Emilie). Malgré sa disparition prématurée, Robert Alexandre survivra à tous ses frères et soeur.

Le père, Friedrich August, fils de pasteur, est originaire de Entschütz, près de Gera, en Thuringe. La paroisse, le jardinage, la participation aux travaux des champs, c'était une vie simple, rurale, laborieuse, pour cette famille de cinq enfants. Le pasteur, qui enseignait, voulait sortir ce fils de cette condition, lui permettre des études littéraires, lesquelles furent interrompues, faute de moyens financiers suffisants. Voulant être écrivain, très travailleur, apprenti dès l'age de 15 ans, il fut d'abord employé de bureau, puis commis de librairie dans la boutique tenue par la famille de son camarade Heinse à Zeitz, ce qui lui permit de lire beaucoup et de parfaire ainsi sa culture, voire d'écrire. Selon Dietrich Fischer-Dieskau, cette vie de lutte et de renoncements en feront un homme prématurément usé, qui mourra relativement jeune, sans qu'aucune maladie intervienne pour déterminer cette issue.

On le décrit comme intelligent, ardent, enthousiaste au départ, mais douteur et dépensant sans grande illusion une grande énergie. A la fois fantasque et réservé, grave voire silencieux, renfermé et taciturne. Ses loisirs, ce sont sa femme et ses enfants. Il semble avoir été à la limite de la pathologie psychique, atrabilaire pour certains, d'une mélancolie irréductible pour d'autres, atteint de spleen ou d'hypochondrie, "d'un sentimentalisme tempéré par le bon sens" (Pitrou), mais aussi d'une ardeur parfois excessive (dans ses lectures par exemple). On ne peut qu'être frappé chez lui par des traits qui semblent préfigurer ce que sera la pathologie de son fils Robert.

Au physique, d'après un portrait de Gläser, on le voit cravaté de blanc, favoris noirs et mèche à la Napoléon Bonaparte, avec une expression attristée, comme endeuillée, un pli d'amertume marquant sa bouche.

Logeant chez le chirurgien Schnabel, il s'éprend avec passion de Johanna-Christina, la fille de celui-ci. Robert Schumann, dans son journal de 1829, évoque "une lecture des lettres d'amour de mon magnifique père". Mais Friedrich August doit subir les exigences de situation sociale émises par le père Schnabel comme condition mise au mariage, comme Robert devra subir celles du père Wieck. Friedrich August rédige alors un "manuel abrégé du commerçant", dont les droits lui permettront de se constituer un certain pécule. Il vend le commerce qu'il tenait avec un associé, à Ronnenberg, et il vient s'installer comme libraire-éditeur. Il peut épouser, en 1895, Johanna, et le jeune couple vient s'installer en 1897 à Zwickau, où ils auront leurs cinq enfants.

La librairie "Gebunde Schumann" qu'il fonde et pour laquelle il travaille d'abord beaucoup, prospère, témoignant, chez Friedrich, d'un certain flair commercial, dont Robert héritera dans une certaine mesure, mise à profit dans la gestion de la revue musicale qu'il fondera et qu'il dirigera jusqu'en 1844. Mais bientôt Friedrich August délaisse sa boutique dont Johanna s'occupera alors, ses activités littéraires et d'édition se faisant au préjudice de l'aspect commercial. Il se réfugiera souvent pour travailler et écrire dans son cabinet qu'il appelle son "grognoir". Et Johanna sera toujours circonspecte vis à vis des aspirations artistiques et littéraires de son époux, puis de son fils.

A l'opposé de ses oeuvres de jeunesse (des histoires de chevaliers et de moines, qui resteront à l'état de manuscrits), ses traductions de Walter Scott (par Willibald Alexis), de Byron (Schilde Harold, Beppo, par lui-même), sans oublier Shelley, pour lequel il a une passion, sont éditées par lui en des sortes de "classiques de poche" avant la lettre, et connaîtront un grand succès, de même que des biographies ("galerie illustrée des hommes célèbres de toutes les nations et tous les temps", rédigée avec l'aide du jeune Robert). Il publie aussi un nombre considérable d'ouvrages de vulgarisation et fonde une "Gazette Littéraire". Autant d'exemples et de sources pour le jeune Schumann.

Il fondera de grands espoirs pour une carrière littéraire de son fils cadet et suivra "avec la plus clairvoyante sollicitude l'éveil de son jeune talent" (Victor Basch). Il l'associe à ses travaux, l'entretient des oeuvres du Sturm und Drang, du romantisme allemand. Il lèguera à son fils sa passion d'écrire, son grand rêve inassouvi se voyant réalisé en lui.

Le foyer, malgré la circonspection tatillonne de Johanna, vit dans une belle harmonie, une atmosphère de culture littéraire et musicale. Friedrich August sera ébloui par les improvisations humoristiques de Robert au piano et par ses "préludes quotidiens pour mon père" après le dîner. L'affection du père pour le fils sera bien exprimée dans une lettre qu'il lui écrira en 1824, Robert ayant alors quatorze ans, lettre où il lui laisse le choix de ses vacances entre un voyage à Dresde avec des amis et un séjour en famille à Karlsbad. La seule réserve qu'il fait, c'est que ces jeunes-gens soient accompagnés par un adulte, le professeur de musique Kuntsch. Attitude qui témoigne de la tendresse, de l'ouverture d'esprit et de la sollicitude attentive d'un père aimant.

Et vis à vis de son père, Robert ne sera pas en reste : il écrira à Clara, au printemps 1838 : "un homme que tu aurais vénéré si tu avais pu le connaître. Il reconnut très tôt mes dispositions et me destinait à la musique. Pourtant ma mère s'y refusait. Plus tard elle a fini par approuver tout à fait le cours de ma vie".

La mère, Johanna Christina Schnabel est née dans un milieu assez étriqué : père chirurgien, mère au foyer, d'où un esprit "petite ville" que certains lui auraient attribué, ainsi qu'une "personnalité ordinaire", jugements réalistes mais peut-être par trop schématiques et excessifs.

Johanna Christina en effet semble avoir été une femme intelligente, vive même, d'une sensibilité extrême ("des antennes sensibles"), avec, sur le tard, une tendance aux crises d'exaltation sentimentale, romanesque, à la limite du morbide, "contrôlant mal ses nerfs", "primaire" comme le schématise la caractérologie d'Heymans et Wiersma. On l'a décrite aussi comme exigeante, voire abusive, d'une "rigidité germanique", avec un port de tête "analogue à celui de Marie Antoinette" !

Absorbée par ses enfants, elle est moins cultivée que son mari, mais est loin d'être inculte à ce qu'il semble.

Avec Robert, elle aura une relation privilégiée, quelque peu possessive : c'est son "petit dernier", son préféré, son "lichter Punkt" (point de lumière). Huit ans de correspondance avec lui en témoignent, à vrai dire comportant beaucoup plus de lettres de Johanna à Robert que l'inverse. "La chaleur maternelle complète l'intelligence paternelle" écrit Rémy Stricker. Johanna règnera sur la première période de la vie et de la carrière de Robert, soit jusqu'à vingt-deux ans et plus. "Ton apparition fut une joie. Ta croissance nous causa du ravissement, et j'ai éprouvé un brin d'orgueil pour un si bel enfant".

Mais aura-t-elle une aussi bonne considération des aspirations artistiques de son fils ?

Elle l'a certes incité elle-même à "musiquer", a admiré son talent, été fière de ses succès en société, de ses improvisations-caricatures au piano. Elle "n'y voit pas malice" et même "s'en grise un peu", rapporte R. Stricker. Certains parleront même de "sournoise complicité" entremêlée avec la tiédeur, l'effroi, la rivalité.

Car elle souhaite pour son fils une carrière moins précaire et plus lucrative que celle d'artiste : le droit. Aussi mettra-t-elle quelques obstacles à sa vocation : "tu me barres la route" lui écrira Robert, à l'âge de vingt ans. Et si elle va finir par lui céder, ce sera au prix d'une mise à l'épreuve. Marcel Brion, adoptant lui aussi un point de vue assez conformiste, essaie de la justifier : elle est "prudente", "trop injustement blâmée", "son inquiétude est justifiée" (certes !), car Robert ne se présente pas comme un "Wunderkind". Et elle sera la seule parente responsable de Robert après la mort du père, en 1826, Robert n'ayant alors que 16 ans. En fait, autant que la froide raison et le réalisme financier, c'est son conformisme bourgeois qui anime son étonnement, puis son chagrin vis à vis des "frénésies littéraires" de son mari, puis de son fils. Pour elle, les artistes sont des gens qui, peu ou prou, "ont mal tourné"; elle craint, donc que son Robert soit "absorbé par ces futilités" au détriment d'une "carrière raisonnable". Si elle-même s'autorise à écrire des poèmes ou à jouer du clavecin, c'est dans les quelques moments que lui laisse son travail à la maison. Une activité de loisir, pas une profession.

La famille Schumann vit donc dans une relative aisance, assez "Biedermeier", cultivant les vertus bourgeoises, mais ce ne sont pas des "philistins" comme ceux que Robert fustigera. Eugénie Schumann, dans la biographie consacrée à son père, rend bien compte de cette atmosphère propice à l'"élévation du corps et de l'esprit". La musique fait partie de la vie de la famille Schumann, comme de celle de la plupart des familles, bourgeoises ou non, en Allemagne. Johanna chante, entre autres des airs de Mozart que lui procure son mari. Celui-ci s'y implique sans doute plus, fréquente les concerts des artistes en vogue, tels Moscheless ou Paganini, et y amènera le jeune Robert, ce qui aura pour lui grande importance. Pour lui, plus que pour Johanna, ce n'est pas un simple loisir, un divertissement, puisque, attentif aux dons du jeune Robert, il sera prêt à des sacrifices financiers non négligeables pour lui donner les maîtres de musique les plus prestigieux. Schumann s'appuiera sur cette bienveillante attitude de son père, qu'il surévaluera sans doute quelque peu, pour lutter contre les réticences maternelles.

Les frères Édouard et Jules avaient appris eux aussi le piano. Marcel Brion note qu'ils jouaient assez bien pour que Robert leur ait adressé pour la jouer, sa Toccata opus 7, oeuvre assez difficile. Ceci dit, les frères se montreront vite méfiants vis à vis de l'engagement de Schumann dans sa carrière musicale; sans doute craignaient-ils que celle-ci ne contribue à entamer le patrimoine familial dont ils devenaient les gestionnaires. Vraisemblablement Emilie, unique soeur de Robert a-t-elle, elle aussi, pratiqué la musique. On verra plus loin le drame qu'a été pour le jeune Schumann le suicide de sa sœur-complice, morte noyée dans la Mûlde.

Les belles-soeurs ont tenu dans la vie, dans la vie sentimentale de Schumann, un rôle essentiel. D'abord Rosalie, épouse du frère Edouard, avec laquelle "il communiera en Jean-Paul Richter". C'est "la belle-soeur préférée", qui a le même âge que lui, "est attentive à sa santé, ses amours, ses travaux" (M.Brion). Robert lui dédiera une de ses premières oeuvres, les "Papillons". Tendresse, amitié passionnée, amoureuse, amour platonique attacheront Robert à Rosalie, qui est "sa troisième femme" à la période des amourettes d'adolescent, avec Nanni Patsch et bientôt Agnès Carus. Mais, plus encore que cette "belle-soeur préférée", c'est l'autre belle-soeur, Thérèse, épouse de Karl, qui suscitera "une tendresse douce et intense" (M.Brion), une affection qui s'apparente, en fait, à de l'amour. Il lui écrira le 15 Novembre 1836 : "Que de fois je te vois, assise et solitaire, dans l'embrasure de la fenêtre, la tête appuyée sur ton bras, fredonnant intérieurement une douce chanson, et te demandant peut-être si un certain Robert est digne de la grande tendresse dont on le comble. Je te prie de me garder la tendresse. Je pense chaque jour à toi, avec joie et souvent avec émotion. Il me semble alors m'appuyer sur toi et sentir battre ton coeur. Celui qui t'aime profondément."

Enfance. Dans son ouvrage sur la vie affective de Schumann, R. Pitrou rappelle ce que Robert Schumann considérait comme ses premiers souvenirs. Il semble avoir été un enfant aimé et choyé de tous, comme petit dernier de cette fratrie de cinq. De sa mère d'abord, mais ceci dans un univers que certains ont vu comme exclusivement féminin, malgré la présence, qui fut loin d'être négligeable, d'un père aimant et de trois frères aînés. Mais il vivait une certaine demi-solitude, déphasé qu'il pouvait se sentir vis à vis de ces frères aînés. En tout cas, tout le monde semblait sous le charme. "Tous les désirs du jeune garçon semblent comblés" note Wassiliewski, le biographe de Schumann, et pour certains il paraît même avoir été un "enfant gâté."

Il est décrit comme de caractère doux, paisible sinon calme, radieux et insouciant. Il est alors sociable, ouvert dans ses rapports, il partage tous ses enthousiasmes, mais supporte parfois mal la contradiction; il se montre entreprenant et généreux, amateur de jeux tapageurs. Sa sensibilité aiguisée, aux mille facettes, annonce le romantique qu'il sera, avec une grande pureté dans ses sentiments et une imagination toujours disponible. Mais vis à vis de ses tendances à l'égotisme voire aux caprices, il semble déjà savoir s'imposer une auto-discipline.

Bien que sa vie d'enfant n'ait pas connu d'incident extérieur majeur, à l'approche de l'adolescence crises et "tourments" apparaissent : changements dans son caractère, jusqu'ici tranquille, "menues frayeurs, émotion à l'annonce d'une simple nouvelle, joies et soucis exagérés par une imagination devenant débordante, goût pour des mondes lointains voire étranges."

En 1816, Robert entre à "l'école préparatoire", une école privée dirigée par le docteur Doehner, archidiacre. Dès lors les goûts du jeune Schumann se porteront avec prédilection dans deux domaines : la lecture et la musique. La lecture de la littérature, première passion d'enfant, est encouragée par le père, et facilitée par la librairie et les éditions paternelles : Robert dévore classiques et romantiques, se découvre la capacité de mettre en mots ses sentiments et ses idées. Il esquisse même des comédies et des drames (une "histoire de brigands", inspirée de Schiller, mais développée à sa manière), ou des poèmes-pastiches. Il lui arrive de participer à des réunions littéraires où chacun vient lire ses écrits... Sera-t-il poète ? Écrivain ? Cela correspondrait bien aux espoirs littéraires inassouvis du père.

La musique ? Robert fait vite au piano la preuve de son talent. Il y improvise des portraits musicaux, caricatures humoristiques des proches et amis. Les concerts d'amateurs dans l'ambiance familiale, comme il s'en pratiquait beaucoup dans les familles allemandes, lui en donnent l'occasion. On a vu l'attitude ambiguë de Johanna vis--à-vis de ces divertissements, séduisante pour elle s'ils restent de simples divertissements, et on croit savoir que depuis l'âge le plus tendre de Robert elle avait déjà pour lui le projet d'une carrière juridique. D'autant que tout cela ne faisait pas de Robert un Wunderkind, comme Mozart, ou même Beethoven : cela apparaissait comme un penchant, un talent, un don particuliers. Mais le jeune Schumann n'avait pas conscience d'être un génie en puissance, ni même d'avoir une vocation précoce et il ne sacrifiait pas à l'art sa culture générale. S'il brillait au piano, écrivait des pièces qu'il faisait jouer à ses camarades, ses frères, son père, avec une estrade... et des places payantes, c'était un jeu, un "jeu sérieux" comme le sont les jeux d'enfant. Il aimait aussi les promenades dans la campagne et les Alpes saxonnes, seul ou avec des camarades, satisfaisant ainsi un goût incontestable pour la nature.

Parallèlement à une scolarité sérieusement suivie, il se formait lui-même, librement. Et si sa première initiation musicale fut médiocre, elle fut bien compensée par son flair et ses capacités autodidactiques. Il était estimé des ses professeurs : bon élève, attentif, appliqué, docile, aimable, désireux d'apprendre et de travailler honnêtement, mais un bon écolier "ordinaire", de bon niveau, sans plus.

Cette enfance se déroulait dans un climat d'aisance bourgeoise, sans luxe et sans éclat, agrémenté toutefois par la fréquentation de la librairie paternelle par les érudits locaux.

Schumann gardera toujours en lui, jusqu'à l'âge adulte, quelquechose de cette enfance, ce que Clara, taquine, lui fera souvent remarquer. Cette Clara qui le séduisit non seulement par ses qualités de virtuose précoce, mais par celles de fillette, à la fois espiègle et grave, fraîche et tendre, avec laquelle Schumann déjà "adulte" en principe, s'installera dans une complicité et une confiance réciproques à travers promenades, jeux et correspondance.

1817. Ce sont à sept ans, les premières leçons de piano avec Johann Gottfried Kuntsch, maître d'école et organiste à Notre Dame. Ce n'est pas un maître sur le plan musical, mais "un lourd autodidacte" pour R.Pitrou, et, pour Coeuroy, "un maître incertain". Jugement sévère, car, même confus et désordonné, il sera un zélé initiateur pour Robert et le soutien dans les moments difficiles dans l'affirmation de sa vocation musicale. On le décrit comme à la fois pédant et bienveillant. Sa pédagogie est une sorte de dressage technique et théorique, reposant sur des gammes et des devoirs auxquels Robert se soumet sans grand enthousiasme.

Ceci dit, Robert fait des progrès rapides grâce aux dons incontestables qui se développaient déjà chez lui de façon toute autodidactique. C'est cet acquis technique qui lui permettra de réaliser ses fameux portraits musicaux. Bientôt Kuntsch n'aura plus rien à lui apprendre, il lui aura transmis à peu près tout ce que lui, sait et pratique.

Et Robert développe déjà par ailleurs son goût et son don pour la littérature. Il lit, enfant, tout ce qu'il peut trouver dans la librairie paternelle, jusqu'à Goethe, Schiller et bientôt Byron et surtout Jean-Paul.

1819. L'année restera marquée par un évènement qui laissera une trace - et quelle trace ! - dans le vécu du jeune Schumann : son père l'emmène à Leipzig entendre et voir jouer "La flûte enchantée" et à Karlsbad, un concert de Moscheles, pianiste virtuose et compositeur, alors célèbre en Allemagne, bien oublié depuis. Robert est enthousiasmé, bouleversé, c'est pour lui "le premier choc musical", "la voie royale de la musique" qu'il vient de recevoir et percevoir. Il écrira, plus tard, à Moscheles : "il y a trente ans, j'étais alors inconnu de vous, et je décidai de garder comme une relique le programme de votre concert" et trente ans après, Schumann dira que ce concert a "illuminé sa vie".

Il poursuit donc l'étude régulière du piano. Et "il fait danser les filles après le café au lait" (R.Pitrou), et continue à faire ses improvisations, sur demande, toujours ses "portraits musicaux". "Les commères sont bouche bée" note Pitrou et "la critique allemande a parfois suivi cet exemple". Le père lui achète chez Streicher, à Vienne, un piano à queue et lui procure des partitions. Et Schumann dira de son père : "c'est lui le plus beau souvenir de ma vie d'enfant et d'adolescent. Il a été associé à tous mes sentiments, toutes mes larmes, tous mes soupirs, mais aussi à toutes mes joies."

Et ce sont aussi, dès cette année (et l'année qui suivra), ses premières tentatives de composition, "maladroites, mais pleines de fraîcheur", a-t-on pu dire : "Joies d'une journée d'écolier", mélodies et danses, "variations sur des thèmes exprimant joies et tristesse du jour". On y note en tout cas la propension à exprimer la diversité voire l'opposition des humeurs du jeune auteur.

1820. Robert fait son entrée au Gymnasium (le lycée), où il restera huit ans. Il place dans sa chambre, à coté de ceux de Goethe et de son père, un portrait de Napoléon, ce qui témoigne d'idées assez assurées et d'un certain courage chez un garçon de dix ans, et dans une Allemagne qui est encore tout près du Congrès de Vienne. On verra que, plus tard, Schumann, sans être engagé politiquement ni militant, aura l'audace d'inclure dans plusieurs de ses oeuvres des thèmes d'une Marseillaise interdite par Metternich. Au lycée Robert se fera des camarades et prendra des initiatives culturelles para-scolaires diverses et importantes.

Adolescence. Victor Basch considère avec raison que cette période de passage fut cruciale, représentant un tournant dans la vie affective de Schumann. Tournant, mais le laissant quand même inachevé, encore que plein de possibilités prometteuses, d'espoirs illimités.

Sur le plan de ses intérêts, c'est la plongée dans les grands classiques de la littérature : tragiques grecs (Sophocle), Homère, plus que Platon, pour lequel il ne se sent pas assez mûr. Il cherche aussi dans Schulze, Schiller, Young, Shakespeare. Goethe l'impressionne et l'intimide; il lit et relit Faust et en récite des tirades à ses camarades qui, moqueurs, le surnomment "Faust" ou "Méphisto". Mais c'est aussi Novalis pour qui “l’âme de l’individu doit se mettre à l’unisson de l’âme du monde”; et Hölderlin, “voyants qui déchiffrent les lois de l’univers, lois secrètes, dans les profondeurs de la terre et de la nuit”, cet Hölderlin qui le hantera dans les dernières périodes, tragiques, de sa vie. Le Sturm und Drang, avec lequel Robert prend contact, est différent, voire opposé aux “Lumières”, en ce sens que, face à la raison, sont magnifiées la sensibilité, l’intuition, voire l’extase quasi mystique. Et le jeune Schumann s’y plonge.

Mais la grande découverte de cette période, c’est Jean-Paul Richter, de Bayreuth, auteur contemporain qui aura une grande influence sur la jeunesse de cette époque, et qui suscitera un culte enthousiaste et persistant chez Schumann pour son expression extrême des thèmes du romantisme allemand. Robert lit des pages entières de l’Hesperus, du Titan, des Flegeljahre où se fondent nature, amour et poésie. La nature, par exemple, qu’il trouve dans la campagne autour de Zwickau, est transfigurée par le romantisme de ses auteurs favoris, “érigée en divinité maternelle, temple sacré de l’enfance et de l’amour” (Françoise Mallet-Joris). “Douce et sainte nature, laisse moi marcher sur tes traces, conduis moi par la main, comme un enfant” (Goethe). C’est un enchevêtrement de toute une gamme d’états d’âme, de fantaisies, d’affabulations, dans une culture de la subjectivité, de l’imagination, confinant dans leur excès, à la bouffonnerie, au grotesque. L’expression même de ces débordements semblant obéir à une “logique des sons” plus qu’à celle des mots. Cherche-t-il dans Jean-Paul un apaisement à ses tourments, ou plutôt “un complaisant écho à ses tourments” ? (Boucourechliev).

De plus le jeune Schumann participe aux travaux de son père: travaux d’édition et de traduction de Théofraste et d’Anacréon. Mais il semble qu’il n’ait pas tiré vanité de ces initiatives et créations littéraires et artistiques.

Coté musique, plus que la gloutonnerie systématique qu’il manifeste envers la littérature, c’est une activité diverse voire désordonnée. Avec un camarade, Pilzing, il joue à quatre mains des transcriptions d’ouvertures et de symphonies des grands maîtres et des contemporains : Moscheles, Hummel, Czerny, Herz, et il accompagne à l’orgue de Sainte Marie un oratorio de Schneider (“le jugement dernier”). Ayant découvert dans la librairie paternelle une ouverture de Righini (“Tigranes”), il la fait jouer par un petit ensemble avec piano qu’il constitue avec des camarades. Il fonde, avec l’aide de son père, qui fournit les partitions et même les instruments, un petit orchestre où l’on joue tout autant les plus grands musiciens (Haydn, Mozart, Beethoven, Weber) que les plus médiocres (Eichner, Bohmer).

Le père le verrait bien devenir musicien, et il lui facilite la chose : il essaiera de confier son fils à l’enseignement de Weber, ce qui semble avoir échoué pour des raisons conjoncturelles. Mais Johanna, réjouie certes des talents de société de son fils, continue à ne pas voir d’un bon oeil celui-ci dévier du projet, formé par elle, d’une carrière lucrative, vers une vie d’artiste.

Ceci dit, si Robert perfectionne son piano, improvise avec ardeur, en jouant en soliste ou en accompagnant de petites formations vocales chez des amis de la famille, en particulier chez le Dr Carus et son épouse Agnès, il reste quasi autodidacte, et souffre objectivement de l’absence d’un vrai maître qui le guiderait. Il écrira plus tard à Hümmel : “De modèle, je ne pouvais en avoir, dans une petite ville où je passais pour tel”. La simple comparaison à d’autres semble lui avoir fait défaut, et la vanité que cultivent en lui ses succès locaux naît chez ce sujet jusqu’ici très modeste. Mais Robert semble alors perdre sa gaieté enfantine, son insouciance, devient introverti, renfermé, plongé par moments dans la passivité, apparaît indifférent, se confiant peu, même à ses amis comme Flechsig.

C’est, d’ailleurs, comme chez tout adolescent, la grande crise. “L’extrême jeunesse connait de ces instants où le coeur ne peut trouver ce qu’il désire, obscurci par une nostalgie inexprimable par les larmes; il ne sait ce qu'il cherche. C'est quelque chose de muet et de sacré, dans lequel l'âme pressent son bonheur, lorsque l'adolescent interroge rêveusement les étoiles" ("Soirées de Juin, jours de Juillet," Zwickau I827). Mais cette crise prend chez Robert un tour particulier, volontiers morbide. Il devient "tout drôle", volontiers solitaire dans ses promenades, secret dans ses créations imaginaires : "un être inconnu se forme et s'impose à l'intérieur de lui même" (Colling). "Soudain renfermé, indifférent, un autre monde semble s'ouvrir en lui, tourment inconnu, pressenti sans le comprendre, nostalgie et pressentiment d'un univers inaccessible" (Boucourechliev). Son écriture se forme, et comme il écrit très vite, elle devient de plus en plus illisible. Mais c'est la douleur qui apparaît comme dominant son vécu intérieur, l'état de désarroi qu'il traverse. Des évènements effectivement douloureux - il subira à 16 ans deux deuils cruels : celui de sa soeur Emilie, celui de son père - qui le marqueront de façon indélébile. Plus, il se complaît dans la douleur et le malheur avec une volupté certaine. La fougue de jadis devient "douloureuse ardeur" (Colling). Dans la littérature, il cherche ce qui est proche de sa tristesse et de ses angoisses. Improvisant au piano, il fond en larmes, de ces larmes dont il semble prendre goût. Et ce qui se révèle en lui, à lui, c'est sa nature double, comme caricaturalement soulignée par le dilemme de sa double et incertaine vocation ; sera-t-il poète ? Musicien ? "Ce que je suis, réellement, je ne sais pas moi-même si je suis poète - car nul ne peut le devenir - la destinée en décidera un jour" (Journal intime, Zwickau). L'indécision semble, au fil du temps, s'aggraver. Mais cette nature double est profonde, en lui, et "les moments de belle humeur alternent avec les accès de désespoir" (Colling).

1821. Robert, étudiant, étudie toujours seul le piano sur les partitions que lui procure la librairie paternelle, et progresse jusqu'à une virtuosité suffisante pour lui permettre de jouer les "variations Alexander" de Moscheles. Il se sent atteint de "la maladie de la musique". Il exécute avec Kuntsch l'oratorio de Schneider "le jugement dernier". Mais Kuntsch, sans doute jaloux de l'influence qu'ont sur son élève les époux Carus, met fin aux leçons qu'il donnait à Robert qui, à l'avenir, et jusqu'à nouvel ordre, se formera seul. C'est cette année qu'il compose et exécute un psaume (le "psaume 151") pour piano-forte, deux violons, deux flûtes, deux hautbois, cor, basson, tympanon et choeurs.

1822. Robert se livre, au gymnasium (lycée), ou chez lui, parallèlement à ses études classiques, à diverses activités musicales et poétiques avec déclamation. Il lit maintenant couramment la musique. Ses idoles sont Haydn, Mozart, Beethoven. Il joue à quatre mains, avec passion, avec son ami Pilzing, les versions transposées des symphonies du Maître de Bonn et le caprice de Weber. Il a fondé un orchestre avec ses camarades qui pratiquent un instrument et il le dirige avec un certain aplomb. Son père, qui l'y a aidé matériellement, reste discret, assistant, ravi, aux répétitions dans la pièce voisine.

Mais il fait aussi des vers, lit avec passion Jean-Paul, continue à animer au gymnasium son club littéraire.

Il est encore l'enfant expansif, gai et fier, et commence à se créer des amours.

1823. Le jeune Schumann fait régulièrement de la musique de chambre chez le Docteur Karl-Edmund Carus, ami de la famille Schumann quand, avec sa femme Agnès, ils reviennent à Zwickau. Il se familiarise mieux dans ce cadre avec les oeuvres de chambre de Haydn, Mozart, Beethoven, et aussi celles de Weber, Hümmel, Moscheles, Czerny.

Agnès Carus est belle, cultivée, musicienne, chante des lieder de Schubert. Elle aime bien son jeune ami qu'elle appelle familièrement "Fridolin", l'encourage à jouer, composer. Si elle l'initie à Schubert et au lied, elle est aussi, on le verra, une initiatrice aux émois amoureux. Robert l'idéalise et est pris d'une passion platonique pour cette femme mariée qui lui est interdite.

C'est à cette époque qu'il compose plus qu'il n'écrit : "Feuilles et fleurettes de la prairie dorée", recueil fait, à côté de poèmes personnels, d'essais sur les grands musiciens, "pour une éthique de l'art musical", de morceaux d'anthologie de tous les poètes qu'il aime et d'extraits d'oeuvres de Schubert.

1824. Le goût et l'ardeur de l'adolescent Schumann pour la culture et la littérature classiques se satisfont encore grâce à la bibliothèque paternelle. Ce sont toujours certes, Byron, Shakespeare, et Goethe, qu'il avoue ne pas toujours assimiler "car il est trop haut". Manque de maturité encore ? Mais il faut noter qu'il fera moins d'emprunts pour ses futurs lieder à ce grand maître que ses prédécesseurs illustres et adorés Schubert et Beethoven.

Il donne de véritables récitals, et joue aussi Beethoven. Est-il pour cela un pianiste accompli ? En fait il continue à osciller dans son choix, entre musique et littérature, et ceci durera encore quelques années.

Mais il a 14 ans... jusque là le doux, candide et plutôt gai et expansif garçon, change de caractère. Il prend une conscience, certes confuse encore, de sa dualité intérieure, devient parfois sombre et rêveur, se ferme souvent, et pleure quand il improvise.

Est-ce vraiment "l'époque des premiers écrits" ? (Rémy Stricker). Il produit alors de petites comédies, des pastiches de Schiller, trois drames, deux romans de style romantique. Il collabore à un lexique de latin et à une galerie des hommes célèbres, édités par son père. Celui-ci continue à veiller affectueusement sur son fils. Il lui écrit le 12 Avril 1824 :

"Tu écris un peu tard que tes frères sont dans l'impossibilité de venir. Pourtant je te pardonne car je sais que tu n'aimes guère écrire des lettres. Il m'est beaucoup plus agréable d'apprendre par Edouard que tu n'es pas devenu oisif au point de négliger aucune de tes études. Aussi, j'espère que tu n'as aucunement délaissé ton cher piano...

"L'essentiel de ta lettre n'est-ce pas ton profond désir de te rendre à Dresde ? Je ne suis pas hostile à ce projet, mon cher enfant, mais seulement sous la réserve que tu t'y rendes avec le maître Kunst et sous sa direction; car voyager seul et avec d'autres enfants, je ne puis te le permettre. Dans ce cas je chargerai Edouard de te remettre l'argent nécessaire; aussi faut-il bien dire à Kunst que tu donneras ta part pour le voyage. Aimerais-tu mieux au contraire passer tes vacances à Karlsbad, donc venir avec Julius et Karl ? Tu es tout à fait libre de ton choix et ici tu serais tout à fait à même de trouver des divertissements autant qu'à Dresde".

1825. La fin des leçons avec Kunst est en fait entérinée et le jeune Schumann progresse encore tout en travaillant le piano seul. Plus que de compositions, il s'agit pour lui surtout et toujours d'improvisations. Mais il veut "viser haut". Aussi, son père - sur sa demande ? - s'adresse-t-il à Weber, compositeur encore âgé de 39 ans, maître de chapelle à Dresde, et ayant déjà une notoriété certaine, pour qu'il donne des leçons à son fils

Robert. Mais la réponse de Weber est évasive. Schumann en est vexé et chagriné. Et puis Weber part en Angleterre et il n'est plus question de ce projet.

C'est la même année que Robert fonde avec des condisciples (entre autres son ami Flechsig), et avec les encouragements de son père, une société littéraire : "Initiation à la littérature allemande", véritable mouvement qui durera trente mois, témoignant chez le jeune Robert Schumann de talents d'organisateur. Cette société s'occupera de philologie (qui n'est pas "la matière forte" de Robert), d'héraldisme; on y fera des lectures commentées de Schiller, Goethe (Faust, bien sûr !), mais aussi de Byron, Walter Scott, d'écrivains, donc, tant classiques que romantiques.

Robert a déjà un bagage littéraire et musical assez conséquent. Mais il hésite et hésitera encore entre les deux : quelle sera sa vie ? En tout cas, cette année, il écrira plus qu'il ne composera : des poésies (les années 1825 à 1828), des comédies, et un essai sur "les affinités intimes entre la poésie et l'art musical", où il se montre en avance de quelques années sur Wagner.

1826. L'été 1826 Schumann est brutalement frappé en pleine adolescence (il a 16 ans) par deux deuils cruels. Sa soeur aînée, Emilie, 19 ans, seul élément féminin de la famille avec la mère, malade somatique (atteinte d'une maladie de peau) et probablement psychotique, se suicide en se jetant dans la rivière Mülde. Robert se révolte contre cet évènement, contre "le destin". Puis, il écrit, comme résigné ;

"Je conviens qu'il est bon"
"Je conviens qu'il est juste"
"Que mon coeur ait saigné"
"Puisque Dieu l'a voulu".

Et : "J'ai fait de grandes expériences, j'ai connu la vie. J'ai acquis sur l'existence des notions, des idées; bref, je me suis devenu plus clair à moi-même".

Mais, par la suite, il n'en parlera plus jamais, sauf, plus tard, en 1833, dans une lettre du 18 Juin, lettre de tonalité auto-accusatrice adressée à sa mère : "Moi qui ne remplis la maison des miens que de pénibles incertitudes sur mon avenir, et alors je vois une gracieuse femme, faite de jeunesse me jeter un regard plus miséricordieux qu'irrité, et, l'appelant du cher nom d'Emilie, je ne puis répondre à ce regard que par ces mots : "tu m'en veux ? Tu as raison, sois assurée cependant que je t'aime bien".

Ce deuil non assumé, cette souffrance latente, persistant pendant des années, dans le silence, auront sans doute un effet indirect : l'attachement douloureux que Schumann montrera pour le "Manfred" de Byron, lequel lui inspirera une musique commentant le texte.

Peu de temps après, le 10 Août, c'est le père, Friedrich-August, jeune encore, qui meurt. C'est une perte irréparable, un grand désespoir pour Schumann, qui ne réalise cependant pas d'emblée l'étendue de la perte subie et la profondeur de l'atteinte qu'elle cause.

Malgré tous les efforts qu'il fera pour trouver à "cet ami le plus sûr, guide compréhensif et fidèle", qui seul comprenait sa vocation artistique, d'introuvables remplaçants : son professeur de droit Thibaut, Wieck, son maître de piano et futur beau-père ou son ami-frère Mendelssohn; Schumann semble frappé intimement et définitivement. Il écrit à sa mère, le 22 Août : "Ce jour de deuil où s'éteignirent nos joies, si j'avais seulement près de moi quelqu'un qui, avec affection, me guidait dans le droit chemin". Et, deux ans plus tard, à son ami Flechsig : "n'est-ce pas déjà effroyable d'être privé d'un tel homme, poète aimable, fin humaniste, commerçant capable et, si ce n'était pas assez, d'un père, qu'on cherche à oublier sa douleur en se divertissant, à être joyeux en bonne compagnie."

Déjà, dans l'immédiat, Robert, jusqu'ici joyeux, ouvert, généreux, enthousiaste devient "mélancolique, renfermé" ("in sich hinein"), apparemment indifférent et inattentif à quoi que ce soit, indolent, d'une étrange et extrême passivité. Il se réfugie dans des lectures qui le confortent dans son état d'âme (Byron, Jean-Paul) et traduit seulement sa douleur dans des improvisations que, plus que jamais, des sanglots interrompent.

La tutelle sera exercée par sa mère qui, on l'a vu, n'a pas pour les aspirations artistiques de Robert l'opinion et l'attitude du père, et par Rudel un négociant qui s'occupe des problèmes de gestion du patrimoine matériel.

1827. C'est pour Schumann l'année des premières amours "Jean-Pauliniennes", romantiques, exubérantes, touchantes dans leur ingénuité, dont témoignent alors lettres et journal intime.

L'objet, ou plutôt les objets en sont deux adolescentes de Zwickau, Liddy Hempel et Nanny Patsch, élues toutes deux à la fois, sans qu'elles sachent, l'une et l'autre, qu'elles sont toutes deux à la fois concernées. Le jeune Schumann semble là-dessus fort discret. Liddy est une jolie fille, profil grec, beau corps, attaches fines, propre à séduire le jeune Schumann quand il danse avec elle un soir au bal. Cette "nymphe éthérée et céleste" suscite une passion qui trouve dans les écrits de Jean-Paul Richter sa forme d'expression; "Si elle m'aimait ! Cette pensée est trop divine : je peux à peine la formuler. Elle me pressa la main, nous ne disions pas un mot, c'était magnifique !" (Journal 15 / 1 / 1827) et "Si je dois aimer, cela ne peut être que purement platonique. La divine jeune fille me procurait souvent les rêves les plus heureux. Quand la réalité est triste, ne pourrait-on pas pressentir joyeusement la béatitude des jours plus heureux dans ces rêves où voltige amoureusement l'idéal de notre coeur ?" Les lettres de Schumann imitent même visiblement le style de Jean-Paul. L'été 1827, à Teplitz, lors des vacances avec la famille Hempel, Liddy lui a effectivement pris la main pour lui demander de l'accompagner dans l'ascension du Rosenburg. Et cela a suffi pour l'enflammer. Mais un jour, "un mot malheureux de la jeune fille" sur l'auteur-idole de Robert fait disparaître l'illusion, l'idéalisation. C'est alors "une fillette sans intelligence, incapable de comprendre une large pensée", "une tête vide comme une coquille de noix". Cette dispute rédhibitoire qu'il raconte dans une lettre à son ami Flechsig marque, pour le jeune Schumann, la rupture. Après une longue description "Jean paulinienne" de la nature, il écrit : "Les pensées divines m'inspiraient, la divinité, la nature et la bien-aimée étaient présentes devant moi et me souriaient aimablement, lorsque soudain un nuage noir monta à l'orient, un éclair en jaillit et d'autres nuages s'amoncelèrent dans le cieL. Je saisis alors la main de Liddy et je lui dis : "Voici, Liddy, l'image de la vie. Je lui montrai la pourpre noirâtre à l'horizon, et elle me regarda mélancoliquement, une larme coula de sa paupière, ah! Flechsig, je crus l'avoir enfin trouvé, mon idéal. Lorsque je pris congé d'elle, elle serra fortement ma main; le rêve était fini. Et l'image sublime de l'idéal qu'elle représentait pour moi s'est évanouie quand j'ai pensé aux discours qu'elle tenait sur Jean-Paul : paix aux morts !"

Nanny, c'est un peu la même chose, mais elle est sans doute plus calme, plus sérieuse, mais elle "est trop haute et pure". Et si Schumann est tout prêt à s'enflammer, cela se transforme vite en vénération pour une madone. "Nanny était mon ange gardien. La boue du commun s'était déjà déposée en mon coeur : cette bonne jeune fille apparaissait à mon âme comme une lueur sainte; j'aurais pu tomber à ses genoux et l'adorer comme une madone". (lettre à Flechsig du 29 / 8 /1827). Et "Nanny était certainement la plus belle des jeunes filles, je fus tout près de brûler pour elle d'un amour passionné, mais ces flammes se sont transformées en celles d'une amitié sainte, brûlante quoique purement divine, respectueuse comme le culte d'une madone".

Reléguée au rang d'une madone pour Liddy, ou décevante comme Nanny du fait de sa coquetterie de petite provinciale avec laquelle on ne peut partager ses goûts et engouements littéraires, les deux adolescentes laissent la place à un autre amour, une passion de jeunesse, qui vont attacher le jeune Schumann à Agnès Carus. Fille d'amis des parents Schumann, elle revient de temps en temps à Zwickau. Elle est mariée au Dr Carus qui exerce et enseigne la médecine à Colditz et Leipzig. Elle est donc plus âgée que Schumann et que ses deux anciens flirts, ce qui contribue à lui donner vis à vis de Robert une position quasi maternelle et faire d'elle un "objet intouchable", objet d'amour sacré, inaccessible, resté chaste, suscitant "un respect infini". "Le désir charnel serait une infamie". Agnès prend à son tour figure de madone adorée (pas de trop près !) et "d'immortelle bien-aimée lointaine". Agnès est belle, cultivée (elle apprécie Jean-Paul avec finesse et sensibilité), musicienne, elle joue et chante des lieder de Schubert qu'elle fait découvrir à Robert, ainsi que des lieder de Spohr et de Wiedebain, sans qu'elle se rende bien compte combien cette initiation sera décisive dans la vie et l'oeuvre de celui qu'elle appelle gentiment "Fridolin."

Encore dans les émotions adolescentes, Schumann connaît avec elle les premières extases amoureuses véritables, dépassant les amourettes avec ses deux jeunes amies. Mais cela prend un tour très romanesque, dans un monde très jean-paulinien, merveilleux, irréel, avec parcs, gloriettes, anges musiciens et harpes éoliennes. Mais c'est aussi la passion et la tristesse, le sentiment de vide quand elle est absente. Robert sera heureux de l'y retrouver, quand il viendra à Leipzig comme étudiant, et lors de vacances à Colditz, chez les Carus. Et si cet amour reste platonique, il trouve un exutoire dans des écrits exaltés, idéalistes et poétiques : "Agnès, bonne nuit, toi céleste quatre fois divine, divine Agnès, toi la divine femme du docteur !" (5 / 11 / 1828). "Son image divine brille dans mon âme, éternellement sainte, et dans mon coeur s'éveillent, en sa présence, de nouvelles mélodies. Pareille à la statue de marbre qui ne chante que le matin, à l'heure où les rayons du soleil la frappent, une musique se tait dès qu'elle s'éloigne, mes chants meurent."

A son ami Flechsig il écrit en Juillet : "Maintenant, je le connais, pour la première fois, ce pur amour, le plus grand, qui ne se gorge pas, comme toujours, de la coupe enivrante du plaisir, mais qui trouve son bonheur dans la contemplation divine, la vénération."

Et il y joint un madrigal tourné en secret pour son égérie : "Si j'étais le sourire, je voudrais voltiger autour de son regard; si j'étais la joie, je voudrais tout doucement palpiter dans chacune de ses veines; bien plus, si je pouvais être larme, je voudrais pleurer avec elle, et lorsque sur ses lèvres reviendrait le sourire, je souhaiterais expirer au bord de sa paupière, et trouverais si doux, si doux, de n'être plus rien".

Et, bien plus tard, il dira à Clara : "Je l'ai aimée autrefois passionnément. Elle représentait mon idéal féminin".

En réalité, avoir cette femme comme amie, muse, partager avec ferveur avec elle maints goûts communs, lui donnera de relatives mais substantielles satisfactions, car elle sera pour lui enrichissante, apaisante pour sa passion, exerçant sur lui une influence intellectuelle et musicale importante, voire "une emprise douce". Ils lisent ensemble des textes de Jean-Paul, jouent et chantent des lieder de Schubert, Schumann voyant entre les deux une sorte de continuité malgré le coté moins "intellectuel" et littéraire du musicien.

Mais là est le désir de Schumann, qu'il projette sur lui : "Schubert est toujours mon unique Schubert, puisqu'il a tout en commun avec mon unique Jean-Paul... quand je joue du Schubert, c'est comme si je jouais un morceau de Jean-Paul". Töpken, cité par Jansen, rapporte : "A ce moment-là (quand Robert Schumann jouait Schubert), il avait une expression particulière, inimitable.... "Il disait : "je ne parlais pas volontiers de Schubert, ou bien je ne parlais de lui qu'aux arbres et aux étoiles"?

En tout cas il considérait Schubert comme le meilleur représentant du romantisme musical, voire de ce qu'on appelait "la musique à programme", considérant ses oeuvres comme "les plus belles qu'il y ait au monde". Il en appréciait surtout la nature spontanée et le coté volontiers poignant. Il aurait même voulu prendre des leçons avec Schubert... si le musicien n'était pas déjà disparu. Le voyant en si bonne voie, Agnès l'incitera à composer des lieder. Il en écrira onze, pour elle, sur des poèmes de Byron et de Schulze, reprenant le thème éternel de "l'immortelle bien aimée".

A fréquenter chez les Carus, Schumann est amené à ne plus pratiquer la musique, le piano, en amateur se divertissant et divertissant les autres, ni à considérer qu'il y a là un idéal inaccessible faute de moyens techniques. Après Agnès, pour Agnès, il affronte des morceaux difficiles, nécessitant un gros travail : les variations en Sol de Jean-Sébastien Bach, le caprice en Fa de Mendelssohn, la sonate en La de Schubert. Agnès l'introduit au monde musical avec un public exigeant de connaisseurs, et contribue ainsi à l'orientation qui sera la sienne vers un destin de musicien. Et, chose rien moins que négligeable, c'est chez les Carus que Schumann a rencontré pour la première fois Clara Wieck encore enfant, mais déjà pianiste émérite, qui l'éblouit et le charme. Il commencera d'ailleurs par confier à cette enfant... sa passion pour Agnès Carus.

Vis à vis de cette passion à la fois intellectuelle, artistique et amoureuse, la mère de Schumann manifeste toujours des sentiments pour le moins mitigés : inquiétude qu'elle partage avec le tuteur Rudel quant au goût naissant du fils pour un métier d'artiste; méfiance, voire hostilité sourde vis à vis de ses "tendances délicates", de ses "délassements frivoles" qu'elle juge "facteurs d'assombrissement de l'esprit" et de l'incitation à une "hypochondrie taciturne" (M. Marnat).

Mais au sujet de cette année riche en évènements amoureux, R. Stricker fait remarquer la "curieuse configuration" des investissements amoureux du jeune Schumann : "Ainsi il y a trois divinités dans mon coeur... Agnès au premier plan, Nanni au second, Liddy dans le fond, ce qui a l'air presque équivoque ! Ciel, comme je mettais cela dans la coupe du bonheur et pouvais à peine le montrer", confiait, plus tard, Schumann à Wassilievski. Cette curieuse configuration se reproduira, des années plus tard, avec Henriette Voigt, Ernestine von Fricken, et Clara Wieck.

Schumann, selon sa belle-soeur Thérèse, "aimait parce qu'il avait besoin d'aimer", et ne pouvait vivre sans aimer, et s'il était amené à beaucoup aimer, à plaire aux jeunes filles (et il s'en savait capable !), il aimait purement, simplement, noblement, "divinement". La puissance de l'instinct qui le poussait était apparemment indéterminée quant à l'objet sur lequel pouvait se fixer son amour. Et cela n'excluait pas pour lui le caractère sacré de l'amour, qu'il opposait à la fois aux attachements purement charnels et aux vains badinages. Mais pour lui, dans un élan d'idéalisation, l'amour transfigurait et le sujet et l'objet, et l'un doit être investi instinctivement de la même façon qu'il investit l'autre. Chacun doit être capable de tout comprendre et tout sentir de l'autre... Mais, comme il le dit un jour lui-même, si Schumann se confiait facilement à des tiers sur ses émois amoureux, il lui était difficile de déclarer son amour à l'intéressée.

Et ces années 1827 et suivantes, c'est aussi la rencontre et la fréquentation assidue de Schumann et de Jean-Paul Richter, rencontre-choc bien que Jean Paul soit un auteur déjà connu de la librairie paternelle. Mais, de plus en plus, Schumann s'y reconnaît, s'y retrouve dans ses héros (du Titan, de l'Hespérus, de la Loge invisible). Cet auteur fut assez délaissé par la suite, mais il était très en vogue à cette époque. Ce qui attire alors Schumann, c'est aussi l'union du langage richterien et de la musique intime de l'individu Schumann, qui semble être celle même de Jean-Paul. Schumann n'abandonnera jamais son cher auteur, même à "l'époque Hoffmann", et il voudra même faire célébrer le même jour Richter et Bach !

Dans les années autour de 1827, il compose encore peu (outre les onze Lieder, l'ébauche d'un concerto), mais il écrit par contre encore beaucoup. Cela se faisait couramment dans ces milieux : le père Friedrich-August, la mère Johanna, même, qui composait des poèmes. Les modèles pris par Schumann étaient, outre Jean-Paul, Schiller et Goethe, dont il récitait fréquemment des passages de son Faust.

On peut citer, en en oubliant sans doutes quelques-uns, les écrits de cette période :

- "Soirées de Juin, jours de Juillet" (sur les difficultés de l'adolescence), déjà cité, d'autres
- "Sur la royauté de l'artiste", discours public au lycée, qui émerveilla ses professeurs et d'autres dissertations rhétoriques comme
- "Vie du poète et sa noblesse",
- "Aléas et vérité de la gloire devant la postérité",
- "Sur l'influence de la solitude sur la formation de l'esprit et l'ennoblissement du coeur"
- des lettres dont les premières écrites à Clara, celles à sa belle-soeur Thérèse, à ses jeunes amies, à ses amis et camarades (Röller, Flechsig), véritables essais littéraires, inspirés de Jean-Paul,
- des poésies (que Schumann jugera médiocres),
- deux romans, "Allerley an der Feder" et "Robert an der Mûlde",
- plusieurs drames, dont deux inspirés de "la Fiancée de Messine" de Schiller, l'un prévu en cinq actes dont il n'écrivit que quelques tirades ("der Geist"),
- une tragédie avec choeur, inspirée de Coriolan : "Die Bruder Landendorfer",
- un mélodrame,
- une comédie ; "Léonhard und Mantellien",
- et, plus tard, la "Description d'une promenade en barque sur le Rhin".

L'énumération donne une idée non seulement des modèles qui ont pu inspirer Schumann, mais aussi de thématiques qui le poursuivront toute sa vie, dont "La fiancée de Messine" (qui n'aboutira qu'à une ouverture dans laquelle il inclura un thème de "la Marseillaise"). Quelques extraits donnent aussi une idée du ton et du style de ces écrits :

"Il est des heures où toutes les manifestations de notre sensibilité humaine se tendent vers un accord mineur si attendri, où les sentiments de tous les pécheurs se fondent en une telle mélancolie que nos larmes sont de deuil plus que de joie. Je me demande souvent quel est cet instant de l'émotion où se forment les nuances les plus variées de la joie et de la douleur, les scènes les plus divines de l'existence que chacun accompagne de son émoi, parce que chacun y participe, où tous les hommes s'étreignent avec des larmes de joie, où chacun croit ressentir le sublime... quel est ce moment ?" et : "Tel un immense paysage du soir où seul tressaille encore le baiser du soleil couchant, ma vie toute entière s'étend devant moi, et voici comment je rêve; et je vois se dresser devant mes yeux une énorme, énorme montagne chauve et déboisée; et une rose céleste, une rose épanouie fleurit sur la cime; et moi, je la veux atteindre, cette rose, l'approcher; et la montagne est abrupte et mon regard plonge au fond des abîmes, et c'est en vain que l'ami tend vers la fleur des mains suppliantes".

Et Schumann de conclure : “J’ai, je crois, de l’imagination... je ne suis pas un profond penseur : jamais je n’arrive à suivre avec conséquence le fil que j’ai bien noué. Suis-je un poète ? Le devenir, c’est impossible. La postérité en décidera.”

1828. A l’approche de la fin de ses études secondaires, Schumann, 18 ans, passe de joyeux moments de gaieté estudiantine, mêlés de renversements sérieux voire mélancoliques.

En Mars il termine sans effort et brillamment ces études par un “abitur”, le “Maturat”, c’est à dire le baccalauréat, décerné “eximié dignus” (“avec distinction”). A cette occasion il déclame en public un poème qu’il a écrit sur la mort du Tasse, non sans avoir, dans sa prestation, quelques trous de mémoire.

La voie lui est ouverte : vers la liberté, le savoir, la musique ? Il écrit le 17 Mars : “Les années d’école sont derrière moi et le monde est ouvert devant moi. J’ai à peine pu retenir mes larmes quand je suis sorti pour la dernière fois de l’école; la joie l’emportait pourtant sur la douleur. Il faut maintenant que l’homme véritable, caché jusqu’ici, entre en scène et montre ce qu’il est. Précipité dans le grand tout, ballotté dans les ténèbres du monde, sans guide ni maître, ni père, tel est mon lot. Et jamais pourtant je n’ai vu l’univers aussi beau : je souris gaiement et sans souci à ses orages.”

Sur la suggestion pressante de son tuteur Rudel et de sa mère, il s’inscrit le 29 Mars à la Faculté de Droit de Leipzig. Sa mère, désireuse pour lui d’une carrière stable et lucrative, craint encore les aléas d’une vocation artistique, certes enthousiaste, mais à laquelle le jeune homme n’est pas à même de donner une forme précise, à savoir : sera-t-il poète ou musicien ? Aussi Schumann commence-t-il ces études sans enthousiasme, mais sans manifester quelque résistance ouverte que ce soit. Et, effectivement, le droit l’ennuie. Il déteste la chicane. Cicéron est pour lui un bavard, charlatan et farceur. Il écrit à Rudel, à propos des études de droit, que “les prémices sont arides et froides”. Mais il se soumet au désir de sa mère, et cela lui évite le choix douloureux : la poésie ou la musique ? Et cela l’éloigne de la maison familiale de Zwickau. Il spécule sur l’idée que le milieu culturel de Leipzig l’aidera à se déterminer. En attendant, il hésite sur les disciplines pour lesquelles il doit s’inscrire, droit, certes, mais aussi littérature ? Philosophie ? Et il “sèche” pas mal de cours.

Les vacances d’Avril arrivent vite. A mi Avril il part avec son ami Gisber Rosen qui étudie le droit à Heidelberg et qui partage sa passion pour Jean-Paul. Ces vacances sont la récompense pour ses succès scolaires et les premières semaines d’études à l’université. Ils courent les routes de la vieille Allemagne du sud, la Bavière, ce qui fait penser aux “années d’apprentissage” du poète romantique, au Wilhelm Meister de Goethe, au Franz Sternbald de Tieck. Apprentissage au contact de la vie et conscience de soi à travers les paysages et situations rencontrées où le héros se projette.

Mais ce sont avant tout deux pèlerinages vers les lieux de Jean-Paul et de Heine. Près de Bayreuth, “ville sacrée”, c’est la maison de Jean-Paul dans le bois de Rollwenzer, où la gardienne-veuve qu’ils pressent de questions, leur fait visiter une à une les pièces de la maison du poète, dont la modestie voire la banalité contraste avec le lyrisme de l’écrivain. Ils partent avec une impression de béatitude, quelques fleurs du jardin et un portrait de Jean-Paul qui leur est offert.

Ils sont déçus par Regensburg, et aussi par Augsburg malgré les vestiges moyenâgeux qu’elles renferment. Dans cette dernière ville Schumann ébauche une idylle avec une autre Clara, fille du chimiste Kürrer : belle (“l’idéal en beauté”), réservée, douce, pure, d’un charme romantique et d’une grâce touchante. Elle est déjà fiancée, ce qui n'empêche pas Robert de tomber amoureux d'elle. Il part de chez les Kürrer avec un mot d'introduction auprès de Heine.

Nûrenberg ne les séduit pas non plus. Mais à Munich, c'est Heine qui les accueille avec affabilité, parle deux heures avec eux, des femmes, de l'art, des voyages... et de la mélancolie. Mais l'esprit satirique, l'ironie amère du poète, qui vient de publier le "Livre des Lieder" qui inspirera tant Schumann douze ans plus tard, les déconcerte quelque peu. Il leur fait visiter la ville, résidence royale que Schumann trouve "froide et tranchante". Ni Schumann ni Heine ne prévoient la gloire conjuguée qui les attend. Plus que les monuments et les peintures (Caspar Friedrich; Philippe-Otto Runge, Moritz von Schwind, Ludwig Richter, préférés par eux aux grands classiques), c'est la nature idéalisée par la poésie qui suscite leur enthousiasme : vallées, ruisseaux bruissants, villages endormis, nuits, aurores et crépuscules : "Mon âme immortelle fut une corde de cet instrument sacré qu'est la "harpe éolienne" de la création, qui commence à vibrer et résonner sous les souffles venus d'en haut".

A l'issue de ce périple Rosen revient à Heidelberg et Robert à Leipzig en faisant une brève apparition à Zwickau, dont il part avec le cafard ("Katzenjammer") : "cafard céleste, cafard musical, cafard total, cafard animé".

En Octobre il est donc de retour à Leipzig. Il est vite déçu par cette ville commerçante, malgré ses sérieuses ressources en théâtre et en musique. Il en fait une critique acerbe : elle est froide, sèche, inhumaine, bruyante, d'opinions et de moeurs bourgeoises, traits qui, selon lui, auraient fait le même effet et le même accueil à Goethe lui même ! "J'aimerais mieux être à Cayenne qu'ici", va-t-il jusqu'à écrire. Mais déçu, ne voulait-il pas l'être au départ ? En tout cas il "s'ennuie", est dépaysé et souvent angoissé. Il a la nostalgie du pays natal, Zwickau, dont il rêve, s'y voyant en vacances. Il écrit, lyrique : "j'ai vécu à Zwickau des heures qui valaient des jours à Leipzig". Et Zwickau, c'est aussi la nature : "et celle-ci, où la trouverais-je, ici ?" C'est, chez lui, la nature transformée par la vision romantique, inspirée par Jean-Paul, Hoffmann, Tieck, ou le peintre Caspar David Friedrich. Sur ce monde sensible et auquel il est sensible (arbres dépouillés de l'hiver, rochers que frappe la lumière, cimes, cascades) il peut projeter ce qu'il a de plus intime et difficile à exprimer, tels les sentiments de souffrance et de solitude. "Pas une vallée, pas de montagnes, pas de forêt où je puisse suivre ma pensée, pas un endroit solitaire. Je ne puis être seul qu'en verrouillant la porte de ma chambre, ce qui ne m'empêche pas d'entendre le vacarme incessant qui monte de la rue."

Dans la chambre qu'il a louée, seul avec son piano, il rêve sous les portraits qu'il a accrochés au mur, de ses icônes personnelles, vis à vis desquelles il gardera toute sa vie un culte fidèle : son père, Goethe, et Napoléon.

Et puis la vie estudiantine à Leipzig ne correspond pas à sa sensibilité, à son tempérament d'artiste, mais, en même temps à son besoin d'ordre. Les coutumes et rituels estudiantins, les beuveries collectives "vulgaires" (bien qu'il ait personnellement quelque faiblesses côté bière et tabac), les tapages organisés, les défilés en uniforme, la recherche ostentatoire des filles plantureuses, les duels pour des motifs dérisoires, tout cela, pratiqué au nom des "libertés universitaires", le choque.

Il s'y ajoute une agitation politique estudiantine où la "teutomanie", voire la xénophobie et des concepts fumeux sur l'Allemagne guerrière, la nationalité allemande, ou la souveraineté populaire, se mêlent à de réels idéaux patriotiques et révolutionnaires (et, révolutionnaire, Schumann ne l'est pas), et à des revendications libérales, constitutionnelles. En effet, à côté des tendances nationalistes post-napoléoniennes visant l'unité allemande, mais aussi du retour à un Moyen-Âge gothique et plongeant ses racines dans les sources fournies par le Knabenswunderhorn déterré par Brentano et Arnim, il y a un courant socialiste, humanitaire, universaliste (M.Brion), animé par des sociétés secrètes révolutionnaires rusant avec la police tatillonne de Metternich.

Mais Schumann déteste le désordre, tout en se sentant libéral, voire "social" et patriote. Il ne se mêle pas à ces luttes. A peine adhère-t-il - adhésion toute passagère et formelle - à l'une des "corpos" estudiantines, Markomania, la plus modérée, avec quelques amis : Semal, frère de sa belle-soeur Thérèse, et son ami Flechsig, retrouvé. Mais il se sent isolé, écrit-il à son ami Rosen, isolé face à cette agitation qu'il qualifie de "misérable", tout en étant l'étudiant romantique-type du XIXème siècle que décrit M. Marnat : "grande pureté d'âme et de moeurs, grande tristesse sentimentale, "sehnsucht" du pays natal, exaltation sentimentale jusqu'à en pleurer devant la musique (Schubert !), qui l'aide à supporter une sensibilité qui flirte constamment avec le pathologique". Il s'efforce, défensivement, d'éviter le désordre et tout ce qui le déstabiliserait physiquement, cultivant "la constitution solide" héritée du père. Quant aux études de droit, il les poursuit en principe, parce qu'il l'a promis, mais à contre-coeur, "juriste malgré lui", peu assidu aux cours, voire évitant soigneusement les amphithéâtres, travaillant, selon ses propres termes, "irrégulièrement" et "machinalement". La jurisprudence "sèche" et "gelée" l'ennuie et le rebute. Il le dit franchement à ses amis, se montrant pris "entre le découragement et l'engagement à poursuivre", mais à sa famille, à sa mère, il parle de son "assiduité". Il écrit à celle-ci : "je sens qu'il faut me résigner, et je veux surmonter ma répugnance, et quand l'homme veut, il peut tout" ("Wer will, der kann"). Il admet que "mes études principales sont d'ailleurs la philosophie et l'histoire". L'air pur dont il a besoin ne peut venir que des vacances à Zwickau et de la musique. Il se disperse effectivement. Il dit assister régulièrement aux cours de Krug, mais il ne semble guère approfondir Kant, ni Hegel, ni Fichte, ni même Schelling.

La médecine ? Elle le rebute, elle aussi. Il écrit des vers, fait de l'escrime malgré son aversion pour l'atmosphère des salles d'armes, il fait des escapades dans les guinguettes de Zweiaundorf, charmantes, où il travaillerait s'il n'y avait, là aussi, des étudiants bruyants. Il passe le plus clair de son temps en flâneries, promenades, palabres avec ses amis, mais aussi, beaucoup à se consacrer à la musique.

Leipzig est une ville universitaire prestigieuse, intellectuelle, artistique, musicale, ce qui apporte à Robert de sérieuses compensations. Mais il se montre, là aussi, critique, percevant, même là, une certaine superficialité voire insensibilité. Il y a le Muséum, le Théâtre Royal, qui renaît avec Ringelhard, le célèbre Gewandhaus (la halle aux draps), où il est assidu, avec les grands chefs (Pohlenz, Weinberg, C.F. Müller), des sociétés musicales (Euterpe), et surtout la Thomaskirche du Kantor, où se jouent messes et cantates. Beethoven, Mendelssohn, Field, et le Prince Louis-Ferdinand sont des auteurs souvent joués et appréciés. Quant à lui, Schumann, il travaille le Klavier, "pain quotidien", "livre de chevet", "gymnastique ordinaire", "dont l'étude est fort utile et a une influence revigorante sur l'âme". C'est aussi la musique de chambre avec des amis, quatuors et trios classiques, de Beethoven, avec une tendresse particulière pour Schubert, son demi-dieu, "frère en musique", "être extra-terrestre", dont la mort, le 19 Novembre, frappe douloureusement Schumann : en plein désarroi, il sanglote toute la nuit, selon son ami Flechsig.

Quoiqu'il en soit, la fréquentation de la vie musicale de Leipzig fait sortir Robert de son isolement et semble le rendre plus sociable. Mais il consacre un temps considérable à entendre et faire de la musique, "l'essentiel de ma vie", ce qui ne va pas sans remords. Levé tôt, pas encore habillé, et déjà fumant le premier cigare de la journée, il est au piano, et en oublie souvent les heures de cours et de repas, et ce sont ses amis qui, seuls, le distraient de ce travail en l'emmenant se promener.

Son ami Töpken décrit Schumann aux prises avec la musique : "nos séances musicales étaient pour moi à la fois intéressantes et instructives, à cause des indications qu'il me donnait sur la manière de comprendre et d'exécuter chaque morceau, qu'il m'expliquait de façon pratique. Après notre divertissement en commun, il se livrait à des improvisations au piano, au cours desquelles il déchaînait tous les esprits. J'avoue que les effusions musicales de Robert Schumann m'ont toujours procuré un plaisir dont je n'ai jamais trouvé l'équivalent par la suite, si grands que fussent les artistes que j'entendais. Les idées bouillonnaient en lui avec une abondance inépuisable. Il développait une pensée sous tous ses aspects; de cette pensée la suite naissait et fusait en quelque sorte toute seule. A travers ce jaillissement se jouait une inspiration originale, profonde, parée de tous les prestiges de la poésie. Elle portait déjà la marque de sa personnalité musicale, aussi bien dans ce qu'elle a d'énergique, de puissant, que dans sa délicatesse florale et rêveuse. De ma vie je n'oublierai ces soirées, prolongées parfois tard dans la nuit, qui nous transportaient très loin, au dessus du monde visible".

Et Schumann aborde alors, jeune encore, une forme dont il ne sait pas qu'elle lui donnera, douze ans après, l'occasion de conquérir la célébrité : le Lied. Il lit les poèmes de Kerner, est touché par le sentiment de la nature, le lyrisme de ces textes ("le somnambulique"). Il étudie aussi les lieder de Wiedebain, de Brunswick, et, sur les conseils d'Agnès Carus, Schumann envoie ses lieder de jeunesse (Kürze Erwachen, Gesanges Erwachen, An Anna, composés du 29 Juin au 10 Juillet) à Wiedebain qui est un chef attentif aux jeunes talents... et un admirateur de Jean-Paul. Dans la lettre accompagnant ses compositions, Schumann se présente comme un néophyte "impulsif de la nature" (V.Basch), qui "veut briser les entraves". Il confesse ses lacunes (en harmonie, contrepoint) et son spontané par trop exclusif, et affirme la nécessité pour lui de travailler la composition. "Un enthousiaste jouvenceau de 18 ans, qui a puisé dans vos lieder incomparables la hardiesse de risquer ses faibles sons dans le monde sacré de la musique... L'adolescent qui, sans être initié aux mystères de la musique, s'est enflammé jusqu'à transcrire d'une main inhabile un premier essai qu'il ose vous transmettre en vous priant de joindre à votre bienveillance la plus sévère critique"

Dans sa réponse, Wiedebain l'encourage : "La nature s'est montrée généreuse, très généreuse, envers vous. Utilisez ces dons et le monde ne pourra vous refuser sa considération". Et Schumann de remercier chaleureusement le Maître dans une lettre à la fois humble et prenant l'allure d'un discours académique : "Tous mes remerciements pour votre lettre, et chaque mot m'est précieux et sacré. J'ai probablement oublié de vous dire dans ma lettre précédente que je ne connaîs rien des règles de l'harmonie, ni de la basse continue, ni du contrepoint. Je ne suis qu'un élève impulsif de la nature, suivant aveuglément ses penchants et aspirant à briser toutes les entraves. Je vais maintenant me mettre à étudier la composition et le couperet tranchant de la science abattra sans merci tout ce qu'inspire la fantaisie déréglée, celle qui, du moins, aux yeux de la jeunesse, lutte contre l'idéal de la vie et ne supporte pas que le froid raisonnement pénètre en contrebande sur son territoire. Les farouches griffes de la raison ne doivent pas déchirer les frêles touches de la muse lyrique, la première ne devant pas être, d'après les Romains, l'humble suivante chargée de porter la traîne de la fantaisie, mais au contraire, son rôle consistant à la précéder avec les rayons de son flambeau, et à la guider dans le royaume des sons, dont elle soulève les voiles... et c'est pourquoi je vais me lancer avec une nouvelle ardeur sur la route qui conduit au royaume harmonieux dans lequel vous représentez pour moi l'unique et incomparable idéal. Permettez-moi, après une année de travail, de vous soumettre le résultat de mes efforts ambitieux".

Mais c'est sans doute la fréquentation du salon des Carus qui sera décisive pour l'orientation future de Schumann. Il y est familier et chaleureusement reçu aux soirées musicales où Agnès chante, où il rencontre Julien Knorr, le pianiste, Thomas Täglichbeck, violoniste, chef et compositeur, Wiedemann, le chef, Wiedebain et Marschner (l'auteur du "Vampire"), ainsi que des musiciens avec lesquels il fait de la musique de chambre. La fréquentation de ces musiciens de haut niveau l'amène à mettre en question sa formation musicale, comme pianiste et compositeur.

Et ceci d'autant qu'on y rencontre aussi Wieck, alors âgé de 43 ans, et sa fille Clara, âgée de 9 ans. Schumann sera l'élève du premier et l'époux de la seconde. Jusque là, à Zwickau, il n'avait eu que des professeurs médiocres, à Leipzig il travaillait en solitaire autodidacte, d'où une formation incomplète et désordonnée d'amateur de province. Plutôt que d'étudier la théorie, ce qui le rebute, l'harmonie et le contrepoint, qu'il trouve trop arides, et la composition, Schumann s'est livré jusqu'ici à l'étude, assidue certes, des grands compositeurs : Bach et Beethoven. Maintenant les jeux pianistiques et le brio - très réel - de ses improvisations ne lui suffisent plus. Entendre la très jeune Clara jouer comme une très grande pianiste les variations Kalkenbrenner le 20 Avril l'enthousiasme, et le convainc de demander à Wieck de lui donner des leçons. Clara est la première élève, docile, le produit éclatant et la réclame la meilleure pour la méthode du Maître, lequel ne vit que pour cela et pour l'art. Pianiste exceptionnelle, Clara joue aussi du violon et chante !

Qui est Wieck ? D'origine modeste, né à Pretich en 1785, petit-fils de pasteur, fils d'un commerçant ruiné, élevé comme pauvre pensionnaire à Torgau, où, enfant il n'y avait subsisté que grâce aux colis alimentaires envoyés par sa mère, pain et beurre, sans plus ; puis, élève au collège théologique protestant de Wittenberg, ce fut une vie dure pour cet enfant chétif, sensible, impressionnable; mais il fut un écolier sérieux, accroché au travail, qui devra se faire lui-même pour se faire une place; très religieux, pieux même, il reçoit une formation de théologien, obtient son diplôme en trois ans et fait son premier sermon à Dresde ; mais il ne sera pas pasteur mais pédagogue. Et, musicien quasi autodidacte, pour vivre, Wieck vend et loue des pianos, en particulier pour les répétitions des artistes de passage.

C'est un personnage assez extravagant, sévère, hautain, despotique, impulsif, mais ayant l'esprit de suite, volontaire, cupide en argent mais généreux en art. On le dirait, aujourd'hui pourvu d'une personnalité paranoïaque. Mais c'est un pédagogue efficace, réputé, le plus estimé de tout Leipzig, génial dans son domaine, exigeant certes, mais d'une sévérité salutaire. Sa méthode, s'inspirant de Clementi, de Hummel, Moscheles, Field, Berger, est purement pratique. Elle comporte une technique pour vaincre les raideurs articulaires, qu'il a expérimentée sur Clara. Si c'est un technicien de l'art pianistique ("un bourreau de technique", a-t-on dit), il a le plus grand mépris pour la technique pure, celle qui n'est qu'un but en soi et non pas le soutien du sentiment et de la pensée. Wieck constitue à lui tout seul un des centres de la vie musicale de Leipzig, a des élèves fortunés à tous les sens du mot, et aussi des musiciens accomplis, de passage, venant chez lui se "recycler". Sa vitrine, c'est Clara, vitrine éblouissante, qui lui rapporte réputation, honneur et argent ! Mais il aura aussi à connaître la souffrance de voir s'éloigner de lui cette fille qu'il vivait intensément comme sa chose.

C'est pour Schumann l'homme dont il avait besoin pour commencer, véritablement, des études musicales, pianistiques, sérieuses. La réputation de rigueur, de sévérité, de dureté, voire de brutalité de Wieck est pour lui un gage du sérieux de la méthode, capable de “donner une armature stricte de froide technique” (“mécanique plus rapide et plus sûre”) à cette vertu d’effusion qu’il sentait en lui” (M. Brion). Il se soumet donc au Maître, et c’est pendant plusieurs mois, un sévère apprentissage, une ascèse, bien à l’opposé du “détendu” des réunions musicales amicales auquel Schumann était habitué. Règles sévères, même pour un jeune homme de 18 ans, qui a, jusqu’ici, erré au gré de sa fantaisie; mais ce travail aride le contente car il est séduit par la passion et la science du Maître, qui contribuent à lui faire redécouvrir Bach et “l’inépuisable Klavier” et à “canaliser sa fougue”. Si Wieck a l’habileté de ne faire jouer que de grandes oeuvres, ce qui renforce la vocation de l’élève, l’enseignement de l’harmonie, du contrepoint rebute encore l’élève, comme autrefois, au lycée, les mathématiques.

Et Clara ? Schumann a d’emblée été ébloui par le talent extra-ordinaire dont elle fait montre dans ses interprétations des oeuvres les plus difficiles dans le salon des Carus. Belle, les cheveux noirs tombant sur les épaules, les yeux ardents, magnifiques, jetant des regards à la fois sérieux et malicieux, c’est une enfant saine, travailleuse, intelligente, docile et volontaire, chaleureuse, affectueuse, et, aussi, vigoureuse (“forte comme cinq garçons” dira Goethe, qui lui avancera le tabouret et lui dédicacera son portrait). Elle “joue divinement”, dit Schumann, ce qui lui assure un succès dont elle ne se fait pas gloire, y préférant les joies, cadeaux et amusements d’enfant, voilà qui a de quoi séduire le jeune Schumann.

Née le 13 Septembre 1819, elle a été prise en main dès l’âge de 5 ans par Wieck, qui développe ses dons naturels pour la musique : “insuffler une âme d’artiste dans les mains d’une acrobate”, car Wieck ne néglige pas dans son éducation les exercices physiques, les promenades à la campagne. Peut-être, par contre, la culture générale de Clara connaîtra quelques lacunes, que Schumann, quand il sera son époux, saura percevoir et combler.

C’est Agnès Carus qui sera la “messagère” de la passion juvénile des deux jeunes gens, sans qu’ils sachent alors l’un et l’autre, à quel moment cette passion d’un jeune homme pour une enfant deviendra passion amoureuse d’adultes. De son côté, Schumann, vivra cette affection de façon aussi intense que celle qu’il ressent pour Agnès ou, plus tard, pour Henriette Voigt, mais elle sera différente car il voit en Clara le semblable-enfant à l’enfant qu’il garde en lui. Clara est séduite par ce jeune homme qui sait parler aux enfants car il reste enfant. Compréhension et confiance naissent facilement entre eux.

Mais dès cette période de formation débutante, Schumann sème les germes de la séparation d’avec ce Maître, vénéré certes, mais qu’il trouve rigide, intolérant avec ses “sermons”, voire par trop brutal. Schumann, à la fois admet, gémit, et regimbe contre cette discipline de fer, boude, a besoin de rêve, de fantasmes, de “carpe diem” et, tout en travaillant, est moins assidu aux leçons. A-t-il fait le choix de la musique ? A ce moment là, oui et non; oui car la confrontation aux amis musiciens des Carus, les encouragements de Wiedebain, l’exemple de Clara, loin de le décourager le poussent à réellement travailler; non car, outre que “les luttes intérieures pour le choix des études” (Coeuroy) persistent, il se sent encore poète, et poète avant tout : “chose étrange, c’est quand mes sentiments parlent le plus fort que je suis contraint de cesser d’être poète”. Le conflit musique / verbe persiste aussi, et cela ne va pas sans angoisse. Tiraillé entre le besoin d’ordre, et le goût, bien souvent satisfait, d’une vie désordonnée, il est pris du désir tenaillant de bouger, de voyager, ou d’aller s’installer ailleurs.

C’est ce qui se prépare, se lit dans sa correspondance avec son ami Rosen qui étudie toujours le droit à Heidelberg. A Pâques, après être passé par Francfort, Coblence,

Mayence, il connait Heidelberg, est séduit par son charme romantique, par le Professeur Thibaut, juriste célèbre et mélomane averti. Il a obtenu de sa mère le feu vert pour changer de ville, lui faisant croire que c'est le droit qui l'amène à ce changement ! Il va quitter Leipzig, capitale et "Mecque" de la musique, et, du même coup l'enseignement du père Wieck.

Sa mère Johanna croit ainsi pouvoir maintenir le lien et y réussit en partie : Schumann la remercie dans une lettre du 19 Juin... d'une bague qu'elle lui a offert : "Mon tendre remerciement pour le précieux souvenir que tu m'as envoyé, pour cette nouvelle et incontestable preuve de ton amour maternel; aussi, je le vénère, non comme une bague, mais comme toi-même, mère chérie, et comme le sentiment qui t'a fait me le donner. Puisse cette bague être l'anneau magique, le talisman qui préserve de tout péché; puisse-t-elle me guider vers le bonheur".

Ce n'est pas pour cela que Schumann se porte bien. Au contraire. Il parle même dans ses lettres de la mélancolie, et ceci au sens clinique et pas seulement romantique, ainsi que veut le croire Monsieur M. Brion. Il a le goût des larmes, ressent une solitude morale douloureuse, a la nostalgie du foyer familial, mais rationalise et voit cela comme dû à la grande ville où l'on est seul dans la foule, sans amis, sans maître. Il pense qu'il serait mieux ailleurs, nie la mélancolie qu'il affirmait peu avant, et, injuste comme le malade qu'il est, reproche à son ami Flechsig de partager sa tristesse au lieu de la dissiper ! Déjà, avant de rejoindre Heidelberg, il écrivait : "La vie à Leipzig suit son vieux cours fatal et monotone et me fait parfois souhaiter d'être à Cayenne plutôt qu'à Leipzig... Pourquoi toutes les jouissances me sont-elles refusées dans ce Leipzig nauséabond ?"

La musique et Heidelberg suffiront-elles à enrayer le mal qui déjà le ronge ? Schumann, cette année, aura peu composé. Il aura encore, par contre, beaucoup écrit, influencé dans son style par Jean-Paul, Schiller et Goethe.

L'année 1829 sera celle des Universités, Schumann déménagera au cours de l'année, à la rentrée universitaire d'Octobre, de Leipzig à Heidelberg, scellant l'interruption des leçons avec Wieck. Ce sera aussi l'année d'un long voyage à travers l'Europe.

Mais c'est dès Février que les leçons avec Wieck sont interrompues. Wieck semble ne plus autant s'intéresser à Schumann, et il part en tournée avec Clara. Quant à Schumann, il a déjà, depuis quelque temps, les yeux tournés vers Heidelberg. Ils se quittent toutefois en bons termes et Schumann remercie "le vieux".

Il ne profite pas de l'occasion d'aller à Zwickau que lui offre le baptême d'un neveu, fils de son frère Julius. Il n'aurait pas osé venir sans l'assentiment de sa mère, rapporte Eugénie, sa fille. " Ces scrupules t'honorent, croit pouvoir lui écrire Johanna; pour la première fois depuis la mort de ton père, je sens que je suis encore bonne à quelque chose en ce monde". Schumann par contre passera de brèves vacances de Pâques à Zwickau.

Mais les vraies vacances, il les prendra en Mai, en une tournée en Allemagne, en Rhénanie d'abord, avec son nouvel ami, le romancier Willibald Alexis (Wilhelm Harig), puis seul. Il part sur les routes en voiture de poste dont il se fait donner les rennes, et observe et décrit dans ses lettres et son journal ses compagnons de voyage. Parfois, c'est à pied, sac au dos, qu'il chemine. Il apprécie les paysages, les vignobles, dont on trouvera les traces dans ses lieder futurs.

Il s'amuse à mystifier, se faisant passer, tantôt pour le précepteur dans une grande famille, tantôt pour le secrétaire d'un lord pour lequel il vient acheter un piano :

chez le facteur, il essaie les meilleurs pianos pendant trois heures, improvise, et s'attire ainsi un succès marqué à Francfort, où il visite la ville, apprécie les paysages du Taunus, la nature alentour; c'est ainsi qu'il joue au postillon jusqu'à Wiesbaden. La culture n'est pas négligée et il visite la maison natale de Goethe.

Mais la plus grande émotion, c'est la rencontre avec le "Vater Rhein" et ses environs, dont la poésie l'émerveille. Calme, tranquille, grave, vénérable et fier comme un dieu germanique, il fascine Schumann, qui décrit avec lyrisme dans son journal les crépuscules sur le Rhin, avec les "splendides ruines d'Ehrenfels". "Le soir, à Rudesheim, je débarquais, la lune continuait à briller... et j'ai serré mes paupières pour pouvoir savourer avec toute mon âme, avec recueillement, la première apparition du vieux, majestueux Vater Rhein. Mais je m'endormis et je rêvai que j'étais noyé dans le Rhin". A Rudesheim, Schumann avait aussi apprécié le vin réputé du lieu... Il va aller ensuite jusqu'à Mayence et Mannheim.

Le 17, il traverse le fleuve : "France ! Prononce silencieusement mon coeur". La France, c'est pour lui Heine et Napoléon. Il fait un crochet par le coche d'eau et c'est Bingen, Coblence et le retour, qu'il lui faut faire à pied, faute d'argent. Et le 21, il arrive à Heidelberg, "ville sacrée du romantisme", aristocratique et savante, dominée par le vieux château et le tonneau géant, chanté par Heine, et que Schumann mettra en musique dans ses "Dichterliebe", le chemin des philosophes, de l'autre coté du Neckar, les lilas en fleur et les jeunes gens et filles animant les rues de la ville. Il y fait un bref mais réjouissant séjour, qu'il décrit poétiquement dans une lettre du 24 à Johanna, qui l'avait autorisé à faire ce voyage.

De retour à Leipzig, il mûrit jusqu'en Octobre son désir de quitter cette ville que, malgré ses ressources musicales, il n'aime pas et en particulier, on l'a vu, de par les moeurs et "traditions" estudiantines. Mais jusqu'ici, il n'avait pas le courage de rompre. C'est alors qu'il décide fermement de continuer ses études de droit à Heidelberg, arguant que cette ville est plus policée et que l'enseignement du droit y est meilleur, avec des professeurs mondialement réputés : Aug. Fr. Thibaut et Mittermeyer. Il a reçu une lettre de son ami Rosen qui y étudie le droit, et l'invite à le rejoindre. Schumann dit aussi y avoir été encouragé par le Professeur Thibaut.

Entre temps il prend des vacances d'été, en Août, vers l'Italie du Nord via la Suisse : le Rhin, Bâle, Berne. Il part seul, cette fois, sans Rosen contrairement à ce qui était prévu. Il a appris assez bien l'Italien pour se débrouiller, et lire l'Arioste et les sonnets de Pétrarque. Il a écrit à sa mère et à son tuteur pour obtenir l'argent nécessaire au voyage; il obtient gain de cause en argumentant de façon assez comique. Après la Suisse, c'est le Lac Majeur, Milan, où il reste six jours au lieu des deux prévus : il y a la Scala, où il va tous les soirs, les musiciens italiens, Rossini, et la Pasta, qui l'enthousiasme. Il écrit à Wieck : "il y a dans ma vie un soir où j'ai eu le sentiment que Dieu était devant moi, qu'il me permettait de contempler un moment son visage, ce fut en écoutant la Pasta".

Il amorce une liaison (platonique) avec une jeune et belle Anglaise, assez froide, mais qui aime Brutus, Byron, Mozart et Raphaël. Schumann s'efforce de la séduire en lui parlant de Jean-Paul, et en lui jouant du piano. Il se lie d'amitié avec un comte S. d'Innsbruck. Il continue sa route par Brescia et Vérone, et arrive à Venise où il se fait voler et a le cafard. Il y esquisse une "odyssée en sept chants" relatant son voyage :

1. Sirènes adriatiques. Gondole. Lagune. Mal de mer
2. Sur une couche ardente. Souffrance. Vie "mortelle"
3. Un médecin envoyé de Dieu à son chevet "chasse mes démons" contre un Napoléon
4. Esprit affaibli. Presque plus d'argent. Le retour...
5. Un "vil négociant de Brescia" lui dérobe un Napoléon. Dupe d'un "philistin"

6. Conflit de sentiments, bons et mauvais. Vendre les cadeaux venant d'êtres aimés
7. Route de retour tourne comme la grande roue. Venise se dissout dans l'horizon. J'envie les étudiants assis près de leur belle-soeur.

Il lui faut revenir, démuni d'argent, fatigué, souffrant, quelque peu déguenillé, déçu par certains côtés, enthousiaste par d'autres. "Il a vu". Et c'est Milan, Coire, Lindau, Constance et son lac, Augsbourg où il revoit le père de Clara Kürrer, auquel il soutire quelqu'argent pour rejoindre Heidelberg. Cela n'a pas constitué un de ces voyages d'apprentissage à la Goethe. Il est encore trop jeune, trop "étudiant", et s'attache surtout à la beauté des paysages, aux côtés anecdotiques, amusants, du périple : "Voyage point trop fatiguant grâce à la beauté et la continuelle diversité des paysages" La nature constitue sans doute une évasion efficace par rapport à ce qui l'attend. Il est en fait travaillé intérieurement par l'imminence du choix : la musique ou les études de droit, mais la chose n'est pas encore mûre en lui, n'est pas arrivée à pleine conscience.

En Octobre, c'est la reprise des cours, de droit, à Heidelberg. Schumann y retrouve son ami Rosen. Théoriquement, il a quatre heures de cours par jour, en fait il en "sèche" la plus grande partie. Il écrit à sa mère des lettres enjouées, spirituelles, entrecoupées de croquis de voyage et de réflexions morales. Il y commet même un "pieux mensonge" : "je commence à apprécier à sa juste valeur (est-ce ironie au deuxième degré ?) la jurisprudence". Il a comme excuse que ces deux années de droit sont, en fait, pour lui, un temps perdu, un temps de désarroi, un temps sans l'appui qu'il aurait souhaité avoir de feu son père. Il écrit aussi à son tuteur Rudel pour demander de l'argent.

Il se promène dans la campagne des environs, dont la nature, le charme "méridional", les changements avec les saisons, l'enchantent. Mais il pratique aussi la vie mondaine de la petite ville ; "une vie délicieuse". Il va à tous les concerts, s'amuse comme on sait s'amuser, alors, au Carnaval, lequel l'inspirera tant par la suite. Sa réputation est faite dans la ville, où il est "considéré", estimé, le "favori du public d'Heidelberg", écrit-il à son frère Julius. Il travaille beaucoup le piano, le concerto de Hummel, le rondo de Schubert à quatre mains, qui l'enthousiasme, les Variations Alexandrines de Moscheles, qui lui assurent le succès. Il joue en soliste dans un concert, se fait remarquer par la qualité de ses improvisations dans les réunions d'étudiants et les salons des notables de la ville et des localités voisines. La Grande Duchesse de Bade, Stéphanie, a entendu parler de lui et le fait venir à la cour pour y jouer.

Il cache évidemment cela à sa mère, mais pas à Wieck auquel il écrit : "la musique afflue, se bouscule, l'équivalent de cent opus !". Le fait d'être encouragé, voire adulé redouble son ardeur. En particulier de la part de Thibaut, son professeur, musicien raté ou "rentré" , qui écrit sur la musique, amer d'être professeur de droit et pas musicien-créateur. Le maître se fait un peu (?) complice de la vocation musicale de Schumann, le mettant en garde contre les talents rentrés et la relégation à un statut d'amateur ("le ciel n'a pas taillé Robert dans l'étoffe d'un fonctionnaire"). Schumann se fixe très fortement à ce personnage digne de ceux de ses chers Jean-Paul, E.T.A. Hoffmann, ou Wackenrocker. La maison des Thibaut, rendez-vous des mélomanes et des musiciens, lui est ouverte. Thibaut a grand plaisir à voir et entendre Schumann jouer. Lequel découvre Haendel, qu'il connnaissait peu. Parfois ils jouent ensemble de la musique de chambre de Haydn ou de Mozart. Le comble est que Johanna suggère à son fils de demander des conseils d'orientation à Thibaut... dans un choix entre droit... et philosophie.

Il va effectivement falloir choisir. Dans les actes, il a choisi, mais à vingt ans il ne sait encore s'il optera pour une situation bourgeoise ("sacrifice stérile à d'apparentes nécessités sociales") ou pour le chemin qu'"une poussée irrésistible" l'engage à prendre. Il hésite entre une aisance, une euphorie quant à l'avenir, et une inquiétude angoissée, son irrésolution se traduisant par une fuite en avant dans des activités multiples et variées. La duplicité entre ses propos à sa mère ("je joue rarement et très mal"), et ceux à Wieck, à qui il commande des partitions, exprime en fait son embarras : plus il s'approche de l'échéance et de la décision, plus celle-ci semble impossible à prendre. Heidelberg va-t-elle l'y aider ? Elle le fixe dans son irrésolution par son charme, le prétexte officiel des études de droit. Mais tout l'y engage à se donner à peu près exclusivement à la musique. Ainsi la fin de l'année va-t-elle être des plus pénibles pour lui, d'autant que la culpabilité ne l'épargne pas. Il résume cela dans la formule : "dépression générale, une effroyable mort dans la vie".

En cette année il aura composé huit polonaises pour piano à quatre mains, un quatuor pour piano et cordes, des Lieder sur des poèmes de Kerner (ceux qu'il a envoyés à Wiedebain), et ébauché une symphonie, toutes pièces aujourd'hui disparues. Mais il commence la composition des "Papillons" (op. 2), et, avant même, les variations Abegg (op. 1). 1830 est donc une année décisive dans la vie de Schumann, puisqu'elle est marquée, à mi-parcours, par l'abandon des études de droit et l'engagement dans la carrière de musicien professionnel.

En effet, si Schumann est à Heidelberg, en principe pour poursuivre ces études de droit (les "pandectes", c'est à dire la jurisprudence) commencées à Leipzig, en fait, il a abandonné en pratique tout travail et tout désir de travail en faculté. Le temps qu'il ne consacre pas à la musique, il l'utilise, quant aux études, à celle du Français. Alors qu'il consacre au moins quatre heures par jour au piano, il écrit encore à sa mère : "je ne joue que très rarement et très mal au piano. Le grand génie du son a doucement éteint sa torche. Tout ce que j'ai fait de musique me semble comme un beau rêve; et je ne peux qu'à peine imaginer que ce rêve a existé; cependant, croyez moi bien, si jamais j'arrivais à faire quelque chose ici-bas, ce serait dans la musique. J'ai de tout temps senti une attirance impétueuse vers la musique et même un instinct créateur, soit dit sans me surfaire. Mais... il faut gagner son pain ! Le droit me ratatine et me glace encore à un tel point que mille fleurs de fantaisie ne viendront plus, en moi, aspirer au printemps de la vie."

Tout en étant chaque matin à son piano, en étant presque chaque soir invité à jouer chez le professeur Thibaut (complice désormais de son abandon des études au profit de la musique), ou chez ses amis, il écrit que "c'en est presque fini avec la musique". Il a, en fait, acquis une certaine notoriété pour jouer les grands compositeurs. Son ami Topken admire son jeu, sa sonorité.

Plus, il compose sans avoir les bases théoriques en la matière, et ceci malgré les critiques que lui a faites Wieck à ce sujet; c'est un besoin : "Je suis parfois rempli de musique et rien que de musique, de sons et rien que de sons, que cela me rend incapable d'écrire n'importe quoi; à ces moments là, si d'aventure un critique d'art me disait : vous êtes incapable d'écrire, puisque vous ne produisez pas, j'aurais l'insolence de lui rire au nez et de lui répondre : "vous n'y entendez rien."

Il improvise des heures entières, y compris la nuit ! Topken, qui en est témoin, déclare ; " jamais je n'ai eu une telle jouissance, même avec les grands virtuoses". Il décèle ce que sera le grand Schumann de la maturité, mêlant une "fougue magistrale" et une "tendresse délicieuse". Il a "mille projets" d'oeuvres à écrire, des symphonies, un concerto...

Mais il reste plus un amateur "très doué", brillant en société, qu'un professionnel bien formé. Il est ambitieux, impatient de conquérir une gloire facile, grisé par sa réputation de "virtuose de sous-préfecture" (Boucourechliev), jouissant de l'estime, aussi, d'amis d'enfance, de parents (ses frères), de fonctionnaires de province; Boucourechliev le juge sévèrement : "il joue au virtuose, mais trébuche sur une gamme d'ut, incapable d'équilibrer une basse, aborde sans façon le genre le plus raffiné, le plus pénible : les variations. Ce qui lui manque pour réussir : tout ! Thème, continuité profondeur du geste harmonique original, hantise rythmique, souplesses d'écriture permettent foisonnement de l'idée sans perdre l'unité".

Le seul "vrai concert " qu'il donne en public, à la Société Philharmonique, ce sont les Variations Alexandrines de Moscheles, morceau de virtuosité qu'il joue en présence de la Princesse Stéphanie de Bade, ce qui le flatte. C'est en fait sa participation à la vie mondaine qui lui a fait mériter le surnom de "favori de Heidelberg".

Ainsi se passe le début de **l'année 1830**. A Pâques, il renonce à se rendre à Zwickau "pour rester à Heidelberg". Il ne s'en rend pas moins avec Töpken à Francfort pour y entendre Paganini "le merveilleux". C'est pour lui un choc, un peu analogue à celui reçu dans son adolescence en entendant Moscheles. Il est littéralement stupéfait, envoûté de la virtuosité "diabolique" du violoniste et du compositeur ("les trilles du diable"), ainsi que du personnage lui-même, qui résonne sans doute avec les héros de Jean-Paul et d'E.T.A. Hoffmann : « Longue araignée maigre, dégingandée, presque disloquée, au visage en lame de couteau, aux cheveux fous, à la physionomie mêlant tendresse, malice, et une certaine amertume » ce qui n'est pas non plus pour déplaire à Schumann. Il rêve aussitôt de devenir "le Paganini du piano". En tout cas il sera musicien, virtuose, et compositeur, comme Paganini !

C'est cela qui lui importe et pas les problèmes bassement matériels, comme l'héritage paternel dont il se désintéresse malgré l'actualité (en Juin) de sa liquidation. Aussi, la crise couve avec sa mère Johanna, quant à son orientation, crise jusque-là étouffée. Schumann, plein de scrupules, biaise jusqu'à la date du 30 Juillet, où la crise éclate, de par la lettre qu'il écrit à Johanna après une nuit d'insomnie. Suite à cette lettre, ce seront un échange intense de correspondances entre Robert, Johanna et Wieck, qui scelleront le destin de Schumann, le musicien et l'homme.

"Heidelberg, le 30 Juillet 1830, cinq heures du matin,... Bonjour maman !... Jusqu'ici ma vie n'a été qu'une lutte entre la poésie et la prose, en d'autres termes entre la musique et la jurisprudence. L'idéal le plus élevé a été mon soutien dans la vie pratique comme dans l'art; il résidait justement en un travail pratique, et l'espérance de mener un combat heureux dans une vaste sphère d'activité. Mais, en fin de compte, que sont donc en Saxe les espérances d'avenir pour un roturier dépourvu de grandes protections, comme d'une grande fortune, et qui ne sent en lui qu'un penchant très modéré pour la mendicité juridique et la lutte qui lui rapportera quelques pfennigs.

A Leipzig j'ai vécu dans le souci d'un avenir déterminé ! J'ai rêvé, flâné, et pour tout dire, je ne me suis nullement préoccupé d'assembler deux idées fortes. Ici, j'ai travaillé davantage, mais, là comme ailleurs, j'ai été de plus en plus intimement attiré vers l'art. Me voici aujourd'hui à un carrefour; je me pose une question : où aller ? Et j'en ai peur. Suivre mon génie, c'est aller vers l'art, et je crois que là est le chemin qui m'est tracé. Mais sincèrement - ne te froisse en rien de ce que je t'écris avec tendresse - je redoute toujours que tu viennes me barrer la route, comme autrefois. Il m'a toujours semblé que tu opposais à ce chemin cent bonnes raisons dignes d'une mère, et que je comprenais aussi : nous nous inquiétions l'un et l'autre d'un avenir douteux, et d'un pain quotidien mal assuré. Et ensuite y-a-t-il pour un homme plus amer souci qu'un avenir malheureux, monotone et sans issue, que lui-même s'est construit ? D'un autre côté il n'est pas bien aisé de choisir une direction totalement opposée à la première éducation reçue. Je me trouve dans la jeunesse de l'imagination que l'art peut encore cultiver et ennoblir. Je suis parvenu à la conviction qu'un travail patient, sous la direction d'un bon professeur, me mettrait à même de me mesurer avec n'importe quel virtuose, le mécanisme et la dextérité étant tout le secret du clavier. Il m'arrive d'avoir de l'imagination, et les activités créatrices se développeraient peut-être en moi. La question est donc la suivante : choisir l'un ou l'autre. Car un seul but doit suffire pour faire de la vie quelque chose de noble et de juste; aussi ne puis-je me donner à moi-même que cette seule réponse : "impose toi une tache noble et quotidienne, ainsi tu parviendras au but par une calme détermination."

C'est à cette lutte, ma bien chère maman, que je suis plus déterminé que jamais; tout en ayant confiance en ma force et ma volonté, je suis aussi inquiet, parfois, en songeant à la longue route que je pourrais avoir derrière moi, et à celle qu'il me reste encore à parcourir. Pour ce qui est de Thibaut, il pense depuis longtemps que l'art doit être mon seul but. Je voudrais bien que tu lui écrives, j'en serais bien content, et lui aussi certainement; il est à Rome en ce moment. Si je devais continuer le droit, il me faudrait passer encore un hiver ici, afin d'écouter, selon le devoir de tout étudiant, les pandectes, chez Thibaut. Si je reste fidèle à la musique, je dois, au contraire, sans contredit, quitter Heidelberg et retourner à Leipzig. J'y retrouverais Wieck en qui j'ai pleine confiance : il me connaît et peut juger de mes capacités; auprès de lui j'achèverais de me perfectionner. Ensuite, il me faudrait demeurer un an à Vienne pour travailler, autant que possible auprès de Moschelès. Maintenant, ma chère mère, laisse moi t'adresser une prière que, peut-être tu exauceras : écris toi-même à Wieck, qu'il te dise, sans ambages, ce qu'il pense de moi, de mes projets, ainsi pourrais-je hâter mon départ de Heidelberg, même s'il m'est pénible d'abandonner de si braves coeurs, tant de rêves enchanteurs, et une nature digne du paradis ! Si cela t'agrée, joins cette lettre (à celle) que tu écriras à Wieck; de toutes façons, que la question soit réglée pour la Saint Michel, et alors, bien disposé, courageux, et les yeux secs, je m'engagerai dans ma nouvelle vie.

Tu admettras que cette lettre est la plus importante de toutes celles que je t'ai écrites et que je t'écrirai jamais. Ainsi, examine, sans inflexibilité, ma prière et fixe moi au plus vite; il n'y a plus un instant à perdre.

Adieu, ma chère maman, et ne sois pas inquiète. Le ciel vient toujours en aide aux hommes de bonne volonté.

Ton fils qui t'aime de tout son coeur".

Et Johanna s'exécute : "Zwickau, 7 Août 1830. Très honorable Monsieur Wieck, à la demande de mon fils, Robert Schumann, j'ose me permettre de m'adresser à vous au sujet de l'avenir de mon enfant bien-aimé. C'est en tremblant et le coeur plein d'inquiétude que je viens vous demander votre opinion sur le projet de Robert, projet que vous expliquera la lettre ci-jointe. Telles n'étaient pas mes vues, et je vous confesse sincèrement mon inquiétude quant à l'avenir de Robert. Pour pouvoir en vivre, il est indispensable de s'élever très haut, dans cet art. En effet, la carrière est encombrée et, si remarquable que puisse être son talent, réussir n'en demeure pas moins incertain.

Depuis près de trois ans il est étudiant, et ses dépenses ont été excessives; et maintenant, alors que je le croyais près d'atteindre le but, je le vois prendre une détermination qui l'oblige à tout recommencer. Le temps est venu où il pourrait se faire une position, sa modeste fortune est à peu près entièrement dissipée; et le voilà qui va dépendre de tout le monde ! Et s'il devait ne pas réussir ! Non ! Je ne saurais vous dire combien je suis découragée et triste en songeant à l'avenir de Robert ! C'est pourtant un bon garçon, d'un extérieur agréable; il a reçu de la nature une intelligence qui, pour beaucoup, ne s'acquiert qu'avec peine. Il était en possession d'un capital suffisant pour mener tranquillement à bien ses études, et vivre convenablement dans l'attente d'une position, et le voilà qui, brusquement, change de voie ! Que n'a-t-il pris cette décision dix ans plus tôt ! Ah, cher Monsieur, si vous êtes père, vous m'approuverez et comprendrez combien mon tourment est fondé. Mes trois autres fils sont très mécontents de cela; ils ne veulent pas que je cède, et, d'un autre coté, j'entends ne pas me dresser contre la volonté de Robert. Mais, sincèrement, est-il sage, après trois années, d'entreprendre de nouvelles études, et de risquer ainsi les quelques Thalers qui lui restent ?...

C'est de votre jugement que dépendent le repos d'une mère et le bonheur de mon fils, encore dépourvu d'expérience, et qui vit volontiers dans les hautes sphères, dans les nuages, sans vouloir redescendre sur terre, et prendre conscience de la vie pratique. Je sais que vous aimez la musique... défendez vous de laisser ce sentiment parler en faveur de la cause de Robert, mais jugez son âge, sa position, ses capacités, et son avenir. Je vous en prie, je vous en conjure, en tant qu'époux et père, et aussi en tant qu'ami de Robert, agissez en toute loyauté. Dites moi sincèrement ce que vous pensez de Robert, et ce qu'il peut craindre ou espérer.

Pardonnez-moi le désordre de cette missive; je suis si troublée que j'en ai l'âme toute bouleversée. Jamais lettre ne m'a été si pénible que celle-ci.

Aidez, Monsieur, ne tardez pas à répondre à votre humble servante Johanna Schumann née Schnabel"

Cette demande comporte un tel tableau d'un Schumann absolument irresponsable que même si Wieck se montre prêt à accéder au désir de Robert, il se souviendra sans doute de tous les "défauts" signalés par Johanna, et saura les utiliser pour s'opposer, plus tard, au mariage de Robert et Clara.

Mais, dans l'immédiat, Wieck répond à Johanna :

"Leipzig, 9 Août 1830. Très chère Madame, Je m'empresse de répondre à votre très honorée lettre du 7 courant, et je vous assure de ma profonde sympathie.

Ma lettre sera brève (?); en effet, de nombreuses affaires me pressent, et je désire parler personnellement à M. votre fils de ce qui est pour lui urgent au dessus tout; je veux aboutir rapidement.

Voici donc mes intentions : M. votre fils quittera Heidelberg, qui ne convient guère à son humeur fantasque, et reviendra à Leipzig, ville froide et sans imprévu, plus indiquée pour de nombreuses raisons que je lui exposerai; en insistant, j'espère bien le convaincre.

En attendant, je prends la responsabilité de M. votre fils qui, grâce à son talent et sa personnalité, deviendra en trois ans un des plus grands pianistes de notre temps, plus spirituel et plus emporté que Moscheles, plus parfait dans son jeu que Hummel. L'expérience de cette réussite, je l'accomplis actuellement avec ma fille, âgée de onze ans, que je commence à faire entendre en public. Pour ce qui est de la composition, le Cantor Weinlich, que nous avons ici, sera, je crois, tout à fait ce qu'il nous faut ; Robert croit, ce en quoi il a tort, que le mécanisme seul compte pour le piano. De cette vue, bien étroite, je déduis qu'il n'a pas dû, à Heidelberg, avoir l'occasion d'entendre le moindre pianiste doué d'un peu d'intelligence, et qu'ainsi lui-même n'a pu progresser.

En partant de Leipzig il connaîssait tout ce qui est nécessaire à un bon pianiste, et, pour le reste, ma Clara, qui a onze ans, saura bien le convaincre. Pour Robert, il est vrai, le plus difficile est qu'il s'assure une maîtrise du mécanisme, froide, constante et réfléchie : c'est l'essence même de l'art pianistique.

Mais durant les leçons que je lui ai données, ce n'est qu'après de pénibles luttes, d'infinies contradictions de sa part, et, entre nous, des querelles inouïes que je parvins à le persuader - et nous avons beau être doués de raison ! - que pour acquérir un jeu élégant en dépit de sa débordante fantaisie, il fallait de la précision, de l'égalité, du rythme, de la pureté ; malgré cet effort, dès la leçon suivante, je constatais que l'essentiel de mes instructions était resté vain. Mais, dans ma vieille affection à son égard, je recommençais, je reprenais mes vieilles théories, je m'acharnais, encore une fois, par affection pour Robert et par conscience artistique. Après cela, pendant une quinzaine, il s'excusa de ne pas venir à ses leçons et je ne le revis plus avant son départ.

Ce cher et aimable Robert a-t-il changé, à votre avis ? Est-il devenu plus fort, plus froid, plus viril, plus homme en un mot ? On ne s'en aperçoit guère à ses lettres. Si je prends la responsabilité de le faire travailler, et s'il consent à vivre uniquement pour son art, ce ne peut être qu'à la condition de le diriger et de lui donner leçon presque quotidiennement.

Pour quelle raison ? Je veux avant tout qu'on me fasse crédit, mais comment arriver au bout de ce projet ? J'ai une affaire à Dresde, à Noël j'en monte une semblable à Berlin, et je vais accompagner ma fille dans une tournée artistique qui durera un an et nous mènera à Vienne, Berlin, et peut-être Paris. Dans sa fantaisie, que dira Robert de se voir pour l'instant, c'est à dire trois semaines, confié au réfrigérant Thomas, uniquement pour l'empêcher de s'écarter de la voie où je l'aurai placé ? A cela, chère Madame, ni vous ni moi ne pouvons répondre. C'est Robert seul qui doit décider, si tant est qu'il soit capable de décider quelque chose. Avant d'aller plus avant dans la question, j'affirme qu'un virtuose, qui n'est pas par ailleurs un compositeur déjà fort connu, ne peut gagner sa vie, d'ailleurs fort bien, qu'en donnant des leçons. Partout font défaut de bons et intelligents professeurs, doués d'une solide culture générale, à Paris, Vienne, Petersbourg et Berlin, on paye, on le sait, de deux à quatre Thalers une leçon, et six à huit Thalers à Londres. C'est ainsi que je pousse ma fille dans la voie du professorat, et pourtant elle improvise, ce qui est unique, je veux dire ce qui ne se trouve dans le monde entier chez aucune pianiste. Pourtant, je reste sur mes gardes, sans me laisser éblouir. Robert, professeur dans l'une ou l'autre de ces villes, mènerait une vie fort agréable, d'autant qu'il dispose de quelques rentes, et serait incapable, je pense, de manger son capital. Mais Robert saurait-il commencer à enseigner, ici, dès maintenant, alors qu'il faut des années pour devenir un bon professeur ? C'est ce que je me demande. Robert doit se souvenir de ce que j'attends d'un bon professeur; mais en fait, s'en souvient-il ? Robert se décidera-t-il enfin à travailler, pendant deux ans, la théorie froide et sèche, et tout ce qu'elle comporte ? Etudier l'harmonie, tout en travaillant le piano, donne toujours de bons résultats en ce qui regarde le toucher, méthode que je préconise, et que l'on ne retrouve dans aucune autre école de piano. Mais je ne pense pas que Robert ait eu la volonté de se soumettre déjà à cette fameuse théorie ! Robert se déciderait-il à donner à Clara quelques leçons, pour lui faire travailler, par exemple, quelques compositions à deux ou trois voix, sans lâcher la bride à cette faculté d'improviser dont elle use un peu trop volontiers ?

Mais si Robert ne se soumet pas à toutes ces propositions, que fera-t-il, et où le conduira sa fantaisie ?

Etant donné la franchise avec laquelle je m'exprime, sans avoir encore tout bien envisagé, vous mesurerez sans peine à a quel point je suis touché de la confiance que vous me témoignez tous deux et combien je ferai tout pour la mériter; si quelque jour votre fils revient à Leipzig, je mettrai tout cela au point avec lui, mais de vive voix.

M. votre fils voudra bien m'excuser de n'avoir pas répondu à sa lettre, mais mes affaires ici et l'éducation musicale de ma fille m'absorbent beaucoup; cela m'a coûté bien des petites négligences et m'a contraint à ne vous écrire qu'une courte lettre.

Chère madame, ne vous faites pas trop de soucis; on ne peut rien changer de force; les parents font au mieux pour leurs enfants, Dieu fait le reste.

Si Robert est assez courageux et énergique pour que je ne doute plus de lui, c'est à dire s'il se soumet, six mois durant, à ces propositions - s'il en allait autrement, tout ne serait d'ailleurs pas perdu pour autant - alors laissez-le s'en aller vagabonder à sa fantaisie et donnez lui votre bénédiction. Il nous faut, pour l'instant, attendre sa réponse à cette lettre. Veuillez croire, chère Madame, à mes respectueux sentiments".

Friedrich Wieck

Et Johanna d'écrire aussitôt à son fils :

"Zwickau, le 12 Août 1830

Cher Robert,

Ta dernière lettre m'a profondément bouleversée et depuis ce moment je suis retombée dans mon état d'accablement. Je pensais pouvoir accepter avec vaillance et sérénité tout ce qui m'arrivait, mais je vois combien les émotions influent sur le physique et le moral. Je ne t'adresse pas de reproches qui ne serviraient à rien; mais je ne saurais non plus approuver ta manière de voir et d'agir.

Songe à ta vie passée depuis la mort de ton bon père, et tu devras bien reconnaître que jamais tu n'as vécu que pour toi. Où cela te mènera-t-il ?

J'ai envoyé ta lettre à Wieck et voici sa réponse. Selon ton désir il s'est exprimé sans ambages. Interroge toi bien, vois si tu es réellement capable d'un effort soutenu et si, pendant des heures, tu sauras t'astreindre à donner des leçons à des enfants; cette position subalterne te procurera-t-elle une existence agréable ?

Même si tu respectes toutes les exigences de Wieck, tu n'auras pas pour autant assuré ton avenir. Songe à la vieillesse. Ne va pas cependant t'imaginer que je veuille te "barrer la route", comme tu dis, mon Robert; tout simplement je te donne mon opinion, pour n'avoir aucun reproche à me faire si ta nouvelle carrière te décevait quelque jour. Tes frères, et Lorenz, et Schlegel désapprouvent ton projet. Que le poids de ta décision retombe sur toi seul et Dieu te bénisse : voilà les prières et le voeu que je forme pour toi. Robert, pardonne au coeur d'une mère anxieuse cette inquiétude; j'aurais voulu la cacher, je ne le puis, car le sort de mes enfants chéris est trop intimement lié au repos, au bonheur de ma vie.

Ta mère affectionnée", J.C. Schumann

On ne sait si à cette lettre "affectionnée" mais non dépourvue d'une certaine pression affective, le jeune Schumann écrivit une réponse. Par contre, il écrivit à Wieck :

"Heidelberg, le 21 Août 1830

Mon bien cher professeur,

Il m'a fallu du temps pour calmer mes idées et les mettre en ordre ! Ne me demandez pas ce que j'ai éprouvé à la lecture de ces deux lettres... Le courage, la détermination, tels ont été mes premiers sentiments. Le chemin qui conduit à la science traverse les Alpes couvertes de glaces éternelles; celui qui mène à l'art a aussi ses montagnes, c'est vrai, mais elles sont couvertes de verdure et de fleurs, de rêveries et d'espérances... Maintenant, me voici plus calme; je me voue à l'art et lui resterai fidèle; je le puis et le dois. Je me détourne sans regret d'une science que je ne saurais aimer, et pourtant, ce n'est pas sans appréhension que je considère la longue route qui conduit au but que je dois atteindre. Je suis modeste et j'ai mille raisons de l'être, croyez-moi, mais je ne suis pas moins courageux, patient, plein de confiance et de docilité. Je me confie à vous, je m'abandonne à vous totalement; prenez-moi tel que je suis. Nul blâme ne pourra me décourager, nul éloge me rendre vaniteux. Quelques douches de glaciale théorie ne me feront pas de mal non plus; je les endurerai sans broncher. J'ai médité très soigneusement vos cinq objections; je me suis sérieusement demandé si j'étais capable de remplir toutes les conditions par vous imposées; à chacune de ces questions le coeur et l'esprit ont répondu : "Ah ! Certainement !".

Cher professeur, prenez-moi par la main et guidez-moi... Je vous suivrai où vous voudrez, aveuglément, sans lever le bandeau de mes yeux, de peur d'être ébloui par la lumière. Ah ! Si vous pouviez lire en mon coeur en ce moment; il est calme et rafraîchi par le souffle d'une vie nouvelle.

Ayez donc confiance en moi; Je veux mériter l'honneur d'être votre élève. Ah ! Je n'aurais jamais cru que l'on pût être si heureux sur terre... maintenant, je le sais.

Recevez aujourd'hui mon adieu le plus cordial; dans trois semaines vous m'aurez, et alors...

Votre tout dévoué Robert Schumann".

Schumann va donc quitter Heidelberg pour Leipzig. Il s'y attarde cependant jusqu'au 24 Septembre afin de liquider diverses affaires, dont quelques "dettes criardes", liées à ses achats de partitions, de cigares, de bière, et aux dépenses lors du Carnaval.

C'est sans un sou, ou presque, qu'il s'en va, mais emportant avec lui les manuscrits des Variations Abegg et des Papillons, et "riche d'espérance", "soulagé d'une angoisse insupportable". Dans sa dernière lettre d'Heidelberg", il écrit :

"Donnez moi vos mains, mes chéris, et laissez moi poursuivre tranquillement mon chemin; à présent, vous et moi, nous pouvons envisager l'avenir avec plus de fermeté et d'assurance qu'auparavant. Adieu, donc, mère chérie et vous autres, mes bien-aimés. Et si cette lettre est la dernière que je vous écris du bel Heidelberg, vous préférerez pourtant me savoir pauvre et heureux en pratiquant mon art, que de me savoir pauvre et malheureux en m'occupant de jurisprudence. L'avenir est un grand mot."

Il ne passera pas par Zwickau, mais fera halte à Strasbourg où il appréciera sa connaissance récente du Français. Il arrive début Octobre à Leipzig, ville qu'il n'aime guère, mais qui recèle des ressources musicales considérables. Il va loger chez Wieck lui-même, 35 Grimaïsche Gasse, "pour ne pas perdre de temps". Décidé à se cloîtrer, empreint d'une volonté de travail incontestable, et envisageant un avenir immédiat des plus austères, il aura une leçon de Wieck chaque jour. Il ressent le besoin de cette régularité, de cette prise en main stricte, rigoureuse, mais éclairée, convaincue et stimulante pour lui, s'il veut réaliser ses projets : atteindre et dépasser Moscheles et être "le Paganini du piano", et même composer, enseigner et diriger la musique. Il va donc travailler, beaucoup, avec acharnement, sept heures par jour, au piano dès le matin tôt. Il lui faut rattraper le temps perdu, une année à l'Université, et ne plus fréquenter, à Leipzig, la Faculté de droit.

Sous la tutelle, voire le despotisme de Wieck, il va s'astreindre aux exercices les plus rebutants pour devenir le virtuose qui réponde à la demande du public de l'époque et mériter les applaudissements à l'égal de Hummel, Moscheles, Paganini, tout en restant pénétré intimement du sens de la musique, des oeuvres jouées.

L'enthousiasme est grand et les progrès littéralement foudroyants, même si le travail est dur (ce dont témoignent lettres et journal intime). A l'ardeur voire l'ivresse dans l'étude succèdent facilement dépression, hypochondrie, misanthropie, indifférence à tout ce qui n'est pas le piano, et aussi doute sur soi-même : "Il y a des jours où je vois sur tous les visages passer des nuages oppressants, ou est-ce mon regard intérieur qui croit les voir ?... Ne te laisse pas abattre, cher Robert, lorsque les traits du piano ne sont pas aussi rapides et perlés que les jours précédents; travaille patiemment, relève doucement les doigts, tiens ta main tranquille et joue lentement, tout doit rentrer dans l'ordre... Le piano a très mal marché hier, comme si quelqu'un retenait mon bras : je n'ai pas voulu forcer. Le trouble et l'obscurité semblaient submerger les êtres et les cieux."

Il faut dire que Wieck apporte à ces efforts un soutien efficace voire tyrannique, en "maître tenace, qui n'épargnait ni sa personne, ni celle de ses élèves" (Dietrich Fischer-Dieskau); sa vie privée passée et présente témoignant également de cette "forte personnalité" sur laquelle, au moment où Schumann se soumet à lui, il convient de s'attarder quelque peu. En effet, sa première femme, Marianne Tromlitz, petite fille d'un célèbre flûtiste, s'était séparée de lui en 1824, avait divorcé, ne le supportant plus et avait épousé le professeur de musique berlinois Bargiel, dont elle eut un fils, compositeur ami de Brahms. Quatre ans plus tard, Wieck épousait en secondes noces Clémentine Fechtig, qui lui donna un fils, Alwin, que Wieck maltraitera littéralement. Seule Clara sera relativement épargnée par l'irascibilité de caractère de Wieck, tout en étant soumise à sa férule pédagogique. Celle-ci s'exerce avec le but des "réalisations concrètes d'une carrière lucrative" (D. Fischer-Dieskau) et de faire, même, "argent de tout".

Ainsi pris en main, Schumann voit ses frères rassurés, se calmer, il en est de même de sa mère Johanna, bien qu'elle dise avoir "le coeur si sec qu'elle ne peut plus prier". Et Schumann de rétorquer : "ne contrarie pas le génie et la nature, ils pourraient s'en offenser".

Ce qui ne veut pas dire que Schumann, alors, aille toujours bien, même en cette période d'activisme pianistique. Car, en fait, Schumann est-il heureux ? Sait-il, malgré toute l'énergie qu'il déploie, ce qu'il veut ? Ses volte-faces, ses infidélités qu'il fera à Wieck (avec Dorn, Hummel) témoignent de ses incertitudes. Et puis il y a cette impression de dénuement, d'être "jeté hors du monde", dans la solitude de sa chambre où il s'enferme, refusant toute distraction. Et c'est, surtout, une angoisse sourde à l'approche d'un nouveau carrefour de sa vie : lui faudra-t-il devenir virtuose... ou compositeur ? Il ne saura pas se décider consciemment, de lui-même, et le sort (c'est à dire l'Inconscient, sous la forme d'un "acte symptomatique"), en décidera pour lui. Bref, c'est un "cyclothymique" : tantôt dans le creux ("de mon ancienne ardeur, de mon enthousiasme, il ne reste que des scories"), tantôt "au ciel", enflammé, hyperactif, en proie à une agitation intense et à une profusion de projets plus ou moins grandioses (telle cette idée, en Décembre, d'un opéra : Hamlet, rien de moins !) projets vite abandonnés. "La pensée de la gloire et de l'immortalité me donne force et imagination". Et, entre ces extrêmes, cette incapacité obsessionnelle à se décider.

Les problèmes d'argent n'arrangent pas les choses. Schumann est, apparemment, dédaigneux des affaires d'argent, mais fait preuve, en pratique d'une certaine prodigalité, en particulier en rapport avec ses soucis d'élégance. Et il y a la bière, le tabac, les frais de location et d'entretien du piano, les leçons à payer. Les frères, manifestement, rechignent de plus en plus à lui envoyer de l'argent, en appoint à la pension, insuffisante, que lui verse Rudel, le tuteur. Il doit en réclamer à sa mère, à laquelle il demande, en plus, qu'elle lui achète sucre et café. La correspondance de Schumann avec ses frères et sa mère est, à, ce titre, éloquente.

"Il n'est pas besoin d'en parler à maman. Elle m'a, depuis longtemps promis de m'envoyer des Ducats, mais autant en emporte le vent" (à Karl, le 3 / 6 / 1830).

"Tu croiras à peine combien je suis étourdi, et combien, souvent, je jette l'argent par les fenêtres. Je me fais toujours des reproches et je prends de belles résolutions mais je les oublie en quelques minutes, et je recommence à donner des pourboires de huit Groschens. Les voyages en pays étranger en sont la cause en partie, mais la principale faute vient de ma maudite étourderie" (à sa mère 15 / 12 / 1830). Déjà en 1828, Johanna, après un séjour de Robert à Zwickau, lui écrivait dans une lettre citée par Eugénie

Schumann : “Après ton départ, j’étais si triste que je suis allée au magasin où Julius m’a attristée davantage en me disant que tu voyageais à pied par économie. J’ai pleuré amèrement de ne pas t’avoir donné assez d’argent; en vérité, mon bon Robert, je n’y avais pas songé”.

Schumann en vient à supprimer un repas par jour, le repas de midi ne devant pas dépasser quatre Groschens, à ne se nourrir que de pommes de terre, et à ne manger de viande qu’une fois par semaine. Et il n’a pas un Pfennig pour se faire couper les cheveux. D’où son impression de dénuement, d’être relégué par la pauvreté au dernier rang de la société.

Dans ces conditions, d’où peut venir le réconfort ? Des amis : Flechsig, toujours, Lühe, les Carus, mais Schumann n’a-t-il pas la nostalgie de ceux d’Heidelberg ? De Thibault ? De sa mère, encore et toujours, malgré son inquiétude. Et elle garde le secret espoir que son Robert renoncera à la carrière musicale. Peut-être y a-t-il effectivement une issue du côté des penchants de son fils, aussi, vers la littérature ? En tout cas elle lui écrit : “Je souhaite que tu suives un cours de littérature”. Par contre il lui arrive de se mettre à l’unisson de l’exaltation qui saisit par moment son fils et de s’épancher dans des lettres tendres et pleines de sollicitude, ainsi cette curieuse invitation à se marier à la seule musique comme une religieuse à Dieu : “La musique est ta fidèle bien-aimée, ta véritable amie dans la douleur et dans la joie. Reste lui fidèle, car tu l’as choisie pour compagne de ton pèlerinage sur cette terre”.

Mais surtout, il y a sous le toit même de Wieck chez lequel loge Schumann, Clara. Clara qui a à peine douze ans, espiègle et grave, la grâce enfantine et la maturité musicale accomplie. “Tu étais alors une petite gamine un tant soit peu boudeuse, ayant de très beaux yeux, et très friande de cerises” se souviendra-t-il bien plus tard. Cette grâce enfantine est en effet propre à toucher en Schumann ce qu’il y a en lui d’enfantin, à créer entre eux tendresse et complicité enfantines. Schumann les cultive avec de grands égards, en même temps qu’il a un culte pour le père Wieck. Ce sont des promenades à pied chaque jour autour de Leipzig, des confidences réciproques “à l’oreille”. Schumann lui raconte des histoires de brigands, de sosies, de fantômes, des contes plus ou moins fantastiques. Il lui écrira un jour : “Pendant votre absence, je me suis promené en Arabie, pour chercher des contes de fées qui pourraient vous plaire, six nouvelles histoires de Doppelgänger (de doubles), huit devinettes fort drôles, et de terribles histoires merveilleuses de voleurs, et celle du fantôme blanc, hou, hou, j’en tremble”.

Mais Clara est aussi l’élève principale, “l’élève-témoin” du père Wieck. Et si elle est apparue à Schumann comme à la fois enfantine et mûre, son développement a connu des dysharmonies frappantes : jeune enfant, elle a parlé très tard (vers cinq ans !), donné l’impression de légères difficultés d’audition, ne sut guère écrire correctement, faisant des fautes d’orthographe. Elle n’en fut pas moins “mise au piano plein temps” dès l’âge de cinq ou six ans, avec la “méthode Logier” (D. Fischer-Dieskau) : on faisait jouer les élèves en groupe, sur différents instruments, puis en individuel. Méthode J. Fieds, “uniquement à l’oreille, jusqu’à ce que les doigts courent d’eux-mêmes sur le clavier, laissant le regard libre pour la lecture des notes”. En cette année 1830, c’était l’enseignement de la théorie musicale avec Théodor Weinling, l’étude de Bach, de la composition de chants à quatre voix (à laquelle Clara s’essaya), de chorals. Ce programme comprenait contrepoint, déchiffrage, improvisation, piano, violon, chant. Mais Wieck jouait aussi, pour le succès de Clara, sur les goûts philistins du public : “morceaux à succès”. Wieck “ne visait rien d’autre que les réalisations concrètes d’une carrière lucrative”, en sorte de “Maître-argent-de-tout” (D. Fischer-Dieskau). Cependant aucune cantatrice de la ville “n’accepta d’exécuter ces “pièces à succès”. Schumann pensait, selon

D. Fischer-Dieskau, que c'était "uniquement à cause de ses dons exceptionnels de pianiste que Clara, la fille de Wieck, devait de n'être pas en butte aux coups de son père irascible, comme l'était son frère Alwin". C'est dire à quel point Schumann était fasciné par la jeune virtuose qu'était déjà Clara.

Malgré un épisode difficile, à savoir l'idée de Schumann d'aller travailler avec Hummel, célèbre pianiste, à Weimar, ville qui le fascinait, et où il se rendit avec sa mère pour essuyer d'ailleurs un refus (prudent?) de Hummel, les "six mois d'épreuve", jusqu'au début 1831, s'avéraient concluants. Mais alors qu'avait donc voulu Schumann avec cette escapade (idyllique retour ?) avec Johanna ? Se libérer de la tutelle de Wieck, qui, sans doute, lui pesait ? Et le refus de Hummel répondit sans doute judicieusement à la crainte de la brutalité et de la colère que Schumann pouvait éprouver de la part de Wieck. La réaction de Wieck ne se serait pas fait attendre et aurait été, comme prévisible, violente. Schumann la relate à sa mère dans une lette du 2 Février : "Je fus réellement effrayé de son excessive colère, mais nous sommes redevenus bons amis comme auparavant et il m'aime comme son enfant"

Et Wieck fut même catégorique quant aux dons, talents, caractère de Schumann : son choix était justifié; c'eût été "sottise et maladresse" de vouloir en faire un juriste.

Mais malgré cet encouragement, la fin de l'année fut, pour Schumann, en proie à des alternances de dépression et d'excitation, "une épreuve terrible", "impossible, même, de prier", écrivait-il à l'instar de sa mère.

Il avait cependant achevé la composition des "variations Abegg" op. 1, commencé à rédiger les "Papillons" op. 2, et sa "Toccata", futur op. 7, et peut-être ébauché une symphonie. Mais, jusqu'en 1840, il composera pour le piano, et pratiquement uniquement pour le piano.

Le début de **l'année 1831** est pour Schumann aussi pénible que l'aura été la fin de 1830. Schumann reste déprimé. Et cela persiste, par périodes, jusqu'au printemps.

En Juin, le 8, Schumann est majeur, et le tuteur Rudel lui présente les comptes de tutelle. Schumann est légalement libre de ses décisions et à la tête d'un capital appréciable. Mais il se méfie lui-même de sa tendance dépensière, à considérer l'argent comme inépuisable, et à sa propension à un certain désordre dans ses affaires.

En Juillet il décide d'étudier la composition, l'harmonie et le contrepoint, d'abord avec Kupsol, puis à partir du 13 Juillet avec Dorn, directeur et chef de musique à l'opéra de Leipzig, et théoricien estimé, ceci afin de compenser ses lacunes, et d'acquérir les connaissances théoriques qui lui manquent, et en complément de l'enseignement technique reçu de Wieck. Mais celui-ci prend mal ce qu'il ressent comme une fantaisie et une indiscipline, comme si cela devait nuire, à l'avenir, à sa maîtrise technique, et ceci malgré les audaces que lui permettra son génie inventif. Dorn fait tout reprendre à Schumann par le début. Schumann se montre tout d'abord bon élève, appliqué, voire prolixe en ce domaine même. Il s'y adonne assidûment et prend régulièrement des leçons chez lui. Il écrit à sa mère : "Je me sens acquérir cette belle clarté que je pressentais autrefois et qui, bien souvent, m'a fait défaut". Cela durera près de dix-huit mois, mais Schumann finira par trouver pesant et contraignant cet enseignement auquel il mettra fin en 1832. Mais Juillet, c'est aussi Clara, dont Robert s'émerveille. "Une petite sauvage", fille unique du vieux Wieck; quand Schumann l'a connue, elle était déjà fêtée comme "Wunderkind" par Paganini, Chopin, et Goethe, lequel un jour avait dit d'elle qu'elle avait "la force de cinq garçons", et lui avait offert son portrait. Schumann admire de plus en plus son jeu, son intelligence, sa jeunesse; "elle commande déjà comme Léonore" dit d'elle Schumann-Florestan. Le 4 Juillet, il écrit dans son journal : "Clara est un être exceptionnel, extraordinaire. Elle parle de nous tous de la façon la plus spirituelle. A peine trois pieds de haut, et son coeur déjà formé, que cela m'angoisse. Verve et caprices, rires et pleurs, vie et mort : les plus vives oppositions se succèdent à la vitesse de l'éclair chez cette jeune fille... Sa mémoire m'émerveille; à chacune de mes paroles elle trouve une réponse"

En Août renaît chez lui le désir de travailler avec Hummel. Celui-ci semble avoir décliné la demande que Schumann lui aurait faite par écrit. Pourquoi cette nouvelle infidélité à son maître Wieck ? Il s'en explique le 2O Août 1831 : "quel changement je dus constater chez mon vieux maître ! Au lieu de passer chaque son au crible, d'étudier consciencieusement chaque phrase sous toutes ses faces, il me fit étudier pêle-mêle le beau et le mauvais, sans se préoccuper du toucher et du doigté".

En Juillet-Août, les variations sur le nom d'Abegg vont paraître chez l'imprimeur, à la grande joie de l'auteur, qui écrit, le 8 Août, à sa mère : "Je vais devenir sous peu le père d'un enfant très sain et très florissant", et il joint "une strophe magistrale de Goethe, que j'ai justement lue hier":

"Vaste monde et large vie
Longues années d'honnêtes efforts
Toujours recherchés, toujours fondés
Jamais achevés, souvent agrandis
Fidélité gardée à l'ancien
Le nouveau compris en ami.
Esprit joyeux et pur dessein :
Allons ! Voilà un pas de fait !"

"N'est-ce pas superbe ?"

Et le 21 Septembre, toujours à sa mère, il écrit : "Quelles joies sont les premières joies d'auteur; celles des fiançailles ne doivent guère les surpasser; aussi fier que le Doge de Venise lors de ses noces avec la mer, je me marie, moi, pour la première fois avec le monde immense". Johanna reçoit aussi la partition des "Papillons" qu'elle se fait jouer. C'est à la fois pour elle du bonheur, de la surprise, un brin d'inquiétude. Elle dit elle-même "ne pouvoir tout comprendre" et cela explique peut-être ceci... La critique de l'oeuvre est favorable, y compris celle de Rellstab dans "Iris".

Mais en Septembre, à l'occasion d'une épidémie de choléra, signalée à Berlin, Schumann est pris d'une terreur panique, celle d'être atteint de cette maladie, certes meurtrière à l'époque. Mourir à 21 ans ! Il veut fuir : à Berlin (!), à Augsbourg, en France (à Paris), en Italie (à Naples !). Il demande des passeports, fait son testament, se cloître, avec des idées de suicide récurrentes. "L'idée que je pourrais mourir à l'instant me rend fou". Son hypochondrie s'étend aussi à la crainte de devenir aveugle. Il écrit à ses frères le 5 Septembre 1831 : "Je dois vous avouer que j'ai une peur cruelle, presque enfantine, du choléra, à l'idée qu'il ferait peu de façons pour m'arracher avec ses griffes à la belle vie de tous les jours. Je suis hors de moi à la pensée de mourir à présent, après avoir vécu vingt ans sans avoir accompli autre chose que gaspiller de l'argent. Je suis dans une agitation et une indécision désastreuses, au point que je préfèrerais me tirer une balle dans la tête". Et, à sa mère, le 21 Septembre, une fois la crise passée, et dans l'euphorie liée à la parution de ses premiers opus : "Toute cette terreur s'est évanouie depuis quelques jours en même temps que le désir de voyage (?) qui, d'ailleurs, n'était pas si grand" (sic).

Mais son humeur doit encore subir les contre coups d'un nouveau départ en tournée des Wieck et donc, de Clara. Seul, Schumann se trouve, une fois de plus, déprimé.

Mais le 8 Décembre parait dans l'"Allgemeine Zeitung" son premier grand article de critique, signé "Eusébius et Florestan", au sujet des Variations de Chopin sur le "La ci darem la mano" du Don Giovanni de Mozart. C'est l'enthousiasme : "Chapeau bas, messieurs, voici un génie !"

Cette année 1831, outre l'édition des "Variations Abegg", verra donc l'achèvement et l'édition des "Papillons", l'écriture, encore, de l'Allegro pour piano op. 8 et de variations en sol sur un thème, qui ont disparu.

Schumann semble avoir trouvé instinctivement sa voie propre, la composition, non sans un reste de culpabilité vis à vis de sa mère Johanna. Il se livre à une auto-observation dont témoignent lettres et journal; où tout cela transparaît, y compris les variations de son humeur.

1832. En ce début d'année, Schumann supporte donc mal l'absence des Wieck, mais il s'est installé dans un logement qui lui convient bien, rue des Maisons Rouges. "De la pièce de devant, à l'est, le ciel et le soleil levant, que je savoure comme un enfant. La pièce du fond donne sur un jardin fleuri, un moulin dont on entend le cliquetis, sur ruisseau bouillonnant". De l'autre coté, Schumann jouit du coucher de soleil et du lever de la lune.

Schumann, dans sa solitude, s'efforce de profiter des ressources qu'offre Leipzig, "capitale de la musique". Les choeurs de la Thomaskirche atteignent la perfection depuis Kunhau et Bach; le Gewandhaus, aux concerts réputés, sous la direction de Hiller depuis 1781; une académie de chant donnant messes et oratorios; la société de musique Euterpe; une académie des quatuors; un bon théâtre d'opéra, soit le meilleur de la musique, des classiques et des espoirs de la musique contemporaine !

Schumann correspond avec Clara; le 11 Janvier : "Chère et vénérée Clara, Je n'ai pu me retenir de sourire légèrement quand je lus affiché dans la bidaskalia : Variations de Herz, etc... exécutées par Mademoiselle Clara Wieck. Ah, excusez-moi, comment vous appellerai-je ? Mademoiselle ? Comment puis-je vous appeler ? - non, je ne vous appelle pas - on ne dit pas Monsieur Paganini, Monsieur Goethe.

Je sais que vous avez un cerveau et que vous comprenez votre lunatique conteur d'histoires. Alors, chère Clara, je pense souvent à vous - pas comme un frère à une soeur, ni comme un ami à une amie, mais comme un pèlerin à la Madone ! " Et Schumann se fait, tour à tour, gamin sans nul effort pour jouer à distance avec Clara, ou sérieux, dans cette lettre bien connue et déjà citée dans laquelle il lui promet charades, histoires de brigands ou de fantôme...

Mais aussi, quasi fraternel : "Frère Alwin est devenu un garçon fort sage. Son nouveau costume bleu et son béret de cuir pareil au mien lui vont à ravir. Il n'y a rien de bien extraordinaire à dire de Gustave. Il a grandi de manière surprenante, il est à peu près de ma taille - vous en serez toute étonnée. Clément, enfin, est le plus drôle et le plus aimable des garçons et aussi le plus entêté. Quand il parle, c'est comme une musique tant sa voix est harmonieuse. Il a aussi beaucoup grandi; pour Alwin la question du violon n'est pas encore résolue. Et quand au cousin Pfundt, il est l'homme qui, avec moi, se languit le plus de notre ville de Francfort.

Avez-vous composé ? Et quoi donc ? En rêve, j'entends de la musique quelquefois : c'est vous qui composez. Chez Dorn, j'en suis à la fugue à trois voix. A part cela, j'ai terminé une sonate en si mineur et un cahier des Papillons - le dernier va sortir dans quinze jours - on l'imprime en ce moment.

Le temps est resplendissant aujourd'hui. Comment trouvez-vous les pommes à Francfort ? Et comment se comportent les fa neuf fois barrés dans la Springvariation de Chopin ?

Voilà que je suis au bout de ma feuille de papier. Vous voyez, tout finit, sauf l'amitié de votre ardent admirateur".

A ce langage pudique bien digne d'un ami, d'un admirateur, suit celui, tendre, employé par Schumann dans une lettre à sa mère ; "Comme un bon génie, tu es là, sans cesse, devant moi, que je veille ou que je dorme, douce toujours, aimante, et quasi transfigurée par la jeunesse. Le crois-tu ? Je rêve de toi presque chaque nuit, et presque toujours de beaux rêves".

En Avril, Schumann, après quelques mois (depuis Juillet 1831) de fréquentation de Dorn et de son enseignement en composition, rompt avec ce deuxième Maître, brusquement, sans même un mot d'excuse, au point qu'on a pu se demander si la rupture n'était pas le fait du Maître, qui aurait trouvé l'élève trop instruit déjà. Schumann avait-il du mal à assumer financièrement cet enseignement supplémentaire ? Craignait-il que la rigueur inhérente à ce genre d'enseignement n'étouffe sa créativité, sa liberté, sa fantaisie ? Avait-il des conceptions par trop différentes de la musique ? Dans une lettre à Wieck, déjà, en Janvier 1832, il se posait des questions :

"Dorn et moi ne tomberont jamais pleinement d'accord. Pour lui, la musique n'est que fugues... Je constate cependant les effets que les études théoriques ont sur moi. Tout, naguère, me semblait surgir de l'inspiration passagère. Aujourd'hui je contrôle mieux l'effusion de ma pensée et de mon enthousiasme, et je m'interromps souvent pour voir où j'en suis." Quitter Dorn était peut-être, aussi, une manière, pour Schumann, de revenir à Wieck. En tout cas, beaucoup plus tard, il reprochera à Dorn de l'avoir abandonné. En attendant, il étudie, sans maître, la théorie et la composition dans le traité de Marpug et dans les préludes et fugues du Klavier de Bach.

Le 2 Mai les Wieck sont de retour à Leipzig. Peu après Clara joue en concert les "Papillons", dont Wieck venait de faire l'éloge, et le premier mouvement d'une symphonie dans sa transcription pour le piano. Clara a mûri et parle avec un accent français. Schumann ne peut se passer de cette enfant grandie. Il la traite parfois de "folle et peureuse" (comme elle se serait montrée au jardin zoologique), mais il apprécie son espièglerie, son jeu "tantôt comme un dragon, tantôt de façon céleste" (Juillet dans "la Comète" d'Herlossohn) : "Réminiscences des derniers concerts de Clara Wieck à Leipzig" : "Clara joue divinement... jamais je n'ai entendu Clara jouer comme aujourd'hui. Tout était magistral et beau. Elle a joué les Papillons encore mieux qu'hier... chez moi".

Et c'est à cette période que Schumann compose les "Impromptus", comme en réponse au "Thème et variations" que Clara lui a dédiés. Comme si, lors de ses moments de doute sur lui-même, Schumann trouvait en Clara des ressources pour s'affirmer.

Et en Mai-Juin, il termine aussi les "Etudes d'après Paganini" op. 3, "travail herculéen" par lequel il veut faire la preuve de sa maîtrise théorique en musique. Il vient de se livrer à une étude approfondie, minutieuse, scrupuleuse, "pieuse" (Colling) du Klavier de Bach, "la grammaire de la musique". Il qualifie ce travail de "devoir musical et étude morale". Bach, pour lui, est un "génie qui purifie et donne des forces", dont "l'oeuvre est fortifiante pour l'humanité... Bach agit sur l'homme tout entier comme un tonique moral, car c'était un homme dans toute la force du terme : chez lui, rien d'à moitié fini, rien de malade, tout est écrit pour l'éternité". Il se livre aussi à une sérieuse étude des oeuvres de Beethoven et de Schubert. Et s'il travaille alors sans maître, il n'hésite pas à solliciter les conseils de ses aînés, sans d'ailleurs se sentir obligé de s'y fixer et conformer.

Mais c'est pendant l'été (en Mai-Juin selon Eugénie Schumann) que survient un accident à la fois dramatique et qui va constituer un tournant décisif dans la vie de Schumann. Il veut brûler les étapes, et est impatient de devenir un virtuose, le "Paganini du piano", d'arriver au plus vite à la perfection rêvée pour cela, au doigté le plus rapide. Sans consulter personne, semble-t-il, en tout cas sans révéler à Wieck ni à Dorn cette "invention", Schumann imagine une véritable machinerie, faite de câbles et de poulies, avec ligature du 4ème doigt (l'annulaire) de la main droite, pour le maintenir en l'air et laisser plus libre et indépendant le jeu des autres doigts. On a longtemps discuté du doigt qui a été victime de cette invention. Il faut toutefois noter que Schumann suivait peut-être en cela l'exemple du Maître, Wieck, qui avait mis au point une sorte d'appareil de contention pour imposer "la bonne position" aux bras du pianiste. On a d'ailleurs retrouvé l'usage et l'invention de ce genre d'appareils dans les oeuvres pédagogiques du père du président Schreber étudié par Freud et dans de toutes autres intentions... dans les écrits de Sade ! Schumann pense alors pouvoir jouer avec virtuosité le concerto de Hummel avec quatre doigts.

L'effet est désastreux. A l'ankylose de l'annulaire succède la paralysie d'autres doigts. Schumann se soigne par tous les moyens possibles : traitements électriques, alors en vogue, homéopathie, grands médecins ou charlatans, de Leipzig et des villes voisines. Les recommandations vont de la proscription de toute pratique du piano pendant un temps indéterminé (on imagine l'effet sur le moral !), aux médicaments les plus divers. Le logement de Schumann devient, aux dires de ses amis, une boutique de pharmacien. Le Professeur Kühl promet la guérison en six mois, en usant d'enveloppements de peau de boeuf et d'une écharpe pour la nuit, remplie d'herbes diverses.

C'est, finalement, une auto-mutilation qui fait perdre tout espoir de "restitutio ad integrum". Schumann est désespéré, craignant de devoir abandonner toute pratique musicale, y compris, même, de jouer ses propres compositions. Contrairement à ce qui a pu être affirmé par certains, le renoncement est pour Schumann très mal supporté. Ce serait, en effet, trop prendre à la lettre ce qu'il écrira, par la suite, en Mars 1834 à sa mère : "Ne te fais pas trop de souci pour mon doigt; je peux m'en passer pour composer et je n'aurais guère été heureux comme virtuose en tournée; je ne valais rien pour ce métier. Ce doigt ne me gène pas pour l'improvisation, et même, je suis repris de mon ancienne audace pour improviser devant les gens". De même, à Clara, le 3 Décembre 1838 : "Une chose terrible qui m'a déjà causé de grands chagrins, mais n'ai-je pas en toi ma main droite ? "Et même, le 15 Mars 1839, il rationalise, minimise voire escamote l'accident, en écrivant à Simonin de Sire l'attribue "au fait d'avoir trop écrit et trop joué du piano dans ma jeunesse... Il est vrai que cela m'a souvent affligé, mais maintenant le ciel me donne de temps à autre une pensée résolue, ainsi je ne pense plus du tout à la chose." En fait, jusque lors de l'hiver 1832-1833, il consultera encore un médecin célèbre à Dresde, car il souffre toujours physiquement et moralement. Et il lui faudra bien deux ou trois ans pour pouvoir à nouveau improviser.

On a certes sans doute eu raison de faire remarquer que cet accident, pour malheureux qu'il ait été, avait été en quelque sorte "providentiel", car s'il éloignait à tout jamais Schumann de la carrière de virtuose, il l'engageait, de façon obligée, vers ce qui était peut-être sa voie véritable : la composition, où il pouvait faire la preuve de son génie. Marcel Brion va jusqu'à écrire : "Robert Schumann avait besoin de cette souffrance pour prendre conscience de lui même et découvrir la véritable nature de la joie et de la gloire qui l'attendaient". Peut-être. Mais peut-être aurait-il pu être virtuose et compositeur de

génie. En tout cas, on ne peut que s'interroger sur le sens de cette auto-mutilation et évoquer, avec Rémy Stricker :
- le châtiment à soi-même infligé (que Schumann attribue au ciel)
- la culpabilité d'avoir désobéi à Wieck
- le désir de dépasser l'enseignement de son maître (cf. sa demande à Hummel)
- la "solution" d'un conflit resté irrésolu entre lui et sa mère au sujet de sa vocation d'artiste
- un sacrifice consenti à Clara, seule virtuose désormais, et dont Robert est déjà dépendant
- et une castration ainsi symbolisée, mais matérialisée, faute d'avoir été assumée psychiquement.

C'est donc un bien triste été 1832 qu'aura passé Schumann.

En Novembre deux concerts de Clara vont le réconforter. Le 8, c'est à Zwickau, avec les Papillons et la version piano du mouvement de sa symphonie en sol : un triomphe pour Clara, mais un accueil assez froid au mouvement de symphonie. C'est ce soir-là que Johanna vient embrasser Clara, 14 ans, et lui dit : "c'est toi qui épouseras mon Robert". Pour Eugénie, la fille de Schumann, Clara aimait déjà Robert, qui disait d'elle : "une enfant qui, déjà, dit des choses profondes". Le 18 du même mois le même concert fut donné par Clara à Leipzig.

Fin 1832, en Décembre, Schumann, las de Leipzig et déprimé, part pour passer tout l'hiver, jusqu'en Mars 1833, à Zwickau. Il ne s'en absentera que pour passer quelques jours à Schneeberg avec son frère Carl et sa belle-soeur Rosalie. Mais il correspond par lettres avec Clara. Dans une lettre du 17 Décembre elle le tient au courant des évènements leipzigois et de la scarlatine, légère, qui l'a immobilisée au lit quelques jours, et lui a fait manquer des concerts. "Cher Monsieur Schumann, Ha ! Ha ! Je vous entends d'ici... "J'en étais sûr, elle a oublié sa promesse !" Non, elle n'a pas oublié. Mais voilà pourquoi elle n'a pas encore pu vous écrire jusqu'à présent; lisez et écoutez... Ah ! Comme j'en aurais encore à vous raconter - mais je m'en garderai bien - sinon vous resteriez à Zwickau. Je vous connais bien maintenant ! Je veux aiguiser votre curiosité, pas plus, pour que vous vous languissiez de Leipzig. Parce que, tout de même, vous devez vous ennuyer ferme, je vous en raconterai encore un peu." Et Clara le taquine, lui parle d'une symphonie de Wagner par laquelle "il vous a dépassé". C'est Wieck qui l'a entendue à la Société Euterpe, qui le lui a dit ... et l'a fait écrire à Clara. "Mon père m'a aidée pour cette partie de la lettre. Agnès Carus envoie à son bien-aimé Fridolin ses meilleures amitiés et le prie de lui faire parvenir bien vite ses Lieder et sa symphonie... Je me réjouis beaucoup pour Noël et du morceau de Stolle (nom du gâteau) que je garderai pour vous. Il attend déjà et désire être mangé par vous, bien qu'il ne soit pas encore au four. Maintenant, beaucoup d'amitiés à tous de ma part, et écrivez bien vite, mais d'une jolie manière, claire et lisible. J'espère vous voir bientôt chez nous et demeure votre amie".

Bien que cette année ait été assez éprouvante pour Schumann, elle a été pour lui assez productive. A part la parution de ses deux premiers opus (les variations sur le nom d'Abegg et les Papillons), ce sont les Etudes d'après Paganini op. 3 et les six Intermezzi op. 4, la révision de la Toccata op. 7 (commencée dès 1829, et que Schumann travaillera jusqu'en 1833), des pièces qu'il intégrera dans les dernières années aux "Bunte Blätter" (un impromptu, un scherzino, un larghetto, une valse) et le mouvement de symphonie en sol, qu'il laissera inachevée, se sentant insuffisant en la matière au plan technique, mais que sans doute il aurait voulu produire comme "acte social" plus qu'artistique. Il avait pour cela demandé à G.W. Müller des conseils d'instrumentation. Il a, en projet, une sonate en si, dont il sortira son opus 8.

1833. Schumann a donc passé l'hiver 1832-1833 à Zwickau, auprès de sa mère. Bons mois occupés à quelques travaux : mises au point ultimes pour son mouvement de symphonie, qui n'aura pas d'avenir, Intermezzi mis au net, envoyés à Hoffmeister pour édition, projets de concerts. Ce sont aussi d'agréables promenades dans les paysages hivernaux des abords de la Mülde.

Schumann revient à Leipzig en Mars. Il s'efforce de se mêler à la vie musicale de la ville, et cherche le contact, qu'il espère vivifiant, avec d'autres artistes. Il a retrouvé son logement avec jardin, dans les faubourgs de la ville. C'est une vie dans une modeste aisance, et avec, en principe, l'aspiration au calme. En fait Schumann mène joyeuse vie, avec quelques excès d'alcool - il ne méprise ni le bon vin ni la bière de Munich - de tabac - gros budget de cigares, qui lui seront plus tard reprochés.

Il fréquente le Kaffeebaum (le Caféier), Fleischergasse (Rue des bouchers). Chaque soir il y rencontre des artistes enthousiastes : jeunes musiciens amateurs ou professionnels, poètes, journalistes étudiants, réunis par des convictions semblables autour de leur doyen : Wieck, qui domine l'assemblée par sa pensée vigoureuse et rigoureuse, mais aussi par des jugements d'une ironie brutale. Il jouit d'un grand prestige. De même Julius Knorr, "vieux" pianiste talentueux, fantaisiste, bohême, qui bataille parfois fougueusement avec lui. Le peintre Lyser, extraordinaire personnage : "on écrirait des volumes entiers sur ce garçon-là" a dit Schumann. A trente ans il a déjà été écrivain, comédien, metteur en scène, décorateur et chef d'orchestre... sourd. L'éditeur Hoffmeister, le médecin Reuter, Van Luhe, dédicataire des Intermezzi de Schumann, Herlossohn, éditeur de "La comète", Wenzel, théologien devenu musicien, Stegmeyer, chef d'orchestre du théâtre, Pohlenz, chef d'orchestre, Ortlepp, poète, Krägen, complètent la joyeuse bande.

Lors de ces soirées au Kaffeebaum, Schumann est à l'écart sur son coin de table attitré. Il fume son cigare et boit sa chope de bière. Tantôt songeur, silencieux, perdu dans ses pensées, les yeux mi-clos derrière la fumée de son cigare, tantôt s'élançant brusquement dans la conversation dont il semblait absent, fougueusement, la faisant rebondir. En fait il semble bien être le penseur ardent ou ironique qui polarise le groupe. Jansen donne de lui un portrait très vivant : "Qu'on ne se le représente pas prenant dans le cercle des amis la première place et descendant juger vivants et morts. Rien de cela. La bande, formée de jeunes gens de notre âge, se rencontrait en réunions libres pour se récréer en commun. Atmosphère joyeuse, sans gêne, aussi franche des pauses des cénacles que des tumultes et des fracas. Schumann se nichait dans le coin qu'il aimait. Il s'asseyait de biais contre la table, pour appuyer sa tête sur son bras, et, de la main, ramenait les boucles qui tombaient, abondantes, sur son front, les yeux demi fermés, dans un rêve... Parfois, des conversations plus vives et, de Schumann, un mot sec, mat, étrange, puis le silence... Soudain il se levait. Une oeuvre, sans doute, était mûre. On respectait sa solitude. Il partait."

Ce sont des discussions souvent passionnées, en particulier sur la bonne ou la mauvaise musique. Faire admettre au public des oeuvres révolutionnaires était un des buts de ces amoureux d'authenticité. Mais la guerre aux "philistins", aux bourgeois, à la critique officielle, aux "tenants illégitimes du pouvoir en art", des Italiens qui étouffent l'art allemand, voilà qui mobilise beaucoup l'ardeur de ces militants d'un "Sturm und Drang musical".

C'est le noyau du "Davidsbund", et le creuset de la revue nouvelle que Schumann veut fonder, qui sera différente des autres, ouverte aux jeunes, vivante. Dans les premiers numéros, qui paraîtront l'année suivante, un récit est fait, sur le mode humoristique, de ces réunions : tumulte, génialité explosive, bacchanales de musique, "Florestan, debout sur le piano, coupe en main, étrille les philistins, cuisiniers de pots-pourris, public, critiques. Au tintamarre peut succéder un silence de cathédrale".

La "Ligue des Compagnons de David" (Davidsbund, du nom du roi juif musicien), est né effectivement des réunions du Kaffeebaum, mais c'est une création du seul Schumann, et elle est vécue intensément par lui, bien que n'ayant d'existence que dans son esprit. Il le dira expressément dans la préface de ses "Ecrits sur la Musique".

Cette association est plus que secrète. C'est une franc-maçonnerie faite pour célébrer les génies, "de Mozart à Berlioz"; et "les nouveaux lévites dansent autour de l'Arche pour faire la guerre, lutter par tous les moyens pour abattre mortellement les philistins de la musique et les autres". Vaste programme... Humour, poésie et vérité se combinent dans cette création imaginaire. Y sont recrutés des personnages réels pourvus de pseudonymes qu'on retrouvera dans la revue, et aussi des personnages imaginaires. Mozart, Beethoven, Bach, Berlioz enfin, sont recrutés post mortem ou sans qu'on leur demande leur avis ! Plus qu'un canular, une de ces farces dont aimait s'amuser Schumann, c'est essentiellement le reflet de la famille d'élection du fondateur de la revue, une mythologie personnelle, un peu comme celles que se fabriquent parfois les enfants dans leur solitude. Ce sont enfin les témoins des contradictions intimes du sujet- Schumann, "profils multiples d'un seul visage", comme on a pu l'écrire. Et ces doubles (ou triples !) passent explicitement dans la musique (Eusébius et Florestan), de même que le groupe uni des Davidsbundler.

En Avril Clara est de retour de sa tournée à Paris. Et le 22 Mai Schumann lui écrit deux lettres. Dans l'une il se fait humoriste, amusant-amuseur, comme détaché, tout en lui demandant en P.S. "Envoyez moi vos variations, je vous prie !" dans la deuxième lettre, l'amoureux parle à coeur ouvert, voire avec une certaine insistance, même si c'est sous le masque de la plaisanterie et il lui propose, pour la première fois, un de ces rendez-vous télépathiques dont Robert et Clara seront bientôt coutumiers. "Chère bonne Clara, Vivez-vous, et comment vivez-vous ? Vous ne trouverez rien d'autre dans ma lettre.

C'est à peine si je souhaite que vous vous souveniez de moi tant je me dessèche visiblement - je ne suis plus qu'une branche sans feuilles. Le docteur me défend de me languir de vous - parce que cela m'atteint trop, dit-il.

Mais aujourd'hui, j'ai banni mes tourments, j'ai ri au nez du docteur. Il ne voulait pas que je vous écrive. Alors je l'ai menacé, lui disant que je serais pris d'un accès de fièvre qui serait contagieux pour lui, et alors il m'a accordé ce que je lui demandais.

Je ne voulais pas vous parler de ce que je viens de vous dire, mais de tout autre chose. Voilà. Je vous fais une prière que vous devez exaucer. En ce moment nous n'avons aucun point lumineux auquel nous puissions nous raccrocher. Alors, voici un projet sympathique. Je joue demain, à 11 heures précises, l'adagio des variations de Chopin et, pendant que je les jouerai, je penserai à vous d'une manière intense - uniquement à vous.

Ma prière est que vous fassiez de même de votre côté pour que nos esprits se retrouvent. Le point de rencontre serait le Thomaspförtchen, là où nos Doppelgänger se virent pour la première fois. Si nous étions en période de pleine lune, je me servirais de cette lune pour cacheter ma lettre.

Je compte bien sur une réponse. Si je n'en n'obtiens pas, gare ! Je suis de tout coeur, " R.S.

Si Schumann évoque déjà en Mars-Avril l'idée d'une revue nouvelle à créer, et que celle-ci ne voit son N° 1 paraître qu'en Avril 1834, c'est en Juin 1833 que le projet prend forme. Il écrit le 28 de ce mois : "Nous sommes surtout occupés par la pensée d'une grande revue musicale que l'éditeur Hofmeister publierait et dont l'annonce et le programme paraîtront le prochain mois. Le ton et la présentation en seront généralement plus vifs et plus variés que les précédents du genre. Nous lutterons ensemble contre les vieilles habitudes, bien que je doute fort de me trouver d'accord sur ce point avec Wieck. Beaucoup de têtes et de bon sens sont réunis là, et nous sommes prêts à mener à bien le grand combat".

Il est exact que Schumann consacre alors pas mal de temps à ce qui n'est encore qu'un projet d'une revue qu'il veut faire vivre en parallèle avec la Gazette Musicale dans laquelle Liszt et Berlioz écrivent à Paris. Boucourechlief remarque : "Faire sortir de terre, tout seul, une revue, la draper de son roman étrange, y déchirer sans merci les médiocres, sous tous les pseudonymes et tous les noms, multiplier les Davidsbundler, pour donner l'illusion du nombre..." C'est vrai que Schumann se montre ici actif, enthousiaste, bon organisateur (héritage paternel ?), en particulier quant à la diffusion possible en Europe, l'institution de correspondants. Il se montre doué d'un "talent d'attraction des bonnes volontés", d'un "rayonnement fascinateur" au service de son idée. Mais il est, au départ, isolé. Aussi propose-t-il à Wieck et à Ortlepp la co-direction future. Il reçoit cette réponse; "Si vous vous occupez de cette affaire avec zèle (sic), je vous promets mon appui. Mais si vous vous relâchez, je me dédis". Et Schumann de répliquer : "J'aurais désiré entendre de vous des paroles plus douces, quelque chose comme : "unissons-nous pour travailler à cette oeuvre. Si l'un s'endort, que l'autre veille et soit énergique. Si l'un rentre ses antennes, que l'autre sorte les siennes". Finalement, il obtient de Hofmeister l'assurance de principe de financer le départ de la revue.

L'été est aussi marqué par le bonheur de liens de plus en plus étroits avec Clara. Ils se promènent ensemble et s'écrivent. Certes Clara lui écrit encore "Cher Monsieur Schumann" et signe "Clara Wieck". Mais elle le suit bien dans l'approche amoureuse :

"Cher Monsieur Schumann, c'est avec beaucoup de mal et grâce à ma mère, que j'ai pu arriver à déchiffrer votre lettre, et immédiatement je m'installe pour vous répondre.

Je vous plains beaucoup d'avoir constamment de la fièvre et d'en souffrir autant. De plus j'ai appris qu'on vous avait défendu la bière de Munich, et j'imagine qu'il ne vous sera pas facile d'obéir.

Vous voulez savoir si je vis, mais comment ne vous en êtes vous pas rendu compte puisque voilà plusieurs fois déjà que je vous fais envoyer mes amitiés ?

Peut-être ne s'est-on pas acquitté de la commission ? J'espère que si, mais je n'en sais rien. Comment je vis ? Vous pouvez vous en douter. Comment vivre quand vous ne venez plus nous voir ?

Je me trouverai demain, selon votre désir, à 11 heures sur le Thomaspförtchen.

J'ai terminé mon Doppelgängerchor - et ajouté une troisième partie.

J'aurais aimé vous écrire plus longuement, mais je n'en n'ai, hélas, pas le temps. Répondez-moi, je vous en prie.

Je vous souhaite de tout mon coeur un prompt rétablissement".

Clara Wieck

P.S. Je vous prie instamment de m'envoyer le deuxième volume des "Papillons".

Quand je reçus votre lettre je me suis dit : je vais écrire très mal - et je l'ai fait, vous le voyez. Si vous recevez cette lettre sans cachet, soyez assez gentil pour me l'écrire."

Clara vient d'avoir quinze ans seulement et vient de recevoir à cette occasion une lettre de son père, qui étonne par sa gravité vis à vis d'une fille encore adolescente :

"Ma fille, il est l'heure pour toi de devenir indépendante - cela me paraît d'une haute importance.

J'ai consacré à ton instruction et à toi-même dix années de ma vie.

Reconnais donc tes obligations vis à vis de moi. Tache d'incliner ton action vers des actions nobles et désintéressées, acquiers le plus d'humanité possible, et ne manque aucune occasion de pratiquer la vertu - qui est la seule vraie religion.

Il importe peu que tu sois méconnue (?), calomniée, enviée. Il s'agit surtout de ne pas te laisser détourner de tes principes.

Il y a là une lutte très dure - mais de cette lutte même naît la véritable vertu.

Je demeure ton conseiller et ton ami, qui ne demande qu'à t'aider" Wieck

Et Schumann, qui est admiratif devant l'indifférence de Clara au succès précoce qui est le sien, mais qui est quelque peu nostalgique d'une psychologie enfantine avec laquelle il était si facilement en résonance, écrit à sa mère le 13 Juin : (Clara) "qui m'est comme toujours extrêmement attachée, reste la même - fougueuse et vibrante - court, joue, et saute comme une enfant et, tout à coup, se met à dire des choses les plus profondes qui soient. C'est une joie de voir, en ce moment, ses dispositions de corps et d'esprit se développer plus vite, mais, pour ainsi parler, feuille par feuille. Récemment, nous revenions de Connewitz (nous faisons presque chaque jour deux ou trois heures de marche, et je l'entendis qui disait, comme parlant à elle-même : "Oh ! Que je suis heureuse !" Qui n'aurait plaisir à entendre semblables paroles ? Sur la même route, il y a au milieu des bas côtés des pierres tout à fait inutiles. Comme il m'arrive souvent, dans la conversation, de lever les yeux au lieu de regarder à mes pieds, elle marche toujours derrière moi et, à chaque pierre, me tire doucement par la veste pour que je ne tombe pas. Quelquefois c'est elle qui tombe sur la pierre."

Mais il y a des choses que Schumann ne peut confier à sa mère. Encore vierge, selon toute vraisemblance - chacune de ses "liaisons" sentimentales a pris fin dès les premiers baisers - il n'en n'a pas moins des besoins sexuels intenses, et si des évènements, des départs en tournée espacent ses contacts avec Clara, à chaque retour de celle-ci, Schumann se sent plus passionné qu'auparavant.

Mais même en cette heureuse période, c'est plus qu'"un brin de mélancolie" qui pointe chez Schumann, quand, le 2 Août, un coup le frappe douloureusement : son frère Julius meurt à l'age de 28 ans. Schumann est accablé par la perte de ce frère qui lui était le plus précieux de tous. Son abattement confine au délire : "la mélancolie noire" dit-il en une redondance effondrée, quasi pléonasmique, et certains auraient attribué cette crise à de forts hypothétiques accès de paludisme. C'est lors de ce mois d'Août, aussi, qu'ayant sollicité son frère Carl pour contribuer à l'édition de sa future revue, il essuie de sa part un refus : les affaires de la librairie de Zwickau vont mal... Et, coup sur coup, le malheur le frappe, plus cruellement encore : c'est au tour de sa belle-soeur Rosalie de disparaître, sa préférée, sa confidente, son amie chère et platonique. Des années plus tard, le 11 Février 1838, il écrira à l'intention de Clara : "A cette époque, je me sentais rarement heureux. Il me manquait quelque chose; la mélancolie provoquée par la mort d'un de mes frères ne faisait que s'aggraver." Et il précisait : "D'une nature toute autre était mon amour pour mon inoubliable Rosalie ; nous étions du même âge ; elle était plus, pour moi, qu'une soeur, mais, d'amour, il ne pouvait être question. Elle prenait soin de moi, ce qu'elle me disait était toujours pour mon bien, elle me stimulait. Bref, elle faisait grand cas de moi. Ainsi mes pensées reposaient-elles au calme à l'ombre de son image".

Le mois de Septembre verra Schumann en proie à une lutte mobilisant toute son énergie contre le déchaînement de ses fantasmes. C'est une anxiété intolérable, des accès d'excitation fébrile avec sensation d'étouffement voire évanouissements. S'y ajoute une reprise de la terreur du choléra, une panique irrépressible. Il appelle à l'aide sa mère Johanna, qui sait comment le rassurer : "Essaie de vaincre ta peur du choléra, car cette peur même pourrait être un danger". Schumann essaie donc tous les moyens, même les plus néfastes et il abuse de l'alcool et du tabac, lesquels, comme le fait remarquer Boucourechliev, "fouettent le mal".

Et il n'a pas encore connu le pire. Ce sera la nuit du 17 au 18 Octobre, qu'il qualifie d'"horrible", de "tragique". Schumann se lève, déambule sans pouvoir trouver le repos. Il craint de mourir en dormant, appelle en pensée sa mère, ses amis, est pris de "vertiges", de sueurs, suffoque, à demi étouffé, ressent aux tempes un battement insupportable. La dépression péniblement contenue depuis ses deux deuils éclate, avec une angoisse atroce, étouffante. Il est terrorisé par les objets tranchants à sa portée, par la hantise de l'impulsion à se défenestrer (il habite le quatrième étage), mais surtout par la crainte de la folie, de perdre la raison, voire de ne plus être capable de penser. Comme l'un des biographes de Schumann l'a noté, "le mal devient physiologique". C'est, en fait, ce qu'on appelle en psychiatrie, une "névrose actuelle", qui éclate, apparemment en une première crise (si l'on excepte une crise d'adolescence assez pénible), et sous les formes de névrose d'angoisse, de neurasthénie ou d'hypochondrie, comme on disait au XIXème siècle. Si les lectures de prédilection de Schumann (Tieck, Novalis, Kleist, Jean-Paul, Hoffmann) coïncident bien avec sa problématique, sa thématique, voire les cultivent, on ne peut se contenter de parler, comme Françoise Mallet-Joris, ou Marcel Brion, de "mélancolie romantique". Et à partir de cette fin d'année, la vie de Schumann va être empoisonnée par ces alternances de "crises" et de "guérisons" que seule une "sagesse" dans la tenue de sa vie privée et surtout des témoignages d'affection sauront faciliter. Mais, de même que certaines phobies, l'idée du suicide l'accompagnera toute sa vie (il y associera parfois, en pensée, Clara), jusqu' au passage à l'acte de 1854, au cours duquel il se jettera dans le Rhin, et au laisser-mourir final par refus d'aliments.

Sur cette crise de 1833 Schumann a laissé plusieurs témoignages personnels. Dans son journal il note : "Dans la nuit du 17 au 18 Octobre, il me vint tout à coup la plus effroyable pensée qu'un homme puisse avoir, et la plus terrible par laquelle le Ciel puisse punir : "La pensée que je perdrais la raison" ... (On voit pointer ici, les signes de la mélancolie (la punition du ciel...). "Cette angoisse me poursuivait partout. Le souffle me manquait à cette pensée. En proie à une excitation effroyable, je courus chez le médecin et lui expliquai tout : que souvent je perdais l'esprit, que je ne savais comment finirait cette angoisse à laquelle je ne pouvais rien opposer, et que, dans un tel état de suprême détresse, j'attenterais à mes jours". Et quand Schumann accourt chez le médecin, celui-ci, qui sait au moins l'écouter et le rassurer, ne peut que lui dire que "seule une femme pourrait le guérir".

A Clara, il écrivit : "Cette impression s'empara de moi avec une telle violence que prière et consolation, de même qu'ironie et raillerie parurent complètement vaines... Je perdais le souffle quand je me disais : si tu allais ne plus pouvoir penser ? Clara, celui qui a souffert un tel écrasement ne connaît plus aucune peine, aucune maladie, aucun désespoir".

Et sur son journal : "La nuit du 17 au 18 Octobre, la plus effroyable de ma vie. Auparavant, mort de Rosalie... Tourments de l'effroyable mélancolie. Une idée fixe s'était emparée de moi, celle de devenir fou... Déménagé du 4ème étage, où je ne pouvais plus tenir, au premier, chez Günz".

Six semaines après la crise, il craint encore de dormir seul. Il écrit à nouveau à sa mère, le 27 Novembre : "Je n'étais plus qu'une statue sans chaud ni froid. Grâce à un travail violent, la vie est revenue.

Me croirais-tu, que je n'ai pas eu le courage de me mettre en route seul pour Zwickau, parce que j'ai peur qu'il m'arrive quelque chose. De violents afflux de sang, des angoisses inexprimables, la respiration coupée, des évanouissements passagers, tout cela se succède rapidement, moins souvent, à vrai dire, que les jours passés. Si tu pouvais te faire une idée de ce sommeil de l'âme, complètement prostrée par la mélancolie, tu me pardonnerais sûrement de ne pas t'avoir écrit." Et Schumann termine sa lettre par des effusions de tendresse : "J'ai quelque chose au fond du coeur à quoi je ne voudrais renoncer pour rien au monde : la foi qu'il existe encore des êtres bons et qu'il existe un Dieu. Ne suis-je pas heureux ?".

Finalement Schumann réussit à venir se réfugier auprès de sa mère, toujours poursuivi, cependant, par l'idée qu'il pourrait mourir en route.

Un réconfort, une aide inespérée lui survient cependant à son tour à Leipzig. Ludwig Schunke, ce jeune pianiste doué, arrivé dans la ville au cours de l'année, venant de Stuttgart, devient son ami le plus proche, le plus fidèle et attentionné. Quand il se présente au Kaffeebaum ("Ludwig Schunke, de Stuttgart"), Schumann se dit : "J'entendis une voix intérieure qui me disait : le voilà, c'est celui que nous cherchons, et, dans ses yeux, il y avait une expression semblable". C'est "un merveilleux artiste", formé par les meilleurs maîtres (Reicha, Kalkenbrenner, Herz), et fils d'un joueur réputé de trompe de chasse. "L'entendre travailler do ré mi fa sol et retour était un régal !". Ce bel homme, plein de majesté sera son compagnon et interlocuteur le plus proche : ils dialoguent brillamment au Kafeebaum, font ensemble de longues promenades, patinent sur l'étang de Connewitz. Ceci jusqu'à la mort de Schunke, dès lors programmée de manière fatale : il était littéralement ruiné par la tuberculose.

1834. L'année 1834, à laquelle la tradition fait donner le qualificatif de "mémorable" apporte effectivement à la vie de Schumann des bouleversements de tous ordres : la parution de la revue, le travail qu'elle implique pour lui, l'épisode sentimental éclair avec Ernestine von Fricken, l'amitié et la cohabitation avec Schunke, et la mort de celui-ci, laquelle précipite la rechute de la dépression qui avait déjà marqué l'hiver 1833-1834, et qui couvait sous l'hyperactivité éditoriale et amoureuse. C'est aussi le lien affectif intense noué avec Henriette Voigt. C'est enfin la fécondité dans le travail de composition, puisque deux oeuvres majeures sont esquissées pendant cette année : le Carnaval op. 9 et les Etudes Symphoniques op. 13.

En Janvier, Schumann va encore mal, est déprimé, atteint de phobies multiples et d'angoisse de solitude. Son nouvel et grand ami vient habiter chez lui pour le rassurer.

Il lui présente Henriette Voigt, épouse du négociant Carl Voigt. Elle est une pianiste amateur de talent, et élève du professeur de chant Louis Berger. On l'appelle "La Bohémienne". Schumann, au début, fuit son salon, par "sauvagerie" instinctive, mais Schunke l'y pousse quelque peu. Dans sa maison, où elle reçoit beaucoup, règne la musique. Schunke y joue Beethoven, Henriette Voigt fait du quatre mains avec Schumann. Elle se consacre aussi beaucoup aux êtres en difficulté, aux affligés, aux musiciens qu'elle protège. Elle soignera avec un grand dévouement, une sollicitude maternelle poussée jusqu'à l'héroïsme, un Schunke tuberculeux, et ceci jusqu'à sa mort, au risque de contracter elle-même la tuberculose, dont elle mourra un an après lui. Elle est jeune, belle, "adorable", douce, expansive, cultivée, amoureuse passionnée de l'art. Petite de taille, au visage rond, un peu poupin d'après les portraits, avec des yeux bienveillants et intelligents, des cheveux bouclés, sa silhouette évoquerait pour certains celle de la Charlotte de Werther.

Schumann est évidemment séduit par elle, séduction aiguisée par leur passion commune pour la musique : "Il suffirait à l'artiste d'avoir franchi le seuil de sa porte pour s'y sentir chez lui. Au dessus du piano étaient accrochés les portraits des meilleurs maîtres ; on avait la libre disposition d'une bibliothèque musicale de choix ; le musicien, semble-t-il était le seigneur de céans, la musique y était la déesse suprême". Henriette, sans doute, rappelle à Schumann Agnès Carus et jouera, femme mariée comme elle, le rôle de la confidente-femme-inaccessible, "amie maternelle" selon Fischer-Dieskau, ou objet d'une sorte d'"amitié amoureuse". Schumann l'appelle "mon âme en la mineur". Elle sera la dédicataire de la 2ème sonate en sol op. 22, et Schumann improvisera volontiers avec elle et pour elle.

Henriette Voigt va favoriser la liaison de Schumann avec Ernestine von Fricken. Elle l'encouragera, poussant même aux fiançailles (le 7 Novembre), pensant ainsi contribuer à guérir son protégé. Mais jusqu'à son engagement avec Clara, Schumann gardera avec Henriette ce lien de tendre et chaste affection. Peut-être contribuera-t-elle aussi à remplacer pour lui sa belle-soeur Rosalie, récemment disparue. En tout cas elle contribue effectivement à l'amélioration de l'état psychique de Schumann. Les lettres qu'il lui écrit sont plus sentimentales que celles qu'il adresse à sa "fiancée" : "je suis poète quand je pense à vous... Alors je vous vois nettement devant moi, tantôt méditant, tantôt conseillant, boudant rarement, souvent gaie, toujours aimante et bonne. Puis arrive Ernestine avec son visage de madone, avec sa tendresse ingénue envers moi, douce et lumineuse comme un coin de ciel bleu au milieu des nuages. Puis c'est Schunke qui vous prend dans ses bras, légère apparition dont le visage exprime à la fois la souffrance et le noble dédain qu'il lui oppose. Voilà le groupe complet. Je le recouvre d'un voile pendant quelques instants" (à H.Voigt, le 2 Novembre). Pour la deuxième fois, Schumann se trouve pris dans une curieuse configuration : H.Voigt, Ernestine, Clara... Il écrira de plus à H. Voigt, ce 2 Novembre 1834 : " Cette page était commencée pour Ernestine. Oserai-je dire à ma chère Henriette que lorsque j'écris à l'une ou à l'autre, la différence n'est pas très considérable ? Ma chère amie, que je considère et aime plus profondément que je ne croyais, ne prenez pas mon silence pour autre chose que pour un temps d'arrêt; c'est une interruption muette et non une fin. Je suis poète quand je pense à vous et mes parents s'en aperçoivent quand je parle de vous".

En Février, Schumann parle de dédier à sa mère les trois sonates qu'il a en tête et dont il voudrait faire son chef d'oeuvre. En fait, Schumann n'aura rien dédié, aucune oeuvre, à sa mère, ni les premiers Lieder (de 1829), ni ses premières compositions pour le piano des années 31 et 32. Cependant Johanna, qui s'est mise à s'intéresser aux oeuvres de son cher "Lichterpunkt", ne lui en tiendra pas rigueur. Elle lui écrira même, le 28 Février : "Tu ne m'as sérieusement affligée que quand tu as décidé de changer de métier et t'es consacré à l'art. Sinon jamais. Aucun reproche ne t'a échappé, quand souvent, je te blessais et m'emportais, quand tu n'agissais pas selon mes désirs. Tu t'asseyais au piano, les larmes coulaient sur tes joues. Mais tu n'oubliais jamais que j'étais ta mère affectionnée, et, en bon fils, tu te taisais".

Le 3 Avril, c'est l'un des trois ou quatre évènements de l'année : la parution du N° 1 de la "Neue Zeitschrift für Musik", la revue envisagée par Schumann depuis 1832, conçue avec Schunke en 1833, enfin sortie après une véritable lutte contre vents et marées. Schumann aura été et sera maintes fois tenté d'abandonner l'entreprise, soit qu'il soit déprimé, soit que cela représente pour lui une charge et un temps à elle consacré par trop considérables. Il envisage alors, sans les réaliser jamais, la création d'une agence musicale pour les jeunes et une maison d'éditions musicales. Par contre, il réussira à introduire, pour les partitions, une terminologie des indications non plus italienne, mais allemande.

Avant de créer sa propre revue, Schumann avait fait ses premières armes de journaliste musical dans l' "Allgemeine Musikalische Zeitung", avec son article sur Chopin "Chapeau bas, messieurs, voici un génie !" à propos des variations sur le "la ci darem la mano" du Don Giovanni de Mozart. Il avait offert sa collaboration régulière à ce journal mais n'avait reçu aucune réponse, sans doute en raison de son éloge des musiciens révolutionnaires, éloge qui avait choqué : "des canons sous des fleurs", avait-il écrit à propos de la musique de Chopin. Il avait collaboré, aussi, aux revues Komet, Iris, Cécilia, mais, là encore, son style, son originalité, son "radicalisme sans concession ni complaisance" (Maurice Fleuret) avaient abouti à ce que ces tribunes lui soient finalement fermées.

La "Neue Zeitschrift" rassemble "les jeunes enthousiastes" du "Davidsbund" né du cénacle enfumé du Kaffeebaum. Pour aboutir à ce premier numéro, Schumann a dû se battre avec les éditeurs-imprimeurs, peu enthousiastes, eux. Breitkopf et Härtel se sont récusés, mais aussi Hoffmeister. De même ses frères, éditeurs à Zwickau, ont refusé leur concours. C'est, en fin de compte, Hartmann, qui a accepté "à titre provisoire" (pour deux ans) d'éditer cette revue, qui paraîtra dix ans sous la direction de Schumann, mais changera entre temps d'éditeur. Elle poursuivra sa carrière bien au delà de la mort de son fondateur.

La revue a, en principe, quatre directeurs au début : à coté de Schumann, Schunke et Julius Knorr, jeunes pianistes déjà réputés, et Wieck, doyen respecté du groupe. Mais Schumann s'y retrouve pratiquement seul actif. Wieck voyage, Knorr est malade, Schunke, en sursis, va mourir bientôt. Schumann tiendra donc la barre jusqu'à son retour de Moscou, en 1844, date à laquelle il se résoudra à se débarrasser de ce qui était devenu un fardeau trop lourd. Il aura travaillé longtemps et beaucoup à sa revue, et pas seulement en ce deuxième semestres 1834, en en assumant la responsabilité, fournissant son économie en copie, assumant quelque 3000 correspondances commerciales, de rédaction, ou avec les correspondants qui fournissent de nombreux articles, critiques, etc..., Schumann devant, en plus, bien souvent, se charger de la réécriture de certains textes de théorie musicale par trop mal rédigés. Mais il s'adjoint la collaboration de Mendelssohn, surtout après sa venue à Leipzig, pour diriger le Gewandhaus, de Wagner, contacté par Dorn, et qui lui fournit quelques articles incendiaires, dont un certain "La musique et les Juifs", et une attaque en règle contre Rellstab; la collaboration, aussi, de Kallivoda, de Stephan Heller, Reissinger, Mozart junior. Et comme il y a fatalement des divergences dans la rédaction, Schumann doit, de surcroît, veiller à l'unité de la publication.

Ces combattants, "chevaliers paladins", avec leurs brûlots révolutionnaires, luttent contre "les philistins", en l'occurrence les "auteurs à succès", qui "veulent rabaisser l'art", les "amateurs" (au sens péjoratif du terme), les "gloires mensongères", les "imbéciles, les sots"- vaste programme ! - les critiques officiels "qui ne sont que les ratés de la création". Il est vrai que l'état, alors, de la critique allemande est consternant ; les Davidsbundler la jugent "peu brillante voire incompétente, nulle, conformiste, obéissante au goût du jour, bornée, conservatrice, cédant à la facilité plus qu'à la précision technique et à l'esprit critique, mais surtout inspirée par la mauvaise foi". Sont ainsi visées : "Cécilia", fondée par le procureur général Weber, "Iris im geliebte der Tonkunst", créée par Rellstab, officier en retraite, l' "Allgemeine Musik Anzeiger", de Rochlitz, aux mains du très honni pasteur Fink, qui "ne favorise que les virtuoses plats et l'opéra italien", le " Wiener Anzeiger", de l'ex fonctionnaire Castelli. "Aux insensés, aux fats, notre critique fait sauter l'arme des mains." Effectivement, à coté des Herz et Hunter, pianistes, de Hummel et Moscheles, "de grande forme, mais incapables de s'opposer à la musique de salon", et de Meyerbeer, particulièrement détesté, "dont la déclamation vide règne en maître", ce sont les Italiens, "les futilités de l'italianisme parisien", les "canaris", avec "Rossini et ses fioritures inutiles", qui font les frais d'une "guerre aux étrangers" dont "les flonflons étouffent le chant de l'âme allemande", "le génie propre du romantisme allemand". Schumann associe cependant moralement à l'entreprise des étrangers comme Chopin, Berlioz, Field, Benettt, et une revue parisienne où écrivent Berlioz et Liszt.

Manifeste et épigraphe annoncent ainsi la couleur dès le premier numéro : "L'âge des compliments réciproques est bien fini. Nous osons avouer que nous ne ferons rien pour le ramener à la vie. La critique qui n'attaque pas ce qui est mauvais, sait mal défendre ce qui est bon. Ceux qui n'ont point de talent, ceux qui n'ont qu'un talent ordinaire, et ceux qui, ayant un incontestable talent, écrivent trop, ne seront pas laissés en paix. Les temps anciens et les oeuvres qu'ils ont produites seront rappelés avec insistance, puisque ce n'est qu'à ces sources que de nouvelles beautés artistiques pourront être puisées. En outre la Neue Zeitschrift entend ménager aux musiciens la possibilité d'exprimer ce qu'ils ont vu, ce qu'ils ont expérimenté avec leur propre esprit et leur offrir la possibilité de se défendre contre toute critique fausse ou étroite. Elle veut examiner avec bienveillance les efforts des jeunes artistes et les aider à créer une nouvelle ère "poétique" en encourageant leurs travaux et en s'appliquant à les faire connaître". En épigraphe la revue cite le prologue de "Henri VIII" : " Ceux-là seulement qui viennent pour entendre une pièce gaie et licencieuse et un bruit de boucliers ou pour voir un bouffon en robe bigarrée bordée de jaune, seront trompés dans leur attente." Schumann et ses amis s'attendent à ce que leur sortie suscite des réactions violentes : "Quand bien même il pleuvrait des pierres, nos dos sont plus capables de supporter davantage s'ils abritent de la jeunesse qu'un seul qui est vieux et déjà courbé" Coup de pique, entre autres, au "vieux Fink".

La veille de la sortie de la revue, le 19 Mars, Schumann écrit à sa mère : "Une nouvelle entreprise amène toujours avec elle une profusion d'espérances. Je suis heureux d'avoir donné à ma vie un arrière-plan solide et attrayant."

Est-ce Schumann, qui a pris le pseudonyme, attribué plus habituellement à Wieck, "Maître Raro", ou Wieck lui-même, qui écrit alors ? : "Jeunes gens, vous avez devant vous un long et dur chemin. Il flotte au ciel une étrange rougeur. Couchant ou aurore, je ne sais, créez pour la lumière !" Car le programme est clair et ne se réduit pas à des polémiques et invectives. La revue se veut l'organe de "vrais créateurs", qui "s'avancent courageusement vers les courageux et devant les forts", et le promoteur de la "musique de l'avenir". Elle veut "réveiller la vie musicale allemande". C'est "la responsabilité des musiciens" de descendre dans l'arène de "défendre les causes jusqu'ici méconnues", de "promouvoir de nouvelles valeurs", d'aller "au plus profond des problèmes des artistes". Il faut ramener au grand jour de l'actualité, promouvoir, vénérer les grands maîtres anciens, indignement oubliés : Bach, Beethoven, Schubert, Weber. Et aussi les romantiques "ignorés" : Chopin, Mendelssohn "qui perce à peine" (?), à la grande indignation de Schumann. A cette "admiration active" s'associe une "défense des jeunes romantiques méconnus", qui ont besoin d'une tribune engagée qui les représente. La revue constitue effectivement un outil de défense et illustration, et combat pour cette révolution, au départ essentiellement littéraire et philosophique, généreuse, aux idées diverses voire contradictoires, parfois confuses, se nourrissant de sentiments, humanitaires voire naturalistes, exprimant la solitude dans la nature.

Schumann est tout préparé à cet engagement : sa culture, sa collaboration, dans sa jeunesse, à des encyclopédies, sa pratique de la poésie, le choix, final, chez lui, de la musique étant celui d'un moyen d'exprimer l'inexprimable, dans la ligne de Novalis,

Tieck, Chamisso, avec prédilection pour les élans, le mystère, l'imaginaire, le symbolisme plus ou moins ésotérique, la fantaisie, le fantastique. Un pont est jeté entre les différents arts. E.T.A. Hoffmann aurait ouvert la voie dès 1809-1814 dans l'"Allgemeine musikalische Zeitung". La présence de Lyser, peintre, musicien, dramaturge au comité de rédaction de la revue symbolise bien cette union.

Au service de cette cause, c'est un anticonformisme de bon aloi, un engagement subjectif résolu, mais aussi une exigence de "sérieux", de compétence, de capacité à prendre de la distance, exigences souvent difficiles à satisfaire conjointement.

C'est donc une nouvelle conception de la critique qu'introduit la revue : poétique, subjective, transposant le musical en poétique, et réciproquement, enthousiaste voire passionnée, généreuse, en un mot : romantique. Elle a pour but principal de restituer au lecteur le contenu émotionnel, l'atmosphère des oeuvres, leur sens. C'est une critique "du dedans", qui veut préparer le lecteur à l'audition des oeuvres .Elle s'inspire des écrits de E.T.A. Hoffmann sur Glück, Haydn, Mozart, Beethoven, Méhul, Boieldieu, Spohr. La revue ne se veut pas seulement technique, mais créatrice, faire participer même le lecteur, éviter le monologue souvent ennuyeux des critiques traditionnels. Une de ses supériorités est d'être gaie ! L'efficacité de la méthode promue vient d'un effort original pour aborder chaque oeuvre sous plusieurs angles. Elle a l'habileté de prévenir les contre-attaques qu'elle prévoit, les chausse-trappes plus ou moins malveillantes des contradicteurs. Mais elle n'hésite pas à prendre des positions radicales sinon inexpugnables, et user d'une violence tempétueuse et provocatrice, l'éclat et le panache l'emportant sur le souci des conséquences de la prise de position. C'est souvent un plaidoyer ou un réquisitoire, Schumann donnant le ton extrême : il adore ou déteste, même s'il essaie d'équilibrer louange et blâme. Les signataires usent de pseudonymes originaux et pittoresques, en particulier Schumann, qui se sert de deux voire trois signatures, expression de sa hantise d'homme au double (Doppelgänger). Cette pratique évoque certes le caractère de pseudo société secrète du Davidsbund, mais aussi le goût prononcé de Schumann pour les bonnes farces un peu adolescentes. Les trois pseudo de Schumann sont indissociables, "Eusébius et Florestan" signifiant la double nature qu'en tant qu'homme, je voudrais bien fondre ensemble dans "Raro". Eusébius et Florestan succèdent à Vult et Walt de "l'age ingrat" de Jean-Paul Richter et des premières oeuvres pianistiques de Schumann. Eusébius, sensible, s'attache plutôt ici aux mérites des oeuvres, en une compréhension généreuse, humaine, mais masque aussi quelque peu leurs points faibles. Florestan, à l'opposé, iconoclaste, avec l'impétuosité de l'élan poétique, en décèle les défauts, qu'il guette et stigmatise. Il est vif, voire acerbe et violent, vis à vis du vide, de la sottise, de la médiocrité déguisée, du manque de talent ou des faux talents, de la vulgarité, l'enflure, l'incompétence.

Raro, le maître, est aussi Wieck. Il représente l'ordre, la raison, la règle, la discipline, la technique sévère.Mais c'est surtout un trait d'union entre les deux extrêmes opposés, un tiers conciliateur, le bon sens voire l'équilibre du juste milieu opposé aux excès.

Et il y a aussi Chiara - Chiarina, ou Zelia, qui est Clara, Felix Meritis (Mendelssohn), Livia (Henriette Voigt), Jonathan (Schunke), Jean-qui-rit (Stephan Heller), Serpentinum (Banck), St Diamond (Zuccamaglio, de Londres).

La revue "marche bien" d'emblée : il y a 300 abonnés dès avant la sortie du premier numéro, et les sommaires, attrayants et variés, bien que Schumann en fournisse l'essentiel, ont été le gage de ce succès immédiat.

Pour Schumann lui-même l'entreprise est nettement positive à divers plans. Il y trouve une bienfaisante compensation au traumatisme qu'a constitué son auto-mutilation : son doigt reste paralysé, et il en souffre aussi moralement, ce qui le paralyse aussi dans sa création musicale. De plus, il échappe à l'isolement, se fait connaître comme un remarquable critique, cette activité lui offrant l'occasion de préciser ses idées. C'est, enfin, un moyen supplémentaire pour assurer sa sécurité matérielle, et une vie plus réglée, les 500 écus de l'héritage n'étant guère suffisants pour assurer la vie d'un foyer, fût-ce, pour le moment, celui d'un célibataire. Et dans la lettre que Schumann écrivait à sa mère, la veille de la sortie de la revue, il faisait état de la "profusion d'espoirs" que réserve "une grande revue musicale", où il y aura "beaucoup à apprendre et à enseigner"... et il ajoute ; "les difficultés sont grandes mais nous leur opposons de grands talents, et je crois à un beau succès ainsi qu'à d'infinis profits pour mon développement intellectuel".

Mais Avril, c'est aussi l'arrivée à Leipzig d'Ernestine von Fricken, jeune fille de 18 ans née à Asch, en Bohême, aux confins de la Saxe, fille (adoptive, on le saura plus tard) du baron von Fricken, capitaine en retraite, lequel gère ses terres, est musicien amateur, flûtiste et "compositeur du dimanche". Amie d'Henriette Voigt, impressionnée par Clara lors d'un de ses concerts, Ernestine vient à Leipzig comme élève et pensionnaire chez Wieck. Elle se lie à Clara, mais Wieck sépare les nouvelles amies en envoyant sa fille à Dresde suivre l'enseignement de la théorie musicale de Gottlieb Reichingen. C'est toutefois Clara qui présente Ernestine et Robert l'un à l'autre. Schumann est ému par Ernestine, par l'admiration qu'elle a pour les artistes... et par les compliments qu'elle lui adresse. Et c'est ainsi que dès l'été 1834 naît une idylle. On ne sait qui des deux va s'enflammer le premier. En tout cas Schumann lui attribue, dans une belle idéalisation, toutes les qualités de la bien-aimée imaginaire : "son visage de Madone" (on sait qu'il idéalisera, sublimera, voire désexualisera ainsi toutes les femmes aimées), "cette âme merveilleusement pure, celle d'enfant dévouée et sage, qui m'est attachée, de l'amour le plus profond, à moi et à tout ce qui est art"... "sa tête de Madone, son dévouement d'un enfant, sa douceur lumineuse, comme un regard céleste qui, tout bleu, traverse un nuage"... Il écrit à plusieurs reprises à sa mère Johanna, lui vante les mérites de la jeune-fille. Ainsi, du 2 Juillet : "Ernestine réalise complètement mes rêves, car c'est ainsi que j'ai rêvé que fût ma femme. Je te le dis à l'oreille, ma bonne mère, si l'avenir me posait cette question : "laquelle choisis-tu", je répondrais sans hésiter : "celle-ci". Mais comme cela est loin, et comme je renonce dès maintenant à cette perspective d'une union plus étroite, si facile qu'elle soit, peut-être, à contracter". L'enthousiasme n'est visiblement pas incompatible avec un conflit entre un amour affiché, voire de surface, et le barrage profond, inconscient, de l'âme prête au renoncement. Le 5 Septembre, il écrira : " Ce roman d'été n'est-il pas le plus merveilleux de ma vie ? Tu ne te doutes guère que tu es la véritable cause de cette réunion. Je te dirai tout cela, et il "en rajoute" : "Caractère noble, pur, enfantin et raisonnable, extrêmement amoureuse de moi, passionnée de tout ce qui est art, extrêmement musicienne, en un mot, ce que je souhaite que ma femme soit, "une pierre précieuse", toute de clarté, dont on ne saurait estimer la valeur."

En tout cas, ils se plaisent. Pour Ernestine, le rêveur d'humeur changeante, d'intelligence vive, ce compositeur "à l'allure aristocratique", la séduit. Pour Schumann, l'amour de la musique, de la poésie dont fait preuve Ernestine, sa beauté et sa jeunesse le ravissent. Ils se revoient souvent chez les Wieck ou chez les Voigt, où Ernestine chante. Ils se promènent cet été autour de Leipzig - quelquefois avec Clara ! - et discutent art et nature. En fait, malgré la présence de Clara, Ernestine arrive facilement à toucher le coeur disponible d'un Schumann qui a toujours un besoin vital d'un objet d'amour féminin. Et Ernestine est là... Mais beaucoup se sont montrés critiques vis à vis de cet objet idéal, idéalisé. Certains la trouvent ni belle ni douce, voire froide, distante, sans grand charme. D'autres, se fondant sur un portrait d'époque, en tracent une image cruellement réaliste, tel Brion : “insignifiante, figure épaisse, molle, où seuls se détachent des yeux assez vifs, mais sans expression,” ou Pitrou : “une intelligence quelque peu falote”

Exaltation “de tête”, un peu forcée, voire artificielle ? “Passionnette”, peu profonde, plus sensuelle qu’amoureuse pour d’autres. En tout cas, qui aura vite démontré sa fragilité ? C’est vrai qu’une seule lettre qui reste de leur correspondance, lettre de Schumann du 28 Juillet, le montre bien peu passionné : “Je dis “extérieure”, car je sais trop peu de choses pour oser supposer que je pourrais vous être agréable en vous offrant pour l’avenir des liens plus intimes. Si jamais j’ai souhaité que le temps présent restât immuable, c’est en ce moment. Jamais je n’ai terminé une lettre avec une plus profonde vénération que celle-ci” Un style quasi académique, qui cadre mal avec la tonalité expressive habituelle à Schumann quand il est effectivement pris de passion.

Il faut dire que Schumann a été littéralement poussé vers Ernestine par au moins trois personnes.

D’abord le médecin consulté lors de la grande crise de 1833, qui lui a donné, imprudemment, le conseil, que Schumann prend pour une prescription, de trouver une issue salutaire à ses crises de dépression par le mariage, ceci comme seul moyen de traiter son mal. Et, plus tard, en 1838, Schumann ressentira la nécessité de s’en expliquer auprès de Clara : “La médecine n’est ici d’aucune utilité, me dit-il, cherchez-vous une femme qui vous guérira bientôt”. Je me sentis soulagé, je pensais que cela me serait aisé. Tu te souciais alors peu de moi, et tu étais à la frontière de l’enfance et de l’adolescence. Alors vint Ernestine, une créature si bonne que le monde en voit peu de semblables. C’est elle, me dis-je, c’est elle qui me sauvera. Je voulais de toutes forces m’attacher à une femme. Cela me fut d’autant plus facile que je vis que j’étais aimé. Tu sais notre séparation, notre correspondance, notre tutoiement, etc... C’était pendant l’hiver 1834. Quand elle fut partie, et que je commençai à réfléchir à la façon dont cela finirait, que j’appris sa pauvreté, moi qui travaillais tant pour gagner si peu, cela devint pour moi comme une chaîne pesante. Je ne voyais pas d’issue, pas d’aide possible. Là dessus, j’appris les malheureuses complications de famille dans lesquelles elle se trouvait et que je lui reprochai par dessus tout de m’avoir cachées si longtemps... Tu es mon plus ancien amour, et, sans le savoir, celle qui m’a vraiment, depuis de longues années, éloigné de toute relation avec une femme”.

Henriette Voigt se fait, selon ses propres tendances et vocations, l’exécutant zélé des prescriptions médicales. Pour “guérir” son ami Schumann, à elle tendrement attaché d’ailleurs, elle pousse à cette liaison avec Ernestine, et travaille activement à la faire passer du statut d’idylle à celui de fiançailles semi-officielles.

Enfin, Wieck, qui craint déjà une trop grande proximité de Clara avec ce Schumann, “parti sans ressources”, “à l’avenir incertain”, à la santé précaire, et, de plus élève infidèle (ce à quoi Wieck est aussi très sensible), dresse au père d’Ernestine un portrait flatteur du même Schumann, faisant de lui un éloge par trop dithyrambique : “capricieux, entêté certes, mais généreux, enthousiaste, splendidement doué, profondément cultivé”, ce qui provoque ainsi l’assentiment du baron von Fricken. Et Wieck choisit comme parrain et marraine de la fille qui vient de lui naître... Schumann et Ernestine !

Que devient Clara, dans cette situation ? Partie en tournée, elle souffre et, malgré sa peine, ne cesse de penser à Schumann, et elle garde espoir. Elle relatera, plus tard, ce qu’elle ressent alors. “ Tu ne parlais plus qu’avec elle; avec moi, tu te contentais de jouer. Cela me faisait peine, mais je me consolais en me disant que c’était parce que tu m’avais toujours, et qu’Ernestine était plus âgée. D’étranges sentiments agitaient mon coeur (si jeune qu’il fut, il n’en battait pas moins avec force), quand, dans nos promenades, tu conversais avec Ernestine, et plaisantais avec moi. A Dresde, où m'envoya mon père, je repris espoir et je me répétais : "comme ce serait gentil si c'était lui qui devenait mon mari".

Et comment ne se sentirait-elle pas jalouse, quand elle apprend les fiançailles de Robert et d'Ernestine ? Alors en tournée, elle s'efforce de s'amouracher de Müller, son camarade violoncelliste, mais revient, malgré cela, plus éprise que jamais de Robert. D'ailleurs Schumann, lui-même, reste fixé à Clara, d'où des effusions à son égard, qui sont en contradiction avec sa situation de "fiancé". On le voit alors, de fait, beaucoup plus avec "l'amie d'enfance" qu'avec "la fiancée". Il écrit à sa mère Johanna : " Clara est à Dresde. Elle est de plus en plus géniale. Les lettres qu'elle m'écrit sont de plus en plus intelligentes." Là dessus Coeuroy estime que "tout est dit, tout est compris, rien n'est expliqué".

Et quand Robert revoit Clara : "Tu m'apparus supérieure, moins proche; tu n'étais plus une enfant avec laquelle j'eusse voulu jouer et rire; tu parlais si raisonnablement, et, dans tes yeux, je voyais, latent et profond, un rayon d'amour secret". C'est ainsi que, des années après, Schumann se souvient de celle à qui, ce jour là, il osait à peine adresser la parole, ce que Clara prit alors pour de la froideur. Schumann, lui, justifiera cette réserve par l'extrême jeunesse, jusque-là, avec laquelle lui apparaissait Clara. "Face à toutes ces pensées, images sombres, tu venais, toi seule, à ma rencontre, en sautillant comme un petit oiseau. Dès cette époque, certes, l'idée surgissait bien en moi, vague comme un crépuscule, de pouvoir t'épouser quelque jour, mais tout cela flottait encore dans un avenir trop éloigné. Quoiqu'il en soit, je t'aimais dès cette période, je t'aimais de tout mon coeur, autant que nos âges le permettaient". C'est ce qu'il écrit un an après, en 1835. Mais il ajoute, comme pour se justifier a posteriori : " Tu es mon plus ancien amour. Il fallait qu'Ernestine vînt pour que nous soyons unis". Ce qui est loin, en fait, d'être inexact.

Le rapprochement de Robert et Clara, en cette période, inquiète et irrite de plus en plus Wieck, qui va jusqu'à répondre de sa main sur le journal de Clara, avec ironie, aux "dix-sept questions" qu'elle se pose quant à son amour pour Schumann.

Si Schumann estime ultérieurement que cet "épisode Ernestine" a laissé peu de traces, il en a, au moins, laissé d'importantes quant aux oeuvres qu'il commence alors à composer. En effet, en Juillet il se met à travailler au Carnaval op. 9, dont Ernestine, initialement, devait être la dédicataire. En tout cas, selon un procédé qui lui est cher, il écrit cette partition en partant des lettres A S C H (la ville natale d'Ernestine, et aussi : la, si bémol, do, si). Toutefois Ernestine n'est qu'un des éléments parmi la cohorte des Davidbundler qui y figure. Et si "Estrella" (Ernestine), c'est "con affecto", "Chiarina" (Clara), c'est "appassionato" et "con molto animo". En Septembre, ce sera le début de la composition des "Etudes Symphoniques" op. 13, variations sur un thème original du baron von Fricken, car Schumann passant outre la réponse assez sévère qu'il avait d'abord faite à la demande d'avis sur le dit thème, demande formulée par le baron compositeur-amateur lui-même, se met au travail, et pour construire un monument.

Le même mois, Ernestine et son père doivent partir en vacances à Asch. Ils feront étape à Zwickau. Le 5, Robert écrit à sa mère Johanna pour annoncer sa venue à Zwickau le jour même : "Dans six heures je serai auprès de vous. Ernestine arrivera avec son père vers huit heures du soir. Nous nous dirons adieu chez toi. Le père ignore mon voyage. Ce roman d'été est bien le plus extraordinaire de ma vie. Je t'expliquerai tout cela. Mets Emilie au courant : je veux qu'elle connaisse Ernestine. Elles feront une paire d'anges par le coeur et le sentiment".

Ernestine a fait sonder son père par sa mère, la comtesse Zadwitz. Le père est convaincu par les éloges de Schumann, faits par Wieck en particulier. Et Ernestine a mis Robert au courant de ce consentement de ses parents. Rémy Stricker fait remarquer : “Le père-élève donne sa fille; le père-maître refuse la sienne”

Schumann écrit le 7 Novembre à Henriette Voigt : “ Henriette, il me la donne ! Savez-vous ce que cela veut dire ? Et pourquoi cet état est torturant, comme si j’avais peur d’avoir à accepter ce joyau parce que je le saurais en des mains néfastes ? S’il fallait un nom pour cette douleur, je ne saurais vous en donner aucun. Je crois que c’est la douleur elle-même, je ne peux pas mieux le dire - et peut-être est-ce aussi l’amour lui-même et le désir d’Ernestine”. On voit, dans cet élan de joie même, poindre des éléments de mélancolie : le thème de l’indignité et celui de la douleur. Une certaine panique, et une hésitation certaine. Mais Henriette Voigt reste très présente pour Schumann, car il ajoute : “Pensez parfois à deux âmes qui vous auraient confié ce qu’elles avaient de plus sacré et dont le bonheur futur est inséparable du vôtre”.

Les fiançailles ne résisteront pas à la séparation d’avec Ernestine. Celle-ci lui écrit de jour en jour, Schumann de moins en moins. Il écrit surtout au baron Fricken au sujet des Etudes Symphoniques, qu’il veut d’abord appeler “variations pathétiques”. Le désir pour Ernestine diminue, il voit ses fautes d’orthographe et de style et, parallèlement, son attachement à Clara ne fait que croître : elle est “belle, douce, volontaire, talentueuse”. Une fois de plus, comme le remarque Rémy Stricker, Schumann se trouve pris entre deux, voire trois femmes, situation de procrastination, de doute et d’ambivalence typique de l’obsessionnel face à son désir.

Le 17 Octobre, c’est l’anniversaire de la mort de son frère Julius, suivie de peu par celle de sa chère Rosalie. Schumann écrit à sa mère : “En ce moment s’approche l’anniversaire de la mort de cette chère Rosalie, que je ne peux oublier ! Je prévois une crise de mélancolie que l’éloignement d’Ernestine rend plus redoutable encore !”

Le 7 Décembre, un mois après, c’est à Henriette Voigt qu’il écrit : “ Mon âme est toujours la même hélas, elle me fait frissonner. J’ai une réelle virtuosité pour la culture persistant en moi des idées de malheur. C’est l’esprit malin qui s’oppose au bonheur extérieur et le bafoue. Cette torture en soi-même, je la pousse jusqu’à l’offense à tout mon être, et, non content de cela, je voudrais pouvoir m’enfuir pour l’éternité dans un autre corps.”

Déjà dans la mélancolie, le malheureux est, le 7 Décembre, frappé dans ce qui pouvait l’atteindre le plus douloureusement : son meilleur ami, Schunke, celui qui n’hésitait pas à venir habiter avec lui pour le réconforter lors de moments difficiles, meurt de tuberculose malgré les soins affectueux d’Henriette Voigt. Le 31 Décembre, après avoir fui, pour se réfugier à Zwickau, dont il ne reviendra qu’après les obsèques, il écrit à sa mère : “A présent la pensée de la souffrance d’autrui m'anéantit au point de m’ôter toute énergie. Gardez-vous de me communiquer les nouvelles susceptibles de me troubler si peu que ce soit, sinon, il me faudra renoncer à vos lettres. Vraiment, je vous en prie, que rien ne m’y rappelle - pas plus que dans vos propos - Julius et Rosalie. Je n’avais jamais connu la douleur - maintenant, elle est venue, je n’ai pu l’écraser, et c’est elle qui me terrasse, et mille fois !”. Et Schumann restera profondément déprimé jusqu’aux premiers mois de 1835.

L’année 1834, outre les deux oeuvres pianistiques majeures que sont le Carnaval op. 9 et les Etudes symphoniques op. 13, c’est la parution de la Toccata op. 7. De plus, Schumann aura beaucoup écrit : correspondance régulière avec Franz Liszt et Emilie List, de nombreux articles critiques, un hommage “in memoriam” pour Schunke, et des articles musicaux pour l’“Encyclopédie à l’usage des dames”, de Lübe et Herbssohn.

1835. Cette année est marquée pat des évènements décisifs dans la vie de Schumann : l'arrivée de Mendelssohn comme chef du Gewandhaus de Leipzig, la passion grandissante de Robert et Clara, et leurs premiers aveux et baisers, la rupture d'avec Ernestine von Fricken. C'est aussi une année féconde, musicalement, pour Schumann et pour la Revue.

Au printemps, en Avril, Schumann et Clara se revoient. Pendant l'été, leurs lettres changent de ton, passant de celui de la tendresse à celui de la passion. En Août, Schumann qui, désormais tutoie Clara, lui écrit : " N'oublie pas de regarder souvent le calendrier, le 13 Août une aurore y unit ton nom au mien" (les 12-13-14 : Clara – Aurore – Eusébius !). Et le 18 Août : " Juste pour l'anniversaire de Goethe, au milieu de toutes les fêtes d'automne et autres joies du ciel, un ange s'obstine à passer la tête, et il ressemble comme deux gouttes d'eau à une certaine Clara que je connais bien." Le 28 Août : "Vous savez combien je vous aime", lui dit-il dans une lettre qui accompagne l'envoi à Clara de la sonate en fa # op. 11, à elle dédiée au nom d'Eusébius et Florestan, ainsi que quelques numéros de la revue. Clara est enthousiasmée et répond le 1er Septembre : " Deux heures durant j'ai étudié votre lettre, il y a là-dedans quelques mots audacieux qui ne veulent pas m'entrer dans la tête". Et Clara se fait badine : ".au même moment, je recevais une lettre. D'où venait-elle, me demandais-je ? Et alors je lus : Zwickau ! J'en fus très étonnée. En partant d'ci, vous ne m'aviez pas permis d'espérer pareille lettre". Elle parle de son travail (la mise au point orchestrale d'un concerto, le point final à des variations, un Doppelgängerchor), et de la venue annoncée de Moscheles, de la Pixis, dont Schumann a fait son "idéal", mais surtout de l'arrivée, la veille, 31 Août, de Mendelssohn.

Plus que Moscheles, que Schumann rencontrera certes, plus même que Chopin, qu'il a déjà salué conne "un génie", et qui l'enthousiasme toujours ("Florestan se précipite vers lui, dit Eusébius. Je les vois s'envoler plutôt que s'en aller au bras l'un de l'autre"), c'est, incontestablement, Mendelssohn qui, pour Schumann, fait évènement : "Mendelssohn arrive !", avec son concerto en sol, et accompagné de Ferdinand David, éminent et célèbre directeur des concerts. Il vient diriger le Gewandhaus après avoir exercé à Berlin, Londres, Paris et Düsseldorf, auréolé d'un grand prestige, d'une réputation : tout lui sourit, semble-t-il : prestance ("un type oriental séduisant"), parenté, fortune, célébrité déjà à l'âge de Schumann. " Félix", o combien, il va séduire les foules et redynamiser la vie musicale de Leipzig, y créant un conservatoire; impulser le festival de Cologne. Schumann n'est pas le dernier à s'enthousiasmer pour ce "Davidsbundler" d'honneur. Il le fréquente assidûment, déjeune avec lui en l'Hôtel de Bavière. Il est, dit Schumann dans son journal, "supérieur à l'idée que je m'en faisais"... " Un diamant nous est tombé du ciel"... "Un Dieu", va même jusqu'à écrire en Avril un Schumann sous le charme. Ces sentiments d'admiration et d'amitié sont bien absolus en regard de la réserve, voire de l'ambivalence, qui est, semble-t-il, celle de Mendelssohn.

Le 13 Septembre, c'est en présence de Mendelssohn et de Chopin que les plus jeunes des Davidsbundler fêtent le seizième anniversaire de Clara. Elle joue à cette réunion la sonate en fa # op. 11 de Schumann à elle dédiée.

Et c'est le 27 Novembre que Clara et Robert se font leurs aveux et se donnent leur premier baiser. Schumann sort alors d'une soirée chez les Wieck, prend congé et Clara le reconduit à la porte, une lampe à la main. Elle écrira plus tard : " Quand tu me donnas ce premier baiser, je crus m'évanouir ; la nuit se fit devant mes yeux, c'est à peine si je pouvais tenir la lampe pour t'éclairer".

Le lendemain elle partait pour Zwickau, suivie de peu par Schumann. On y jouera une symphonie de jeunesse, intégralement, et Clara la sonate en fa#. Et ce sera leur deuxième baiser. "Ce baiser, jamais je ne l'oublierai. Tu étais trop délicieuse ce soir là, et ensuite, au concert, dans ta robe bleue, tu n'osais pas me regarder".

Les choses allant de ce train, Schumann consacre alors le dernier mois de l'année à mettre fin à sa liaison avec Ernestine, et aussi à son amitié-amoureuse avec Henriette Voigt, laquelle avait joué un rôle actif dans le passage de ce flirt à des fiançailles quasi officielles. Clara, de son coté, s'était laissée séduire, de dépit, par un camarade violoncelliste, Müller. Cette rupture, Schumann en rationalisera les prétextes les plus divers, alors qu'en fait, sur le plan psychologique, les jeux étaient faits. "Ce joyau" (Ernestine), "en des mains néfastes" (les siennes) avait-il déjà dit, en une version typiquement mélancolique; il ressert alors cet "argument" à Henriette et à Ernestine elle-même à peu près dans les mêmes termes, selon ce qu'elle en rapportera à Clara. Elle était "bâtarde" d'une comtesse Zedwitz et d'un industriel de Silésie, et adoptée par le baron von Fricken, lequel "n'était pas si riche" (sic), donc pauvre elle-même, ce qui aurait fait craindre à Schumann que ce mariage n'entrave sa carrière et son oeuvre par la charge d'un ménage sans argent : ces deux faits étant aggravés du fait qu'Ernestine les lui aurait cachés. Mais cette version, toute philistine, est présentée à Clara, sans se douter évidemment que des arguments semblables lui seraient, plus tard, opposés par Wieck à sa demande de consentement pour épouser Clara. Bref, ce " feu de paille" (sic) prit fin officiellement avec le nouvel an. Plus tard, Schumann insistera sur le "fait" qu'Ernestine "n'a fait que frayer la voie vers Clara". " Je me rappelle ce que j'éprouvais en te revoyant la première fois, à midi. Tu me paraissais plus grande, plus différente. Tu n'étais plus une enfant avec laquelle je n'aurais voulu que jouer et rire. Tu parlais en femme raisonnable, et je voyais en tes yeux un rayon d'amour, profond et secret. Ce qui advint, tu le sais. Je détachai de moi Ernestine. J'y étais contraint."

Ainsi finit cette année 1835, riche en évènements, mais aussi en oeuvres. Schumann met la dernière main au Carnaval op. 9 où figure Clara, aux treize Etudes Symphoniques opus 13 sur un thème du baron von Fricken, études qu'il ne dédie pas à celui-ci, ni à Ernestine, ni à Clara, mais à Sterndale Bennet; la sonate en fa # op. 11, est dédiée, elle, à Clara, à laquelle il ajoutera un dernier mouvement en 1836. Il a déjà esquissé les sonates en fa op. 14 ("concert sans orchestre"), et en sol op. 22. Œuvres auxquelles il faut ajouter le premier essai, prémonitoire, d'une symphonie N° 0, celle qui fut exécutée à Zwickau.

Mais c'est aussi une année riche en production d'écrits, de nombreux articles pour la revue :
- un article éloge de Schubert, "ennemi mortel de l'esprit philistin"
- lettres exaltées, enflammées ("Schwärmen Briefe an Chiara"), publiées comme anonymes, mais destinées, de toute évidence, à Clara
- sur Mendelssohn, l'article dithyrambique : "Dieu véritable, diamant tombé du ciel" auxquels il faut ajouter des traductions d'articles de Berlioz, parus dans le " Journal des débats".

La revue aura publié aussi de nombreux articles, critiques, compte-rendus de concerts, par Mendelssohn, et les premiers écrits de Wagner.

Au seuil d'une nouvelle année, c'est, pour Schumann, la joie d'aimer et d'être aimé "par la plus pure, la lumineuse tête d'ange". Schumann, jusque là était certes attaché à Clara, mais au travers d'autres femmes : Agnès Carus, Henriette Voigt, ses belles-soeurs... et Ernestine. Il dépasse maintenant les "amours imaginaires" (Françoise Mallet-Joris), et se fixe désormais avec passion.

Mais Wieck n'a pas tardé à percevoir ce qui se tramait entre cette fille, unique, de son premier mariage et Schumann. Fille unique qui seule lui reste puisque sa première épouse, Marianne, a gardé avec elle leurs deux plus jeunes enfants. Et depuis l'âge de cinq ans qu'avait Clara lors de cette séparation, elle est pour Wieck, à la fois son objet d'amour quasi exclusif et son espoir artistique, celle qu'il a formée, et qui est l'illustration exceptionnelle de sa méthode d'enseignement. Il voudra garder cette enfant-prodige qui joue en public depuis l'âge de huit ans. Il voit déjà en Schumann une sorte de rival, menaçant de compromettre et son bonheur personnel, et la carrière de sa fille, qu'il veut sauvegarder de "ce neurasthénique". C'est ce qui laisse présager une lutte qui durera jusqu'à l'automne 1840. Clara et Robert tiendront jusque là un relevé de leurs rencontres et de leurs séparations.

1836. sera le temps d'une sorte de "mélodrame amoureux à rebondissements pathétiques entremêlés" (Marcel Brion), d'une intrigue quasi balzacienne faisant du père Wieck une sorte de père Grandet.

En effet après l'aveu réciproque de leur amour et leurs premiers baisers (Novembre 1835), la rupture d'avec Ernestine est, au premier Janvier, chose faite... par lettre ! Si Clara, qui avait présenté Ernestine à Schumann, a quelques scrupules, Schumann, lui, affecte de se conduire "en homme libre", et rationalise ("elle était déjà fiancée ailleurs"), il ne peut que ressentir quelques remords : " Je sens nettement et ne puis me dissimuler qu'un tort a été commis, mais le malheur aurait été plus grand, eût été sans bornes, si elle et moi nous nous étions unis. Tôt ou tard mon ancien amour, mon vieil attachement pour toi se seraient réveillés, et, alors, quelle tristesse ! Nous aurions été tous les trois misérablement malheureux. Elle a été victime des circonstances et je ne me dissimule nullement ma part de responsabilité. Tout ce que nous pourrons faire, Clara, pour réparer, nous le ferons. Ernestine sait très bien que c'est elle qui commença par te déloger de mon coeur et que je t'aimais avant que je ne l'eusse connue. Elle m'écrivait souvent "J'ai toujours cru que tu ne pouvais aimer que Clara et je le crois encore". Elle a vu plus clair que moi."

Ernestine en souffrira certainement, mais quelques années plus tard, elle épousera un comte beaucoup plus âgé qu'elle, ceci au grand soulagement de Clara, mais surtout de Schumann; ce vieux mari mourra de typhoïde après un an de mariage. Schumann enverra encore à Ernestine quelques lettres. Ernestine, quant à elle, restera amicale envers Clara et Schumann et refusera d'aider Wieck à empêcher leur mariage. En 1841, Schumann lui dédiera ses lieder op. 41.

Aussi, dès le mois de Janvier Schumann veut-il demander officiellement à Wieck la main de sa fille, persuadé qu'il reste que Wieck acceptera. Mais Wieck, tout d'abord, se dérobe à tout entretien, puis commence toute la série de manoeuvres qu'il effectuera pour séparer Robert de Clara. Il l'emmène aussitôt avec lui à Dresde, et lui interdit de voir Schumann, d'accuser réception de ses Etudes d'après Paganini, de correspondre avec lui. Il organise concert sur concert et réception sur réception pour la détourner de Schumann. Il prolongera cet exil de Clara à Dresde jusqu'en Avril. Il finira par signifier ouvertement son refus à Schumann, alléguant "l'avoir trop modeste" et "la réputation trop peu établie" de Schumann. Celui-ci en est effectivement profondément affecté, mais ne se décourage pas, confiant qu'il est en l'amour de Clara. Mais il ne peut que s'interroger sur les motivations réelles de Wieck. Jalousie morbide ? Appât des gains de Clara ? Clara faite pour la musique et comme sa chose à lui, donc impossible à donner à Schumann ? L'égoïsme de celui qu'il considère comme son maître, le fait qu'il devienne son ennemi, bouleversent Schumann, qui souffre dans son amour, son idéal pour la vie; et aussi, cette opposition obstinée, surprend Schumann : " Il me marquait une si grande préférence, notamment en cet été 1835, où il dut s'apercevoir de notre amour grandissant, il resta si longtemps sans me manifester d'hostilité, que je continuai à rester convaincu de sa bienveillance".

Il n'est pas au bout de cette peine. Wieck ira jusqu'à menacer de le tuer s'il s'approche, et enfreint ses interdictions.

Quand, le 4 Février, Schumann est frappé cruellement : sa mère Johannna meurt. C'est un coup extrêmement dur pour un Schumann, "fou de douleur", et qui tend alors à se murer vis à vis de l'extérieur, que la perte de cette "mère chérie". Au point qu'il sera incapable de se rendre aux obsèques, et ne viendra à Zwickau rencontrer sa famille que quelques jours plus tard. Il quitte donc Leipzig le 7 Février, reste à Zwickau jusqu'au 13, occupé par les contacts avec les siens, qui lui donnent des informations sur la fin de vie de "la chère disparue" et par les formalités d'ouverture du testament.

S'il a eu, au moment de son engagement dans la profession de musicien, des conflits sévères avec elle, Schumann reste profondément attaché, voire dépendant de cette mère. Certes, elle s'était, depuis, intéressée aux compositions de son fils et à sa revue. Mais surtout, ce lien maternel aura marqué de son empreinte toutes ses relations à toutes les autres femmes, Clara comprise; la passion pour elle n'exclura pas le besoin de tendresse et de sollicitude maternelles. Mais à la mort de Johanna, Clara semble être la seule confidente de Robert. Dans une lettre du 13 Février 1836 : "Le soir à 10 heures Zwickau - en attendant la poste... Comme je te vois bien, là, devant moi, ma Clara bien-aimée, tu es même si près de moi, que par moments je crois pouvoir te saisir.

Autrefois, en des mots délicats et tendres, j'exprimais facilement mon attachement. Aujourd'hui, je ne le puis plus. Et si aujourd'hui tu ignorais mes sentiments, je serais incapable de te les exprimer.

Aime moi, aime moi bien. Je demande beaucoup parce que je donne beaucoup.

J'ai eu une journée très occupée. On a ouvert le testament de ma mère et j'ai appris comment elle est morte.

Heureusement que ta radieuse image domine ces ténèbres et m'aide à supporter tout avec plus de légèreté. Je crois pouvoir te dire aujourd'hui que maintenant mon avenir me paraît beaucoup plus sûr.

Mais je n'ai pas encore le droit de me laisser aller, et il me faut encore beaucoup travailler pour obtenir le visage que tu verras en passant par hasard dans une glace !

Et toi aussi, tu veux continuer à être une artiste; tu ne tiens pas à devenir la comtesse Rossi, je suppose. Tu travailleras avec moi, tu partageras avec moi joies et soucis, n'est-ce pas ?

Ecris-moi ce que tu penses...

Peut-être que ton père ne me refusera pas une main pour nous bénir.

Evidemment, il y a encore matière à réfléchir et beaucoup de questions à démêler.

Mais j'ai confiance, je crois en notre bon génie. Il y a si longtemps que je connais notre destin, je n'osais pas te le dire; j'avais peur que tu ne le comprennes pas...

La salle d'attente s'obscurcit. Il tombe une petite neige fine...

Moi, je me mets dans un coin, je vais m'enfoncer bien profondément la tête dans l'oreiller et ne penser uniquement qu'à toi.

Porte-toi bien, ma Clara."

Apprenant que Wieck veut aller à Breslau et y rencontrer un certain Monsieur X, visiblement un éditeur, Schumann lui écrit : "Leipzig, 1er Mars 1836, Cher Monsieur, Je ne vous envoie pas aujourd'hui de musique à déchiffrer et, sans périphrase, je vais directement au but et vous dis de quoi il s'agit.

Voilà ce qui me tient à coeur.

Pouvez-vous et voulez-vous bien être pour peu de temps un messager entre deux âmes tenues éloignées l'une de l'autre par des circonstances hostiles. Dites-moi en tous les cas si vous êtes bien décidé à ne pas les trahir et donnez-moi d'avance votre parole.

Clara Wieck aime et est aimée. Par son comportement et ses attitudes elle ne semble pas appartenir à la terre, vous vous en apercevrez facilement. Laissez-moi pour l'instant ne pas nommer l'autre. Ces bienheureux enfants se sont permis de s'avouer leur amour et ont pris la décision de s'épouser sans en prévenir le père. Celui-ci s'en aperçut, se fâcha et prit des mesures draconiennes, interdisant, sous peine de mort, toute relation entre les deux jeunes gens. Il y a déjà eu des cas pareils.

Ce qu'il y a de pire, c'est que là dessus Wieck part pour Dresde. Et les dernières nouvelles que nous recevons ne sont guère précises.

Je suppose et suis à peu près persuadé qu'elle (Clara) est en ce moment à Breslau. Wieck ira sûrement vous voir tout de suite et vous invitera pour vous demander d'entendre Clara.

Maintenant, ce sur quoi j'insisterai, c'est que vous me fassiez savoir le plus rapidement possible tout ce qui touche Clara. Son état moral, sa vie, tout ce qu'il vous est possible d'apprendre directement ou indirectement.

Voilà, je vous ai livré mon secret le plus cher; considérez-le bien comme tel - n'en parlez à personne, ni à Clara, ni au vieux, ni à quiconque.

Si Wieck vous parle de moi, ce sera sans bienveillance. Ne vous laissez pas dérouter.

C'est un homme d'honneur, mais une tête de bois. Avec Clara, vous serez vite en confiance, car autrefois déjà je lui avais dit que j'étais en correspondance avec vous. Elle sera sûrement heureuse de vous voir et de pouvoir vous parler.

Cher inconnu, je vous serre cette main généreuse dont j'augure tant, et qui, j'espère ne me trahira pas.

Écrivez-moi bientôt. Un coeur, une vie s'accroche à vous, ma propre vie - car c'est pour moi-même que je vous implore."

Clara, qui, de son côté, pleure Johanna, cette Johanna qui lui avait dit autrefois : "un jour tu épouseras mon Robert", ayant appris la rupture effective de Robert d'avec Ernestine, lui écrit. Il accourt à Dresde, profitant de l'absence de Wieck. Mais Wieck l'apprenant, est pris d'une violente colère. Il exige de Clara qu'elle lui remette les lettres par elle reçues de Schumann, lui interdit toute rencontre ou correspondance avec lui, et menace de le tuer s'il s'approche ou contrevient à ses interdictions. Il s'ensuit pour les amoureux une séparation de quinze mois sans possibilité de correspondre, tout au moins en principe.

Schumann, seul, à Leipzig, se sent abandonné et perçoit la dépendance, la soumission de Clara à son père, mais il oscille sans cesse entre confiance, certitude et découragement et même impression d'être trahi. Il est repris d'une "angoisse mortelle", selon les termes qu'il emploie dans une lettre à sa belle-soeur Thérèse et d'une hantise du suicide. Il se mure dans une "prison intérieure", d'autant que, coup sur coup, il apprendra la mort de tuberculose de son ami Schunke, et celle, bientôt, d'Henriette Voigt, contaminée en le soignant.

La tendance à avoir recours à des excès de boissons alcoolisées et de tabac, "pour faire diversion", prend des proportions notables. Son retour le soir à la maison se fait souvent de manière tumultueuse et il empêche souvent ses voisins de dormir par son tapage nocturne, musical, à son piano, ce qui lui vaut les reproches de sa logeuse et des menaces d'expulsion.

Il se réfugie à corps perdu dans le travail intensif. D'abord, principalement à la revue, où, seul en fait, "les compagnons de David" se montrant moins proches et surtout divisés entre eux, il se laisse absorber. Il y écrit beaucoup, travail souvent accablant.

Certes, ce n'est pas sans succès; convaincu de la nécessité, de l'utilité d'une telle revue, il marque des points contre les critiques rétrogrades (Fink, Rellstab). Et la revue qui, jusque là, ne comportait pas d'exemples musicaux (ne serait-ce que du fait des moyens limités offerts par l'éditeur Hartmann), publie bientôt un "supplément musical", grâce aux possibilités d'un nouvel éditeur (R. Friese), publiant ainsi des extraits de Henselt, Heller, Lorenz, Hiller, Kossmaly, Taubert, Verlust etc... "Le travail, cette année, est la seule satisfaction", écrit-il.

Surtout, il se remet quand même à composer. Il complète la première sonate en fa # op. 11, dédiée à Clara par "Eusébius et Florestan", en en écrivant le dernier mouvement. Il l'adresse à Clara, qui ne réagit pas à "ce cri de détresse solitaire d'âme opprimée, de flamme fidèle", ce "grand cri du coeur". Provocation à "Maître Raro" (Wieck), il annonce aussi une deuxième sonate, en sol. Il commence à écrire, surtout, dans l'été 36, la Fantaisie op. 12. D'abord intitulée "Ruines, arcs de triomphe, couronne d'étoiles", puis "grande sonate", c'est "un chef d'oeuvre de passion désespérée". Schumann écrira plus tard à Clara à son sujet : "Tu ne peux comprendre la Fantaisie qu'en te reportant à ce malheureux été 1836 où je devais renoncer à toi". La coda du Ier mouvement reprend un motif beethovenien du cycle "À la bien-aimée lointaine". "Moins de soleil, plus d'ombre". Les sous-titres en témoignent : "Au soir, rêves confus, caprices, dans la nuit". C'est l'évocation d'Héro et Léandre : "Voyez-le se jeter dans la mer. Elle appelle, il répond. Elle le guide dans la nuit d'une torche. Il aborde sans encombre. Puis c'est la cantilène. Ils sont au bras l'un de l'autre. Mais le voici forcé de repartir; ils ne parviennent pas à se séparer, et puis la nuit revient, enveloppant tout de ses ténèbres." Schumann, là, ne peut conclure, comme dans d'autres oeuvres, par des épousailles. Mais "on entend pêle-mêle des carillons nuptiaux et des glas".

De plus, dès le printemps, Schumann a perdu un autre appui : sa belle-soeur Thérèse à laquelle il s'attachait encore fortement. Il se confiait à elle sans doute bien plus qu'à Clara ; à laquelle il écrit cependant le 13 Avril : "Je suis complètement dénué d'appuis féminins; cette pensée m'abattrait si, pour moi, tu ne remplaçais pas tout".

Et sur cet appui, il comptera encore longtemps. Le 6 Décembre, il lui écrit : "Ah, reste bonne pour moi. Dans l'angoisse mortelle qui m'étreint parfois, personne que toi ne m'offre ses bras comme un refuge protecteur". C'est à cette époque aussi qu'il se lie d'amitié avec Chopin, connu à Leipzig l'année précédente, et avec le musicien anglais Sterndal Bennet.

En Juin, il reçoit un nouveau coup : Clara, sur ordre de Wieck, lui renvoie ses lettres et la sonate en fa # op. 11, avec demande de lui renvoyer les lettres qu'elle lui avait adressées.

De plus, la fin de l'année verra encore la prolongation de la séparation, Clara faisant avec Wieck une tournée en Allemagne du Nord. Clara aurait-elle été convaincue par son père d'interrompre toute relation avec Schumann ? Son silence, et l'amour et le respect qu'elle a pour le vieux Wieck le feraient penser. Et Schumann n'a aucune idée des itinéraires, étapes et adresses de Clara dans sa tournée. En fait, Clara, qui a fait la connaissance, chez des amis des Wieck, de Becker, secrétaire aux finances, trouve ainsi le moyen de rétablir une correspondance secrète entre eux, Becker servant désormais d'intermédiaire.

Cette année, malheureuse selon le mot même de Schumann, ne l'aura vu composer que les débuts de la Fantaisie op. 17 et de la sonate en fa mineur op. 14.

1837. C'est l'année des péripéties de la relation amoureuse avec Clara et de leurs "fiançailles" par lettre, de l'échec de la première demande de Schumann auprès de Wieck, et, à l'automne, du nouveau départ en tournée de Clara à Vienne via Prague, avec, à la clé, encore une séparation qui durera sept mois. La production de Schumann sera, cette année, essentiellement celle des Davidsbundlertänze op. 6 et des Fantäsiestücke op. 12.

En Février, Schumann semble garder espoir, et même ressentir une sorte de renouveau, de jeunesse du corps, de communion avec la nature, et une impulsion nouvelle à composer. Mais s'il souffre encore psychiquement, de cela sortiront le "concerto sans orchestre" (la 3ème sonate op. 14), et la Fantaisie en UT op. 17 "longue plainte sur celle qu'il a perdue" (Pitrou).

Au printemps se situe un épisode qui marque ou traduit un passage à vide de la relation amoureuse, un imbroglio qui aurait pu être désastreux pour elle. Un certain Bank, familier de la maison Wieck, violoncelliste et collaborateur de la Revue sous le pseudonyme prédestiné de "Serpentinus", devient le professeur de chant de Clara, organise ses concerts, et en profite pour lui faire la cour, et ainsi "doubler" Schumann, dont il connaît l'existence et le lien à Clara. Il lui répète les calomnies que le vieux Wieck répand sur lui. Au début, Wieck voit cela d'un bon oeil et même facilite ce qui pourrait être une idylle, car tout lui semble bon pour détourner Clara de Schumann.

Quand Schumann apprend ce qu'il ressent comme une trahison de Clara, ou tout au moins un abandon, il est désespéré, brisé. Il va jusqu'à publier dans la Revue une sorte de satire, allusion transparente à l'incident. Il écrit même à Bank et plastronnant, il lui dit être heureux d'être débarrassé de Clara. Il est en fait profondément malheureux, "ne peut parler à personne, sauf vers le soir, mais surtout au piano". Il réagit en cherchant le contact avec ses relations, les invite chez lui ou les rencontre au repas de midi, à l'Hôtel de Bavière. Ce sont Mendelssohn, Chopin, arrivé récemment à Leipzig, Sterndal Bennett, le dédicataire des Etudes symphoniques, Lipinski, Louis Berger, le professeur de chant, Henriette Karl, Walter, le petit-fils de Goethe, Ferdinand David, le chef d'orchestre.

Clara, de son côté, va mal. Partie en tournée, elle se plaint, sans doute sur la suggestion de Wieck, du silence de la Revue sur elle, ou presque : quelques lignes seulement, et par un sous-fifre. Elle doute d'elle même : faudra-t-il renoncer à sa carrière ? Elle échange quelques billets avec Banck, assez anodins, mais c'est un fait qu'elle le prend pour confident parce qu'elle se croit abandonnée. Elle écrit même à Ernestine... pour parler de Schumann, tenu lui-même dans l'ignorance de cette correspondance.

En Mai, Wieck trouvant finalement Banck trop encombrant, le met à la porte, et Banck quitte Leipzig définitivement. Schumann, encore une fois, n'en sait rien au début. Selon Coeuroy, Clara aurait suggéré à Banck de résister à Wieck... Finalement, Schumann apprend avec joie que Banck a été chassé par Wieck. Sur cette période, Schumann écrira un an après :"Je ne savais plus rien de toi. Je voulais m'obliger à t'oublier. A ce moment nous étions devenus étrangers l'un à l'autre. J'avais renoncé à toi. Mais soudain se rouvrit une vieille blessure, je me tordais les mains et souvent, dans la nuit, je disais à Dieu : "fais passer cette épreuve sans que je devienne fou ". Un jour, je m'imaginais que j'allais trouver dans un journal l'annonce de tes fiançailles. La douleur me prit à la nuque et m'arracha des cris; puis je voulus me guérir et m'obliger à tomber amoureux d'une autre femme, qui me tenait déjà dans ses griffes". Cette femme, c'est Miss Anna Robena Laitlaw, belle pianiste anglaise, venue pour connaître Schumann après une correspondance empreinte d'une "aimable camaraderie", sans plus. Si Schumann, en fait, ne pense qu'à Clara, il n'en dédie pas moins ses Phantäsiestücke à la Miss. Elle arrive donc accompagnée de sa mère et d' "un prince de Varsovie", Monsieur de Fürstenau. La Miss est une femme cultivée, qui lit Walter Scott, auteur cher à Schumann comme autrefois à son père. Elle est amateur de peinture et est élève de Louis Berger, le professeur de chant, tout en ayant un certain talent comme pianiste. Elle est "virtuose de chambre" de la princesse de Cumberland. Schumann l'accompagne dans ses promenades au Rosenthal, à ses soirées à l'opéra. Il prépare son concert au Gewandhaus. Il ébauche alors un certain flirt avec elle, publie dans la Revue un article enthousiaste sur elle, organise un banquet à l'Hôtel de Bavière, avec champagne et toasts, où sont présents Walter, le petit fils de Goethe, Mönche, Auger, Reuter, Wenzel. A la mi-Juillet Miss Laidlaw quitte Leipzig et promet à Schumann de lui envoyer son portrait, ce qu'elle fera dès Septembre.

Schumann s'est remis au travail, et, après les Phantäsiestücke, ce sont les Davidsbundlertänze.

Le 13 Août, Clara est de retour à Leipzig, retour de Hambourg et Dresde, et donne aussitôt, organisé par Wieck au Gewandhaus, un concert pour lequel elle met au programme, sans en prévenir Wieck, la sonate op. 11 que Schumann lui avait dédiée, quelques morceaux des Etudes Symphoniques. C'est, pour Schumann, un signe et il assiste au concert, "heureux et malheureux". Clara lui écrira plus tard : " N'as-tu pas compris que je l'ai jouée parce que c'était le seul moyen de te montrer ce qui se passait en moi ? Ne pouvant le faire en cachette, je l'ai fait publiquement. Crois-tu que mon coeur n'ait pas tremblé ?"

La correspondance clandestine reprend entre Schumann et Clara, grâce à la complicité de Nanny, la jeune chambrière de Clara, qui poste les lettres et les transmet. Et, pas plus tard que ce même 13 Août, Schumann demande à Clara de s'engager, reprenant la formule beethovénienne : "Es muss sein" (cela doit être) : " Etes vous toujours fidèle et forte ?"

Si inébranlable que soit ma foi en vous, si grand que puisse être mon courage, il y a tout de même du désarroi à ne rien savoir de ce qu'on a de plus cher au monde !

Et voilà ce que vous êtes pour moi.

Je réfléchis sans cesse et tout me dit : ce doit être si nous voulons et si nous agissons.

Écrivez un simple oui si vous le voulez bien, et le jour de votre fête, le 13 Septembre, donnez ma lettre à votre père.

Il me semble bien disposé en ce moment à mon égard et peut-être ne me repoussera-t-il pas si vous insistez comme vous savez le faire.

Je vous écris cela à l'aube du jour.

Si seulement nous n'étions séparés que par les feux roses de l'aurore.

Avant tout, soyez forte et tenez bon.

Ce doit être, si nous le voulons et si nous agissons. Ne parlez à quiconque de cette lettre.

Cela pourrait tout gâter.

N'oubliez pas le oui. J'ai besoin de cette sécurité avant de pouvoir penser à quoi que ce soit d'autre. Tout ce que je vous dis là, je le pense au plus profond de mon âme et le soussigné vous le confirme en mon nom."

Schumann écrit ainsi à Clara avec une certaine incertitude et une angoisse certaine. Sur l'enveloppe de sa lettre il a écrit : "Après de longues journées de silence, d'espoir et de détresse, je voudrais que ces lignes fussent accueillies avec l'ancienne affection. Si celle-ci n'existe pas, je prie qu'on (?) qu'on me renvoie ce pli sans l'ouvrir." Et il y glisse sa lettre et ajoute : " Dites-moi par un simple "oui" si vous voulez remettre cette lettre à votre père le jour même de votre anniversaire, le mois suivant, le 13 Septembre, une lettre de moi". Cette lettre pour Wieck est antidatée, du 5 Septembre :

"Monsieur, L'objet de cette lettre est bien simple; pourtant je crains de ne pas trouver toujours les mots convenables; ma main tremble au point de ne pas pouvoir guider ma plume avec calme : aussi ne m'en veuillez pas si je commets quelques erreurs dans la forme.

C'est aujourd'hui l'anniversaire de Clara, anniversaire du jour qui ouvrit à la lumière du monde les yeux de celle qui, pour vous et pour moi, est ce que nous avons de plus cher ici-bas. Si loin que remontent mes souvenirs, ce jour fut gravé en moi pour l'éternité. Mais, pour ce qui me regarde, j'avoue que jamais je n'ai eu pour l'avenir moins d'appréhension.

Autant que l'esprit humain puisse prévoir, j'ai assez de sécurité pour savoir que je ne manquerai de rien. De beaux projets en tête, mon coeur est plein d'ardeur pour tout ce qui est noble, des mains pour travailler, la conscience d'exercer une louable influence sur mes semblables, l'espoir de réaliser ce qu'on attend de moi, l'affection et le respect d'un grand nombre, en voilà assez, je pense ! Mais cela est bien peu de chose, comparé à la douleur d'être séparé de celle qui fit naître ces aspirations, et qui m'aime avec tant de fidélité et de passion. Vous, bienheureux père, vous connaîssez trop bien cet être d'élite : lisez donc dans ses yeux pour mesurer la vérité de mes paroles.

Vous m'avez imposé une épreuve de dix-huit mois. Destin déjà insupportable, et je ne saurais pourtant vous en vouloir. Sans doute avez-vous voulu me punir sévèrement du mal que je vous avais fait ! Mais voici que vous m'imposez à nouveau cette épreuve et rien ne me dit que je ne m'y soumettrai pas ! Je saurai peut-être y gagner à nouveau votre confiance, si toutefois vous ne me demandiez pas l'impossible. J'ai, vous le savez, une rude volonté quand je tiens à quelquechose. Si vous jugiez réelle ma fidélité et ma conduite digne d'un homme, peut-être, alors, béniriez-vous l'union de deux âmes que le consentement paternel rendrait pleinement heureuses.

Si je suis attaché à Clara de tout mon être, ce n'est le fait ni d'un désir passager, ni d'une passion superficielle, ni de rien d'extérieur; cela vient de la profonde certitude que bien rares sont les alliances fondées sous des auspices aussi favorables, et plus rares encore les jeunes-filles qui répandent autour d'elles autant de joie que Clara : notre bonheur est déjà garanti par elle-seule.

Si vous partagez ma conviction, vous me donnerez votre parole de ne pas prendre, pour l'instant, un engagement pour l'avenir de Clara, et, réciproquement, je vous donnerai la mienne de ne pas parler à Clara; je ne vous demanderai que la permission de correspondre avec elle pendant ses longs voyages.

Ainsi j'aurai une certitude au coeur ! En cet instant ce coeur bat d'un rythme égal, car il ne désire que bonheur et paix entre les êtres. Avec confiance, je m'en remets à vous de mon avenir. Eu égard à mon caractère, mon talent et mon état, vous me devez bien une réponse détaillée, mais, pour me ménager, rien ne vaudrait une conversation. Ainsi, jusqu'à votre décision, je connaîtrai à nouveau des instants calmes, comparables à ceux qui séparent l'éclair du tonnerre, lorsque l'on ignore si on sera anéanti, ou si la faveur divine nous épargnera. Seul, un coeur inquiet et profondément aimant sait supplier comme je le fais ici. Bénissez à nouveau votre vieil ami retrouvé, comme le meilleur père bénit le meilleur fils". A cette lettre un petit mot est joint, pour Madame Wieck, belle-mère de Clara, dans lequel il fait appel à sa bonté et son amour pour Clara... afin qu'elle intervienne auprès de Wieck en leur faveur : " Entre vos mains, par dessus tout, bienveillante dame, je remets notre destinée. Votre clair jugement, votre âme bienveillante, et votre véritable attention, votre amour, enfin, pour Clara, vous permettront de faire au mieux pour que l'anniversaire de l'être qui a été si intensément heureux, ne soit pas un jour de deuil, et vous saurez empêcher le grand malheur qui nous menace. Votre dévoué, R.S."

Schumann on le voit, se fait ici humble, soumis et suppliant, trop sans doute, et ne se rend pas compte que Wieck n'est pas, par caractère, homme à accepter des compromis, fussent ils sérieusement inégaux et à son avantage, ni à tolérer qu'on essaie de l'influencer par personne interposée.

En tout cas, Clara répond à Schumann par retour, dès le 16 Août, lui accordant "ce petit mot", qui scelle des fiançailles par lettre : " Vous voulez que je dise ce petit mot tout simple : "oui", ce tout petit mot si prodigieusement important ! Mais un coeur comme le mien, aussi rempli d'amour, peut-il ne pas dire oui alors que toute son âme est d'accord pour le prononcer, et que du fond de moi-même, je vous dis à l'oreille oui et pour l'éternité.

Puis-je décrire les tourments de mon coeur, et mes larmes toujours prêtes à couler - non, ce n'est pas possible. Peut-être le destin fera-t-il que bientôt nous puissions nous voir et nous parler.

Votre projet me parait risqué, mais un coeur passionné ne se soucie pas du risque.

Enfin je dis "oui".

Dieu ne fera pas un jour de douleur de mon dix-huitième anniversaire Oh ! Non, ce serait trop affreux !

Ce doit être, je le sentais il y a longtemps ! Rien ici-bas ne peut me détourner de ma route.

Et je démontrerai à mon père qu'un coeur jeune aussi peut être capable de constance.

Très vite, Votre Clara."

En même temps elle lui fait demander de lui restituer ses lettres que Wieck lui avait fait renvoyer, joignant elle aussi l'acte à la parole. C'est elle qui fait les premiers pas. C'est leur ami Becker qui se charge de la mission. Et, le 19 Août, elle reprend la plume, pleine d'inquiétude et de sollicitude, pour supplier Schumann de se ménager, pour prévenir chez lui une nouvelle attaque de phobie du choléra, et pour tenter de le rassurer quant à l'attitude de Wieck :

" En grande hâte, je vous envoie quelques mots seulement par ma fidèle et discrète Nanny. Hier j'ai appris que le choléra régnait ici; aussi mon inquiétude pour vous est-elle grandissante.

Ménagez-vous, je vous en supplie, pour l'amour de moi. Pensez à ce que serait ma vie sans vous. Encore un conseil : ne dites rien à mon père de ce qui nous concerne avant que vous ne m'écriviez pour ma fête. Il est très bienveillant pour vous, mais il est nécessaire que tout se passe dans le plus grand calme. Quel désir j'ai de vous voir et de vous parler ! Je ne puis vous dire à quel point. Si une occasion se présente, je vous le ferai savoir. Ce matin j'étais absolument décidée à venir vous voir. Mon esprit déjà m'avait précédée, quand, soudain, je n'osai plus. Je regardai votre fenêtre, une larme coula de mes yeux ! Et comme elle était chaude et mélancolique ! Et je rentrai à la maison, le coeur débordant d'amour. Que je suis heureuse aujourd'hui de croire en vous ! Mon coeur, tout ce qui est en mon pouvoir, je vous l'envoie par l'intermédiaire de cette bague. Si vous avez quelquechose à me dire, dites-le à ma Nanny. Je suis aussi sûre de sa discrétion que de mon amour !

Mon inquiétude se traduit par cette écriture ! Bientôt, j'espère, nous nous retrouverons.

Mais, pour l'amour du ciel, soyez discret. Votre Clara."

Plus tard, Clara écrira à Schumann : "Ta lettre était froide, sérieuse et cependant si belle, si juste dans son sérieux qu'elle me rendit indiciblement heureuse. Pourtant, ce que tu avais écrit sur l'enveloppe me fit de la peine. Tu doutais trop de mon amour, ce que je n'ai, moi, jamais fait, même quand j'avais, en apparence, des raisons pour cela."

Le 8 Septembre, Clara approuve le projet de lettre de Schumann à Wieck, mais le prie instamment de ne pas quitter Leipzig avant la réponse de son père : " Je vous renvoie ci-incluse votre lettre à mon père ; elle ne peut lui faire qu'une impression favorable. Mais il y a par contre quelque chose qui me déplaît bien, c'est votre absence. Si vous restez ici, mon père vous répondra sûrement très très vite, et d'autant plus si vous lui demandez une réponse urgente. Je vous en prie, je vous en prie, ne partez pas ! Si tout s'arrange bien nous reparlerons du reste avec plus de précision. Oh ! Comme je vais trembler quand mon père lira votre lettre !

Je mets ma confiance en son amour pour vous et pour moi. " Clara

La messagère Nanny ménage une entrevue secrète entre les fiancés, la première depuis quinze mois ! Cette rencontre a lieu le 9 Septembre. Retour de chez Emilie List, Clara, accompagnée de Nanny, vient se réconcilier avec Schumann, surexcitée face à un Schumann raide et froid, en tout cas réservé et craintif.

Quelques temps après, Clara écrira sur cette entrevue : "La lune éclairait si poétiquement ton visage quand tu ôtas ton chapeau pour te passer la main sur le front; je goûtais le plus grand bonheur de ma vie : j'avais retrouvé ce que j'avais de plus cher".

Quatre jours après, le 13, jour de son anniversaire, Clara remet à Wieck et à sa femme les lettres que Schumann lui avait adressées pour eux, "lettre longue, cérémonieuse", commente M. Fischer Dieskau, mais digne, dans le style d'une demande officielle, mais aussi, comme on l'a vu, suppliante, et demandant, en acceptant, de fait, une nouvelle attente, fort peu : le droit de s'écrire !

Et c'est, les jours suivants, une entrevue entre Wieck et Schumann que celui-ci relate dans une lettre du 18 Septembre et qu'il qualifie d'"horrible". C'est à la fois un compte-rendu rigoureux, un cri de souffrance, et une mise en garde adressée à Clara vis-à- vis de son père, cette Clara qui lui a écrit, certes, le 16 : "Ayez confiance en moi, je suis forte" Mais sans doute n'a-t-elle pas réalisé ce que pouvait être cet entretien.

"La conversation avec votre père a été horrible. Il a une froideur, une mauvaise volonté, et puis il est confus, il se contredit, vous anéantit d'une manière inattendue et vous enfonce un couteau dans le coeur jusqu'au manche...

Alors que faire, ma chère Clara ? Je ne sais par où commencer - absolument pas. Ma raison est réduite à néant et avec votre père il ne peut être question de sentiment.

Alors quoi ? Alors quoi mon Dieu !

Avant tout armez-vous de courage et refusez vous à tout marché... Je vous fais confiance - et de tout coeur, et cela me soutient, mais il va falloir maintenant que vous soyez plus forte, même, que vous n'imaginez. Votre père m'a dit lui-même ces mots impitoyables : "Rien ne m'ébranle".

Vous pouvez tout craindre de lui.

Il vous contraindra par la force s'il ne peut user de subterfuge.

Et s'il échoue, vous avez tout à craindre. Aujourd'hui je me sens comme mort - et si diminué que ni belle ni bonne pensée ne m'entre dans la tête. Même votre image s'estompe et je me souviens à peine de votre regard.

Je ne suis pas assez pusillanime pour vous abandonner, mais je suis si exaspéré, si blessé, si touché dans ce que j'ai de plus sacré en moi.

Si seulement j'avais un mot de vous - dites moi ce que je dois faire - sinon il me semble n'être que le jouet d'une ironie, d'une plaisanterie grotesque - et moi je me consume et je n'en peux plus.

Ne pas même avoir le droit de se voir une seule fois !

Nous en avons le droit, ose-t-il dire, mais que ce soit dans un endroit neutre, et en présence de tiers. Un spectacle, quoi ! Et pour les autres.

Nous avons encore le droit de nous écrire, mais seulement quand vous voyagez.

Voilà tout ce à quoi il consent.

En vain je cherche une excuse à votre père, que je considère toujours comme un homme noble et humain. En vain je cherche dans son refus une raison profonde. Peut-être craint-il que vous, une artiste, vous ayez à expier une promesse trop précoce donnée à un homme ? Mais non. Il n'en n'est rien.

Il vous jettera, croyez-moi, dans les bras du premier venu, pourvu que celui-ci ait titre et argent. Et puis ce qu'il veut avant tout, c'est que vous donniez des concerts et que vous voyagiez. Peu lui importe si vous êtes malade, si vos forces vous abandonnent, et si moi, de ce fait, je perds la possibilité de créer de belles oeuvres. Il rit de tout cela et aussi de vos larmes.

En ce moment votre petite bague me jette un regard si tendre, comme si elle voulait me dire :

"Ne grogne pas tant contre le père de Clara".

Je me souviens que, dernièrement, trois fois vous m'avez dit : "tenez bon, tenez bon", je vous écoutais et vos paroles venaient tout droit du fond de votre âme.

Clara, chaque jour je me sens plus anéanti. Si je suis faible aujourd'hui et si j'ai fait du mal à votre père, ne soyez pas fâchée contre moi, car, tout de même, j'ai raison.

Ayez les yeux fixés droit sur le but. Il faut que, par votre bonté, vous soyez capable de tout aplanir, et que vous n'ayez pas recours à la violence !

Je ne peux donc que me taire.

Chaque fois que j'irai voir votre père je dois m'attendre à être offensé cruellement.

Réfléchissez bien à ce que je dois faire. Je vous écouterai comme un enfant.

Ah ! Comme tout cela me trotte dans la tête ! J'aimerais rire, la mort dans l'âme.

Cet état ne pourra pas durer longtemps. Je ne résisterai pas. Je n'ai pas une nature à le supporter.

Consolez-moi, priez Dieu qu'il ne me laisse pas sombrer dans le désespoir.

Je suis atteint au plus profond de moi-même.

Rien n'est perdu, je le crois, mais d'autre part, nous n'avons pour ainsi dire rien obtenu. Mes lettres me déplaisent...

Dans huit ou dix semaines tout ira mieux.

Il est important que nous avancions calmement, avec prudence. Il faut tout de même que votre père se mette dans l'esprit qu'il vous perdra un jour ou l'autre.

Son obstination nuit à notre amour.

Mais cela doit être, ma Clara.

Ne vous encombrez pas de ce que votre père a de faux dans l'esprit.

Quand je lui ai demandé s'il ne croyait pas que nous étions les plus heureux de la terre, il voulut bien le reconnaître, et puis il s'en tint là. Et il ajouta : "Vous avez besoin de bien plus d'argent que vous ne l'imaginez" et il parla d'une somme énorme.

Mais nous avons autant de fortune que cent des familles les plus considérées d'ici. Ne discutez pas là dessus, je vous en prie.

Et il continua : "Si vous ne pouvez pas donner de grandes réceptions, Clara pleurera secrètement en silence " etc... Cela te parait-il vraisemblable ? C'est vraiment à mourir de rire.

Il n'a pu apporter aucun argument qui ait un fondement.

Nous sommes protégés par le bon droit et la raison qui sont de notre côté.

S'il nous pousse à bout et qu'il ne nous ait rien accordé au bout de dix-huit mois ou deux ans, nous ferons valoir notre bon droit et nous nous en remettrons à la justice.

Que le ciel nous préserve d'en arriver là !

Envoyez-moi bientôt quelques mots doux et apaisants.

Encore plus belle et plus lumineuse aujourd'hui que le matin où j'écrivais cette autre lettre, vous êtes auprès de moi, et ces mots qu'alors vous avez répétés trois fois : Fort ! Fort ! Fort ! Résonnent à mes oreilles comme s'ils tombaient du bleu du ciel. Et avant de te quitter, ma fille chérie, jure-moi encore sur ta propre félicité que tu as le courage qu'il faut pour supporter les épreuves qui nous sont réservées et que nous les supporterons vaillamment, et en témoignage, je lève en ce moment les deux doigts de ma main droite pour le jurer.

Je n'abandonnerai rien - crois-moi. Et si Dieu le veut, je resterai éternellement ton Robert."

Clara, de son coté, a dû subir, le jour de son anniversaire, elle aussi, une journée horrible, qu'elle relate dans une lettre du 2O Septembre : "Tu ne peux savoir comme j'ai souffert le jour de mes dix-huit ans, non seulement parce que mon père ne m'a pas montré la lettre que tu lui avais adressée, mais encore parce qu'il ne m'a pas même donné celle que tu m'avais adressée. La Stegmeyer vint chez nous et elle, ma mère et mon père s'enfermèrent pour lire tes lettres. C'était vraiment triste et par trop indélicat. Si mon père ne l'a pas senti, elle, ma mère a dû s'en rendre compte. Je ne peux te dire ce que j'ai éprouvé. Je savais bien qu'il y avait aussi quelques mots pour moi personnellement. Je dus patienter.

Avec quelle cruauté ils m'ont traitée, et le jour de ma fête encore, c'est ce qui m'a rendue tellement malheureuse. Je n'arrivais pas à me calmer, même les jours suivants, j'avais sans cesse les larmes aux yeux. Mon père eût rapidement pitié de moi et me demanda ce qui se passait ! Je lui dis toute la vérité. Alors il sortit ta lettre de son secrétaire et la posa devant moi, en disant : "Je ne voulais pas te la donner à lire, mais puisque tu manques à ce point de compréhension, lis-la". J'étais trop fière pour accepter la lettre et ne la lus pas. Cela n'améliora pas mon état. Le soir, quand l'orage survint, je me mis à pleurer à chaudes larmes. Je m'inquiétais de toi. Ton image était ma seule consolation. Clara".

Et si, bien que brisé, Schumann se sent prêt à vaincre sa "douleur mortelle", Clara, de son coté, se soucie-t-il, saura-t-elle résister ? Effectivement, elle se sent "une faible fille, oui faible, mais avec une âme solide et un coeur ferme qui ne se démentira pas". C'est pour cela que Clara pardonne à Schumann qu'il puisse encore douter d'elle, dans une lettre du 26 Septembre. "Jusqu'à présent je me suis sentie toujours malheureuse. Ecris-moi pour me rassurer". Elle a promis à son père d'être gaie "et de me consacrer encore quelques années à l'art et à la société" Et, prévoyant l'inquiétude de Schumann, elle se veut persuadée qu'il se dira : "Mais puisque tout cela elle le fait pour moi".

Schumann, lui, écrit : "Et si jamais un jour votre coeur devait fléchir, il briserait le mien, qui n'est capable d'aimer qu'une fois".

Durant le mois d'Octobre Robert et Clara continuent de s'écrire grâce à l'intermédiaire de Nanny, à se fixer des rendez-vous télépathiques le soir à 21 heures et à se voir tout aussi secrètement au Reichelsgarten, ce qu'ils feront deux ou trois fois avant le nouveau départ en tournée de Clara. Départ pour quatre mois en Bohème, en Autriche, jusqu'à Vienne, tournée mise au point, évidemment, par Wieck. Ce départ est très mal supporté par les deux, mais surtout par Schumann.

Le 3 du mois, Schumann est en effet préoccupé par la perspective de mois entiers sans aucun contact entre eux, et de la manière de s'écrire imposée par Wieck : "Quand vous serez en voyage": Dois-je écrire de temps en temps ? Est-ce à toi ou à ton père que je dois adresser les lettres ? Je ne sais plus comment faire.

Il t'en fera voir encore, et comment, cet homme impitoyable. Malgré cela, ne sois pas malheureuse, conserve ta gaieté, tu as mon coeur et ma parole, et moi, je sais aussi que je peux croire en ta fidélité. Eloigne-toi de Banck, il m'inquiète, il troublerait l'eau la plus pure.

Il se peut que pendant un certain temps nous demeurions sans nouvelles l'un de l'autre, que nos lettres soient interceptées et confisquées par ton père, sait-on jamais ? Qu'on te parle mal de moi, que l'on veuille te persuader que je t'ai oubliée, n'en crois jamais rien. Le monde est méchant, ne l'écoutons pas et marchons droit devant nous.

Si je pouvais compter seulement sur une lettre de toi tous les deux mois ? Cette certitude me donnerait de l'apaisement. Est-ce trop demander ?

Dans trois heures je dois te voir, j'en ai une peur !... Peut-être est-ce la dernière fois... Peut-être nous séparerons-nous pour toujours ? Ne t'imagine pas que nous puissions nous voir ou nous écrire en dehors de la volonté de ton père. Sa conduite constante en est une preuve. Ne parle jamais de rien. Sans certains petits mensonges, tout est impossible.

Alors ce soir, je dois te voir, ma Clara ! Robert"

Le lendemain 4 Octobre, Clara écrit à Schumann : " J'ai senti ta douleur au plus profond de mon être, mais quand je te sens tranquille (?) je suis heureuse." Mais Clara ajoute : "Il faut que je te dise quelque chose de très pénible. Je ne puis t'écrire en cachette; si je peux trouver une occasion propice de le faire, je le ferai certainement, mais je ne puis rien te promettre. Je pleure de me devoir obligée de t'écrire cela. Ecris-moi et à mon père comme tu en as envie, avec sans-gêne, et souvent, comme à des amis. Ami, quel mot plein de froideur. Quand on pense à ce que nous sommes l'un pour l'autre. Ah que la soirée d'hier a été courte ! J'avais tant de choses à dire !

Ma main tremble, mon coeur bat si fort qu'il semble s'en aller vers toi...

Si tu veux me parler encore une fois, tu le peux, ce soir entre 6 heures et demie et 7 heures et demie. Je serai, comme d'habitude, au Reichelsgarten. Clara"

Mais Schumann, pendant ce temps, souffre; il écrit dans son journal le jour même: "Le soir, traîné, une heure après l'autre. Ressaisis-toi !!! Le soir, passablement bu. Après-midi, attaché au travail, puis chez Möckern où cela alla mieux. Cela ne peut pas avancer autant. Contiens-toi et empoigne ton travail de toutes tes forces ! Comme tu paraîtrais pitoyable, extrêmement pitoyable !" Et le 7 : "Hier à nouveau affreux état d'âme. Si distrait et désorienté ! D'où cela vient-il ? Travaillé à rien d'ordonné. Mauvaise, mauvaise nuit, avec de sanglantes pensées. Ce matin, à nouveau mieux." Mais il écrit à Clara le même jour :

" Aujourd'hui, je n'ai d'autre pensée que la tienne, celle aussi de ton père, qui se montre si dur. Comme toi, je passe constamment du rire aux larmes. Quelle nuit terrible j'ai passée ! Comme ma tête brûlait, comme mon imagination trouble me jetait d'une pierre sur l'autre, et je craignais toujours de tomber. Je me reproche mon peu de confiance, j'ai pourtant la parole d'une jeune-fille forte et noble. Je suis plus faible que je le croyais".

Le 9 Octobre, Clara donne un concert d'adieu à Leipzig. Schumann y assiste et y croise Clara, comme s'il était un spectateur comme les autres. Il écrit à Clara : "Ton "bonsoir", ton regard quand nous nous sommes retrouvés devant la porte, je ne l'oublierai jamais. J'ai pensé : cette Clara, celle-là même t'appartient, elle est à toi, et tu ne peux pas même l'approcher, pas même lui serrer la main. Y avait-il dans la salle quelqu'un qui pût imaginer mon état d'âme ? A peine toi ! J'étais mort et heureux à la fois, fatigué à m'évanouir, et mon sang me battait les tempes, et je me sentais envahi comme par la fièvre.

Qu'est-ce que ça va donner ? Mon cousin Pfundt me transmit ton affectueux souvenir, ensuite je dormis plus calmement que la nuit auparavant. Mais, crois-moi, je suis malade, bien malade; encore une commotion et je ne tiendrai plus le coup et ma possibilité de travailler sera arrachée."

Et Clara, le même jour, tout en faisant part à Robert de sa peine ("pour la première fois depuis des semaines, j'ai éclaté en sanglots. J'avais l'impression que tu t'en rendais compte et je t'ai senti tout proche de moi"), se félicite de leurs rendez-vous télépathiques et de l'effet réconfortant sur elle des lettres de Robert.

Le 11 Octobre leurs lettres se croisent. Robert crie à Clara sa dépendance : " Je n'ose plus ni penser ni écrire. Quand tu pleurais contre mon coeur, Clara, j'ai passé du ciel en enfer ! Si je t'aime et si tu m'aimes, ne me quitte pas, o créature unique ! Je m'accroche à toi avec acharnement. Si tu m'abandonnes, c'en est fini de moi.

Quand j'improvise au piano, ce ne sont que des chorals. Si j'écris, ma pensée est absente de ce que je fais. J'aimerais dessiner partout en grandes lettres et en accords : "Clara". "Robert".

Clara, bien que bouleversée elle-même, et chagrinée de ce qu'elle entend de ses parents sur Schumann, s'efforce de le soutenir et de le mettre en garde contre sa belle-mère : "... Ma mère dit que tu es hypocrite ? Hypocrite ? Est-ce que ta Clara ne connaît pas mieux qu'elle son Robert ?... Je me sens si pleine de courage que je suis prête à tout supporter. J'ai écouté tout ce que m'a dit mon père sans douter de toi une minute : ma confiance demeure inébranlable... L'amour seul peut me rendre heureuse. Je ne vis que pour toi. Je veux tout te donner. Et maintenant il faut que je me sépare de ce que j'ai de plus cher en ce monde. Sois heureux. Il n'y a pas une minute où tu n'occupes ma pensée. Ta fidèle Clara". C'est la dernière lettre de Clara avant son départ, lettre que Schumann reçoit ce samedi soir. A la fin du mois, effectivement, le Dimanche 29, Wieck et Clara quittent Dresde où ils résidaient, pour Prague. Clara relate ce départ dans une lettre du 3 Novembre : "... Dimanche dernier nous avons quitté Dresde. C'était le matin, il faisait beau, l'Elbe était transparente, le ciel s'y reflétait et le soleil brillait avec tant de grâce qu'il semblait vouloir me consoler et me dire : tu peux me confier ta tendresse, je la lui transmettrai fidèlement". Mais Clara reproche à Schumann de ne pas lui avoir écrit, et surtout, elle ajoute : "Je suis très bouleversée de voir à quel point mon père est malheureux à la pensée de me perdre un jour. Je sais tout ce que je lui dois, et pourtant quel immense amour j'ai pour toi ! Il croyait que je pouvais t'oublier... T'oublier ?... Ce mot me donne le frisson...

Il faut que je me fasse violence pour me séparer de toi. Mon esprit, lui, demeure toujours auprès de toi - nous sommes si indissolublement liés l'un à l'autre, je ne romprai jamais ce lien.

Tu sais maintenant ce que je souhaite, et avec quelle ferveur ! Ecris un mot.

Ta fidèle Clara".

En Novembre, donc, commence une nouvelle séparation, et elle commence par des plaintes réciproques, plaintes, pour l'un comme pour l'autre de ne pas avoir reçu de lettres depuis des jours. Et Schumann n'a même pas répondu à la lettre du père Wieck, s'étonne Clara, bien qu'elle se méfie de son père, capable de détourner son courrier, même sous enveloppe écrite par leur ami le Dr Reuter. Clara précise : "Nanny est au courant de tout. Mon père lui accorde sa confiance, mais Nanny m'aime trop pour ne pas tout me répéter."

Schumann reste seul à Leipzig, désespéré, ne sachant comment exprimer sa détresse, si ce n'est par les oeuvres qu'il compose alors ; les "Fantasiestücke" et les "Davidsbundertänze", qui sont frémissantes, poignantes, témoignant d'une lutte violente contre l'angoisse et le désespoir. C'est par là seul que Schumann ne renonce pas, ne s'abandonne pas complètement à l'amertume et au découragement , tout en se demandant si le public et même les critiques peuvent comprendre ce qu'il exprime, et son génie propre. Ces oeuvres ne seront terminées qu'en 1838.

Et Schumann ne tarde pas à répondre à Clara, dès l'aube du 8 Novembre, et à lui renvoyer le compliment en une longue lettre : "Tu me demandes quelques mots seulement, eh bien ! Tu en auras davantage quoiqu'au plus profond de moi-même je suis bien fâché contre toi... et que tu le mérites.

Comment as-tu supporté de ne pas m'écrire pendant un si long temps ? C'est incroyable, à ma place cela m'eût été impossible.

Toi, tu sais toujours comment me faire parvenir tes lettres, alors que la réciproque n'est pas vraie. Ah ! Comme j'ai souffert pendant ces derniers jours. Mais silence, n'en parlons plus. Quand ta lettre m'est arrivée hier, il me semblait soudain avoir échappé à un grand malheur.

Elle est courte, ta lettre, mais elle est bien de toi, et j'y retrouve beaucoup de ton coeur. Merci."

Et Schumann fait un compte-rendu sans complaisance de l'épître qu'il a reçue de Wieck, dont entre autres " Vous êtes un homme parfait... - et il y en a sans doute encore de plus parfaits. Vous voulez que je vous parle de mes projets pour Clara ? A la vérité je n'en sais rien. Tout ne dépend pas de moi... Oui, évidemment, il y a le coeur - mais qu'est-ce que j'en fais du cœur ?"... " Plutôt que de voir deux artistes tels que vous malheureux, et installés dans une vie étroite, bourgeoise et casanière, je préfère sacrifier ma fille d'une manière quelconque. Si je dois la marier rapidement à un homme ou à un autre, seul vous seriez la cause de ce sacrifice."

Mais, dans sa lettre, Schumann revient à plusieurs reprises sur ses reproches à Clara, imagine des "scénarios-catastrophe", allant jusqu' à envisager la rupture, ou feindre de l'envisager, suggérant de "tout rendre" à Clara, même la bague, pour la reprendre, la garder ensuite. Enfin, "donne moi ta parole de garder toutes mes lettres - et aussi de ne jamais les montrer à ton père. Tu avais eu la faiblesse de le faire à Dresde. Ne recommence pas.

N'oublie jamais que tu es aussi proche de moi que tu l'es de ton père à qui tu as déjà apporté tant de joie et qui a fait de tes plus belles années des années de douleur." Et après un rappel que, en regard de l'infidélité attribuée aux femmes-artistes, "les pianistes ont été souvent reconnues comme des exceptions", Schumann renouvelle le rendez-vous télépathique de neuf heures du soir.

La réplique de Clara ne se fait pas attendre, et dans sa lettre du 12 Novembre, tout en se déclarant fort heureuse d'avoir reçu la lettre de Robert, elle ne peut que lui dire : "Mais permets-moi d'abord de te gronder un peu, et de te dire que tu es insatiable.

D'abord tu demandais une lettre tous les deux mois, et maintenant je t'écris toutes les semaines et tu te plains. Tu essayes sans doute d'ores et déjà de me faire sentir l'autorité maritale." Et Clara proteste encore contre les doutes de Schumann concernant sa constance et sa fidélité. Mais "pour ce qui concerne le mariage c'est évidemment encore ... à voir" ! Et cela ne veut pas dire qu'elle est l'enfant dont Schumann parle dans ses lettres.

Par ailleurs Clara donne des concerts dont un au conservatoire, avec grand succès : treize rappels ! " Je n'ai jamais vu un tel enthousiasme !" Une semaine plus tard, dans une lettre du 19, Clara raconte à Schumann la cour qu'un admirateur quelque peu importun lui fait et relate le succès d'un autre concert, le 18, devant 6OO personnes, et avec une bonne critique dans la presse (Saphir dans "L'humoriste"). Et, deux jours plus tard, le 21 Novembre, c'est encore la nouvelle d'un nouveau concert, fugue de Bach, variations de Henselt, tonnerre d'applaudissements, rappels et bis, réconfort de sentir le public content. Enfin, le 23, dernier concert au théâtre, avec "mon" concerto" , les mêmes variations, salle bondée et rappels après chaque morceau; et de tous ceux donnés ces jours-ci, c'est au mien que fut réservé le meilleur accueil."... "Oui, je suis heureuse, mais je ne le serai complètement que quand je serai serrée contre toi et que je pourrai te dire : maintenant je suis à toi pour toujours - Je t'appartiens avec tout mon amour et aussi l'amour de la musique."

Un certain réconfort est par ailleurs apporté à Schumann, puisque c'est lors de ces mêmes journées, le 12 Novembre, que paraît dans la "Gazette Musicale de Paris" un article de Liszt dans lequel il apprécie en connaisseur, mais aussi avec la plus grande chaleur dont il est capable, les oeuvres de Schumann, véritable "hommage à un jeune génie". Cet article remplit évidemment Schumann de joie, lui qui doute de plaire, même à Clara, dont il croit - bien à tort - qu'elle n'aime pas ses "Davidsbundertänze".

Auparavant, avant de quitter Prague pour Vienne, Clara écrit le 24 Novembre au soir à Schumann une lettre qu'il ne pourra recevoir avec plaisir. Après lui avoir reproché assez désagréablement son écriture difficile à déchiffrer, elle lui dit : "J'ai de nouveau beaucoup réfléchi à ma situation et je veux t'en parler et attirer ton attention sur certains points. Cette bague que nous avons échangée te donne confiance, mais à la vérité ce n'est pas si neuf ! N'avais-tu pas donné une bague à Ernestine, et même une bague qui t'appartenait ? Tu lui avais aussi donné ta parole, ce qui ne t'a pas empêché de rompre avec elle. Alors, tu vois qu'en somme la bague ne signifie rien.

Moi aussi j'ai pensé à l'avenir et même gravement. Je ne pourrai pas être ta femme avant que notre situation ne soit absolument différente. Je ne veux ni chevaux ni diamants, je serai suffisamment heureuse de t'avoir toi, mais j'ai besoin d'une vie sans soucis et d'exercer mon art en toute tranquillité. La préoccupation du quotidien me serait très pénible. Je me rends compte qu'il faut avoir de grands moyens pour mener une vie à peu près convenable, c'est-à-dire telle que je la comprends. Réfléchis et vois si tu te crois capable de m'offrir une vie telle que je la désire. Bien qu'élevée modestement, songe que je n'ai jamais eu la moindre préoccupation, et si je ne vis pas dans ces conditions là, il me faudrait renoncer à mon art" Après ces propos réalistes dignes de son père, et avoir prévenu Schumann : "Si je ne t'écris pas pendant quatre semaines, ne m'en veux pas. Ce ne sera que par manque de temps", Clara ajoute en post-scriptum : "Tu n'es pas fâché, j'espère - il me semble t'avoir peiné, contrarié? Dieu, je ne sais plus ce que je veux".

Ce qui va obliger Schumann, dans ses lettres des 29 et 30 Novembre à se défendre, se justifier, se justifier aussi quant à l'épisode Ernestine à propos duquel il donne une version très contestable : il n'aurait pas rompu, lui, il y aurait eu "entente réciproque pour reprendre notre liberté..." et il reproche à Clara de lui parler durement à ce sujet. Mais il témoigne aussi et de la lutte qu'il entend mener "avec calme et énergie", et de sa désespérance, par moments. Il lui faut surtout répondre point par point aux revendications matérielles de Clara, visiblement inspirée par son père : "Chaque mot que je t'écris en réponse à ta lettre m'est pénible. C'est ton père qui t'a dicté cette lettre".

Il s'inquiète de cette pesée pécuniaire sur l'intimité : " ce qui me chagrine c'est que tu ne m'aies pas fait ces objections au moment où je t'ai parlé de ma situation et où tu m'as laissé écrire à ton père, et où toi-même avais encore tant de difficultés. L'état actuel de ma fortune est le même qu'au moment où j'ai parlé à ton père. Il n'est pas très brillant mais, malgré cela il y a bien des jeunes filles et même de jolies et de bonnes qui m'auraient accepté comme mari en me disant : "Vivons ensemble, tu trouveras en moi une vraie femme et aussi une femme d'intérieur." Toi aussi tu as pensé cela mais maintenant tu penses différemment, et moi, par moments, je me sens dépourvu de tout sentiment". Et après avoir montré qu'il n'était pas possible d'augmenter massivement ses revenus, fût-ce par un surcroît de travail qui, en l'occurrence, ne saurait être "mécanique", et il assène la vérité : "Mais alors même, aurais-je assez d'argent pour combler tes désirs, je ne le crois pas". Et il ajoute : "Tu aurais pu d'ailleurs t'exprimer d'une manière un peu plus romantique. Chaque mot que je t'écris en réponse à ta lettre m'est pénible. C'est ton père qui t'a tenu la main pour écrire. Tes quelques lignes m'ont meurtri… Et comme tu tiens peu à cette bague ! Depuis hier je n'aime plus du tout la tienne et je ne la porte plus. Je rêvais que je me promenais auprès d'une eau profonde, et l'idée m'a traversé l'esprit d'y jeter la bague et de m'y précipiter ensuite".

Et tout en rêvant de la vie qu'il verrait pour le couple, modeste mais permettant à chacun de cultiver son art, il pose dans sa lettre du lendemain 29 Novembre la question : "Si tu m'aimes, décide-toi", mais ajoute aussitôt : " Ou bien si tu souhaites mener une vie de société, cela ne me déplait pas non plus". Il fait allusion, sans vouloir s'y attarder à un "secret profond" concernant un mystérieux "mal physique", sur lequel on a pu échafauder l'hypothèse d'une syphilis supposée expliquer tous ses maux. Plus clairement, il s'inquiète des conséquences qu'aurait la découverte par le père Wieck de la poursuite de leur correspondance secrète, par l'intermédiaire du Dr Reuter, poste restante à l'adresse de M. Kraus. Il exhorte Clara à ne plus se laisser piéger par lui, sinon "Clara, je ne te rechercherai plus une seconde fois. Jamais plus." Pour le reste il confesse qu'il va mal : "depuis quelques semaines je suis mécontent de ma vie. Notre séparation, des chagrins venus de diverses contrariétés font que mon esprit s'affaisse. Alors je n'arrive à rien. Je me mine pendant des heures, je regarde ton portrait qui est accroché devant moi et je pense : comment cela finira-t-il ? Et puis j'essaie ensuite de m'encourager à l'aide de quelques mots. Et souvent je suis dégoûté que des imbécillités de ce genre arrivent à me gâcher mon travail. Je me fais alors l'effet d'un dément, d'un bon à rien, d'un être inutilisable ! Et cependant je sens au fond de moi-même sommeiller encore quelques symphonies dont je suis assez fier. Alors, parle moi quelquefois avec amour pour me conserver ma force et mon espoir."

Par ailleurs, quelques nouvelles de Leipzig : réunion d'amis chez les Voigt, avec David, et Mendelssohn, qui leur apprend que Chopin est malade. Liszt donne un concert au profit de ses compatriotes hongrois, Schumann en rend compte avec chaleur dans la Revue; échange de bons procédés, Liszt publie un éloge de Clara.

Après avoir avoué à Clara qu'une lettre reçue de Miss Laidlaw montre que lui, Schumann, lui "a ravi son coeur"... "Mais tu ne peux pas être jalouse, sans doute", Schumann s'exalte :"je t'embrasse avec toute la force de mon amour. Adieu ma Fidelio, et demeure-moi fidèle comme à son Florestan".

Les semonces de Robert à Clara semblent avoir porté. Dans une lettre du 6 Décembre, Clara proteste longuement de son amour, de sa fidélité et de son espoir malgré les difficultés qu'elle prévoit. Elle promet de ne plus se laisser influencer par son père, et se sent "ardente et désintéressée", semblant avoir oublié sa lettre du 24 Novembre dans laquelle elle ne se montrait guère telle, ce qui explique qu'elle puisse se sentir méconnue de Robert. Ceci dit, elle profite de Vienne qu'elle apprécie et en fait part à Robert (lettre du 12 Décembre). Ce qu'elle y apprécie, effectivement, c'est un public cultivé mélomane qui connaît bien Chopin, mal Mendelssohn, et s'interroge sur les oeuvres de Schumann, lesquelles suscitent des réactions diverses malgré la "protection" du professeur Fischof.

Mais le 14 elle revient à la charge concernant Wieck, demandant à Robert : "Ne sois pas trop sévère pour lui", bien qu'elle lui relate qu'il la presse de renoncer à Schumann qui, selon lui, "ne fait rien pour toi à l'heure qu'il est - le ferait-il quand il serait marié ?" C'est par amour pour elle et pour son bonheur qu'il agirait ainsi, y compris vis à vis de Schumann, bien que sachant que la perte de Schumann la rendrait malheureuse. Alors, "par amour pour moi, pardonne-lui sa vanité personnelle", puisqu'il voudrait "simplement être un peu récompensé de tout le mal qu'il s'est donné pour moi".Et puis il "est maintenant très malheureux de penser que je t'aime". Elle reproche enfin à Robert d'éviter de parler d'elle dans son journal !

Elle laisse Schumann sans lettre pendant huit jours. Il faut dire qu'elle est sous une surveillance terrible, Wieck ne lui permettant pas de fermer la porte de sa chambre (lettre du 22 Décembre). Il aurait dit à Nanny : "Je saurai bien, et je vous le dirai, comment j'ai appris que Clara écrit à Schumann. On ne pourra pas me le cacher longtemps".

Le jour de Noël, toutefois est bien triste pour Clara, loin de Robert et "sans le moindre petit arbre de Noël". "Où en serons-nous dans trois ans ? " Et le lendemain, après avoir été reçue chez le couple impérial, avec lequel elle a pu converser ("tu ne doutes pas que je préfère de beaucoup parler avec toi"), elle subit les menaces du vieux Wieck : "Si Clara épouse un jour Schumann, je persisterai à dire jusque sur mon lit de mort qu'elle n'est pas digne d'être ma fille ! ". Ainsi finit, tristement, cette année, bien que Clara s'engage à ne plus se laisser intimider, jamais plus !

1838. Cette année commence pourtant sous les meilleurs auspices.

Robert écrit à Clara le 1er Janvier au matin : "Quel matin merveilleux ! Toutes les cloches sonnent. Le ciel est d'or et bleu et pur ! J'ai ta lettre devant moi. Mon premier baiser est pour toi - ma chère âme - ma bien aimée.". Fr. Grillparzer, un des poètes en vue à Vienne, et, selon Clara, "un fonctionnaire, mais très doué pour la musique" (il compose même des opéras !), a écrit et publié dans la "Wiener Zeitschrift für Kunst und Litteratur", un poème en l'honneur de Clara : "Bergère, tes doigts blancs qui seuls ouvrent le coffret enfermant les sortilèges d'un magicien, avec la clé trouvée dans le fleuve, de ses mains". Clara, dans une lettre du 11 Janvier l'invite à venir l'entendre jouer, le 20 du mois, le Carnaval, en compagnie des poètes les plus célèbres de Vienne réunis pour cela à l'invitation de Wieck. Pour Robert, "ce poème est ce qu'on a écrit de plus beau sur toi" et pour lui "ces quelques lignes te seront d'une grande utilité pour ta réputation". Il considère, avec passion mais aussi avec raison que Clara est la plus grande pianiste de l'époque. Le 11 Janvier il lui écrit : "Ici, je crois qu'il faut que j'intercale ce que je pense de toi... Il y aurait beaucoup à dire. Je n'ai pu t'entendre que deux fois en deux ans et il m'a semblé que tu correspondais à ce qu'il y a de plus complet et de plus parfait dans l'art du piano. Je n'oublierai jamais comment tu as joué mes études et comment tu en as fait une création magistrale. Il est impossible que le public puisse comprendre et apprécier ce que tu en as fait, mais il y en avait un, assis là, dont le coeur était en morceaux et qui s'inclinait profondément devant l'artiste que tu es. Qu'on te juge à ta véritable valeur ou non, voilà qui t'indiffère, je le sais, et c'est ce qui te met au rang d'une véritable artiste.

Mais cette fois-ci tu as battu tous les records, je m'en rends compte dans chaque article que je lis, et le fait que ta personnalité est maintenant sérieusement reconnue me remplit d'aise." Et il va jusqu'à écrire : " Ma Clara est la plus grande artiste du monde, mais elle est déjà au dessus de çà." Mais Robert fait le plus grand plaisir à Clara, dit-elle, en lui disant : "Je ne t'aime pas parce que tu es une grande artiste, je t'aime parce que tu es bonne" (il précisera et rectifiera cela plus tard, le 19 Mars, "Si je t'ai dit un jour ; "je ne t'aime que parce que tu es si bonne", ce n'était qu'à moitié vrai, parce qu'en toi tout se tient. Je ne t'imagine pas en dehors de ton art et je t'aime pour les côtés les plus divers de ta nature".

D'ailleurs, ils ne sont pas toujours d'accord, sauf l'essentiel, sur la musique et les musiciens. Ainsi Clara écrit-elle à Robert le 23 Janvier : "En ce qui concerne Benett, nous ne sommes pas d'accord : dans un de tes précédents articles, tu dis qu'un homme qui ne reconnaît pas la valeur de Benett, est un homme sans culture. Moi, tu me considères ainsi et tu penses de moi : "ce n'est qu'une enfant... qui ne comprend pas "grand chose"; c'est possible, mais comment un Robert Schumann, qui a écrit une pareille Sonate, de pareilles Etudes et un pareil Carnaval, et qui est tellement supérieur à un Benett, peut-il écrire de telles choses et encore, par dessus le marché, le comparer à Mendelssohn !

Je voudrais bien aimer Benett en toi comme tu aimes Bellini en moi, mais cela est impossible."

Je veux bien aimer Bach en toi pour que tu ne te plaignes pas."

Mais ce dont Schumann souffre profondément, c'est de l'hostilité de Wieck. Le 4 Janvier il écrit à Clara : "... Mais que ton père qui me méprise, qui ne pense qu'à m'humilier vis à vis de toi, qui par incompétence refuse de reconnaître ce qu'il y a en moi, et qui demande par dessus le marché que je lui sois agréable, je le regrette, mais çà, je n'en vois pas l'utilité et je ne songe pas à te mendier à lui.

Il m'a écrit une lettre dans laquelle il y avait des mots que j'hésiterais fort à lui pardonner, même si le Très-Haut m'en priait. Je m'abstiens de répondre uniquement parce que c'est ton père, mais mon silence n'en n'est pas moins lamentable ! C'est arrivé une fois, la seconde, je ne pourrais pas le faire, dussé-je te perdre ! Mon coeur est tendre et bon, tu me croiras, et n'a rien perdu encore de sa pureté première. Il est tel que Dieu l'a fait; mais je ne puis tout supporter et si c'est nécessaire je saurai me défendre et sortir mes griffes". Et le 11 Janvier : "Je voudrais répondre en quelques lignes à ton père sur le ton de l'indifférence - et qu'il s'en aperçoive. Je lui dirais que je ne sais rien de toi, mais que je sens que tu me resteras fidèle (pardonne- moi ma fierté) et que je ne puis croire qu'il te mènera à l'autel comme on mène un enfant à l'école... et aussi je voulais te dire qu'il est inutile de penser que ton père nous donne son consentement avant qu'il n'ait été avec toi à Paris et à Londres." Clara prend plus ou moins la défense de son père "qui ne serait pas si hostile", selon elle, que Schumann semble le voir. Le 20 Janvier : "Il faut absolument que je te détourne de cette erreur qui te fait croire que mon père ne me parle de toi que pour me faire voir tes mauvais côtés. C'est absolument faux. Souvent il fait ton éloge à moi et à d'autres, et s'exprime même avec enthousiasme et me demande de lui jouer tes oeuvres". Clara tente de réconforter Robert en lui faisant valoir, malgré tout, sa détermination, l'espoir que "le vieux" cède. Le 20 Janvier : "Enfin le jour viendra où je serai devant mon père et où je lui dirai : "Les deux ans sont passés, le temps est révolu et je suis toujours la même, avec le même amour, la même fidélité. Allons, voyons, laisse ton coeur s'attendrir et ne nous refuse pas ce qu'il y a de plus beau au monde : la bénédiction paternelle."

Mais s'il nous la refusait, je sais ce que je ferai. Ma foi demeure. Je suis à toi, il faut que cela arrive. S'il me repousse (quelle abominable pensée) le ciel me prêtera courage et force pour demeurer celle que je suis et me pardonnera. Pardonner quoi ? De quoi suis-je coupable ? D'aimer ? Ah ! Mon Dieu, qu'est-ce qu'une créature doit supporter au nom de l'amour ! Mais quelle récompense je trouverai en toi !"

Cependant Schumann se garde de vouloir séparer Clara de son père dont il souffre d'être mésestimé voire haï, et pour lequel il garde, en fait, un attachement profond. Le 2 Janvier il écrivait encore à Clara : " Je te le dis tout bas à l'oreille, je respecte ton père pour sa magnifique énergie, mais il n'y a sans doute que toi et moi qui puissions l'apprécier à cause d'un attachement qui nous vient de l'enfance et qui appelle à la soumission". Mais ceci n'est pas fait pour atténuer les doutes que Schumann a sur sa propre valeur : "Il est vrai que j'ai bien souvent des heures effroyables où je m'écarte volontairement de ton portrait - où je me fais des reproches... Ai-je bien conduit ma vie ? N'ai-je pas eu tort, mon ange, d'enchaîner ta vie à la mienne ? Vais-je pouvoir te rendre aussi heureuse que je le désire ?

De pareilles questions engendrent bien des doutes, et j'arrive à trouver ton père très coupable dans sa conduite envers moi.

Le jugement des autres peut influer sur ce que nous pensons de nous-mêmes.

Vu la manière d'agir de ton père, n'est-il pas naturel que je me dise : "Suis-je donc si mal que çà ? Et ma situation est-elle si médiocre pour oser me parler de la manière dont il le fait"

Cependant Schumann rêve de l'avenir radieux qui les attend. Dans une lettre du 4 Janvier il décrit leur maison future : "Il règnera chez nous une obscurité de rêve, il y aura des fleurs aux fenêtres, des murs bleu pâle, des gravures, un piano à queue, et là, nous nous aimerons unis dans une profonde fidélité. Tu me guideras avec beaucoup de douceur, tu me diras mes erreurs. Mais quand je serai dans la bonne voie, tu me le diras aussi et je ferai de même pour toi.

Tu aimeras Bach en moi, en toi j'aimerai Bellini. Nous jouerons souvent à quatre mains.

A la tombée du jour j'improviserai... tandis que doucement tu chanteras et, alors heureuse, t'appuyant sur mon coeur, tu me diras : "Je ne pensais pas que ce pouvait être aussi beau !"

Dans les lettres du 2 au 11 Janvier, Schumann s'extasie sur leur amour en des termes qui, aujourd'hui prêteraient à sourire et feraient évoquer Paul Géraldy : "Je voudrais écrire jusqu'à ce que je n'en puisse plus". Car Robert et Clara correspondent toujours secrètement, dans le dos de Wieck, grâce à la complicité de leurs deux amis : Becker et le Dr Reuter; ce dernier écrit de sa main les adresses, et de la fidèle Nanny, la gouvernante de Clara, qui se charge des expéditions. En effet la surveillance du père Wieck est sévère, obligeant Clara à dormir porte ouverte, Wieck dormant dans la pièce voisine. C'est maintenant à l'initiative de Clara que s'institue entre Robert et Clara "un point de pensée" : tous les soirs, à heure fixe, c'est une sorte de télépathie avant la lettre. Schumann s'en déclare alors "tout secoué".

Dans son désir ardent de retrouver Clara, Schumann est alors confronté, dès les premiers jours de Janvier, à l'éventualité d'un retour prochain de Clara et de son père, mais à Leipzig même, là où il réside lui même. Il lui faudra être tout près de Clara sans pouvoir la revoir : "Je suis presque effrayé de ce que tu m'as dit... Vous arrivez bientôt à Leipzig ! Vous me faites vraiment très peur. Ne pouvez-vous donc rester à Dresde ou dans quelqu'autre ville. Imagine que tu sois assise à midi au Rosenthal, toi à une table, moi à une cinquantaine de pas de la tienne. Cela n'est pas supportable. Enfin, s'il n'y a pas moyen de faire autrement... Mais que tu viennes ici, je t'avoue que je ne m'en réjouis pas du tout.

Bien sûr que j'aimerais te voir..." Ceci d'autant que Schumann se sait fragile et d'humeur changeante.

Clara, quant à elle, remporte à Vienne un succès triomphal. Le 7 Janvier : "Je donne mon troisième concert et Mardi (après-demain) je joue devant l'impératrice. J'ai trouvé ici un accueil qui m'a dédommagée des humiliations qu'ils m'ont fait subir dans le Nord.

Tu as dû savoir que je suis l'objet ici d'une très tendre sollicitude".

Et le 21 Janvier "Aujourd'hui a eu lieu mon quatrième concert où j'ai joué Liszt et Thalberg, et j'aurais cloué le bec à ceux qui prétendaient que je serais incapable de jouer Thalberg. J'ai eu treize rappels, ce qui n'était pas arrivé à Thalberg lui-même."

Le 23 : "T'ai-je dit qu'à mon dernier concert on a voulu me décerner des récompenses telles que mes ennemis en auraient été sérieusement irrités - alors on a décidé de remettre cela à plus tard. D'ailleurs j'en aurais été très gênée, et mon émotion n'aurait pas été moins grande que mon embarras... Le 11 je donne mon cinquième concert et le 18, mon sixième, mon concert d'adieu. Au cinquième, je joue de Mendelssohn le Capricioso en si et quatre Etudes symphoniques d'un certain Robert Schumann. Tu vois où j'en suis.

Dans les restaurants on sert des tartes à la Wieck, et tous mes admirateurs s'y rendent pour en manger. Récemment on en parlait dans le Journal des Théâtres et on remarquait que c'était un entremets très léger qui fondait dans la bouche... Est-ce que cela ne te fait pas sérieusement rire ?"

Mais Schumann se sent, selon lui, réconforté par ce que Clara lui écrit : "Tu ne peux imaginer combien ta lettre m'a remonté et comme elle m'a donné du courage". La musique, dont il se sent "plein à éclater" coule de source. Il ne pourrait, écrit-il "s'en empêcher même en pleine mer, dans un lieu sauvage". Le 11 Janvier il écrit à Clara : "En général, je suis content de voir que je perce un peu partout et que mes oeuvres sont en bonne voie.

J'écris maintenant avec plus de légèreté et dans un style plus large, plus clair et plus agréable qu'autrefois... j'avais le tort d'écrire d'une manière trop heurtée, et il en résultait un travail bizarre, trop singulier et souvent sans beauté. Ces erreurs-là l'artiste les livre tout de même au public quand elles ne sont pas trop agressives. Depuis quatre semaines je n'ai fait presque que composer. Comme je te l'ai écrit, cela venait tout seul; je chantais en composant - et je crois qu'en grande partie j'ai réussi. Je m'amuse à trouver des formes nouvelles. D'ailleurs depuis un an et demi je suis en pleine possession de mes moyens; il me semble avoir pénétré beaucoup de mystères. Comme c'est singulier ! Mais ce n'est pas fini. J'ai encore beaucoup à dire, et si je te garde, tout verra le jour, sinon tout se perdra.

Je vais faire prochainement trois quatuors..."

Et il annonce dès le 5 Janvier, et sous huit jours, la fin de la composition des Davidsbundlertänze et des Phantasiestücke et se propose de les envoyer à Clara : "Elles sont nées dans le plus bel élan d'enthousiasme que j'aie jamais ressenti". Mais dès le 23 Janvier Clara propose à Robert d'aller, lui, s'installer à Vienne, ce qui est peut-être une suggestion de Wieck. Elle relancera cette idée à plusieurs reprises au cours de l'année, jusqu'à ce que Schumann y souscrive, et, finalement, parte en exploration en Septembre. Ainsi Clara plaidera-t-elle cette cause dès Février.

Ce projet semble bien un élément de la stratégie de WIeck pour éloigner et lanterner Schumann tout en prétendant pouvoir ainsi donner son consentement au mariage, moyennant un revenu assuré de 2000 thalers pour subvenir aux besoins de Clara.

En Février 1838 Schumann se sent en veine de composition; et sa musique respire plus que jamais la douleur, la gaieté parfois, avec un approfondissement de ses qualités mélodiques : "Comme j'ai été heureux ces trois semaines passées. Ces dernières semaines j'ai composé une quantité effrayante de musique". Ce sont les "Novelettes", composées autour du 6 Février, qui auraient dû s'appeler "Wieckelettes", mais que Schumann nomme finalement ainsi en hommage à la grande cantatrice Clara Novello, qui se produit cette année à Leipzig. La lettre de Robert à Clara, en date du 6 Février, donne bien l'idée de ce que vit alors notre musicien : "Comme j'ai été heureux ces derniers jours ! Je me sentais jeune, léger comme s'il me poussait des ailes le long des épaules pour me porter auprès de toi. J'ai voulu te répondre tout de suite, mais les rêves, les méditations, la musique m'occupaient à tel point que je finissais par ne penser à rien, et je marchais simplement de long en large dans ma chambre en disant de temps à autre : "Le chant de mon coeur... mon enfant..." et puis rien !... Ce que je préfèrerais, ce serait de m'exprimer en musique, car c'est la musique qui traduit le plus fidèlement notre vie intérieure. Aussi est-ce la raison pour laquelle j'ai tant composé pour toi ces trois dernières semaines : Spartacus, L'histoire d' Egmont, Scènes familiales avec fête, Un mariage, gai, amusant, et toutes les Novelettes qui, à cause de ton nom, devraient s'appeler Wieckelettes, mais la résonance n'étant pas bonne, je l'ai changée. A l'instant je reçois de Härtel les Phantasiestücke avec une charmante lettre me priant d'envoyer d'autres nouvelles compositions. Je vais lui répondre immédiatement... On ne voit que ton nom dans tous les journaux, cela ne m'étonne pas, et à cause de cela je vais tous les jours au Muséum et je cherche les articles parus à Vienne... Le poème de Grillparzer est ce que l'on a écrit de plus beau sur toi. Quel bel état que celui de poète ; c'est divin de pouvoir en peu de mots traduire ce qu'on sent... des mots qui gardent leur valeur à travers les siècles ! Quand j'ai reçu ta lettre, Mendelssohn était là et il partagea ma manière de voir... "Bergère, tes doigts blancs... Comme tout cela est délicat et tendre. Immédiatement on te voit devant soi ! Aussi ces quelques lignes te seront d'une grande utilité pour ta réputation... l'homme le plus ordinaire a de la timidité devant un vrai poète, mais il lui fait confiance et n'ose le contredire. Enfin ce poème m'a rendu heureux, et si tu avais un amoureux qui soit capable de chanter et de faire des vers, ce sont ces vers là qu'il devrait t'offrir, oh oui ! Ma Clara, seule tu m'as redonné le goût de vivre, et par ton coeur, tu m'as toujours exalté vers la pureté. J'étais devenu un pauvre homme abattu, qui ne pouvait plus prier et qui pleurait dix-huit mois à la file. Je n'étais plus qu'un être de glace. Maintenant tout est changé. Ton amour, ta fidélité m'ont fait renaître. Il me semble que pensées et impressions s'entrecroisent pêle-mêle, comme des routes à travers mon coeur, sur lesquelles courent à tort et à travers des ombres qui demandent : "où va-t-on par là ? - Chez Clara - et là ? - Chez Clara..." Tout va vers toi. N'as tu pas reçu les Davidsbundlertänze ? Je te les ai envoyées il y a huit jours dimanche. Tâche de les travailler, elles t'appartiennent, c'est ton bien, tu m'entends, et ce que j'ai voulu écrire dans les danses, ma Clara va le découvrir, car elles te sont destinées, à toi tout particulièrement. C'est une fête à la veille des noces - imagine le commencement et la fin de l'histoire. Si jamais j'ai été heureux à mon piano, c'est bien les jours où je les ai composées. Je suis bien content que tu joues mes Etudes. Je crois que cela te mettra de mauvaise humeur, car il me parait impossible qu'elles plaisent au public. Dans une circonstance analogue, Goethe disait : "C'est comme quelqu'un qui regarde un ciel étoilé - on n'y comprend rien". J'ai bien ri. Mes Etudes, une fois terminées, seront sans doute aussi incompréhensibles qu'un ciel étoilé - si je pouvais m'offrir une pareille comparaison - mais il n'en n'est pas question".

Puis, fin Février, ce seront les "Scènes d'enfants", une oeuvre. Mais passé un moment d'enthousiasme étayé sur la certitude de l'amour de Clara, et qui génère une belle créativité, Schumann revient sur sa douleur et éprouve le besoin de se justifier aux yeux de Clara, en une lettre très significative du 11 Février : "Depuis un certain temps, je suis heureux comme jamais je ne l'ai été. Voilà un aveu qui peut te réjouir dans ta confiance. Pendant des années j'ai roulé les pensées les plus lugubres et je parvenais avec une maîtrise sans égale à imaginer ce que la vie peut offrir de plus sinistre et de plus désespéré. J'en étais moi-même effrayé, et je pensais souvent à m'arracher à cet enfer. Eh bien, tu m'as rendu la radieuse clarté du jour. Il faut que tu saches ce qu'il y a au plus profond de moi-même, toi, mon amour si proche de Dieu. Ma vie commence du moment où j'ai pu voir clair en moi et mesuré mon talent, où j'ai décidé de me consacrer à l'art, la seule voie qui me permette d'employer mes forces. Aussi, depuis l'année 1830, tu étais à ce moment-là une petite fille prétentieuse, obstinée, avec une mauvaise tête, de beaux yeux, et les cerises étaient ce que tu préférais. A part toi je n'avais que ma pauvre Rosalie - quelques années passèrent. Déjà en 1833 j'entrai dans une mélancolie profonde sans vouloir m'en rendre compte; c'est l'éternelle déception de l'artiste quand la lente réalité s'oppose à la rapidité de son rêve. Je me résignai difficilement, et voilà que je ne pouvais soudain plus me servir de ma main droite. De ces pensées, ces images sombres, la tienne surgit seule et rayonnante. Tu es sans le vouloir et sans le savoir celle qui m'a pour ainsi dire éloigné de toute autre femme. Alors naquit en moi cette pensée qu'un jour tu pourrais devenir ma femme. Mais tout cela était plongé dans un avenir trop lointain. Quoiqu'il en soit je t'ai aimée depuis toujours et de tout mon coeur, d'une tendresse d'enfant, bien entendu. D'une toute autre nature était le sentiment que j'avais pour mon inoubliable Rosalie. Nous étions du même âge - elle était plus qu'une soeur - mais d'amour il ne pouvait être question. Elle veillait sur moi, me parlait avec fermeté... toujours pour mon bien, et m'égayait aussi, et fondait sur moi de grands espoirs. Ainsi elle apaisait mes pensées et je vivais plus calme à l'ombre de son visage. Cela se passait en l'été 1833. A ce moment je ne me sentais que bien rarement heureux. Il y avait une lacune en moi. La mélancolie provoquée par la mort d'un frère très cher augmentait de jour en jour. Et c'est dans ce triste état que j'apprenais la mort de Rosalie. Je ne te dirai que quelques mots là dessus. Dans la nuit du 17 au 18 Octobre 1833, j'eus soudain la pensée la plus terrifiante qui puisse assaillir un être humain, et que le ciel vous envoie pour vous punir, l'impression de perdre la raison. Cette impression s'empara de moi avec une telle violence, que prière ou consolation de même qu'ironie ou raillerie semblèrent complètement vaines. Cette angoisse me fit aller de ville en ville. Je perdais le souffle quand je me disais : "Et si tu n'allais plus pouvoir penser !" Clara, crois-moi, rien ne peut se comparer à un tel anéantissement; aucune douleur, aucune maladie, aucun désespoir. Alors, dans une effroyable agitation, je courus chez un médecin et lui avouai tout, tout ce qui se passait dans mon esprit; que, pris de panique, je ne savais où aller, que mon instabilité m'effrayait, et que je ne répondais pas de ce que je pourrais faire de moi. Je ne veux pas t'épouvanter, cher ange du ciel, mais écoute-moi bien. Le médecin me consola affectueusement, et me dit enfin, avec un bon sourire : " dans votre cas la médecine ne peut rien, mais cherchez une femme, elle vous guérira immédiatement". J'eus un soulagement, je pensai que cela pouvait bien arriver. En ce temps-là tu t'occupais peu de moi, et tu n'étais pas encore une jeune fille. Alors arriva Ernestine - la meilleure fille que la terre ait portée. "Voilà celle qui me sauvera", me suis-je dit. Je voulais m'accrocher de toutes mes forces à une présence féminine. Je me sentais déjà mieux. Elle m'aimait, cela je le vis tout de suite. Et maintenant tu sais tout - et notre rupture et la lettre que je lui écrivis et où je parlai de toi. C'était pendant l'hiver 1834. Elle, partie, je repris mes esprits. Comment cela allait-il finir ? Alors j'appris qu'elle était pauvre, et fille naturelle, ce qu'elle m'avait caché; moi-même je travaillais tant que je pouvais et pour peu de résultats. Je me sentais pris comme dans un étau. Je ne voyais pas de terme à la situation et d'où viendrait un secours. Quand j'appris les origines simples d'Ernestine, je lui en voulus de ne pas me les avoir révélées. Tout cet ensemble de choses, je l'avoue me faisait me maudire et me rendit plus froid vis à vis d'elle ! Me raccrocher à l'art me semblait une folie ; pour me sauver j'essayai de ne pas me séparer de l'image qui me poursuivait comme un fantôme. Il fallait maintenant que je travaille comme un ouvrier. Ernestine était incapable de gagner sa vie. J'en parlai à ma mère et nous fûmes d'accord pour constater que cette situation ne pouvait me donner toujours que des soucis. Voilà, tu sais tout. Tu es mon plus ancien amour. Le passage d'Ernestine dans ma vie a contribué à nous unir."

La réaction dépressive que connait Schumann n'est pas seulement celle du créateur qui vient de finir sa tâche et doit "lâcher" ce qu'il a produit. La séparation d'avec Clara, qui dure, les rebuffades de Wieck y sont pour beaucoup. Il en a littéralement peur : "J'ai encore souvent peur de ton père, il a un caractère infernal et d'une véritable cruauté. Il va te menacer et te maudire; pourras-tu lui garder encore les mêmes sentiments ? Voilà que soudain je vois ton regard s'assombrir... ce n'était que de l'amour ! Tu resteras mienne, je le sens bien". Schumann essaie de se rassurer. Mais ce ne sont pas les conversations avec son père que Clara lui rapporte qui y contribueront, car Schumann y sent, sans doute à juste titre, la manoeuvre. En effet, Clara lui écrit : "J'ai beaucoup parlé de toi aujourd'hui avec mon père. Il me dit qu'il était décidé à être très aimable avec toi quand nous reviendrons, et à t'accueillir à nouveau comme l'ami de la maison. Il t'a écrit, parait-il, de Dresde, sans me le dire, et il est prêt à nous donner son consentement, à condition que nous allions habiter une grande ville, pas Leipzig. Je le lui ai promis en lui disant que je n'en n'aimerai jamais un autre que toi. Alors il a écrit dans mon journal qu'il ne s'opposerait pas à notre mariage... Il m'a même dit : "Si Schumann ne veut pas rester longtemps sans toi, je m'arrangerai pour t'accompagner" (!) Tu vois que mon père est plein de bienveillance à notre égard, alors ne sois pas trop froid vis à vis de lui; il veut notre bien, il sent maintenant que je ne donnerai jamais mon coeur à un autre et que donner ma main sans mon coeur, un père comme le mien ne saurait s'y résoudre."

A Vienne, Clara a rencontré Fischof et Liszt. Fischof, avec lequel Clara joue en public avec grand plaisir, Fischof qui assiste au concert privé de Clara, donné pour des amateurs avertis (les Phantasiestücke et la sonate). Et aussi Liszt, tant attendu dans la capitale. Clara et lui s'entendent aussitôt et pleinement sur le génie de Schumann. Liszt qualifie effectivement de géniaux le Carnaval et les Phantasiestücke. Il a publié dans la Gazette Musicale de Paris un article fort élogieux sur les Impromptus opus 5, la Sonate opus 11 et le Concerto opus 14. Il y qualifie Robert Schumann de "le plus doué des jeunes compositeurs". Clara de son côté est pleine d'admiration pour les oeuvres de Robert, et, parmi elles, y a ses préférences : le Carnaval plus que les Davidsbündlertänze, bien qu'elle retrouve le premier dans les deuxièmes.

La correspondance entre les deux se poursuit malgré les difficultés. S'y entremêlent les déclarations d'amour répétées, les considérations sur l'incertitude quant aux talents culinaires et de maîtresse de maison que Clara avoue et s'engage à améliorer pour son Robert, lequel ne se montre guère, pour le moins, indifférent à cette fonction traditionnelle de la femme. Mais ce sont surtout des échanges musicaux tant sur les concerts donnés par Clara qui sur les oeuvres composées par Robert : "L'autre jour mon entrée en scène a été très réussie. La salle regorgeait de monde à un tel point qu'on a été obligé de refuser des centaines de personnes. Ce n'était encore jamais arrivé ici. Je n'y comprends rien d'autant plus que c'était par dessus le marché le dernier jour du carnaval et que les Viennois passent cette nuit-là à faire les fous, car ici on ignore tout d'une danse un peu noble et mesurée." Elle a eu l'occasion de jouer avec Fischof : "A l'instant Fischof sort d'ici; il était venu jouer l'Octuor de Mendelssohn, une oeuvre excellente qui n'a pas été comprise du tout ici. Ces gens là mériteraient qu'on les brûle, eux et leurs oeuvres."Elle ajoute : "J'ai aussi joué à Fischof de tes Phantäsiestücke qui lui plurent infiniment. Les morceaux que je préfère sont les suivants : Les Fables, Aufschwung (Elévation), Le Soir (des Abends), Chimère (Grillen), Fin de la Chanson (Ende vom Lied). Les Davidstänze me plaisent beaucoup, mais je dois t'avouer sincèrement qu'elles ressemblent un peu trop souvent au Carnaval, et que c'est le Carnaval que je préfère à toutes ces autres petites pièces. Je l'aime même par dessus tout et il me passionne chaque fois que je le joue ! Pourquoi m'en as-tu envoyé un aussi magnifique exemplaire ? Cela ne m'a pas fait plaisir. Il ne faut pas faire de pareilles dépenses. Tout ce qui me vient de toi m'est cher, ne serait-ce même que du papier buvard !"; Et Clara fait des projets, en particulier reprend celui d'aller s'installer à Vienne : "... Pour rien au monde , je ne reprendrai jamais à Leipzig la vie dans les mêmes conditions qu'autrefois - d'abord parce qu'à Leipzig je ne peux pas gagner un sou et toi, mon cher Robert, il faudrait que tu te tues au travail pour nous assurer le plus nécessaire. Non, c'est impossible, ton génie en souffrirait, et c'est moi qui en serais la cause. Je ne le supporterais jamais et tu m'écouteras, j'en suis sûre. Nous viendrons ici et tu viendras seul d'abord. Tu donneras ton journal à Diabelli, à Haslinger (un très honnête commerçant) ou bien à Muchetti, un garçon jeune, vigoureux, entreprenant. Ici en premier lieu ton travail sera bien mieux payé. Secondo tu es sûr d'être bien mieux payé qu'à Leipzig, et, troisièmement, quelle vie agréable et bon marché par rapport aux autres grandes villes. Et quelle belle campagne aux environs ! Et moi, je suis bien mieux vue qu'à Leipzig, introduite auprès de la plus haute noblesse, aimée de la Cour et du public. Chaque hiver je peux donner un concert qui me rapporte mille thalers, les places ici étant très chères. Et puis je peux donner ici une leçon par jour, ce qui me fait encore mille thalers, et toi tu as ces mille, que voulons nous de mieux ?

En somme nous pouvons mener ici la vie la plus heureuse, tandis qu'à Leipzig nous sommes méconnus, et qu'un esprit comme le tien s'y développerait mal, et que nous serions pleins de soucis et que tu ne pourrais continuer à m'aimer parce que tu serais dégoûté de la vie. Ne crois pas que j'exagère dans tout ce que j'ai dit là. Mon père me l'a expliqué, aujourd'hui pendant une heure, en long et en large". C'est sans doute le mot de la fin et Clara n'a pas l'air de pouvoir penser que la vie mondaine de Vienne n'est pas spécialement ce qui conviendrait à Schumann. Et elle veut toujours croire à la bienveillance du père Wieck.

En Mars 1838 Clara est toujours à Vienne, travaille beaucoup, reçoit nombre de visites le soir, mais se lasse de la capitale; elle est épuisée et ne voit pas comment elle pourrait, avec cette vie qu'elle doit mener, composer de la musique. D'ailleurs, écrit-elle le 4 Mars, "je ne suis qu'une femme et les femmes ne sont pas faites pour composer" Le 9, deuxième concert au théâtre, avec un accueil "enthousiaste" ; le 19, concert au profit des veuves des universitaires; le 25 pour la "Fête des citoyens" et, en projet "si nous sommes encore là, chez Merk, en trio avec lui et Mayfeder". Mais elle redoute, dans sa lettre du 8 Mars, que ses ennemis la boycottent. Elle a envie de quitter Vienne car, de plus "les visites de ces pâles prétendants m'exaspèrent". Elle ne peut plus supporter un certain baron, et Robert se demande ce qu'il lui a fait : "Ecris-le moi, ça m'intéresse" (lettre du 19 Mars).

Schumann, à Leipzig, rêve encore d'une reconnaissance, voire d'une véritable affection de la part de Wieck. Il est encouragé en cela par Clara sur le journal de laquelle Wieck aurait écrit des phrases bienveillantes à son égard, mais il garde une certaine méfiance. Il écrit à Clara le 9 Mars 1838 : "Maintenant il nous faut encore gagner la confiance de ton père - que j'aimerais bien appeler "mon père", lui à qui je dois tant de joies et de douleurs, mais qui aussi m'a appris la vie... J'aimerais ne lui apporter que du bonheur dans ses vieux jours et qu'il puisse dire de nous : "ce sont de bons enfants". Si seulement il m'avait connu davantage, il m'aurait épargné bien des misères, à commencer par cette lettre qu'il m'a écrite et qui m'a vieilli de deux ans. Enfin c'est passé, pardonné, c'est ton père, il t'a donné la plus noble éducation qui soit, et sans doute aimerait-il soupeser le bonheur de ton avenir, te savoir heureuse et dans une grande sécurité. Il est vrai que depuis toujours il a pris soin de toi avec dévotion. Je ne peux pas discuter avec lui - c'est impossible. Il désire pour toi ce qu'il y a de mieux sur terre. Tu me dis qu'il a parlé de nous avec bienveillance. Quelle joie ! J'en suis heureux et surpris. Dis moi en quelques mots comment je dois me comporter. Et puis je n'ai pas bien saisi ce que tu m'as expliqué au point de vue de ce qu'il avait écrit dans "ton journal". Répète le moi, mot pour mot. Pardonne moi ma méfiance. Ton père ne voudrait-il pas simplement m'éloigner de Leipzig ? Je t'avoue que je ne tiens pas à renoncer à ma vie à Leipzig avant d'avoir reçu un mot de lui confirmant ce que tu m'as dit. S'il me le confirme, Vienne sera désormais mon seul but". Et Schumann insiste, à la fois implorant et méfiant. Il ne saurait se contenter d'être accueilli par Wieck "comme l'ami de la maison", mais "comme un fils pour l'avenir". Et il ajoute : "Je veux même bien admettre qu'il ne fasse aucune promesse précise te concernant. S'il y consent, il ne le regrettera pas. Par affection je ferai n'importe quoi pour lui. Mais peut-être ton père ne t'a-t-il gentiment parlé à Vienne que pour te procurer une heure agréable - et ensuite oublier ce qu'il a raconté. Et puisque tu es une fille si adorable, quand tu lui reparleras de nous, parle-lui un peu serré pour qu'il ne trouve pas à nouveau des tas de prétextes à invoquer pour continuer à nous séparer. Pends-toi à son cou et dis-lui : "Mon père chéri, amène-le moi quelquefois; tu sais bien que jamais il ne se passera de moi !"

Schumann ne quitte pas son confortable appartement ("Rotes Colleg"), où il vit avec les portraits de Liszt, Thalberg, une Madone de Raphaël, portraits aussi de Clara, de Schunke, Beethoven, Bach. Ce sont des journées réglées avec une minutie "philistine", mais avec aussi des moments d'extase "ineffables", et "des bourrasques d'inspiration." Depuis trois mois il s'efforce en effet de mener une vie calme, et il en "ressent de grandes possibilités de composition et se créer son propre style en dehors des formes par trop rigides et classiques"... "A la vérité, depuis trois mois ma vie s'est déroulée dans un grand calme. Tout le contraire de la tienne qui, pour moi, serait "invivable" et m'abasourdirait. Je me lève tôt, la plupart du temps avant six heures - et c'est ma plus belle heure. Ma chambre devient une chapelle, le piano à queue un orgue et ton portrait un retable !"

Le samedi 10 Mars après-midi, il écrit à Clara : "Je viens de me rendre compte que mon inspiration n'était due qu'à une grande tension et une impatience sans nom. Et rien n'est plus exact pour ces jours-ci; j'attends une lettre de toi; aussi ai-je composé tout un cahier plein. Du merveilleux, de la folie, de l'aimable ! Tu en feras des yeux quand tu joueras çà ! D'ailleurs la musique éclate en moi ces temps-ci - et il ne faut pas que j'oublie ce que j'ai encore à composer..." Et à Clara qui l'incite à composer des quatuors, tout en lui demandant s'il connaît bien les instruments, il répond en l'encourageant à étudier le contrepoint et à jouer des fugues : "Je souhaiterais que tu apprennes la construction de la fugue, car à Vienne on trouve de très bons théoriciens; ce serait dommage de ne pas le faire si tu en as l'occasion. En tout cas c'est un plaisir et aussi un moyen de faire des progrès.

Bach est mon pain quotidien; auprès de lui je me rafraîchis et je renouvelle mes pensées. "Auprès de lui, nous sommes tous des enfants", disait Beethoven. Pourquoi ne joues-tu toujours que la fugue et ut dièse ?". Comme si Schumann se posait alors en maître, successeur de Wieck... Mais sensible à l'identité des pensées suscitées chez Clara comme chez lui par sa "Ende vom Lied" (fin de la chanson) il écrit : "c'est bien vrai, j'y ai pensé, mais à la fin, tout se résout par de joyeuses noces, et pourtant, avant de terminer, une grande douleur surgit quand je t'évoque et alors intervient au milieu de ces noces un son qui résonne comme le glas de la mort".

En Avril Schumann se sent toutefois en pleine expansion. "Tout ce qui se passe dans le monde m'impressionne : la politique, la littérature, les hommes. Je réfléchis à tout cela à ma manière, et mes pensées se font jour dans ma musique. C'est ce qui la rend parfois si difficile à comprendre. Elle se rapporte à des intérêts éloignés, souvent importants, que m'inspirent les faits remarquables de mon temps et dont je voudrais qu'on retrouvât l'expression dans mes oeuvres " (lettre à Clara du 13 Avril).

Robert termine alors en quatre jours les "Kreisleriana" commencées dans la foulée des "Kinderszènes". De ces pièces, "pleines de mystère amoureux" (Coeuroy), Robert écrit à Clara le 15 Avril : "Quelle musique j'ai en moi de nouveau, Clara, et quelles belles mélodies. Depuis que tu as reçu ma dernière lettre, j'ai terminé encore une série de nouvelles pièces; je les appelle "Kreisleriena". Toi et ta pensée les dominent complètement, et je veux te les dédier, à toi et à aucun autre. Et alors tu souriras avec cette grâce qui t'est particulière, et tu t'y reconnaîtras. Ma musique me semble maintenant si merveilleusement réalisée, si simple, et venant droit du coeur. Aussi agit-elle dans ce même esprit sur ceux auxquels je la joue - et je joue maintenant souvent et volontiers". En fait, cette oeuvre, inspirée par Clara, sera dédiée à Chopin.

En même temps, Schumann s'impatiente de l'attitude d'obstruction du vieux Wieck. Il pousserait bien Clara à quitter son père, lui propose de l'argent et l'hospitalité de sa belle-soeur. Clara refuse, parle d'attendre encore jusqu'à Pâques 1840, soit deux ans, ce qui déprime d'abord Robert, qui se ravise ensuite. Mais le 14 Avril il tance Clara : "Clara, il nous faut maintenant peser et considérer les évènements; car à la vérité nous en sommes toujours au même point et il me semble que je n'arriverai jamais à avoir ma femme si ça ne dépend que d'elle ! Le fait que ton père recommence à grogner m'a rendu à nouveau très malveillant à son égard. Je recommence à le considérer réellement comme un bourgeois, submergé par les questions d'intérêt, insensible à l'amour de la jeunesse, bien qu'il considère comme une rougeole ou toute autre maladie infantile. Tout individu doit passer par là, sans doute, selon lui, et par dessus le marché se laisser détruire s'il le faut. Et aussi, depuis que tu obtiens tant de marques d'honneur et de gloire, son arrogance va s'exagérant ! C'est peut-être humain, mais je commence à le haïr profondément. Cette haine est parallèle à mon amour pour sa fille. On ne peut plus tenir compte de ses promesses, il donne sa parole et la reprend; il faut agir par nous-mêmes. Alors, écoute, ma petite Clara. Je veux aller le plus vite possible à Vienne et j'attends ton assentiment pour prendre cette décision. Depuis que tu m'as exposé tes projets, leur beauté m'éblouit, ma décision est ferme et je brûle d'impatience. Maintenant, il faut que je te pose une question sur laquelle j'ai besoin d'être rassuré. Oses-tu me dire, approximativement tout au moins, la date à laquelle nous pourrions nous marier ? Je pense que si on tient bon et si nous fixons cela à Pâques 1840 (c'est à dire encore plus de deux ans) tu auras rempli tes devoirs d'enfant et même si tu te vois obligée de te séparer de ton père en employant la violence, tu n'auras aucun reproche à te faire" ; et sans doute, Schumann souhaite qu'il en soit de même pour lui.

En Mai Clara s'apprête à quitter Vienne où elle vient d'être sacrée "Virtuose impériale et royale", ce dont Robert la félicite. Elle est heureuse de "revoir enfin son Robert", mais se désespère de ne pouvoir le faire que clandestinement, ce à quoi Robert se résout, de crainte qu'il n'y ait "des gens qui pourraient te voir sortir de chez moi. Je n'ose pas accepter que tu viennes". Il lui conseille même de rester à Dresde : "Ta présence ici paralyserait mon travail et mes projets, et me rendrait très malheureux". Ce seront pourtant, effectivement, les rendez-vous secrets "dans les corridors des faubourgs" (Coeuroy). "Pas un vestibule sur le chemin des faubourgs qui ne soit resté inutilisé pour leurs rendez-vous" (Pitrou). Tout cela à cause du vieux Wieck, qui, faisant toujours preuve d'une vigilance féroce, se montre, par ailleurs, satisfait et content de la tournée de Clara et des recettes afférentes. Robert réagit vivement : "Et maintenant, ce beau temps des fiançailles, nous devons le vivre loin l'un de l'autre. Ah ! Je deviens fou en pensant à celui qui a été capable de nous imposer cela !" (Lettre de Robert à Clara du jeudi 10 Mai). Dans la même lettre il programme toutefois les choses, pour l'immédiat et le futur :
" Maintenant qu'allons nous faire ici pour nous voir et nous parler ? Il faudrait arranger cela avant que je décide de partir définitivement pour Vienne. Mais je ne me laisse pas attendrir; plus tard on verra ! Evidemment je serais fou de joie si je te voyais entrer dans ma chambre - Je l'espère secrètement... Mais d'autre part, ma bonne Clara, tout de même, méfie-toi, je ne voudrais pas qu'ensuite ton père puisse encore te faire souffrir. Il y a des gens qui pourraient te voir chez moi. Je n'ose pas accepter que tu viennes... Tu vas te dire : "mais quel fiancé désespérant ". Et Schumann suggère lui-même d'aller le plus vite possible à Dresde et d'y rester. Et "Dis à ton père que, si naturel que soit ton désir de me voir, tu y renonces cependant et tu lui donnes ta parole de ne pas me voir à Dresde - du reste comme je te donne la mienne de ne même pas essayer de te voir en cachette... Bien entendu je pense que nous nous écrirons tous les jours".

Dès maintenant Schumann prépare son départ pour Vienne. Il s'apprête à laisser l'intérim de la direction de la Revue à Oswald Lorenz (revue à laquelle il avait jusqu'alors consacré beaucoup de temps, sacrifiant même par là son travail de composition). En fait il commence par là à réaliser les exigences du père Wieck : 1/ faire la preuve de revenus suffisants; 2/ Quitter Leipzig. "Ta décision d'aller à Vienne très rapidement me paraît excellente. Je ne supporterais pas, si tu étais ici, de ne pas te voir. Mais je crains que tu ne te plaises pas à Vienne, ce serait pénible pour moi de te savoir insatisfait". En attendant, Schumann doit assumer et supporter comme il peut. Et c'est là qu'est faite la remarquable allusion, remarquable car unique, à son usage des boissons alcoolisées : "En ce qui concerne la fameuse bière de Munich, ne crains rien. D'ailleurs, au fait, que penses-tu de moi ? "

En Juillet, c'est décidé, Schumann ira à Vienne pour explorer les possibilités de s'y installer - avec Clara ! - et en y transférant la Revue. Wieck, d'après Clara, refuse d'y croire. "il sera joliment étonné !", pense-t-elle. Sa belle-mère (que Clara dans sa lettre du 3 appelle curieusement "ma mère") aurait dit au père Wieck : "Crois-moi, elle ne tiendra pas bon". "Eh bien, ils verront ! Moi, ne pas tenir bon !". Et tout en trouvant que "le jugement que tu (Robert) portes sur mon père dans ta dernière lettre est un peu dur". Et, tout en trouvant que son père fait aussi tout pour la dissuader de son "vouloir l'aimer", Clara proteste de son amour et de son désir de vivre auprès de Robert; "Enfin ce sera pour dans deux ans, si Dieu le veut." Il faudra donc attendre deux ans ! Dans ses lettres des 2, 3, et 8 Juin, Clara suggère de faire venir avec eux la soeur de Schumann, Thérèse, pour qu'elle lui apprenne enfin à faire la cuisine, le père Wieck ne l'ayant supportée que devant son piano, à l'exclusion de toute autre activité... En tout cas, pour l'heure, Wieck n'est pas aveugle et sait que, malgré lui, les deux amoureux correspondent. Wieck et Schumann se sont croisés un jour, au Rosenthal. "Ton père me faisait l'effet d'un pistolet chargé. Il me fait rire" (?) A la mi-Juin Clara part de Leipzig avec son père pour Dresde.

En Juillet donc, alors que Clara et Robert font des plans... pour dans deux ans, Wieck se montre prêt à tout pour empêcher ce mariage, y compris à utiliser Ernestine von Fricken; du moins agite-t-il cette possibilité devant Clara. "Mon père croit et espère qu'Ernestine s'opposera à notre mariage. Mon père l'y encouragera certainement. Cela m'inquiète beaucoup. Quand j'y pense j'ai la tête à l'envers. Ecris-moi sincèrement ce que tu en penses. Ne sois pas fâché si je viens te troubler un instant, mais je ne pouvais garder cela pour moi toute seule" (lettre du 8 Juillet). Wieck manie aussi l'ombre de Miss Laidlaw, pour laquelle Schumann avait eu un certain penchant. De même, dans toutes ses lettres, il rappelle à Clara qu'un certain Felcher, pâtissier de son état, la réclame tout le temps. Et Wieck fouille dans les affaires les plus personnelles de Clara, et congédie Nanny.

Schumann se demande cependant encore d'où vient la peur de Clara vis à vis de Wieck, "au cas où il découvrirait ce que nous voulons encore lui cacher. Comment aurastu le courage d'aller au devant de lui à l'heure où ce sera nécessaire ?" (Lettre du 5 Juillet) Et Clara de lui répondre, dans l'embarras où la met le conflit intérieur qui est le sien : "... Pourquoi je suis inquiète ? Je ne le suis pas pour moi, simplement pour toi; que peut me faire mon père s'il l'apprend ? Rien, mais alors toute sa colère retombera sur toi, et cela, je ne peux pas le supporter. Il m'arrive souvent à l'heure qu'il est de me rendre compte que je n'aime plus mon père comme je le devrais. Est-il possible de ne pas avoir d'amertume et comment ne pas me sentir blessée quand je te vois, toi, mon Robert, méprisé, méconnu, bafoué." et, plus loin : "La séparation d'avec mon père sera dure. Il me faudra lutter et beaucoup... Peut-être mon père me repoussera-t-il ? Mon Dieu, quelle horreur ! En arriverons-nous là ? Dieu me le pardonnera au nom de l'amour." (Lettre du 8 Juillet).

Pour le moment Wieck veut emmener Clara en tournée à Munich, en Hollande. Clara préfèrerait les grandes villes : Paris, Londres. "Que puis-je faire de mieux que voyager ? Le temps, ainsi, passera un peu plus vite jusqu'à l'année prochaine encore si lointaine."

Mais que c'est dur, pour Clara, de voir Schumann en vouloir tellement à son père. "Je suis si merveilleusement heureuse de ton amour que je te pardonne même (?) d'en vouloir à mon père, parce que je sais que tu es prêt à lui pardonner rapidement s'il avait une meilleure attitude à notre égard. Ton coeur est trop généreux pour que je te tienne rigueur de quoi que ce soit. Mais je suis sa fille, et c'est souvent amer - et pourtant il est bon et s'imagine agir pour mon bien -, mais il a aussi de la dureté et ignore nos véritables sentiments. A ce point de vue-là, évidemment, il n'est pas tendre. Mais, croismoi, quand je serai auprès de toi, tout s'arrangera. Il m'aime trop pour m'écarter de lui à jamais. Sois tranquille, mon Robert, il t'aime aussi, il ne veut simplement pas se l'avouer" (lettre du 8 Juillet). Visiblement Clara ne peut apercevoir ce qu'a d'égoïste, de possessif, l'amour de son père pour elle. Mais le malheureux Schumann, comment pourrait-il ressentir, réagir autrement ?

"Ton père a dû parler au docteur à cor et à cris contre nous. R... au contraire l'a réfuté point par point, tu peux bien te l'imaginer. Il a dû déjà t'en parler, trop sans doute "Nous sommes deux natures butées qui ne sont pas faites pour s'entendre. Je ne fais rien pour améliorer ma situation et tu ne le toléreras pas, en un mot c'est impossible..."
"Il n'y a que ton père pour trouver d'aussi mauvaises raisons" (Lettre du 13 Juillet).

Cependant, malgré tout, peut-être Schumann se sent-il mieux : "Après ta lettre d'hier, j'ai eu pour la première fois depuis longtemps quelques heures de vraie joie. Je me sens à nouveau vivant. Je goûte le soleil, le vert des arbres. En moi chantent bien des mélodies. Tout ce qui se rapproche de toi est beau, mon amie, ma soeur, ma fiancée. Si seulement un jour je parvenais à ne t'apporter que de la joie, car j'ai été le premier à t'enseigner la douleur" (lettre du 5 Juillet). Il s'est remis à composer : "Comme c'est curieux, depuis que tu es partie, je recommence à composer, et pendant ton séjour ici, ça ne marchait pas. Mais je ne peux me permettre de ne pas donner toute mon activité à la Zeitschrift et de leur envoyer le tirage d'ici. Le départ me sera pénible" (lettre du 13 Juillet). Il y consacre effectivement le plus gros de son temps, d'autant qu'il doit préparer l'intérim de sa direction pendant son absence et son séjour prolongé à Vienne. Car il met en cela tous ses espoirs, d'autant que Wieck, feignant par moments de ne pas s'opposer de façon absolue au mariage, y a mis les deux fameuses exigences de ressources suffisantes et du départ de Leipzig, exigences que le transfert de la Revue à Vienne serait censé satisfaire. Schumann y met donc toute son énergie, sacrifiant même à cela ses contacts avec ses amis, pourtant essentiels chez lui à son équilibre psychique. Même et y compris avec Mendelssohn, alors directeur de la musique à Leipzig, qui lui apportait beaucoup sur tous les plans.

Dans son zèle pour satisfaire aux exigences de Wieck, Schumann va jusqu'à demander à sa chère belle soeur Thérèse d'intervenir auprès du Professeur Hartenstein, de l'université de Leipzig, pour savoir s'il obtiendrait facilement (sans y consacrer guère de temps) le titre de Docteur en philosophie, à moins que ne soit créé un Doctorat en musique; ceci pour "devenir quelqu'un" vis à vis de Wieck, en regard du "rang élevé" de "pianiste de la cour" conféré à Clara (lettre à Thérèse du 25 Mars).

Clara se rend compte, quand même, de ce que tout cela peut coûter à Schumann : "J'étais sur le point de me faire des reproches : cela va être dur pour toi de quitter Leipzig et c'est moi qui suis responsable de ce départ. Je t'arrache du certain pour t'entraîner vers de l'incertain. Et en seras-tu récompensé ? C'est utile, voilà, parce que c'est ce qui nous mènera au bout, mon seul but !" (Lettre du 14 Juillet). Clara elle, ces temps-ci, voit souvent Pauline Garcia, la grande cantatrice "avec laquelle elle vit du matin au soir au piano" et qui "m'a écrit un Lied pour toi, et tu le recevras à la prochaine occasion" (lettre du 28 Juillet). Le talent de Pauline impressionne Clara au point de la décourager, de lui donner, même, l'idée d'abandonner son art... si son père ne l'avait "raisonnée" en lui disant : "c'est normal qu'il y ait des êtres plus doués que d'autres" (lettre du 30 Juillet). Dans la même lettre, Clara accuse réception avec grand enthousiasme de la partition des "Kreisleriana" que Schumann vient de terminer : "J'ai été émerveillée - à quel point tu ne peux le croire ! Que c'est beau. Il y a beaucoup d'humour et puis, soudain, tu es mystique!... Je ne sais encore lequel je préfère car je les ai joués dans un état de surexcitation tel que c'est toujours ce que je jouais en dernier lieu qui me plaisait le plus."

Et alors que Schumann avait semblé, ce mois-ci, assez bien supporter la situation, le 31 Juillet, il passe une nuit atroce, sans pouvoir dormir de la nuit, ce qu'il relate dans sa lettre du 1er Août : "Une des plus épouvantables de ma vie... J'ai cru me consumer d'inquiétude, oppressé de pensées effrayantes et par la voix incessante d'une musique sinistre. Dieu me garde de mourir ainsi."

Au mois d'Août, c'est dans ces circonstances, malgré les lettres tendres de Clara, qui ne peuvent l'apaiser, que Schumann finit de se préparer à son départ pour Vienne. Il appréhende douloureusement cette nouvelle et longue séparation d'avec Clara, se doublant d'une plongée dans cette Vienne qui lui inspire la peur de la solitude dans la grande ville.

Il n'a pas encore de réponse de Diabelli pour l'édition, chez lui, de la Revue. Par contre Vesque de Putlingen, "protecteur des arts" et ministre de la censure et de la police, lui demande de venir le plus vite possible, "car le journal doit paraître à Vienne le Ier Janvier; les pourparlers pour l'autorisation prennent beaucoup de temps.

Aussi ai-je donné congé pour l'appartement à Michaelis parce que je serai absent jusqu'au 2 Octobre." (Lettre du mercredi I2 Août). En attendant, Schumann prend contact avec Fischof, du conservatoire de Vienne.

Mais il ne se sent pas bien, voire est carrément malade : "J'étais ces jours derniers si accablé de tristesse, si malade, si profondément atteint, que j'imaginais le dénouement proche". Il craint même d'être abandonné par Clara du fait de l'attachement de celle-ci pour son père : "Si tu allais m'abandonner à cause de lui ? Pardonne-moi, je me sens encore bien malade" Et il ne peut s'empêcher de demander à Clara "Quels sont les projets de ton père ? Pourquoi nous fait-il à tous la vie si pénible ? Comme il pourrait être heureux et content s'il venait avec nous ?"

Il voudrait aussi que Clara compose pour lui, ce que Clara n'arrive pas à faire et il le lui reproche : "Je veux te gronder sérieusement de ne rien composer pour moi".

Clara donne le 13 Août un concert au Gewandhaus, avec, entre autres, quatre des "Etudes Symphoniques". Schumann assiste au concert, dissimulé dans un coin de la salle.

C'est en ce mois d'Août 1838 qu'il parle pour la première fois de chants, et en cela Clara jouerait son rôle. De toutes façons, il trouve que "le piano est trop étroit" pour cette foule de choses qu'il a à exprimer. Il prête alors une plus grande attention à la voix. Pauline Garcia est l'amie de Clara, soeur de la Malibran et de Manuel Garcia, célèbre professeur de chant, et cela jouera un rôle certain dans sa prochaine période de composition. Un de ses récitals auquel il avait assisté l'avait "fait passer d'un état de dépression à un attendrissement mêlé à un flot de larmes" (Dietrich Fischer-Dieskau). Cependant il ne lui trouve pas une voix exceptionnelle, ni la capacité à interpréter la musique allemande, ce en quoi il tomberait d' accord avec la Schröder - Devrient (D.F. Dieskau).

En Septembre 1838 Schumann est sur le départ. Il vient cependant d'inviter Liszt par la voie de la Revue à venir à Leipzig. Le 7 Clara donne un concert d'adieu à Leipzig. Peu avant ce départ, le 27, Clara et Robert auront une dernière entrevue (c'est le mot juste) au domicile d'amis.

Bien que ce soit, depuis des mois, sur la suggestion de Clara (et, peut-être, par son intermédiaire, de Wieck), et aussi de Chamisso, Schumann part avec un apparent enthousiasme pour Vienne. Il dit ne pas avoir de difficulté à quitter Leipzig, "ville de Philistins", dont il dit parfois avoir horreur, pour Vienne, "ville musicale" (y retrouver Schubert, l'unique !)"; mais, par contre, s'éloigner de Clara, de ses amis, lui pèse, même s'il est soulagé de se mettre hors de portée de Wieck. Vienne est la ville où Clara a triomphé, où on commence à connaître ses oeuvres, c'est "une cité promise à conquérir à son tour". Et puis, "il faut bien vivre" et assumer pour l'avenir les charges d'un foyer. Robert veut trouver à Vienne un poste de chef d'orchestre, une situation de "professeur à élèves" et surtout y implanter sa revue, lui donner une extension accrue. Il a déjà pris contact avec le Hofrat Vesque de Pütlingen, lequel, malgré ses fonctions ambiguës, sa sujétion à Metternich et grâce à la séduction de la cuisine dont il honore ses invités, va susciter d'abord la sympathie et la confiance un peu naïves de Schumann.

Avant de partir, Schumann a déposé pour Clara la somme de 1000 Florins pour assurer le voyage de Clara à Paris, que Wieck refuse de financer avec l'argent même de Clara. Après une étape à Dresde, puis à Prague, à laquelle il trouve un cachet plus grand que Vienne, où il rencontre des musiciens, et où il est reçu "fort aimablement" par les

Currer, il arrive à Vienne qu'il trouve d'abord une ville gaie, accueillante, propre à soigner sa mélancolie : valses de Strauss, jolies femmes, splendeurs officielles, promenades dans la ville, Tour St Etienne, Danube, et, dans les faubourgs, les Heurigen d'Heiligenstadt où l'on boit le bon vin local.

Mais le dernier trimestre 1838 verra tomber l'enthousiasme d'un Schumann profondément déçu, comme il l'avait déjà été lors de ses passages en 1832 et 1836 dans la capitale autrichienne. "Je n'ai pas envie aujourd'hui de confier à ce papier mes impressions sur tout ce qui m'entoure, les gens, leur manière de se comporter les uns vis à vis des autres. Presque tous sont chétifs, insignifiants, ils potinent, et pas en artistes, je t'assure. Tout est soumis à leur vanité et leur soif d'argent. Quand on les voit vivre, on est effrayé de leur absence de jugement, de leur méconnaissance de l'homme, de l'univers et des arts. Je pourrais te citer de Vienne un grand nombre d'exemples, et, parmi eux, je n'épargnerais même pas tes amis personnels" (lettre à Clara du 29 Décembre).

Schumann ne s'habitue pas à l'esprit frivole ("le masque frivole") de Vienne, "une ville plus petite que Zwickau !" On y adore Johann Strauss, Rossini et les Italiens, "ces canaris !" Joseph Lanner y triomphe à l'opéra où l'on a sifflé Don Giovanni, l'ouverture de Léonore et Euryanthe. C'est "un désert musical !" "Et puis, je cherche en vain des artistes, non ceux qui jouent convenablement d'un ou deux instruments, mais des hommes dans toute l'acception du mot, des hommes capables de comprendre Shakespeare et Jean-Paul" (lettre du 18 Décembre 1838). Pas un seul chef d'orchestre comparable à Mendelssohn C'est "la facilité, un public futile", ("les applaudissements couvrent souvent la musique"), un monde "comme chiens et chats" de rivalités et de coteries; et "J'en arrive, finit-il par écrire, à douter que l'affabilité tant vantée des Viennois aille plus loin qu'un visage gracieux" (lettres des 10 Octobre et 18 Décembre 1838 à ses parents à Zwickau et à Thérèse). Et c'est cette ville où Clara est "véritablement adorée"!

Plus, Schumann sent, vis à vis de lui, comme "un dédain et un silence intentionnels." L'espoir d'un poste de chef, de possibilités d'enseignement s'évanouissent. Et surtout, après quelques illusions : l'autorisation de la Revue, à condition d'un co-directeur autrichien ("je vais donc m'adresser à Haslinger"), c'est la censure de fait et Schumann doit en conclure : "La Gazette perdra certainement à paraître ici." Il comptait beaucoup sur Madame Cibbini, dame d'honneur de l'Impératrice, pianiste et compositeur, amie et confidente de Clara et, paraît-il, très influente. Mais à son retour après une longue absence jusqu'au 24 Décembre, elle déclare qu'elle "ne peut rien". A la limite, il faudrait que Schumann se fasse naturaliser autrichien ou abandonne, de fait, la propriété de la Revue. Il écrit à Clara : "Je ne suis pas à ma place parmi ce genre d'hommes; si cela ne dépendait que de moi, je retournerais à Leipzig dès demain".

Le bilan est donc loin d'être positif et ce ne sont pas la rencontre, cordiale, du virtuose Thalberg, l'audition de la Taglioni, les soirées de qualité du Burgtheater, et la découverte, sur la tombe de Beethoven, d'une plume à écrire, qui pourront le compenser pour Schumann. D'autant que ce séjour viennois est pour lui dépourvu de toute possibilité et capacité de composition : "Je suis encore incapable de travailler, l'envie m'en manque, et la sérénité et l'impulsion mêmes. Parfois je voudrais dormir des années entières, puis je veux de nouveau créer" (lettre du 31 Octobre, déjà !)

Pourtant les premiers trimestres étaient prometteurs : en 9 mois, les Kinderszenes op. 15, les Kreisleriana op. 16, les Novelettes op. 21, la Sonate en sol op. 22.

1839. sera pour Schumann et pour Clara une année cruciale, à tous les sens du terme. Ils seront séparés pendant neuf mois : pour Robert, depuis l'année passée jusqu'en Avril de cette année; Clara étant en tournée en Allemagne et ensuite à Paris jusqu'en Août. Et la distance ne facilite pas les choses, surtout pour Schumann : ce sera "notre année d'épreuves la plus chargée de souffrances, mais aussi la plus riche de joies". L'ombre du vieux Wieck pèse sur Schumann comme sur Clara. Le conflit avec lui, son opposition acharnée à leur union occupent leur esprit, leur temps, épuise leur énergie. A se demander comment chacun d'eux trouve la force nécessaire pour faire face aux nécessités de leur travail. Le déchirement que le choix nécessaire impose à Clara, ses scrupules, hésitations, changements d'attitude entrent en résonance lourde avec l'ambivalence passion amoureuse / culpabilité et les variations brusques d'humeur auxquelles Robert est sujet. : "Essors, chutes et rebondissements frénétiques " note Pitrou. Et ce sont, marqués par des deuils spécialement douloureux pour Robert : "les plus tristes et énervants moments de sa vie", commente M. Brion : "plus fiévreux que jamais, il lutte, travaille, dégage sa personnalité de son humeur nerveuse "croit pouvoir estimer Camille Mauclair, qui ajoute, cette fois avec plus de justesse dans sa perception des choses : "La raison de ses efforts (de Schumann) : l'obtention de Clara".

Et c'est, paradoxalement, en apparence, pour Schumann, ce qu'on appellera "l'année féconde". Et en effet, en dehors d'oeuvres qu'on aurait d'ailleurs tort de considérer comme mineures (Blumenstück, op. 19, dédié à Henriette Voigt; Scherzo, gigue romance et fuguette op. 32; Arabesque op. 18; Trois romances op. 28; Fughette op. 32), ce sont des oeuvres incontestablement majeures que Schumann, en 1839, mène à bien ou commence : le Carnaval de Vienne op. 26 (dualité de l'angoisse et de la joie, et rebondissement); l'Humoresque op. 20; les Kinderszenes op. 15; les Nachtstücke op. 23 (l'angoisse subie et surmontée): le finale de la sonate en sol op. 22; une partie de l'Albumblätter (qui, terminés seulement en 1845 constitueront l'opus 124; enfin les N°s 2, 4, et 5 des Bunte Blätter (publiés, complets, 10 ans plus tard, en opus 99).

Mais, sur le plan de l'économie et de l'équilibre psychiques de Schumann, créer, produire de la musique reflétant les aspects, conflictuels, de son vécu était ce qui le maintenait littéralement en vie, lui assurant, quand il en était capable, la meilleure défense vis à vis de l'adversité et de ses propres conflits intérieurs.

Cette année 1839 porte en elle la perspective de l'issue tant souhaitée des deux fiancés, issue qui ne sera effective qu'en septembre1840 !

Schumann, encore à Vienne est averti par Clara, dans sa lettre du 1er Janvier, de son départ imminent, le 8, pour une longue tournée en Allemagne puis à Paris, seule, flanquée seulement d'une domestique française qu'elle n'aime guère. Son père, qui devait la rejoindre et l'accompagner, ne le fera pas, prétextant des affaires à régler à Leipzig, et comptant en fait que, désemparée d'être seule, et gagnant moins d'argent que si Wieck l'accompagnait, elle lui reviendrait, à nouveau soumise. Il ne savait pas que cette "habileté" favoriserait au contraire pour elle sa prise d'autonomie. Certes Clara vit mal le fait de partir sans appui masculin, et est chagrinée de la défection de son père, tout en gardant espoir qu'il la rejoigne. Elle emporte avec elle la Toccata et les Phantasiestücke, malgré Wieck : "je veux", a-t-elle le courage de lui opposer. Elle doit s'apprêter à un voyage de trois nuits, seule.

Elle reçoit, avant de partir, une lettre de Robert qui, lui, ne souffre que d'une chose : le doute obsédant d'être on non digne d'elle. Lettre du 2 Janvier, débordant d'amour, affirmant qu'il ne l'oublie pas, pense à elle sans cesse, "ne l'oubliant que quand il travaille, mais rêvant d'elle !" Dans une lettre du 8 Janvier, citée par Colling, mais absente de l'édition française, il s'extasie non de sa propre "résolution héroïque" d'avoir quitté Leipzig pour Vienne, mais du courage de Clara partant seule, "toute jeune fille, dans un monde lointain et dangereux"... "le plus grand acte de courage que tu aies jamais accompli pour moi"... "Tu es une femme extraordinaire, tu mérites un infini respect, je ne sais comment je peux mériter tant d'amour. Ma Clara, tu me communiques un peu de ta force et me transforme en une sorte de héros."

Et Robert suivra sur la carte le périple de Clara. Il a envie de la rejoindre mais craint alors de rencontrer WIeck rejoignant finalement sa fille... Il ressent par ailleurs une certaine pitié pour "le vieux". Il écrit à Clara qu'elle lui a inspiré une symphonie, mais lui demande de l'aider, qu'elle le "remonte", le "secoue", le "fouette".

Le 11 Janvier Clara est à Nuremberg, après un voyage périlleux, sous la neige; mais elle est passée par Zwickau, où elle a pris avec joie le café avec Thérèse, et par Hof, où, par le libraire Grau, elle a appris qu'Ernestine a épousé le comte Sedwitz, nouvelle qui l'a grandement soulagée et tranquillisée. Elle a écrit à Ernestine sur le champ.

Le 13, bien que fatiguée et souffrant de maux de tête elle travaille pour son concert du surlendemain, mais sur un mauvais piano, au son grêle, "de scie". Le cantor de Nuremberg va arriver, elle écrit vite à son fidèle Eusébius-Florestan.

Le 14, elle pense encore et encore que son père va "venir la surprendre". L'orchestre a refusé de jouer. Elle travaille le caprice de Thalberg, mais elle doit aussi tout faire : lettres à écrire pour le concert, billets de faveur, visites fastidieuses trop nombreuses, réceptions des porteurs et accordeur de piano.

Le concert, prévu pour le 15, n'a donc pu avoir lieu et est remis au lendemain. La crue du fleuve empêche les gens de sortir, et cela angoisse Clara. Le matin, elle donne toutefois un concert privé pour des amateurs. Exaltée par la musique, elle joue ensuite pour quelques uns une sonate de Scarlatti, une de Beethoven, des fugues de Bach, et le Carnaval.

Et le soir elle joue pour le Directeur de la Musique d'Auerbach, lequel, enthousiasmé, veut l'emmener jouer dans sa ville.

Le 16, après le concert, elle projette de recevoir pour le thé des "amis de la musique" qui l'ont aidée, dont l'éditeur de musique Mainberger.

Pendant ce temps-là Robert s'enthousiasme (lettre du 15 Janvier) : "Je ne suis rien par rapport à toi; quand j'ai quitté Leipzig j'ai cru réaliser ce qu'il y a de plus difficile au monde. Et toi, ma tendre jeune fille, tu t'en vas toute seule à travers ce monde plein d'embûches. Ce que tu fais maintenant pour moi, c'est ce que tu as fait de plus extraordinaire. Ainsi, depuis lors il me semble qu'il n'y a plus d'obstacle pour nous et jamais je ne me suis senti plus de courage. Ta confiance, ton indépendance trouveront leur récompense. Tu es une fille incomparable et tu mérites d'être admirée. Aussi, quand je me réveille la nuit, et que je pense à toi, recroquevillée dans un coin de la diligence, avec ton art pour seul compagnon et uniquement réconfortée peut-être par l'image heureuse de l'avenir, je me sens fondre de tendresse pour toi et je me demande si je mérite vraiment autant d'amour.

Moi, je suis maintenant absolument transformé. Il me semble qu'on le voit sur mon visage. Quelle force morale tu me donnes ! Depuis quelques jours j'ai fait le travail que, d'habitude, je mets des semaines à faire. C'était comme en Août 1837 où nous nous étions promis l'un à l'autre. Tout ce qu'on entreprend réussit et s'accomplit avec facilité. Tu vois, Clara, voilà la force que tu m'as donnée. Une fille aussi héroïque doit inévitablement faire un héros de son amoureux."

Et le samedi 19 Janvier : "Si seulement je pouvais te voir ! Tu dis avoir des étincelles dans les yeux. Tu dois ressembler à une madone, à une héroïne."

Le concert de Clara à Nürnberg a été un succès, de même que celui d'Ansbach. Mais le 20 Clara se sent triste et seule malgré les marques de sympathie. Elle n'a "pas dormi de trois nuits" et c'est le départ pour Stuttgart sans avoir reçu de lettre de Wieck (qui enrage sans doute de voir Clara se débrouiller seule), ni de Robert du 21 au 3O Janvier. Robert lui écrit pourtant chaque jour, en particulier les 24, 25, et 26. Le 24 : "Je ne pense qu'à toi" (à l'exception de toute autre personne). Robert a lu un article sur Clara dans "La correspondance de Nuremberg", très chaleureux. Malgré un travail constant, de toute la semaine, Robert ne trouve aucune joie dans ses pensées : "Ma douleur est sans beauté". Il craint des disputes avec Clara au sujet de leurs goûts musicaux, mais, malgré "ce terrain où l'on est très vulnérable", il faut, dit-il, "assumer une discussion chaleureuse", être "coupant" : "il n'y a pas à avoir d'égards pour moi". Et Robert s'irrite : "Je me mets une seconde à te haïr" (lettre du 25 Janvier) d'être comparé dans ses oeuvres par Clara à Jean-Paul et à Beethoven. Il y aurait comparaison pire... mais "Je veux être rien pour les autres, je travaille pour moi-même". Et plutôt que le concerto, il souhaiterait qu'elle jouât le Carnaval ou les Phantasiestücke. Il voudrait que, "plutôt que d'aller droit à la tempête, aux éclats, aux sentiments inédits", elle traduise en musique "ton extrême naturel, ce coté familier et aimable qui te donne tant de charme... Le romantisme ne s'exprime pas seulement dans la forme, si le compositeur est poète, il s'exprime autrement. Je te prouverai tout cela un jour avec mes Kinderscenes. Celles-ci viennent de paraître, la Fantaisie, mélancolique, dédiée à Liszt, contemporaine de leur séparation, va bientôt paraître aussi".

Le 24 Robert se réjouit du mariage d'Ernestine, soulagé qu'il est de voir se dissiper "la seule ombre entre nous" et il exprime une fois de plus son impatience d'être uni à Clara. "Si seulement je pouvais te donner autant de joie que tu m'en donnes".

Le mercredi 30 Clara écrit à Schumann qu'elle a reçu une lettre de Wieck qui l'a fait pleurer. Ce ne sont que reproches, elle se débrouillerait mal, contre ses intérêts, se ferait des ennemis partout, et, le plus grave lui donnerait toujours tort, à lui, son père ! "Nous ne sommes pas faits pour nous entendre". Wieck ne viendra pas la rejoindre à Paris. Clara n'a pas par ailleurs de lettre de sa mère et en souffre. C'est tristement, "en pleine détresse" qu'elle est partie jouer à la cour. Mais la reine lui a fait cadeau d'un "bijou ravissant", d'un prix fort estimable (sic), tout à fait à son goût. On a été fort aimable avec elle.

La veille elle avait donné un autre concert : salle pleine, enthousiaste, lui demandant "Erlkönig". Elle est partie épuisée, submergée de cadeaux.

... Mais elle doit parler à Schumann de quelque chose qui fera ombre sur leurs relations. "Alors, maintenant, voici : j'ai fait la connaissance du Dr Schelling, professeur de musique à Stuttgart et directeur de journaux musicaux" (où il a fait paraître plusieurs articles sur Clara). Et voilà qu'il pense que son journal va se développer, "que les autres journaux ne dureront pas" (sic), et qu'il propose à Schumann, dont Clara lui a dit ce qui les lie, de devenir son associé... son employé. Et Clara est alléchée par le traitement envisagé et se met à vanter à Schumann les paysages de montagne qui entourent la ville... "Mais il a aussi une grande sympathie pour moi, dit "la comprendre admirablement", prend les deux mains de Clara dans les siennes. Il dit "que si nous venions vivre ici, il faudrait que tu lui permettes de m'aimer". "Il a très bon coeur"... et accompagne Clara après le concert chez elle et ils parlent (de Schumann !) jusqu'à onze heures du soir. Il vante "la personnalité, la qualité de ton esprit". Clara lui a confié "notre correspondance, tu ne m'en veux pas ?" Il se chargera de cette lettre. "Sois gentil en lui écrivant, car il est bien sincère". Schelling a confié à Clara une jeune pianiste " bien douée, mais pauvre, Henriette Reichmann". Le père lui a dit : "Je vous confie ce que j'aime le plus au monde". "J'aime bien cette petite, écrit Clara... Je pense que j'ai bien agi et je crois que tu m'approuveras". Même en se reportant à l'époque et à ses moeurs, on ne peut que s'étonner de ce coté "nunuche" qui reste à la jeune fille brillante qu'est Clara.

Le 31, Clara part pour Karlsruhe où elle doit donner un concert le lendemain chez la grande Duchesse. Elle écrit à Robert : “Enfin, ma vie est à toi et à toi enchaînée ! Tu es mon appui et mon espoir !”.

Clara continuera ainsi ses tournées en Allemagne du Nord : du premier Janvier à Berlin, puis c’est Hambourg, Brême, de nouveau Hambourg en Février, retour à Berlin le 20 Mars, elle rejoindra Schumann pour les Rameaux, puis en Juin à Leipzig pour fêter l’anniversaire de Robert (pour la première fois !). Elle séjournera alors quelques temps chez sa tante maternelle. Mais en Août elle reprendra une tournée en Thuringe, curieusement conseillée en cela par Schumann, accompagnée de sa tante et passant par Iéna, Weimar, Allenstein, Liebenstein, Gotha, Erfuhrt.

Pendant ce temps Schumann est encore à Vienne. La séparation est, pour lui comme pour Clara, très pénible, nonobstant l’exaltation toute épistolaire de leur amour, et ceci de Janvier à Mars. La situation est dure pour Clara, qui trouve ses finances “dans un état accablant et humiliant”, mais refuse tout argent de Robert. Elle n’envisage le mariage que pour fin Septembre. Les concerts, cependant, se multiplient, les dépenses aussi. Les succès qu’elle y remporte ne suppriment pas pour cela un élément de trac et l’appréhension dont elle s’ouvre dans chaque lettre à Schumann. Un jour, elle perd connaissance juste avant son concert. D’autres fois une névralgie faciale rend très pénibles certains récitals. Elle doit aussi “courir après des pianos” dans chaque ville : ils sont souvent médiocres, parfois excellents (ceux qui viennent de chez son père). Mais c’est l’attitude de Wieck vis à vis d’elle qui la désespère : il envoie des courriers calomnieux aux gens qu’il connaît dans la ville où Clara doit jouer, calomnies sur Schumann et aussi sur elle. Ainsi Ave et Rockmann diffusent ici ces ragots; le premier a le mauvais goût de lui vanter les mérites de la pianiste Camille Pleyel comme celle qui lui a ravi la première place parmi les pianistes.

A distance, Schumann réagit du mieux qu’il peut, c’est à dire par ses lettres et en fonction des variations de son humeur et de son moral. Indigné et souffrant d’être si mal traité par Wieck, il va jusqu’à dire qu’il ne pourra revoir Clara que s’il est réhabilité. Il donne des conseils à Clara pour son jeu : ne pas se laisser trop aller à “la sauvagerie”, pour cela, pense à l’auteur, lui, des oeuvres qu’elle joue. En même temps il s’emploie à la réconforter, la secouer parfois, critiquant son hypochondrie, sa mélancolie, sa façon de se dévaloriser, l’assurant qu’elle n’a rien à redouter de la rivalité avec Camille Pleyel qu’il a lui-même entendue. Il fait des mystères sur ce qu’il s’apprête à composer (“pour ménager une surprise”) à Clara.

Il lui vante surtout Liszt avec lequel il passe des journées exaltantes. Clara se demande même si venir le rejoindre ne “troublerait pas son intimité” avec son nouvel ami. Cependant, malgré le lien d’amour avec Clara, qu’il qualifie de “fraternel”, si résistant aux épreuves, sa santé se dégrade : il grossit, consomme beaucoup d’alcool, vin puis bière (“par économie”) et force cigares. Clara le taquine, et le menace, pour punition, de ne pas lui rapporter de cigares; lui, évoque comme témoignage d’amour, de se restreindre en tabac. “Il nuit à sa santé”, note Fischer-Dieskau et aurait ainsi contracté hypertension artérielle et diabète”. Mais la base en est essentiellement psychique : souffrance de l’isolement, de l’éloignement de Clara, dureté de la lutte avec Wieck, d’où des moments d’apathie, de résignation, de repli sur soi et de fuite des autres; le jeune homme qui devient péniblement un homme mûr doit lutter aussi pour continuer à créer

En Février, dès le début du mois, Schumann, déçu, sait qu’il n’a rien à attendre de Vienne, y compris pour la revue, motif essentiel de son voyage. Et il ne sait que décider. Rejoindre Clara en tournée ? Rentrer à Leipzig ? Aller s’installer “ailleurs”, comme professeur ? Compositeur ? À Londres ?

Clara est à Karlsruhe, joue à la cour le 2 Février. Elle se lie d'amitié avec Henriette, la protégée de Schelling ("le ciel me veut du bien. Il vient de me donner une si bonne amie... une véritable amie auprès de moi qui me comprend et à laquelle je peux tout confier"). Mais elle est encore triste d'avoir quitté Stuttgart et persiste dans sa confiance en Schelling, "l'homme le plus dévoué que je connaisse et il veut notre bonheur. Je t'assure, Robert, tu peux lui faire confiance, il me dit que s'il s'apercevait de quoi que ce soit entre nous qui puisse faire douter de notre bonheur, il ferait tout pour nous désunir parce qu'il m'aime vraiment! " écrit-elle à Robert, inconsciente de l'ambiguïté de sa formulation (lettre du 2 Février). Le lendemain Dimanche, elle quitte Karlsruhe pour Strasbourg et n'entendra plus parler allemand. Elle se sent capable de vivre sans son père.

Robert a reçu la lettre vantant le Dr Schelling. Il ne peut que reprocher à Clara, dans sa lettre du 6, sa naïveté, encore qu'il y mette formes et humour : "Qu'est-ce que tu as fait, ma petite Clara ? Qu'est-ce que tu as fait ?... Il faut que je t'arrache à tes beaux rêves, non par des baisers, mais en tirant tout doucement une mèche de tes nattes..." Cela assorti d'un portrait-réquisitoire sans complaisance du Docteur Schelling comme astucieux faiseur de mauvais livres à succès, mauvais compositeur, bluffeur, spéculateur, utilisateur du talent des autres et, évidemment comme homme à femmes qui a su exploiter le désir de Clara, esseulée, de se confier. Schumann suppose non sans raison que le Docteur a décacheté et lu la lettre à Robert que Clara lui avait confiée. Mais, toujours généreux, Robert accepte d'adopter, lui aussi, "cette petite Mignon" goethéenne que serait la jeune Henriette.

Le 8 Février Clara est à Paris, seule, à 19 ans, et elle doit s'occuper elle-même de tout, y compris la publicité pour ses concerts. Elle se fait adresser son courrier chez Emilie List, 43 Rue des Martyrs. Elle n'a toujours pas reçu de réponse de Schumann et, pour une histoire de passeport, a des difficultés à retirer son courrier de la poste. Elle est installée dans un hôtel, 7 rue de la Michodière, où elle a pour voisine son amie Pauline Garcia-Viardot, la cantatrice. Elle donne de petites réceptions après ses concerts et semble avoir à tous points de vue de grands succès; les facteurs de piano, veulent tous être son fournisseur, comment ne pas les froisser en choisissant Pleyel plutôt que Erard ? Mais cela ne satisfait guère Clara qui, ici, ne se fie à personne, "tout le monde me parait d'une grande fausseté" (lettre du 14 Février). Elle se persuade que si son père les voit heureux, Robert et elle, il sera heureux, alors que des amis (émissaires ?) de Wieck, Probst et Fechner essaient de la persuader de rentrer à Leipzig. Par contre elle se fait plus lucide sur le Dr Schelling dont elle a reçu "une lettre excentrique" à ses yeux et à ceux d'Henriette. Elle se propose de rester à Paris tout l'été, pour y donner des leçons, en habitant chez Emilie List. Elle doit rencontrer Auber, Halévy et Onslow, mais ne sait ce qu'il en adviendra. Par contre elle a vu Heine, qui lui a fait forte impression, bien qu'il lui paraisse très différent du Heine que Robert avait rencontré dans sa jeunesse. Il est mélancolique, malade, menacé de cécité, et surtout malheureux, parlant à Clara de l'Allemagne avec nostalgie et amertume. Il ne donnera pas suite à son désir de revoir Clara. Robert a publié sur Clara dans un journal français, un article chaleureux qui lui a fait du bien.

En effet elle reçoit de son père "des lettres dénuées d'affection, et ne contenant que de froids conseils, des reproches". Aussi Clara ne peut-elle qu'écrire à Robert, le 14 Février..." : "A la vérité, je n'ai que toi ! Tu seras mon appui !... Tu seras tout pour moi, aussi mon père, n'est-ce pas, Robert ?, ce qui ne peut, à la fois, que ravir Schumann et le charger d'une tâche bien écrasante pour l'homme en difficulté qu'il est alors.

De fait Schumann va mal, bien qu'il puisse par moments aider Clara (par exemple à récupérer ses lettres), ou s'épancher de façon poétique. Mais il a conscience de n'être pas normal, triste, déprimé. Tout lui paraît difficile, insurmontable. Clara, est son seul appui, vital, et “sans elle il serait comme abandonné de Dieu” : “Il faut que tu me soutiennes et que tu me conseilles; quelquefois je suis pris d’une angoisse telle que, dimanche par exemple, j’ai été obligé de me confier à Fischof. Il m’a témoigné une grande sympathie. Et, là-dessus je me suis senti mieux, et maintenant que j’ai reçu ta lettre, je me sens tellement heureux - moi l’élu parmi des millions d’autres. Quand je te reverrai, cette fois, je pleurerai, je crierai, et je ne te lâcherai plus jamais. Il n’y aura rien à faire, tu ne me quitteras plus. J’ai trop souffert pour toi” (lettre du 16 Février).

Mais une semaine plus tard, Schumann retrouve son énergie, sous l’effet de la colère suscitée par la lettre invraisemblable qu’il a reçue du Dr Schelling. Le 23 Février : “Je tremble encore tant je trouve inouï d’insolence chaque mot de la lettre de Schelling”. Et là, Schumann ne prend plus des gants pour démolir l’ami de Clara et pour la houspiller carrément, la trouvant bien naïve et manquant de jugeotte : “Un imbécile que tu ne connaissais que depuis dix jours. Je bous de colère - et c’est tellement bête !... Je sais que tu as cru bien faire, mais que ceci te soit un avertissement pour l’avenir... Si tu avais bien lu sa lettre et si tu avais tout bien compris, tu m’aurais dit immédiatement : “protège-moi contre ce scélérat”. Il se fait explicite sur les manoeuvres du séducteur, avec son affirmation d’“insensibilité aux larmes de son épouse”, sa capacité soulignée d’être capable d’entretenir deux femmes, ses attaques obliques contre Schumann en tant qu’“artiste ordinaire”. Schumann reprend l’offensive pour défendre son amour, allant de la louange hyperbolique sur la fiancée fidèle, à la décision, pour deux, de désormais ne plus se confier à personne (sauf peut être Emilie List !) Et dans sa lettre à la fois furieuse et exaltée du 23 Février : “ Ta fidélité est unique. Aucune autre fille, aucun ange du ciel ne peut l’être davantage. Toi seule sais aimer et avec quelle noblesse, il n’y a pas de mot pour l’exprimer. Tu devrais me surprendre à certaines heures qui me sont sacrées, où je rêve, je rêve de toi; ah ! Si tu me voyais alors et si tu m’entendais, oh oui, j’ai aussi conscience que je te suis demeuré fidèle”. A cet acte de foi en leur amour à tous deux, Schumann ajoute l’expression de sa confiance en Emilie List, confiance qui se révèlera par la suite quelque peu imméritée.

Le 25 Février, Clara est heureuse d’avoir reçu quatre lettres de Robert, mais souffre, elle aussi, de la séparation et aussi du reproche que lui a fait Robert de n’être pas assez passionnée. Elle évoque la possibilité pour lui de la rejoindre à Paris. Mais si elle lui conseille de quitter Vienne et de revenir à Leipzig, où elle pourrait aussi le rejoindre pour Pâques, elle envisage aussi de se marier à Vienne si Robert y reste... Tout ceci, en même temps, dans sa lettre du 25 Février. En cas de refus persistant du consentement par le père Wieck, elle envisage d’aller vivre à Zwickau car “comment vivre à côté d’une famille hostile”. En attendant, elle prépare un concert au conservatoire de Paris, une autre salle Erard et projette une tournée de deux-trois mois en Angleterre, revenir pour l’été à Paris chez les List, y donner des “leçons alimentaires”, et aussi faire une tournée en France. Elle se réjouit que Schumann compose (“des symphonies ?”) et découvre l’indélicatesse de Schelling, qui a lu les lettres qu’elle avait écrites à Schumann.

Quelques jours plus tard, le 28, elle pense qu’il lui serait nécessaire d’“être accompagnée d’une vieille dame”, confidente et allant avec elle à Londres, en Angleterre. Elle prend des leçons de chant, de Français, et apprend l’Anglais avec Emilie List. Le 29, elle rencontre Meyerbeer (sait-elle que c’est la bête noire de Schumann ?) et surtout Berlioz qui lui aurait fait grand éloge de Robert. Enfin elle rencontre aussi Miss Laidlaw et ressent vis à vis d’elle quelque jalousie rétrospective.

Le mois de Mars est le dernier que Schumann passera à Vienne. Vienne dont il aura été déçu, non seulement en ce qui concerne les démarches pour la publication de la Revue, mais aussi quant au public viennois qu’il trouve léger, inconscient, médiocre. Pour ce qui est de la Revue, elle est autorisée de publication... mais la censure s'y oppose ! Sedlinsky, sur lequel il comptait est un "faux ami", et Madame de Gibbini "ne peut rien". Les éditeurs sont indolents. En butte à "un mauvais vouloir général", Schumann s'est épuisé en démarches vaines.

Et pendant ce temps-là, la Revue, à Leipzig, sans lui, périclite, ce qui le déprime fortement, et Oswald Lorenz appelle au secours. Sa seule consolation aurait-elle été de trouver, au cimetière des musiciens, cette plume à écrire, sur la tombe de Beethoven ? Heureux présage ! Avec cette plume il écrira sa 1ère symphonie. Mais la véritable satisfaction aura été la visite au frère de Schubert, Ferdinand; il s'y est longuement attardé sur les documents manuscrits, parmi lesquels il trouve l'original inédit de la symphonie en UT, qu'il propose pour édition à Breitkopf et Hartel.

Si Clara, à Paris, remporte succès sur succès, elle n'a plaisir, dit-elle dans sa lettre du 1er Mars, qu'à jouer du Schumann, et non Moschèles, Bennett, Potter. Schumann, qui souffre de plus en plus de la solitude, est triste, découragé, se sentant impuissant à créer, en proie à de sombres pressentiments, à des variations d'humeur extrêmes dont témoignent ses lettres : joie, confiance enfantines alternant avec désespoir et détresse. Et les injures dont Wieck le couvre contribuent à son chagrin et à son humiliation.

Clara n'est pas enthousiasmée par ce qu'elle entend et voit : les Huguenots, de Meyerbeer, les "Noces de Figaro" (emberlificotées de cadences inutiles par les Italiens) et est franchement déçue par le public des concerts privés et des réceptions qu'elle donne alors. Elle apprend à faire la cuisine pour se préparer à ses futures fonctions de femme d'intérieur et faire taire les doutes de Robert sur ses capacités en la matière. Elle est soulagée de s'être enfin libérée de son accompagnatrice française et de côtoyer essentiellement Emilie et Henriette (lettre du 5 Mars). Elle revoit encore deux fois Berlioz qui lui parle beaucoup de Robert.

De son coté Schumann s'active et s'exalte : "Voilà maintenant comment ça marche avec moi : au galop : j'ai créé, transcrit, imprimé, voilà ce qui me plaît". Et le 11 Mars : "J'ai été toute la semaine au piano et j'ai composé douze pages en huit jours, ri et pleuré tout à la fois. Tout cela, tu en trouveras le reflet dans mon opus 20 : "la Grande Humoresque" déjà à la gravure... je t'ai adorée et pensé à toi avec un amour que je n'avais pas connu jusqu'à présent... Qu'ai-je donc au monde autre que toi ? " Et il trouve même la force de stimuler Clara dans son travail artistique et domestique (lettre du 16 Mars). Schumann reste fidèle au cap de 1840 pour leur mariage et détaille d'emblée un plan de vie conjugale en sept points : 1°) une épouse doit savoir cuisiner 2°) il faut éviter les visites et leur ennui 3°) aller se promener ensemble 4°) "ton père ne pourrait pas nous en vouloir" 5°) besoin de peu d'argent pour vivre 6°) je compose et tu joues 7°) on se prépare à fond pour Vienne.

Le 19 Mars Clara rend compte minutieusement dans une longue lettre de cinq pages à son père de son activité de concert lors de cette longue tournée, des concerts d'autres musiciens (la plupart du temps mauvais selon elle, sauf d'un très jeune élève de Chopin), et de ses visites : à Meyerbeer, "fort aimable avec moi" (alors que, comme Robert, elle n'aime pas sa musique); des évènements de Paris: le suicide par défenestration du chanteur Nourrit, parce qu'il avait été sifflé à cause du costume ! Et Clara assure à son père que, très occupée, elle ne peut lui écrire que tous les quinze jours...

Mais pour elle, Clara, outre ses concerts et la farce qu'elle a jouée à un Schlesinger qui n'avait pas reconnu un morceau et lui demandait alors de le jouer ! C'est surtout la joie de déchiffrer avec adoration les "Scènes d'enfants" que Robert vient de lui envoyer et qui ne lui “sortent pas de la tête”, “tellement toi !” Elle demande dans sa lettre du 21 à qui ces scènes sont dédiées mais conclut d’emblée “elles nous appartiennent à nous deux et pas à d’autres”, tant ces scènes lui rappellent les débuts de leurs amours ; “faire peur” quand Robert lui contait des histoires de sosies ou du grand fantôme blanc “hou, hou !”. Et dans son enthousiasme elle se livre à une longue et détaillée et surtout chaleureuse analyse des différentes pièces de l’oeuvre. Les projets de programme pour les mois à venir : Baden (deux mois), puis à nouveau Paris, passent presqu’au second plan ! D’autant que, malgré ces longs mois encore de séparation, c’est la perspective du mariage, à Zwickau ou Leipzig, voire d’un voyage de noces à Londres qui se dessinent.

Mais fin Mars (du 24 au 27), Schumann va de nouveau mal : il est pris de crises de larmes incoercibles et d’hallucinations auditives. Il a reçu de sa belle-soeur Thérèse une lettre laissant prévoir la mort prochaine de son frère Edouard. En pleine crise il veut écrire une nouvelle pièce, sorte de fantaisie funèbre. Ce seront les “Nachtstücke” op. 27. C’est dans ces dispositions d’esprit et d’humeur qu’il se met en route de Vienne pour Leipzig, où il arrivera début Avril.

Ce mois d’Avril sera effectivement marqué pour Schumann par la disparition de ce frère très cher qu’était Edouard, disparition annoncée par cette lettre de Thérèse, et qui ne manquera pas de l’affecter dans sa santé psychique et de retentir même sur sa production musicale. Dans sa lettre à Clara du 3, il se montre “absolument bouleversé” par la mort, prévisible, de son frère, “qui serait aussi un malheur pour nous” et il ajoute : “Si je devenais soudain un tout pauvre homme, et si je te disais moi-même : “je ne peux t’apporter que misère et soucis, il faut me quitter,” ne me quitterais-tu pas ?” et, humour noir à la clé : “tu feras de moi ce que tu voudras... sauf pour Bellini” (allusion à leur différend sur le musicien que Schumann range dans “les canaris” italiens). Par contre il a la force d’approuver Clara quand elle renonce à faire, seule, une tournée en Angleterre.

Clara, elle, prépare son premier grand concert pour le 16 à vingt heures trente. Mais dans sa lettre à Robert du 3, elle s’avoue prise d’un “trac croissant”, alimenté de surcroît par la crainte que sa manière de jouer puisse déplaire à Robert. Par ailleurs elle doit constater que les promesses de se revoir de MM. Jules Janin, Onslow, Halévy et surtout Heine lors d’un dîner chez Meyerbeer, n’ont pas eu la moindre suite.

Le 3 elle a eu à un concert un vrai triomphe, y compris pour le scherzo de sa composition, qui a été bissé. Le lendemain c’était un concert chez la comtesse Perthuis, et, après le concert, pour les amateurs qui étaient restés, Chopin, Scarlatti, et une partie du “Carnaval”, toutes nouvelles qui réjouissent fort Schumann. Mais pour Clara, le public parisien a le tort de ne pas apprécier les fugues de Bach, et elle conseille à Schumann de composer un morceau accessible au public, facile à comprendre, brillant, même si cette “diplomatie” est difficile à un génie comme Schumann. Quant à elle, elle aime de plus en plus Emilie, “pour la bonne raison qu’elle t’aime beaucoup, et qu’elle a beaucoup plus de coeur qu’on ne croit”. Elle va bientôt vivre, cet été avec elle et Henriette chez les List.

Pendant ce temps, Schumann, par un courrier du 6 Avril, apprend qu’Edouard est mort le samedi 30 Mars à deux heures et demie. Il est désormais seul avec Thérèse, Karl, et Clara. Dans sa lettre du 6 à Clara, il lui annonce la nouvelle et, déjà féru de parapsychologie, se souvient qu’à l’heure exacte du décès, en promenade lors de son passage à Prague, il avait entendu en lui un choral de trombones, et “j’ai été, dit-il, d’un tel état de tension que j’en suis absolument abruti”. Il était si impatient de revoir Edouard, Thérèse, ses amis, qu’il est maintenant inquiet de son destin : “J’aime autant ne pas y penser”... encore qu’il subodore que certaines épreuves pourraient faire de lui “quelqu’un d’indépendant et un homme véritable”. “Edouard était le seul sur lequel je m’appuyais, il a toujours été si parfaitement loyal... Ses derniers mots, il y a quelques mois de cela, étaient, touchants : "tout ira bien pour toi, tu es si touchant." et quand je lui ai dit : "Alors, Edouard, est-ce que nous te plaisons tous les deux?", je sais qu'il était fier de ton amour pour moi et très sûr que tu illustrerais un jour le nom de la famille"... "Il n'y a rien de plus beau qu'un amour entre deux frères", écrit-il comme en conclusion dans une lettre destinée à Clara ! Mais il ajoute vite : "Le fait que tu existes est une telle joie pour moi. Tu es toujours ma joie. Sans toi je serais depuis longtemps à la place où est aujourd'hui Edouard. Est-ce possible que je ne doive jamais le revoir ? Zwickau est mort pour moi, et qui ne compte plus que des tombes. Vais-je peut-être aussi le rejoindre ? " Mais, très beethovenien, Schumann "rebondit" : "Non, le printemps est là, qui m'appelle à la vie". Et c'est un acte de foi en la volonté, l'énergie intérieure, "notre amour l'un pour l'autre"... "seul capable de prolonger notre existence.

Le 8 Avril, Schumann est enfin à Leipzig. Dans la dernière lettre qu'il écrit avant d'y parvenir, le 7, il revient sur le "pressentiment" qu'il a eu de la mort d'Edouard, sans tenir compte du fait que les nouvelles les plus alarmantes que Thérèse lui donnait dans sa lettre les induisaient quelque peu... "T'ai-je parlé de mon pressentiment ? Je l'ai eu entre le 24 et le 27 Mars dans mes dernières compositions. Il y a là un motif qui tendait à se répéter et qui était comme le soupir d'un coeur torturé : Ah ! Mon Dieu ! En écrivant çà, je voyais comme un cortège de cadavres, des cercueils, des êtres malheureux, désespérés, et une fois mon travail fini et que je cherchais un titre, je pensais : "cortège de cadavres." N'est-ce pas curieux ? Pendant que je composais, j'étais souvent angoissé au point de pleurer et je ne savais pourquoi. C'était sans raison. Là dessus je reçus la lettre de Thérèse qui m'éclaira".

Schumann a perdu ses parents, ses frères Julius et Edouard, et c'est un accès de mélancolie, avec ses préoccupations de mort, ses idées de suicide, et l'attention de Schumann captée par les corbillards, les cercueils, les enterrements. A la même période, il se montre buvant force bière, et ceci sous les yeux de Wieck !

Pendant ce temps Clara est au milieu de ses admirateurs parisiens. La promesse de retrouvailles à Pâques ne se réalisera pas. Clara suggère à Robert de reprendre la librairie familiale; elle lui demande aussi de différer jusqu'en Septembre la procédure envisagée. Apparemment plus forte que Schumann dans l'adversité, elle n'en n'est pas moins sous la pression, les manoeuvres dilatoires de Wieck, prise entre ses scrupules voire l'attendrissement vis à vis de son père et les reproches de Schumann qui estime qu'elle s'émancipe trop peu de lui.

Cependant, Schumann, depuis son retour à Leipzig va réagir comme bien souvent en se réfugiant dans le travail : il s'emploie à relever la Revue, rétablissant pour elle maint contact, y écrivant lui même des articles, critiques, etc... Et il se lance à corps perdu dans la composition : c'est de ce moment-là que datent, entre autres, les "Trois romances", le début d'un concerto, et d'un allegro, qu'il ne peut terminer alors, perturbé qu'il est par les menées du père Wieck à son encontre.

Clara proteste : "L'abandonner, lui, Robert, parce que pauvre ? Jamais ! D'ailleurs un être comme lui ne peut être pauvre". Mais au même moment Wieck écrit à Emilie que Clara doit renoncer à Schumann, sinon elle ne sera plus son enfant, il la déshéritera, lui confisquera sa fortune personnelle, et, si procès il y a, il durera jusqu'à 3 voire 5 ans.

Clara réagit à cela en suggérant à Robert de "prouver nos moyens financiers", et puis "il faut, dit-elle, qu'à la mort d'Edouard Robert se résigne, il est un homme, même si, admet-elle, il est difficile d'imaginer qu'Edouard est mort." Quant à elle, bien qu'elle s'inquiète fort d'une douleur qu'elle ressent à un doigt, son dernier concert a été un succès de réputation sans guère de bénéfice financier. Quant à son attitude envers Wieck, elle proteste : “Non, je ne suis pas faible vis-à-vis de mon père, mais je pense qu’il doit se sentir très malheureux, il est à plaindre, et, en silence, je me tourmente pour lui. Mais je n’y peux plus rien. On dira que j’ai mené mon père à la tombe”. Et elle ajoute : “pardonne-moi si je deviens mélancolique, c’est que je pensais à mon père”.

Schumann doit admettre cela et rester quinze jours sans lettre de Clara, des derniers jours d’Avril aux premiers de Mai. Sa famille est derrière lui. Emilie List derrière Clara. Sous la pression de Wieck, et sans doute avec le feu vert de Clara, Emilie se permet d’écrire à Schumann une lettre où elle se fait l’avocate des arguments du vieux Wieck... tout en s’excusant d’intervenir ainsi dans les rapports entre Clara et Robert. Mais “c’est pour leur bonheur à tous deux”. Et puis “la santé de Clara s’altère du fait de “la situation”, “Clara ne peut être heureuse si elle sait son père malheureux” et “la lettre du père (à Emilie) est déchirante”. Et Emilie elle-même trouve que “ce n’est pas raisonnable de se marier avec un avenir aussi peu assuré”. Il faut donc différer ce mariage, sinon, chantage suprême, “cela compromettra sa carrière en l’obligeant à des tâches “alimentaires” et domestiques, faute de moyens. Faites cela pour l’amour de Clara qui vous aime tant. Et puis il vous faut avoir confiance en Monsieur Wieck.” Tout cela “sans vous donner des conseils là-dessus” (sic), “il n’y a que vous qui soyez juge de la question”. Et c’est aussi par Emilie que parvient à Schumann la suggestion de se “recycler” dans la librairie “sans que votre art ait à en pâtir” (re-sic) “Voilà, ne faites pas de peine à Clara et acceptez qu’elle aille en Belgique, Hollande et Angleterre gagner un peu d’argent, accompagnée de son père”. Cette invraisemblable lettre a sur Schumann un effet dévastateur. Il pense à la rupture, au suicide. Il écrira, plus tard, de ces moments : “Pourrai-je te dire combien j’ai souffert pour l’amour de toi ? Laisse-moi oublier, c’est passé”.

Effectivement, lors du mois de Mai, c’est, pour le moins, entre Clara et Robert, une “brouille” et un échange de lettres particulièrement pénibles.

Mais en une longue lettre à son père, du 1er Mai, Clara clame son amour inébranlable pour Schumann, reprochant à son père de ne pas le connaître, de méconnaître aussi le lien qui l’attache, elle, à Schumann, tout en assurant Wieck avec force de la profondeur de son attachement, de sa profonde reconnaissance. Mais Clara discute le projet (paternel) de concerts à Baden, déconseillés par Meyerbeer comme inintéressants au plan financier. Par contre elle persiste quant à celui d’une tournée en Belgique, Hollande et Angleterre, pour Janvier 1840, accompagnée de son père et d’Emilie List.

Les lettres de Clara et de Robert se croisent, accentuant le malentendu et faisant passer rapidement Schumann de l’espoir au désespoir. Clara, à Paris, a toujours du succès comme artiste, mais reste sous l’influence de son père, même quand elle défend comme on l’a vu son amour pour Schumann, car elle reçoit maintenant “des lettres affectueuses et inquiètes de Wieck” (Fischer-Dieskau), et elle en a “le coeur déchiré”. C’est ce qu’exprimait dans sa lettre à Schumann Emilie List. Mais dans ses lettres, Clara, si elle parle d’amour et de fidélité, parle aussi d’argent, évoquant le risque pour sa carrière de donner d’éventuelles leçons “utilitaires” pour faire vivre le ménage. Voilà de quoi redoubler la culpabilité qui taraude si facilement Schumann.

Aussi, Robert, dans sa lettre du samedi 4 Mai, se sent-il obligé de faire les comptes de ses ressources et de celles de Clara, répondant alors aux critiques, aux exigences et sur le terrain de Wieck, ainsi qu’à la demande directe ou indirecte de Clara. Il se défend : “J’ai appris à apprécier l’argent” conclut-il et “de temps en temps il faut que je lutte contre des accès d’avarice”. Il pense ainsi conquérir un peu plus Clara : “Bientôt, mon épouse adorée... si seulement tu voulais, fille obstinée, nous pourrions nous épouser demain”.

Clara s'inquiète enfin de voir Schumann blessé par ce qu'elle lui a écrit et en arriver même à être agressif dans ses réponses (lettre du 13 Mai). Et elle, essaie de parler d'un ton badin des évènements de Paris : "Alors, Robert, je vais te faire enrager"... Il faut que j'aille voir la révolution de près, ça m'amuse", bien que les évènements risquent compromettre le succès des concerts qu'elle doit donner à la cour.

Mais effectivement, Schumann prend très mal les deux lettres de Clara (lettre du 2 Mai et de quelques jours plus tard, lettres qui ont disparu, et que sans doute Schumann a, de colère, déchirées, détruites).

De fait, Clara, dans une lettre du 13 Mai, demande à Robert si la lettre d'Emilie a subi le même sort que les deux siennes. La réponse est "non", ce qui n'empêche pas Schumann de répondre assez fermement à Clara qui se plaignait qu'il ait osé douter d'elle : le 18 Mai : "Ma petite Clara j'aimerais que tu puisses voir à l'intérieur de mon coeur. Il y a quelques jours à peine, je pensais quitter ce monde au plus vite et pourtant je me disais qu'il fallait attendre l'arrivée des lettres... Que je me sois vu obligé de te parler aussi durement que dans ma dernière lettre, ne t'étonne pas. Tu ne pouvais t'attendre à une autre réponse ! Interroge-toi et mets-toi à ma place, c'est surtout ta seconde lettre qui m'a blessé. Quand tu la reliras un jour, tu, ne pourras pas croire que c'est toi qui l'a écrite. Tout m'est tombé dessus à la fois. Ton père a recommencé à avoir une attitude révoltante à mon égard... Là dessus cette seconde lettre glaciale, mécontente, dure. Bien entendu j'écris à Emilie et je me montre tel que je suis avec mon coeur ulcéré. Ce furent d'abominables jours. De pareilles émotions m'ébranlent complètement et, dès que tu es en jeu, je me sens attaqué dans mon principe vital. Il est donc naturel qu'ayant autant souffert, j'aie écrit et agi comme je l'ai fait. C'est un avertissement pour l'avenir, ma chère Clara, il faut toujours me traiter avec beaucoup d'égards et de ménagements. Tout vient du ton dans lequel on s'exprime. Tu aurais pu me faire part des mêmes pensées si tu avais choisi tes mots. Mais tu t'es laissée aller à une réaction immédiate, d'une seconde à l'autre et sans que je m'attende à quoi que ce soit; et tout cela d'une manière si rapide et si absolue que j'ai commencé à douter de ton coeur et je me suis même demandé si tu n'avais pas complètement changé d'avis." Et il ajoute à l'intention d'Emilie (et d'Henriette ?) : "Mais, je vous en prie, ne soyez pas fâchées que j'aie voulu montrer que j'étais le maître et que j'étais décidé à ne pas me laisser faire. On peut jouer avec moi comme avec les enfants à la voiture et au cheval, mais je ne supporte pas d'être battu".

C'est donc rendu sombre, déchiré, mais aussi durci (Colling) que Schumann se trouve du fait des reculades de Clara, des bassesses de Wieck. Sa troisième demande en mariage a été repoussée par lui, avec des injures encore plus graves que les précédentes.

Schumann se rappelle alors (vieux souvenir de ses études de droit) qu'une opposition sans motif valable à un mariage permet au tribunal de se substituer aux parents. Il prend à ce sujet conseil d'un avocat berlinois, Me Einert. En effet Wieck ne répond pas à une ultime demande, faite en Mai, mais dépeint à Clara le sombre avenir qui serait le sien si elle épousait "un compositeur dépourvu de ressources" et il parle de la priver de l'argent qui lui viendrait de sa mère. Schumann envoie donc à Clara un projet de lettre à Wieck qu'il croit être la dernière de ce type et, au cas où Wieck ne répondrait pas, un projet de requête au tribunal dont Clara accepte le principe. Mais, rapidement, elle demande à Robert d'ajourner la procédure envisagée. Robert ressent très durement, douloureusement, ce revirement, puis se ressaisit, Clara promettant de ne plus surseoir et l'encourageant dans ses lettres. Schumann en profite pour l'éclairer sur son caractère.

En Juin la procédure contre Wieck et pour leur mariage va donc commencer. Schumann va avoir 29 ans. Et la veille et le jour de son anniversaire il écrit à Clara des lettres pleines d'enthousiasme amoureux : "Nous pouvons jeter un coup d'oeil sur l'année écoulée. Nous n'avons pas de reproche à nous faire. Nous avons tenu fidèlement l'un à l'autre et nous nous sommes rapprochés de notre but. Le pire, nous l'avons supporté, mais, bien que plus rapprochés du havre, soyons encore prudents. Notre destin veut que nous luttions pied à pied pour obtenir ce que nous voulons. C'est seulement devant l'autel que je me dirai : "ça y est" et jamais un "oui" n'aura été prononcé avec autant de conviction et avec autant de foi dans l'avenir d'un bonheur"; et il ajoute : " Ce que je désire en attendant ce jour là, c'est de devenir plus digne de toi... mais, devant ta modestie à toi, je reconnais volontiers mes faiblesses et j'essaye de m'améliorer. Je crois que dans les années qui viennent je te causerai encore beaucoup de chagrin. Je ne suis pas un homme fait; je suis instable, enfantin, souvent faible - et soumis à mon plaisir, sans égard pour les autres. En un mot j'ai mes mauvais jours où l'on ne peut rien faire de moi... tu es une fille merveilleuse, Clara". L'aveu non déguisé à Clara de cette autocritique sévère, non dénuée de vérité, et hélas de prémonition quant aux aléas de l'avenir, même assortie d'un vrai dithyrambe de Clara, n'est sans doute pas habile de la part de Schumann qui livre ainsi, dans cette conjoncture, des armes pour se faire battre. Mais le lendemain 4 Juin, comme s'il se référait au temps de leurs premières amours et de l'enfance de Clara, évoquées la veille, il envoie à Clara, en guise de lettre, un conte dans lequel il se décrit comme un prince charmant fêtant son anniversaire, entouré de courtisans au sein d'un paysage bucolique, se languissant de sa royale fiancée dont il ne reçoit qu'in fine message et cadeaux. Clara, de son coté a reçu de son père une lettre "blessante", "qui m'a horrifiée au point de me demander s'il est possible que mon père en soit arrivé là". Il voulait lui faire signer une déclaration infâmante sur Schumann et un engagement comme quoi elle renonçait à lui. Clara lui répond avec passion, fermeté et dignité : "J'ai reçu ta dernière lettre à laquelle je ne puis guère te répondre étant donné qu'il est inutile d'essayer de te convaincre. Nos opinions sont diamétralement opposées. Tu es trop persuadé que Schumann est un homme abominable, moi du contraire, et moi je pense qu'il est le seul qui puisse me rendre heureuse. Je veux encore te répondre en ce qui concerne les nouvelles conditions que tu me poses : je ne les accepterai jamais et je ne signerai jamais de pareilles exigences. Comment pouvais-tu imaginer que je signerais un papier où l'homme que j'aime est complètement déprécié. Ce n'était pas sérieux de ta part, ou si ce l'était, dis-toi bien que tu n'obtiendrais jamais que j'en arrive là." Schumann envoie à Clara une requête demandant à la cour son consentement en se substituant à Wieck.

"Les soussignés nourrissent depuis de longues années déjà le désir commun et profond de se voir unis par les liens du mariage. Un obstacle cependant s'oppose à la réalisation de ce désir et il nous est aussi nécessaire d'écarter cet obstacle de notre route qu'il nous a été pénible de l'y avoir trouvé. Le père de la soussignée, Clara Wieck, nous refuse son autorisation en dépit de sollicitations pressantes et affectueuses. Nous ne pouvons nous expliquer les motifs de ce refus, notre situation de fortune étant à même de nous mettre à l'abri du besoin dans l'avenir. Le vrai motif du refus de M. Wieck doit plutôt se trouver dans une sorte de sentiment personnel de haine à l'encontre du soussigné, alors que celui-ci pense pour sa part accomplir tous les devoirs que peut attendre de lui le père de celle qu'il a choisie pour compagne de sa vie. Quoiqu'il en soit, il n'est nullement question pour nous de modifier notre décision, mûrement réfléchie; c'est pourquoi nous présentons à la cour la requête suivante : "Plaise à la cour de faire savoir à Monsieur Wieck qu'il ait à donner son accord à notre mariage ou bien, dans le cas de refus de celui-ci, que la cour nous donne cet accord. Seule la certitude de l'absolue nécessité de cette démarche met un obstacle à notre réconciliation avec lui; cependant nous demeurons intimement convaincus que le temps, une fois encore, comme en maintes circonstances, permettra d'oublier totalement ce pénible différend." Clara signe cette requête le 15 Juin.

Schumann exulte, s'enflamme dans sa lettre du 21 : "Chère fille, bientôt je croirai que tu m'aimes pour de bon. Si j'avais pu te voir alors que tu signais cet acte ! Tu devais ressembler à Devrient dans Fidélio. Tu devais trembler de tous tes membres, sauf la main qui écrivait était ferme et ne tremblait pas. N'est-ce pas vrai ?" Et au terme d'un long dithyrambe passionné : "Tu t'es déclarée officiellement ma fiancée et tu as sauvé mon honneur... J'aimerais te poser une couronne sur la tête et tomber à tes pieds et lever vers toi un regard plein de reconnaissance. Ce que le monde a de plus noble, je le trouve et le vénère en toi... Crois à mon amour éternel et infini; je demeure ton dévoué Robert". Et trois jours après, Schumann écrit encore ce qui lui semble la dernière lettre à Wieck : "Clara m'écrit que vous désirez vous-même que nous en finissions. Je tends volontiers la main pour faire la paix. Faites-moi savoir quels sont vos désirs, ceux qui sont en mon pouvoir de réaliser, je les réaliserai avec joie. Mais si, d'ici huit jours, je n'obtiens pas de réponse, je considérerai votre silence comme un refus. Votre R.Schumann". Il n'y aura pas de réponse, sauf celle de l'épouse de Wieck. : "Wieck se refuse à tout rapport avec Schumann". Schumann en est meurtri : "Tout cela m'a atteint profondément, et si tu avais été auprès de moi hier, j'aurais été capable de me donner la mort avec toi. Un mauvais esprit que je redoutais, m'a assailli depuis quelques jours et ne semble pas vouloir me quitter" (lettre à Clara du 3 Juillet).

Juillet sera encore un mois pénible et difficile pour Schumann : "las à en mourir, ahuri par la douleur"... "Je n'ai plus aucune raison de gaieté, et je me tiens souvent des jours entiers sans penser à rien, sans rien faire que marmonner pour moi seul" (cité par Boucourechliev).

Mais ce qui peut soutenir Schumann en ces temps difficiles, c'est cet échange par lettres avec Clara toujours à Paris, sur leurs musiques respectives. La "Fantaisie" op. 17, composée depuis 1836, dédiée à Liszt, est parue. Clara qui la joue et la rejoue, d'un bout à l'autre, est "malade d'admiration" pour cette "oeuvre magnifique" qui la fait rêver. La marche, en particulier, Clara y insiste en plusieurs lettres, est "un enchantement" (mesures 8 à 16), marche des guerriers victorieux après la bataille, "et au moment du LA bémol majeur, je vois les jeune-filles du village habillées de blanc (parmi lesquelles, sans doute, Clara ?), chacune une couronne à la main, et s'agenouillant devant le guerrier vainqueur et le couronnant..." Mais Clara s'interroge : "A quoi pensais-tu quand tu as écrit cela ?" ... "Quand je la joue, j'ai chaud, j'ai froid, quelle âme, quel génie ! J'entendais tout un orchestre... impression jamais ressentie, inexprimable".

Schumann lui répondra (plus tard) : "Tu ne peux la comprendre que si tu te reportes à ce malheureux été de 1836 où je crus devoir renoncer à toi - Maintenant je n'ai plus de raison de me laisser aller dans mes compositions à une telle mélancolie et une telle détresse". Mais, pour le moment, il préfère lui parler de ses "Novelettes" "où tu apparais tant de manières différentes et aussi avec tes cotés irascibles. Oui, regarde-moi. Je décrète qu'un seul a pu les écrire, ces Novelettes, un qui a connu des yeux comme les tiens et qui a effleuré des lèvres comme les tiennes ! En un mot, on peut faire mieux, mais rien de semblable, en tout cas !"

Et Robert fait part à Clara de ses observations sur ses oeuvres à elle, unique occupation en ce moment ("brûlant apaisement"). "L'idylle" manque de force et de fini, malgré des motifs tendres et passionnés"... "Vous autres filles amoureuses vous restez souvent en route, arrêtées par l'abondance de vos pensées et de vos espérances"... Envoie-moi aussi la "Romance", entends-tu, Clara Wieck, et là, pas de problèmes, elle m'a appris quelque chose de nouveau, c'est que nous serons mari et femme. Chacune de tes pensées sort de mon âme et c'est toi qui inspires toute ma musique. Il ne faut rien changer à la "Romance".

Mais Clara a la nostalgie des leçons de son père : “comme je regrette les critiques qu’il me faisait !” et “je ne vois pas maintenant qui corrigera mes fautes”, ce que, lisant, Schumann a dû apprécier... Et elle ajoute dans une autre lettre: “je n’ai pas joui de ma jeunesse... mon père m’aimait beaucoup et moi aussi je l’aimais, mais j’ai été privée de l’amour d’une mère (séparée de Wieck, rappelons-le, quand Clara avait cinq ans), aussi je n’ai jamais été heureuse... Ma mère (ma belle-mère) est d’une froideur qui m’offense. En six mois je n’ai pas reçu une lettre affectueuse de la maison...” Et elle demande à Schumann de lui donner “ces années de jeunesse (mère comprise ?) Qui m’ont été refusées !”

Et c’est là que Madame Bargiel, la mère de Clara, remariée à un Professeur de chant et chef d’orchestre de Berlin réintervient. Mise au courant par Clara de leurs rapports et projets, elle s’inquiète un peu et voudrait en savoir plus. Elle invite donc chaleureusement Robert à venir la voir pour faire la connaissance du fiancé (lettre du 18 Juillet). Robert accourt à Berlin avec ses compositions, la collection de la Revue et un portrait de Clara. Marianne Bargiel et lui se prennent aussitôt d’affection, lui, faisant une véritable fixation sur elle. “Ta mère te rappelle incroyablement avec ses yeux qui sont tes yeux. Je n’arrive pas à la quitter quand je suis avec elle. Hier j’ai passé la journée avec elle, et je l’ai embrassée en lui disant bonsoir. Comme j’étais heureux ! Nous n’avons parlé que de toi. Elle m’a reçu si cordialement, et il me semble que je lui plais” (lettre du mardi 30 Juillet). Marianne Bargiel se réjouit du choix de Clara, se montre de jour en jour plus aimante pour Robert, presse Clara de renoncer à son départ pour Londres, de venir de Paris à Berlin pour qu’ils puissent ensemble établir un plan pour “en finir maintenant”, Wieck n’ayant pas répondu à la lettre qu’elle lui avait adressée. Clara pourra alors revenir finir son séjour à Paris, mais devra aussi venir à Leipzig pour “la conciliation”. Wieck ne s’y présentera pas, faisant traîner la procédure, mais enverra, furieux, des lettres d’injures à Clara, et, tous azimuts, des lettres anonymes dénigrant Clara et répandant ragots et calomnies sur Schumann , dont l’accusation d’ivrognerie.

Le mois d’Août est enfin pour Clara et Robert le mois des retrouvailles après 9, voire 11 mois de séparation complète hormis une abondante correspondance sur laquelle désormais Wieck n’a aucun pouvoir. Ils doivent se retrouver, encore secrètement, à Altenbourg, près de Leipzig, où Robert sera là à attendre Clara, Hôtel “La Chenille”. Clara y arrivera le 17, et logera “Au Cerf” ou à “La ville de Gotha”. Le tout a été préparé, combiné, par le Dr Reuter, leur complice. Mais, avant même cette rencontre, Robert recevra une lettre de Clara dont le contenu ne pourra qu’affecter gravement son moral, et Clara n’est pas sans le savoir.

“Paris, le 2 Août 1839, Mon cher Robert adoré, J’ai le coeur gros aujourd’hui parce qu’il faut que je t’écrive ce que j’ai envie de t’écrire déjà depuis assez longtemps; j’ai beaucoup lutté avant de m’y décider, mais il le faut, ça concerne notre bonheur. Je suis terriblement malheureuse à l’idée d’être séparée encore de toi pendant de longs mois. Mais nous ne pourrons pas encore nous marier à Pâques prochain; ne perds pas courage, moi je demeure forte; crois-moi, nous ne serions pas heureux. Laisse moi te parler absolument franchement, mon Robert chéri. Ce sont deux raisons valables qui me poussent à cette décision.” On se demande ce que Clara, avec cette introduction pleine de circonlocutions, se prépare à asséner au malheureux Schumann. “J’imagine que tu as une sainte horreur de ce que je t’écris là, mais si tu savais combien il m’a été pénible et dur de m’y contraindre, tu ne peux pas te sentir plus malheureux que moi etc...” Et Clara d’évoquer “notre avenir... encore incertain, le père (qui), lui, “serait très malheureux si je t’épousais sans un avenir assuré”, Clara portant “le poids de cette faute”, faisant ainsi “mon malheur et le tien” et “nos vies d’artistes anéanties”. “Emilie, qui partage aussi ma manière de voir", sur "un train de vie" qui, même réduit, permettrait d'être "très heureux", et jusqu'au "père (qui), alors, donnera son consentement dès qu'il te verra CAPABLE (c'est moi, J.P.D., qui souligne) de me promettre un avenir sans soucis". Et pour éviter un long procès "il faut que tu puisses prouver deux mille Thalers par an devant le tribunal (la somme exigée par Wieck !), et qui ne l'oblige pas à donner son consentement ! "Mon père se sent trop malheureux et je ne veux pas lui faire ce chagrin". Et puis "Robert, sois un homme et ne te laisse pas aller à un trop grand chagrin, n'est-ce pas ?... La pensée que tu pourrais m'en vouloir un instant me désespère". Après une affirmation tout aussi sincère de son amour pour Schumann, Clara ajoute son assentiment au projet paternel de tournée en Belgique, Hollande et Angleterre ("J'obtiendrai beaucoup plus s'il m'accompagne que seule"); et si le père lui a écrit "une fort aimable lettre", il en a écrit "une très désespérée à Emilie". Si certaines de ces considérations réalistes ne sont pas sans fondement, Schumann, lui, doit se résigner à avaler encore ces couleuvres, et on peut imaginer l'effet dévastateur pour lui, y compris pour les fragiles défenses psychiques qu'il s'était constituées; au mieux, "il s'engourdit dans une sorte de léthargie" (Pitrou), une aboulie côté création musicale, ce qui est toujours grave chez lui. Il se sent "las à en mourir, de cette existence, comme au milieu d'usuriers juifs", laissant entendre par là que ses ressources (psychiques) lui ont été littéralement enlevées. Il garde la force d'écrire une nouvelle demande à Wieck, demande-supplique où il se justifie de ses nouvelles ressources, lettre que lui même juge froide "comme si je donnais de bonnes paroles à une enclume". Et s'il estime fort justement que les conditions mises par Wieck sont inacceptables, irréalisables, et que, de toutes façons Wieck ne répondra même pas à sa dernière demande, il croit pouvoir promettre à Clara qu'au delà de l'inévitable rupture, la réconciliation avec Wieck se fera !

Mais, du 2 Août (la lettre de Clara) au 12 et au 17, que se passera-t-il ? Outre les préparatifs de la rencontre-retrouvailles savamment organisés par leur ami le Dr Reuter, il y a eu l'influence qu'ont pu avoir les lettres de Marianne Bargiel à Clara pour assainir l'atmosphère, les choses, grâce à elles redevenant plus claires : il faut "en finir" et ne plus compter sur Wieck qui, de retour de Dresde à Leipzig, croit Schumann à Paris avec Clara. Et le couple qui s'est retrouvé et reconstitué, part pour Berlin le 18, chez les Bargiel où l'atmosphère familiale leur est des plus bénéfique. Par la suite Clara logera chez une tante maternelle à Leipzig et ils pourront se voir tous les jours, librement.

Robert se remet au travail et travaille beaucoup, surtout à la Revue : articles, critiques à mettre au net, dont un en particulier sur Franz Liszt avec lequel les liens vont se resserrer. Les articles de Schumann semblent très appréciés, jusqu'à Paris, comme en témoignent les commentaires de Heller et de Heine pour qui "Schumann écrit d'une manière extraordinaire". C'est à ces moments que Schumann décide de se faire nommer "Docteur Honoris causa en philosophie" par l'Université d'Iéna, élément qu'il juge d'un certain poids dans la perspective du jugement à venir du tribunal. En attendant, Clara et Robert finissent le mois en un séjour ensemble à Schneeberg, chez la belle-soeur de Clara.

Septembre : Clara part le 3 chez les Bargiel, Robert ne l'y rejoindra que le 12. Entre temps, le 4, il dépose une plainte (pour diffamation) au tribunal contre Wieck. Ce n'est pas sans peine et culpabilité qu'il le fait : malgré les attaques dont il doit se défendre, venant de Wieck, il a du mal à haïr, et spécialement ce Wieck, ce "Maître Raro" du Davidsbund, auquel il a pu s'identifier, à ce Maître qui a su l'encourager et plaider sa cause d'artiste auprès de Johanna, sa mère, et celui qui a créé Clara ! Et c'est pour Schumann une journée " meublée de fantômes", les visions de cercueils et de corbillards, contrastant avec le spectacle d'un mariage aperçu dans la Thomaskirche. Et c'est surtout l'impression de faire à Henrielle Voigt, partant pour le sanatorium, "des adieux comme à une morte", Henriette lui apprenant par ailleurs la mort du mari d'Ernestine.

Clara a reçu le 21 une lettre de son père qui lui fait découvrir sa froideur ! "C'est douloureux pour moi". Clara trouve son sort "injuste". Et l'avocat Einert qui l'a "obligée à écrire une lettre détaillée à mon père !". Les 25 et 26 Wieck est encore absent aux audiences, prétextant que les délais légaux n'ont pas été respectés. Mais Clara a l'occasion de parler avec lui et "son regard m'a bouleversée et puis soudain un coup d'oeil douloureux m'a émue, mais c'est la brutalité de ses expressions qui m'a blessée et glacée aussi" (lettre du 26, dépeignant on ne peut mieux ce que vit Clara avec son père). Le Tribunal doit suspendre sa décision pour permettre à Wieck (et exiger de lui) qu'il fasse la preuve de ses accusations. Les amis de Schumann, en particulier Mendelssohn, protestent et témoignent. "Cerise sur le gâteau", dans un conflit de rivalité entre Clara et Camille Pleyel, Wieck patronne et soutient cette dernière !

En cette période de luttes menées conjointement avec Clara, celle-ci a été pour Schumann "la seule inspiratrice" (d'où "beaucoup de musique", Kreisleriana, Novelettes, Davidsbundlertänze, sonates...), en cette dernière période, et jusqu'en Février 40 Schumann ne créera rien : "je n'ai aucune raison de gaieté. Je me tais souvent des jours entiers, sans penser à rien, sans rien faire, que marmonner devant moi."

Octobre et Novembre seront encore des mois difficiles pour Schumann. Ils sont revenus ensemble à Leipzig, mais Clara doit rejoindre son imprésario à Berlin. Schumann se retrouve à nouveau seul, passant "des après-midi, insupportables", des heures devant le portrait de Clara, écoeuré de la bassesse de Wieck. Il ne compose toujours pas.

Survient alors une nouvelle qui est un nouveau "coup du destin" pour lui : Henriette Voigt son "amie en la mineur" est morte au terme d'une longue et épuisante maladie : une tuberculose qu'elle a sans doute contractée en soignant l'ami Schunke, mort déjà. Schumann perd une amie respectée, admirée pour sa bonté, sa fidèle amitié, son amour de l'art. C'est une perte terrible pour lui que celle de sa confidente, "personne la plus aimée avec Clara"; perte qui vient frapper Schumann après celles de Schunke, d'Edouard, de ses frère et belle-soeur Julius et Rosalie, sans parler des pertes plus anciennes, celles des parents et de sa soeur. Robert écrit, pour essayer de surmonter ce nouveau deuil, quelques pages : "Souvenirs d'une amie".

Au début du mois de Décembre Schumann fait répéter la symphonie en UT de Schubert qu'il avait découverte chez le frère du compositeur et fait éditer chez Breitkof et Härtel. C'est "avec joie et orgueil" qu'il écrit à Clara : "On a répété aujourd'hui la symphonie de Schubert, que n'étais-tu pas là ? J'atteignais au comble du bonheur et je ne souhaitais rien, si ce n'est de t'avoir pour femme et d'écrire de telles symphonies. Le 4 Clara est de retour et conforte Robert.

Le 18, c'est la troisième audience du tribunal et, cette fois, Wieck est présent mais impossible et violent à l'égard de Schumann au point que le juge doit à plusieurs reprises lui retirer la parole. Il invoque "l'hérédité familiale" (la soeur folle et suicidée), et "l'ivrognerie habituelle". Le tribunal diffère sa décision à l'été 1840 et jusqu'à ce que lumière soit faite sur cette dernière accusation; il rejette les autres motifs invoqués par Wieck. La note de Schumann sur ses revenus (1500 Thalers) a porté, et Schuman réfute l'allégation de Wieck sur le soi-disant refus de sa logeuse de lui laisser la clé de son logement ! Poids, aussi, des témoignages de Liszt et Mendelssohn sur la valeur de l'artiste, mais pas sur le problème de la consommation d'alcool... Schumann en est attristé, réduit à l'inaction, se déclarant "brisé psychiquement" de ces attaques de Wieck, restées impunies malgré la procédure de diffamation engagée par lui. En fait, Wieck pressentait, au delà de sa jalousie, de sa possessivité et sa colère, et malgré l'estime qu'il conservait, pour Schumann, son caractère et son talent, pressentait le caractère et le destin tragique de l'homme.

Clara, de son coté, résiste mieux et semble même dynamisée par la situation. Elle fait alors de son mieux pour remonter le moral de Schumann, fait montre d'un courage certain, et jouant même dans des concerts malgré une main blessée. Aussi partent-ils confiants pour Berlin, fêter Noël chez les Bargiel.

Après Noël, Clara part en tournée et Robert retourne à Leipzig. Le 28 il y "arrive épuisé, fatigué, mais avec un coeur content." Il retrouve son logement, ses affaires (l'étui à cigares !), se remet à travailler et à rêver de l'avenir proche. Le 31 il donne par "la dernière lettre de l'année" rendez-vous télépathique comme autrefois, à minuit où "nos esprits se retrouveront". Et Clara de lui adresser, le même jour, baisers et effusions. "Bientôt je t'appartiendrai complètement. Cela m'impressionne, mais agréablement. Tu tiens en main tout le bonheur de ma vie. J'ai en toi une confiance illimitée. Tu me rendras tout à fait heureuse, mais moi, je veux de toute mon âme me dévouer à toi, ton bonheur, je le prends en charge, il est ma constante préoccupation... je veux traverser la vie, fidèle à tes cotés, tout partager avec toi, et tâcher d'être une bonne maîtresse de maison. Ah ! Je t'aime d'une passion illimitée. Bientôt ton heureuse épouse, ta Clara". Clara qui ne croit pas si bien dire quant à tout ce qui l'attend.

Bon an, mal an, avec ses moments de joie et ses moments difficiles, Schumann aura eu, cette année 1839, une production musicale non négligeable : Arabesque op. 18; Blumenstücke op. 19; Humoresque op. 20; Nachtstücke op. 27; Carnaval de Vienne op. 26; et Trois Romances op. 28.

1840. est l'année décisive dans la vie de Robert et Clara. Elle verra la fin de leur séparation, peu ou prou de cinq ans, pendant lesquels seules une correspondance (clandestine) et la musique dans laquelle ils communient, auront matérialisé leur amour. En Mars ils se retrouveront sans interruption, jusqu'à mi Septembre où ils se marieront.

C'est aussi une période décisive pour l'oeuvre de création de Schumann : il passe de l'exclusivité du piano à la musique vocale et spécialement au lied où Schumann exprime avec une sincérité directe et une intensité majeure les sentiments alternants qu'il ressent dans les dernières phases d'une lutte sans répit ni merci pour conquérir Clara : bonheur, visions heureuses voire enthousiastes ; attente, impatience, souffrances déchirantes; parfois, ironie amère. C'est en fonction de ces péripéties affectives que, visiblement, il choisit ses poètes pour composer. La rencontre plus approfondie de Liszt constitue alors le deuxième élément marquant de l'année.

Pendant ce temps, de Janvier à Mars, Clara poursuit sa tournée de concerts, moins éloignée donc et moins précipitée que celle de l'an passé.

Mais la richesse en événements de cette année est impressionnante au simple aperçu de la chronologie :

- en Janvier, le 1er, avec les voeux, c'est l'attente, avec le verdict du tribunal, de l'union si ardemment désirée pour cette année, et le 31, c'est pour aider à cela que Schumann demande et obtient le titre de "Docteur Honoris Causa" de l'Université d'Iéna.
- en Février, Clara est en tournée et Robert sort de son aboulie et commence sa longue et fructueuse production de lieder. Il rencontre Liszt à Dresde.
- et en Mars c'est "la vie avec Liszt", quotidienne presque, Liszt étant venu donner à Leipzig des concerts publics et privés. Et c'est, chez Schumann, le premier projet, bien hésitant, d'opéra.

- Avril voit un évènement heureux : des journées de musique de chambre dans une atmosphère chaleureuse, à Berlin, chez les Mendelssohn.
- Mai ne verra pas le mariage espéré à cette date, mais la naissance des "Dichterliebe" ("Au merveilleux mois de Mai...") point culminant, peut-être, de cet immense chantier de lieder. Mais c'est aussi la renonciation de Wieck à prouver ses accusations d'ivrognerie portées contre Schumann.
- en Juin Schumann dépose une plainte en diffamation contre Wieck. Il fête son anniversaire (30 ans) avec "Frauenliebe und Leben" (l'amour et la vie d'une femme). Clara vient à Leipzig pour cette occasion.
- en Juillet, autre cadeau de mariage anticipé : un piano pour Clara. Et la rencontre, chaleureuse avec Andersen.
- en Août, enfin, le 1er : le jugement autorise Clara et Robert à se marier en l'absence du consentement de Wieck, lequel est condamné pour diffamation et le 12, faute d'appel dans les délais prescrits, le jugement a force de loi ; le 16 les bans sont publiés.
- en Septembre, c'est le mariage le 12, et le 13 Clara fête pour la première fois son anniversaire comme "Madame Schumann". Là commence le journal tenu en commun.
- en Octobre Schumann finit le cycle des "Kerner Lieder" où se trouve "Qui t'a rendu si malade ?"
- en Décembre, aux alentours des fêtes, au milieu des cadeaux, déjà Schumann va mal, souffre de dépression, d'une humeur progressivement assombrie. Mais naît le projet du cycle "Liebesfrühling", à composer avec Clara.

Parmi cette abondance d'évènements et péripéties, certains méritent qu'on s'y attarde un peu.

Le Docteur Schumann : C'est sans doute après s'être replongé dans la jurisprudence et dans le désir d'opposer à Wieck et à ses injures ("barbare", "charlatan", "dissipé") un argument de sérieux et d'honorabilité qui impressionnerait le tribunal que Schumann entreprend de solliciter de l'Université d'Iéna le titre de "Docteur Honoris Causa en Philosophie". C'est la première fois qu'il demande l'attribution de quelque titre que ce soit et il n'a aucune idée de ce que cela implique : doit-il passer un examen ? Et à qui adresser sa demande ? Il envisage de rédiger une thèse sur Shakespeare et la musique (projet ancien en fait...) Il est aidé en cela par le Pasteur Kefustein (K. Stein dans la Revue) auprès du doyen et du conseiller Reinhold.

"Clara serait heureuse de me voir parvenir à la plus haute situation au sens bourgeois du terme" affirme-t-il.

Il s'avère qu'il n'y a ni examen à passer, ni thèse à présenter. L'exposé de ses travaux et compositions y suffisent, car tel était l'usage dans les universités allemandes vis à vis des musiciens ayant une certaine notoriété. En trois semaines Schumann sera fait "Docteur", recevra un diplôme avec appréciations flatteuses. Il se montrera soucieux que l'annonce en soit faite dans la presse. Et Schumann peut signer sa première lettre : "Docteur Schumann".

Le Printemps des Lieder. De Février à Juillet 1840, mais, pour la plus grande partie des morceaux, en deux mois, c'est une floraison de lieder, sinon les tout premiers, les "majeurs", soit 138 chants, représentant plus de la moitié des compositions dans cette forme, produites pendant toute sa vie par Schumann. C'est "une fièvre heureuse", Schumann travaille beaucoup, aux limites de ses forces, de six heures du matin au soir, où il se trouve littéralement épuisé. Il compose en marchant, pas assis au piano, avant de transcrire.

Ce passage à la musique vocale après avoir composé la partie majeure de son oeuvre pianistique (jusqu'à l'opus 28, qu'il révisera dans les années 50 pour en extirper les éléments jugés alors par lui trop révolutionnaires), se fait d'abord dans un certain secret, y compris vis à vis de Clara à laquelle il veut faire la surprise d'oeuvres nouvelles et reconnues par leur édition. Le 7 Février : "Tu seras étonnée de voir tout ce que j'ai fait depuis quelque temps. Rien pour le piano. Il ne faut pas que tu le saches encore." Et Clara de lui répondre, le lundi 10 Février : "Laisse-moi te câliner et raconte-moi ce que tu composes. J'aimerais tant le savoir ! Je t'en prie, je t'en prie ! Un quatuor ? Une ouverture ? Ou une symphonie ? Est-ce un cadeau de noces pour moi ? Dis-moi seulement la première lettre !"

Le Dimanche matin 9 Février : "Ces jours derniers je n'ai pas quitté mon travail et pourtant je n'en finis pas". Et Clara insiste : le 14 Février, de Hambourg, "... Dis-moi, cher mari de mon coeur, que composes-tu ? Si tu ne me le dis pas, je ne te rapporterai pas de cigares - et ça te sera très dur, je crois". Et Robert, le 16 : "Tu voudrais savoir ce que je compose en ce moment ? Pour répondre à ta question je vais te copier un dialogue de "Comme il vous plaira" (qui se termine par : "Ne demandez pas à voir cette lettre"...Mais il lui envoie quand même un lied, sans doute "Le noyer" ; "Voilà une petite chanson que je viens de faire. Lis bien le texte et pense à ton Robert. En somme c'est le scherzino sous une autre forme. Je veux simplement te dire que j'ai fini le volume des chansons, ballades. Il y en a qui te plairont beaucoup". Effectivement, Clara, de Brême, lui écrit quelques jours après : "Ton lied m'a absolument transportée - il a résolu les quelques dissonances de tes lettres en quelques harmonies. On ne peut rien écrire de plus délicat et, aussi naturellement, il y a encore quelquechose de méditatif. Je l'ai chanté je ne sais combien de fois dans la journée et j'en suis tout à fait éprise." Et le Jeudi suivant : "Ne vais-je pas voir bientôt les autres Lieder et ballades ? Je suis tout à fait surprise de te voir réussir dans cette nouvelle manière aussi délicieusement. Ce Lied ne me sort pas de la tête". Et Schumann, le 24 Février : "Je t'envoie un petit Lied pour te consoler. Chante-le doucement, simplement, comme tu es ! Bientôt je t'en enverrai davantage" Et il annonce un cycle (terminé) de Heine, et une ballade, un cahier de Burns, deux de Mosen, Heine, Byron et Goethe soit sept cahiers ! Et un cahier pour quatre voix ("dont un pour voix de femmes, qui résonne très bien"). Et il ajoute : "Les textes sont pour la plupart dans un style passionné. Tout cela s'est passé si facilement, et je ne puis te dire comment j'ai été heureux. Pour la plupart je les ai faits debout ou marchant de long en large et pas au piano. C'est une toute autre musique que celle qui ne passe pas d'abord au travers des doigts, c'est tellement plus direct et plus mélodieux". Le 2 Mars Clara se demande avec un soupçon de jalousie quelle femme a pu ainsi inspirer Robert : "C'est quand même merveilleux comme tu composes avec zèle, mais je pense à quelquechose en lisant tes chansons, ne serait-ce pas un nouveau et jeune rossignol qui t'a enflammé ? " Le 13 Mars Robert, avec un nouvel envoi de lieder : "Ceci est une maigre consolation pour tes deux dernières lettres. Mes chansons sont les premières qui aient été imprimées, alors n'exerce pas trop ton esprit critique. Quand je les ai composées j'étais tout à toi, o fille romantique, tu me poursuis de tes regards où que je sois et je pense souvent que, sans une fiancée comme toi, je n'aurais pas composé une semblable musique qui n'est faite que pour chanter tes louanges..." suit une longue re-déclaration d'amour et d'impatience.

Pitrou cite une lettre de Schumann du 22 Février ou il annonce à Clara le premier cycle de lieder (Heine, op. 24) et qui décrit bien la révolution musicale et affective qui se produit en Schumann ; "27 pages de musique, une nouveauté, en la composant, j'ai ri et j'ai pleuré de joie. Les sons et la musique me tuent en ce moment. Je sens que je pourrais en mourir. Ah ! Clara quel bonheur divin que de composer pour le chant. J'en ai été trop longtemps privé." De même la lettre du 16 Mai : "Ah ! Je ne puis me retenir, je voudrais chanter comme le rossignol, à en mourir... à force de musique. Je désapprends complètement à penser et à écrire". "J'éprouve si douloureusement que je n'aurais jamais dû rien faire d'autre dans ma vie que de la musique. Il me semble parfois que je m'engage sur des voies tout à fait nouvelles".

Lui qui disait il y a peu (un an ?) que la musique vocale était un genre mineur de musique par rapport à la musique instrumentale, confirme maintenant que "le piano est devenu trop étroit pour moi". "Cette sève refoulée par les vicissitudes de l'existence" (Victor Basch) ne ferait- elle que resurgir, car, jeune, Schumann s'était quelque peu exercé au genre Lied. En tout cas, c'est maintenant l'"année du Lied", le "printemps des Lieder" qui, "jeune rossignol ou pas" réalise aussi pour Schumann un vieux rêve : composer pour la Schröder-Devrient.

Mais derrière le chant intime, comme l'a finement perçu Clara, on sent déjà la symphonie en puissance, le dialogue chant / piano menant rapidement à la musique de chambre et aux symphonies et ouvertures. "Avant tout, écrivez pour le chant; lorsqu'on est musicien convaincu, c'est le moyen le plus rapide d'arriver à la plénitude" écrit Schumann à Herzog, un jeune musicien. Après le Lied schubertien c'est encore une révolution dans les rapports réciproques, poésie-mélodie, avec, bien romantique, un arrière-fond de peinture (Caspar Friedrich...). La parole, par son union avec la musique, acquiert des facultés d'expression jusqu'ici inconnues. On peut parler d'une esthétique nouvelle et d'une nouvelle maîtrise technique chez Schumann. Ce nouveau style schumannien n'est plus une illustration musicale de textes littéraires (J.P. Richter et les Flegeljahre pour les Papillons), la musique est affranchie de ces échafaudages littéraires mais les mélodies sont un calque musical des poèmes.

Le choix de la voix que fait alors Schumann est un choix intime (la voix de Clara diront certains). Et cette dialectique voix / mélodie est contemporaine des phases finales de la lutte engagée contre Wieck pour conquérir Clara. C'est, en ce sens, a-t-on pu dire : "un ruisseau de flammes", "un flot joyeux et tragique". A l'approche de leur union, c'est aussi le souci de la féminité (cf. "L'amour et la vie d'une femme"). Tous les affects seront exprimés... sauf peut-être la volupté, qui n'apparaît, timidement que dans un ou deux Lieder; Schumann a retiré des "Dichterliebe", pour le publier plus tard, un poème jugé alors par lui comme trop sensuel. Mais dans les Heine-Lieder op. 24, Schumann exulte et raille; dans les "Myrthen" op. 25, composés en deux mois, apparaissent les marques d'une période lourde en joies et en peines; avec les Goethe-Lieder, et Suleika, c'est la paix d'un moment; c'est le lyrisme avec les Rückert-Lieder op. 37; la nature exaltée avec les Kerner-Lieder op. 35. et, au sommet, les Dichterliebe op. 48, où, fidèle à Heine, Schumann alterne la poésie enchantée ("Im Wunderschönen Monat Mai..."), l'ironie amère ("Ein Jüngling liebt ein Mädchen...") l'inquiétude et l'angoisse ("Ich hab im Traum geweinet"et "Die alten bösen Lieder", qui finit le cycle).

En effet, à côté de l'exaltation amoureuse ("Widmung": dédicace), c'est souvent la douleur insoutenable qui se déploie. Schumann dit explicitement qu'il veut, par la musique vocale, se faire comprendre plus facilement ("une expression plus précise des sentiments que par le piano" pense son élève Wassilievski). Trouver solution, issue à ses conflits et contradictions, surmonter ses angoisses, encore plus certainement. Mais peut-être ces compositions ne font-elles que refouler pour un temps ses difficultés et quand douleur et angoisse l'emporteront, il connaîtra une période moins féconde que cette extraordinaire floraison. Il n'en reste pas moins qu'il s'agit là, dans la vie de Schumann d'un accomplissement musical vital : "je voudrais chanter, comme le rossignol, à en mourir".

Le 23 Mai, Schumann, satisfait de l'accueil qui a été fait au cycle, remettra à Fr. Liszt, pour Heine, son premier Liederkreis, op. 24. Heine dira ne l'avoir jamais reçu. Cette année 1840, Schumann l'a consacrée entièrement au Lied. Et quand, le 18 Février, le Pasteur Kefferstein, lui reproche sa désaffection relative à la Revue, Schumann lui répond par un argumentaire péremptoire : "1. La revue est désormais au deuxième rang pour moi. 2. derrière une tâche des plus importantes, la chose la plus noble à accomplir dans cette vie. 3. Je travaille énormément (exclusivement ?) à la composition pour le chant. 4. Dont un quatuor pour voix d'hommes (à dédier au pasteur Kefferstein si on ne lui donne aucune tâche à la rédaction). 5. Le plaisir pris à composer pour la voix humaine est incommensurable (par rapport à la musique instrumentale). 6. Le coeur réchauffé, l'âme bouleversée. 7. "des choses absolument neuves" (un opéra ?)... si on allège Schumann du poids de la Revue.

Schumann, en Mars, a un projet d'opéra (Doge et Dogaresse), livret de son ami Becker d'après E.T.A. Hoffmann. En fait cela l'inspire peu car par trop indigent...

En 1840 Schumann aura composé uniquement des Lieder et pièces pour plusieurs voix, soit :

- op. 24 Liederkreis (Heine)
- op. 25 Myrthen (Rückert, Goethe, Heine, Burns, Moser)
- op. 27 Lieder und Gesänge (Hebbel, Burns, Chamisso, Rückert, Zimmermann)
- op. 29 Drei gedichte (Geibel), trios
- op. 30 Drei Gedichte (Geibel)
- op. 31 Drei Gesänge (Chamisso)
- op. 33 Sechs Lieder (Mosen, Heine) pour quatre voix d'hommes
- op. 34 Vier duette soprano / ténor (Reinick, Burns, Grün)
- op. 35 Zwölf Gedichte (Kerner)
- op. 36 Aus ein Liederbuch eines Mahlers (Reinicke)
- op. 37 Zwölf Gedichte; Liebesfrühling (Rückert)
- op. 40 Fünf Lieder (Andersen, Chamisso)
- op. 43 Drei Lieder (anonyme, Mahlmann, Reinick) duos
- op. 45 Cahier 1. (Eichendorff, Heine)
- op. 49 Romanzen und Balladen Cahier 2. (Heine, Fröhlich)
- op. 53 Cahier 3 (Seidl, Lorenz, Heine, dont le cycle "Der arme Peter")
- op. 57 Belzathar (Heine)
- op. 48 Dichterliebe (Heine)

Liszt ! C'est une "simple" rencontre à Dresde où Liszt a donné un concert comportant des oeuvres majeures de Schumann (Novelettes, Fantaisie, extraits du Carnaval, sonate) qui inaugure une grande amitié avec Robert et Clara, bien que les deux hommes et Clara se connussent et s'estiment depuis longtemps de par leurs oeuvres réciproques et de par leurs réputations de virtuoses.

Amitié qui d'ailleurs connaîtra des péripéties voire brouilles tumultueuses. On a d'ailleurs fait remarquer (Colling) les grandes dissemblances physiques, psychiques, morales qui opposent les deux hommes : Schumann pudique, taciturne, pur, fidèle en amour, de complexion massive ("pycnique"); Liszt hardi, le verbe facile, volage, très égocentrique, fin physiquement ("leptosome"). Schumann ne lui ménagera pas des reproches parfois rudes ("charlatanisme intermittent") et encore moins Clara parfois très sévère pour le compositeur malgré l'admiration qu'elle a pour le pianiste... Il lui arrivera de trouver la musique de Liszt "vulgaire" et de le dire. On lui prête même une "leçon" qu'elle aurait donnée devant témoins à un Liszt venant d'exécuter (c'est le mot !) le lied "Widmung". Après qu'il eût joué ses propres variations sur le lied, transformant l'exaltation amoureuse en exhibition brillante, Clara se serait mise au piano et lui aurait joué la simple (c'est encore le mot !) partie pianistique du lied ...

Mais pour l'heure, c'est, entre Liszt et Schumann la séduction réciproque entre hommes au point que Clara écrira, le 23 Mars : "A la vérité, depuis longtemps déjà, j'avais pensé venir avec ma mère, mais peut-être je te dérangerais dans ton intimité avec Liszt et peut-être n'aurai-je pas été tout à fait la bienvenue ! Je crois que c'est mieux d'être restée ici".

Les deux nouveaux amis font ensemble le voyage de Dresde à Leipzig où Liszt fera une apparition fulgurante et tonitruante "illuminant la fin du mois de Mars à Leipzig" (Pitrou), mais y subissant, aussi quelques revers narcissiques. Schumann l'introduit dans la ville où concerts, réceptions musicales privées et soupers se succèdent à un rythme un peu affolant. La correspondance de Robert avec Clara reflète bien cette courte mais intense période d'amitié, d'affection tumultueuses. Robert, le mercredi 18 Mars : "Je ne pourrai pas t'en écrire plus long aujourd'hui. Je suis fatigué et épuisé par ces quelques derniers jours. Aussi longtemps que Liszt est ici, je ne peux pas beaucoup travailler et je ne sais pas comment je pourrai terminer mon travail pour la semaine de Pâques. Je suis presque toute la journée avec Liszt. Il m'a dit hier : "J'ai l'impression de vous connaître depuis vingt ans !". J'ai la même impression. Nous nous parlons d'ailleurs fort grossièrement déjà, il m'en donne souvent l'occasion, étant extrêmement lunatique et terriblement gâté par son séjour à Vienne". Mais sur l'art de Liszt Schumann écrit : "Quel jeu extraordinaire est le sien ! A la fois audacieux et fou, tendre et délicat : ça, je l'ai bien entendu. Mais, ma petite Clara, son univers n'est pas le mien. L'art que tu professes, comme souvent je le professe au piano quand je compose, cette belle intimité, je ne la donnerais pas en échange de toute sa splendeur, et il y a un peu trop de clinquant. Pas davantage pour aujourd'hui. Tu me comprends, n'est-ce pas ?".

Le premier concert que Liszt donne à Leipzig, le 20 Mars au Gewandhaus reçoit un accueil glacial. Liszt a même été sifflé ! Il en est malade et se cloître, au lit. Le 21 Mars Schumann écrit à Clara : "Il est difficile d'imaginer le brouhaha qui se fait ici. Il n'a pas donné son second concert. C'est vrai qu'il était épuisé, mais c'était tout de même une maladie diplomatique - je ne peux pas te raconter les détails". Un détail, c'est que Liszt n'a prévenu les organisateurs de sa défection que deux heures avant l'heure prévue pour le concert. Mais Schumann ajoute dans la même lettre : "Ce qui m'a été très agréable, c'est que j'ai été toute la journée auprès de lui pendant qu'il était couché, et, sauf Mendelssohn, Hiller, et Becker, personne n'avait le droit de le voir ! Si seulement tu avais pu être là ce matin, tu aurais fait comme Becker - tu aurais pleuré."

Cependant Schumann n'est pas aveugle : "Quand Liszt est arrivé chez nous il était imprégné de l'aristocratie autrichienne et se plaignait, trouvant que, dans notre pays, ça manquait de toilettes, de princesses et de comtesses ! Il m'a même énervé au point que je lui ai dit : "Nous avons aussi une aristocratie, mais elle se compose de cent-cinquante libraires et de trente journaux" et qu'il ferait bien de se méfier ! Il a ri de bon coeur, ne s'est point préoccupé des usages de l'endroit, aussi s'effraye-t-il de tous ces journaux, et je crois qu'il s'est souvenu de ma conception de l'aristocratie; en un mot, il n'a jamais été aussi aimable que depuis deux jours où il se fait malmener un peu partout" (lettre du 22 Mars) Et le 25 : "Liszt n'ira en aucun cas à Berlin. Il considère que Berlin étant une ville très importante, il voudrait y donner plusieurs concerts et il n'en n'a pas le temps. Pendant ces derniers jours nous sommes allés de dîners en soupers, avons passé de musique au champagne, entourés de comtes, de comtesses et de jolies femmes. En un mot toute notre vie a été bouleversée." Le lendemain 23 Mars, jour de l'anniversaire de Bach (et de Jean-Paul, ajoute Schumann), Mendelssohn organise en son honneur un concert avec orchestre au Gewandhaus, avec un public cette fois trié sur le volet : des ouvertures de Mendelssohn, la symphonie de Schubert et le triple concerto de Bach. C'est un triomphe, et ceci avec un piano de chez Härtel que Liszt n'avait jamais essayé, sinon, le matin même, en un concert privé chez Härtel ! (Avec des études de Chopin, un extrait des Soirées de Rossini etc...) Et ceci fait l'admiration de Clara : "Voilà comme cela doit se passer chez un vrai génie". (Lettre du 23 Mars).

Car, malgré ses impressionnants défauts, Liszt force l'admiration, tant de Robert que de Clara : "Qu'il est heureux ce Liszt, de pouvoir tout déchiffrer si facilement, alors que nous autres trimons pour n'arriver à rien ! Je partage ton jugement sur lui. T'a-t'il déjà joué ses Etudes ? J'étudie en ce moment sa neuvième étude, je la trouve belle, avec des restrictions" (lettre du 20 Mars) Et Robert, le 21 : "Ce matin j'aurais bien souhaité que tu fusses chez Liszt. Il est vraiment extraordinaire ! Il a joué les Novelettes, une partie de la Fantaisie, la Sonate... il les a jouées tout autrement que je ne l'imaginais, mais toujours génial, et avec à la fois une audace et une délicatesse de sentiment même exceptionnelle pour lui... C'est surtout la deuxième Novelette en RE majeur qui m'a fait le plus grand plaisir. Il agit sur vous incroyablement. Il la jouera à son troisième concert". Et Clara le 23 Mars : "C'est affreux pour moi de ne pas l'entendre. Je peux m'imaginer comme il doit jouer la deuxième novelette, avec quelle violence !... N'as-tu pas l'impression, parfois, qu'il ne fait qu'un avec le piano ? Et puis, soudain, il joue si délicatement, c'est divin. Son jeu est si vivant ! Mon âme en a été frappée et s'en souvient. A coté de lui "tous les autres virtuoses m'apparaissent comme si peu de chose, même Thalberg... et moi... C'est à peine si j'arrive à me voir". Elle ajoute : "Que Liszt te paraisse toujours de plus en plus grand me fait monter les larmes aux yeux ! Quelquefois, quand on le voit devant le piano, on le prendrait pour un esprit !"

Mais si Schumann est pareillement frappé d'admiration et bouleversé d'affection pour le pianiste, il ne se reconnaît pas tout à fait dans l'interprétation de ses oeuvres à lui par Liszt. Il écrit en effet à Clara : "La simplicité constitue la plus grande richesse. Chacun doit rester soi-même", ceci étant dit sur le ton de la parabole...

Le passage de Liszt à Leipzig sera suivi, chez Schumann, d'un regain de créativité. Et le mois de Mars se terminera par une invitation commune, de Liszt et Schumann à Clara, pour un concert du lundi 31 "pour les pauvres" où Liszt jouera l'Hexameron (des variations de Thalberg, Herz, Pixis, Liszt), le deuxième concerto de Mendelssohn ("qu'il n'a pas même encore aperçu ! "), les deux tiers du Carnaval et deux études de Hiller ("qu'il ne connait pas encore !")

Et au cours d'un dîner donné par Hiller à Ackerlein, très élégant, avec de nombreuses personnalités, Liszt a porté un toast à Mendelssohn, puis à Schumann "dans un très joli français et plein de mots charmants. Je me suis senti devenir tout rouge et aussi très content d'avoir été ainsi apprécié" (lettre du mercredi 25 Mars).

Ainsi finit l'épisode Liszt 1840. Ce ne sera qu'un moment suivi de bien d'autres.

A Berlin chez Mendelssohn. Du 17 Avril à la mi-Mai se situent peut-être "les jours les plus heureux " (Fischer-Dieskau) de la vie de Robert et Clara. Ils partent ensemble pour Berlin. Chez les parents Mendelssohn, avec Félix, sa soeur

Rebecca Dirichlet - sa soeur préférée Fanny Hersel est alors en tournée en Italie - ils font de la musique de chambre, "réunions musicales inoubliables". Mendelssohn chante les premiers Lieder de 1840 de Schumann, avec Clara au piano, une Clara qui s'étonne elle-même de cette profusion. Et les compliments enthousiastes de Mendelssohn stimulent encore la fécondité de Robert qui transcrit alors les Eichendorff-Lieder, dont "Mondnacht", dédié à Marianne Bargiel. Les Lieder sont très influencés dans leur style par Mendelssohn car l'estime est réciproque. C'est, surtout, l'amour à travers la musique et Clara exulte : "En même temps que mon amour, augmente en moi mon admiration pour lui" et elle lui dit : "personne parmi les vivants n'est doué comme tu l'es". Ils vont à l'Opéra, visitent ensemble les musées et le Tiergarten.

De retour à Leipzig Schumann, remonté, travaille "comme un forcené mais avec grande facilité" malgré l'impatience douloureuse qui le ronge de posséder Clara.

Peu après, en Juin-Juillet autre moment agréable, la rencontre d'Andersen qui sera pour les deux sources de grande satisfaction. Andersen leur rend visite. Il leur lit le manuscrit de "La fleur de bonheur". Schumann, séduit, voudrait en faire un opéra, mais les droits pour ce faire sont déjà concédés. Schumann se rattrapera en composant les Lieder op. 40 sur des poèmes d'Andersen, dans le même cahier que "Frauenliebe und Leben" d'après Chamisso.

Le procès. En Juin Schumann dépose une plainte en diffamation contre Wieck dont on a vu qu'il avait utilisé tous les moyens pour discréditer Schumann : "accusations éhontées" (Boucourechliev) de débauche, ivrognerie, irascibilité.

Ernestine, mariée et veuve récemment, consciente de la culpabilité ressentie par Schumann vis à vis d'elle, refuse, quand Wieck la sollicite, de confirmer ses allégations. Et Schumann peut produire de nombreux témoignages à décharge, en particulier de Mendelssohn, personnage reconnu et estimé... La plainte aboutira après un an à la condamnation de Wieck à douze jours de prison. Clara, bien que déchirée par cela commentera : "il fallait que Robert agisse ainsi".

Le 7 Juillet, Wieck, sommé par le tribunal d'apporter les preuves de ses accusations, renonce. Mais il livre la guerre sur un autre terrain. Il envoie la copie (imprimée !) de ses accusations récusées par le tribunal aux hôtes de Clara lors de ses tournées (à Hambourg, à Brême) et pour que les conseillers municipaux de Berlin, de Behrens, ne procurent pas de piano à Clara, il insinue qu'elle est "habituée à la dureté des pianos anglais, et qu'elle risque casser les autres instruments".

Clara à travers ses propres souffrances ("une peur affreuse d'autant qu'ici on ne comprend rien à la musique"), prend mieux conscience de celles infligées par son père à Schumann; et ses lettres à Robert témoignent d'une plus grande indulgence quand celui-ci se plaint des mauvais procédés de Wieck. Elle est encouragée en ce sens par sa mère, Marianne Bargiel. Robert, de son côté, regrette alors de ne pas avoir accompagné, aidé Clara dans ses tournées. Le 1er Août, le jugement du tribunal tombe : après treize mois de procédure, il autorise le mariage en l'absence du consentement de Wieck et en se substituant à lui. La nouvelle survient alors que Clara est encore en tournée en Thuringe. Robert compose le Lied "Le jour du consentement " op. 30 N° 2 sur un poème de Geibel. Le 12 Août, Wieck n'ayant pas interjecté appel (il avait 10 jours pour le faire), le jugement a force de loi.

On peut s'interroger sur Wieck dans son acharnement et sur les péripéties de cette longue procédure. Il y a chez lui un mélange de rigidité quasi paranoïaque, d'intérêt matériel, d'arrivisme au travers de Clara, son "oeuvre", son "chef d'oeuvre vivant", a-t-on pu dire, et de douleur intense liée à la jalousie, coté paternel du conflit oedipien. Clara devait à ses yeux être une "vestale de la musique" (c'est à dire une vierge) et Schumann lui-même parle sans cesse d'elle comme d'"une Madone". En Août 40 Wieck a perdu. Mais on peut aussi se demander si Wieck n'avait pas quand même un certain pressentiment non dépourvu de justifications, voire de lucidité acérée, des difficultés que rencontrerait le couple, ce pressentiment semblant occulter et "justifier" les raisons personnelles de son acharnement. Difficultés matérielles, pécuniaires, nombreuses maternités constituant des obstacles au plein développement du talent de Clara, (ce dont Schumann se montrera effectivement peu conscient), risque enfin de son retrait derrière le génie de compositeur de son mari. Quant à l'accusation d'ivrognerie (terme correspondant, à l'époque, au terme actuel d'alcoolisme), on verra qu'il n'était pas, malgré la vertueuse indignation des amis de Schumann, une pure calomnie.

En tout cas la voie est libre pour les fiancés qui pourront rapidement se marier.

Le mariage. Le 12 Septembre, c'est le mariage dans la petite église de campagne de Schönfeld, près de Leipzig. "Le soleil qui s'était caché depuis plusieurs jours nous inonda de sa lumière ce matin-là au moment où nous nous rendions à la cérémonie, comme s'il voulait bénir notre union" note Clara dans son journal.

Le Pasteur Wildenhahn, un ami d'enfance, d'études et de jeu de Robert célèbre le mariage, prononce des paroles qui iront "de son coeur à leur coeur". Mariage dans l'intimité des amis, sans Wieck évidemment, mais avec discours, chorals et des airs chantés par Emilie List, qui interprète un air de Rossini qui plaît beaucoup à Clara, mais moins à Robert, lequel persiste à ne pas aimer ces "canaris" d'Italiens. Il critique aussi l'interprétation d'Emilie pour ses Lieder; il lui aurait manqué "une inclination plus profonde, une compréhension plus intime". Et Schumann aurait voulu que Clara chante mais elle y renonça, trouvant que, malgré les leçons de Nickisch (et de Bank !) elle avait trop de difficulté à émettre à la fois des sons musicaux et l'articulation des paroles, et que, depuis, sa "voix était rouillée".

Comme cadeau Robert lui offrit son recueil "Myrthen" op. 25, relié pleine peau, avec une page de garde entourée des myrtes du mariage et dédicacé "à son épouse bien-aimée". Le premier lied du cycle étant le célèbre "Widmung" (dédicace).

En 1839 Schumann écrivait : "Quand nous serons devant l'autel, je crois que jamais "oui" n'aura été prononcé avec une telle foi en un avenir heureux". Et ce 12 Septembre ce fut la prière : "Mon Dieu, vois comme nous nous aimons. Tes desseins sont impénétrables, mais si tu dois nous éprouver, fais que nous ne soyons jamais séparés sur cette terre et dans l'autre monde, ainsi soit- il".

La seule ombre au tableau pour Schumann était qu'à côté de son exaltation heureuse, il se sentait désolé, au sens plein, d'avoir dû forcer les choses jusqu'à les porter sur un plan judiciaire du fait du non-consentement de Wieck.

Le bonheur bourgeois. Les premiers mois c'est, enfin, le bonheur, bonheur de la vie commune sur laquelle on s'extasie, comme en témoignent les premières semaines du "Journal". Les petites difficultés "se résolvent dans la musique" (Coeuroy) et c'est "une communion parfaite dans l'amour et l'art" (Boucourechliev), le respect et l'admiration mutuels : sur "la compagnie de l'artiste hautement intelligente et dévouée qu'il adorait" (Marnat), Schumann écrit alors : " La perfection de son jeu m'a fait oublier la femme pour l'artiste" Et Clara de dire de Schumann : "Ma vénération pour son génie, son intelligence, pour le compositeur qu'il est, croît avec chaque oeuvre".

Et maintenant une nouvelle existence va commencer, “une belle existence” annonce Robert, mais pas forcément l’arrêt, après la lutte pour être musicien et la lutte pour Clara, de toute lutte, à savoir pour une musique qui sorte des sentiers battus. “Clara et Robert sont éblouis par leur bonheur, mais le mirage ne durera que le temps de l’éblouissement” remarque Fischer-Dieskau. Mais ce sera au moins une existence heureuse si elle revêt, c’est sûr, la forme d’une vie modeste.

C’est effectivement la vie qui est celle de deux grands artistes, une vie commune rangée, régulière, quasiment bourgeoise dans la maison modeste mais confortable du 5 de la Inselstrasse, où l’on fait de la musique entre amis, des amis que Clara s’applique à recevoir en bonne maîtresse de maison. Aidée par sa mère, elle s’efforce d’allier son métier d’artiste et celui de ménagère. Ce “bonheur domestique”, basé sur “la santé et une organisation rigoureuse, attachée aux choses de la vie quotidienne” amène Schumann à grossir, s’embourgeoiser comme un Philistin. Et par delà la possession d’une femme et bientôt d’enfants, ce seront l’importance prise aux fonctions exercées, la conquête des honneurs, et, au grand dam de Clara, la recherche parfois angoissée d’argent. Et c’est aussi la fin du Davidsbund, du Kaffeebaum en même temps qu’une conciliation est tentée entre Eusébius et son inquiétude, Florestan et son exaltation romantique, désormais bien intériorisés.

Le Journal. A partir de leur mariage, Clara et Robert n’échangeront que beaucoup plus rarement des lettres. Et à leurs journaux intimes respectifs, qui s’arrêteront là, succédera le journal commun, appelé “mémorial”. Clara avait tenu le sien sous l’autorité de Wieck dès qu’elle avait su écrire. Mais Wieck le tenait aussi à sa place, en écrivant “Je” pour Clara. Quant au journal de Robert, il tenait à la fois de mode d’expression de ses sentiments les plus vifs, de journal de bord culturel, citations à l’appui, sentences, aphorismes (“Mottobuch”), reflétant certes le narcissisme du rédacteur (d’où le nom, donné alors de “miroir de vanité”), mais aussi le souci de lucidité, d’ordre, de maîtrise vis-à-vis des sentiments, pensées, souvenirs, le tout voisinant avec les détails matériels les plus triviaux: comptes au groschen près, nombre de cigares achetés etc... Parfois ces notations (dans ses carnets de voyage) étaient quasi illisibles, à l’opposé de la correspondance, calligraphiée, dont il gardait et classait obsessionnellement, comme un parfait bureaucrate, les doubles et les brouillons (jusqu’à 4600 brouillons conservés !).

Le journal commun du couple sera en principe tenu alternativement, semaine après semaine, par l’un et par l’autre. Et en fait, le plus souvent, par Clara, qui estimait que chaque fois que Robert composait, il devait être déchargé de cette tâche. En réalité, aussi, ce journal ne fut tenu que jusqu’en 1843.

Peu d’évènements y figurent, hormis les impressions sur des visites reçues, des auditions de concerts marquantes. Mais s’y exprime essentiellement selon Boucourechliev, “la plénitude du bonheur”. Mais aussi, c’est une multitude de notations sur la vie quotidienne, relatées surtout par Robert de façon minutieuse, voire, là encore, obsessionnelle, en particulier des comptabilités concernant les ressources (cachets de Clara, émoluments venant de la Revue, droits d’auteur de Robert pour ses partitions éditées), qui donnent une idée de la “vie bourgeoise” de musiciens de l’époque romantique, en rupture avec le mécénat (ou la servitude !) des musiciens du XVIIIème siècle à la solde des cours princières.

En principe, chaque fin de semaine, une lecture commentée est faite de ce journal, détaillé parfois jour par jour, lors du “Frühstück” (petit déjeuner). C’est une sorte d’examen de conscience conjugal, dans la tradition luthérienne. C’est aussi “un livre de raison" au sens un peu philistin du terme : Clara comme parfaite maîtresse de maison, Robert comme mari parfait.

Mais l'intégralité des pages d'ouverture, de la main de Schumann, vaut la peine d'être rapportée ici malgré leur extrême longueur :

Journal de raison tenu par Robert et Clara Schumann du 12 Septembre 1840 à Décembre 1843

"Ma jeune et bien-aimée femme,

Qu'il me soit permis tout d'abord de te donner le baiser le plus tendre en ce premier jour de ta vie de femme, en ce premier jour de ta vingt-deuxième année. Ce cahier, commencé en ce jour, prend une signification; il doit être le récit quotidien de tout ce qui nous arrivera, dans notre foyer et notre vie conjugale. Nos souhaits, nos espoirs y seront notés; de même dans ce petit cahier prendront place les prières que nous nous adresserons l'un à l'autre, lorsque les mots se seront révélés impuissants à les bien exprimer; il sera aussi l'intermédiaire de nos réconciliations quand quelque chose nous aura séparés; en un mot, il sera un bon, un véritable ami, à qui nous dirons tout, à qui nous ouvrirons nos coeurs.

Ma chère femme, si tu es d'accord, promets-moi encore d'observer strictement les statuts de notre pacte secret, comme j'en prends moi-même l'engagement.

Tous les huit jours, nous échangerons l'un à l'autre la direction du secrétariat : tous les dimanches, de bonne heure (pour le café si possible), se fera la transmission du journal à laquelle il ne sera nullement défendu de joindre un baiser.

Ensuite, les pages de la semaine précédente seront lues à voix basse ou tout haut, selon le contenu du texte, et ce qui aura été omis sera noté. L'un tiendra compte des désirs de l'autre, présentera des demandes ou en approuvera et surtout, ensemble, nous pèserons avec soin les événements de la semaine; nous serons ainsi à même de juger si elle a été vécue dans la dignité et l'action, si, au dedans tout autant qu'au dehors, nous avons assuré un peu plus notre bien-être, enfin si nous nous sommes un peu plus perfectionnés dans l'art que nous chérissons par-dessus tout.

Une page par semaine, ce sera un minimum : qui ne respectera pas cette règle sera passible d'une amende, que nous aurons à déterminer.

Mais celui qui durant une semaine entière se sera permis de ne rien noter du tout sera passible d'un châtiment autrement exemplaire; mais cette hypothèse est bien peu vraisemblable si l'on tient compte de notre réciproque estime et de notre sens du devoir. Ces règles et statuts seront applicables, même en voyage, et notre journal ne devra jamais nous quitter.

Un enrichissement essentiel de notre journal, sera, comme il a été dit, la critique de nos activités artistiques. C'est ainsi qu'il conviendra de noter ce que tu auras particulièrement étudié, ce que tu auras composé, entendu de nouveau et ce que tu penseras de ces oeuvres. De mon côté, j'agirai de même.

Un autre attrait de ce journal résidera dans l'analyse des caractères; ainsi ferons-nous pour les meilleurs artistes, dans l'intimité de qui il nous aura été donné d'approcher. Il n'y aura à exclure ni les anecdotes ni les détails humoristiques. Mais le plus noble, le plus touchant de notre journal, je ne veux pas encore, ma chère femme, lui donner encore son nom devant toi : tes beaux espoirs et les miens, veuille le Ciel les bénir ! Tout autant que les nuages que le mariage apporte avec soi, en un mot toutes les joies et les peines de notre vie conjugale, cela sera consigné avec franchise ici et fera encore notre joie dans l'avenir. Si tu acceptes ces suggestions, ma bien-aimée, appose ici ton nom au-dessous du mien, et, comme talisman, prononçons les trois mots qui contiennent tout le bonheur de cette vie : Travail, Economie, Fidélité.

Robert Schumann, le 13 Septembre 1840

Ta femme qui t'est dévouée du fond de l'âme Clara".

Si on peut sourire ou froncer les sourcils devant ce programme-contrat sévère où tout est prévu, même en tenant compte de l'époque et de ses moeurs et idées, ce n'est pas le moindre intérêt du texte que de nous montrer des aspects essentiels de la psychologie de Schumann, de sa problématique psychique : la rigueur, la contrainte, la place donnée au travail, à l'économie, l'ombre du châtiment, mais surtout, peut-être, la nécessité de passer par le rituel et par l'écrit quand l'expression directe ("les mots") s'avère difficile, problématique. Mais heureusement, à côté de cet aspect austère, il y a la musique, l'amour, et cela dans un bouillonnement de vie, de créativité spontanée.

Pygmalion. Malgré la sagacité pédagogique de Wieck, l'éducation et la culture de Clara auront été assez étroites, Clara souffrant finalement de nombreuses lacunes, dont elle est consciente, d'autant qu'en regard, Robert jouit d'une culture immense.

Clara connaît mieux Thalberg que Bach, Beethoven, Mozart ou Schubert. Il en est de même en littérature. Robert lui fera étudier Bach (les fugues dont ils feront une étude rigoureuse, le Klavier, la Fantaisie chromatique), les symphonies de Beethoven et de Mozart, ses quatuors, ainsi que ceux de Haydn. Il fait ainsi partager à Clara son goût pour les grands musiciens. A Henriette Voigt il avait écrit que Bach était "un refuge", pour puiser en lui "la joie et la force pour travailler et vivre", voyant même en Bach "l'inspirateur de la musique moderne" et "une combinaison profonde de poésie et d'humour". A Mozart, "le très haut", il dit se confesser tous les jours pour se purifier et se fortifier à son contact" (lettre à Keferstein du 31 Janvier 1840). Et Robert prône à Clara "ces géants contre les miniatures des virtuoses".

Mais c'est aussi en littérature, et malgré quelques parti-pris un tant soit peu chauvins, l'initiation à Shakespeare (sur lequel Robert avait un moment projeté l'écriture d'une thèse "Shakespeare et la musique"), Byron, Victor Hugo (auquel il reproche "frivolités", "vulgarités", "incohérences" à propos de "Notre Dame de Paris"). Mais la "saine littérature allemande" retrouve ses droits avec Goethe ("Poésie et Vérité"), avec Jean-Paul surtout, de même qu'en musique il oppose les grands musiciens allemands aux Italiens et au culte de la virtuosité... Thalberg et Rossini seront bientôt loin sous l'amoureuse autorité de Schumann.

A la fin de l'année 1840 germera chez Schumann l'idée, réalisée peu après, et ce malgré les réticences de Clara, d'un cycle de Lieder composé en commun sur des poèmes de leur ami Rückert : ce sera "Liebesfrühling" (le printemps de l'amour).

Problèmes, conflits, rivalités. La lune de miel elle-même comporte des adaptations réciproques qu'on voulut appeler "compétences alliées". Mais la vie n'est pas si calme ni exempte de soucis et de tensions entre deux tempéraments artistiques affirmés. A coté de clartés radieuses, des taches d'ombre. Ne serait-ce que des heurts concernant le travail de Clara au piano et le travail de composition de Robert. Non qu'il n'y ait qu'un seul piano dans la maison, comme on l'a dit, mais surtout du fait qu'on ne peut, dans le même appartement, jouer sur les deux pianos en même temps.

Clara, épouse dévouée, comme elle se présente elle-même, et, plus tard, mère de nombreux enfants, est prête à se sacrifier. Mais jusqu'où ? Faudrait-il qu'elle aille jusqu'à s'effacer dans le silence pour toujours ? “Une fois de plus mes exercices au piano passent au second plan, ce qui est le cas chaque fois que Robert compose. Il ne me reste pas une petite heure pour moi dans une journée entière ! Pourvu que je ne regrette pas trop !” Et Clara ne craint pas seulement de “perdre la main”, elle souffre aussi de l'absence de Robert quand il compose, car, alors, plus rien n'existe pour lui, y compris Clara. “Le motif est excellent, bien sûr, et personne ne prend part plus sincèrement que moi à tout ce qu'il entreprend. Mais parfois cette froideur m'offense car je suis la dernière à la mériter.”

Mais Clara a aussi la nostalgie des tournées de concerts, lucratives et valorisantes. Son ambition ne disparaît pas et, avec elle, s'insinue une certaine rivalité de fait avec Robert.

Elle voudrait certes soulager Schumann de tout souci d'argent. “La pensée que tu travailles pour gagner de l'argent m'est odieuse. Il me semble que cela chasse de ta vie toute poésie. Mais aussi j'éprouve une souffrance profonde chaque fois que je dois te demander de l'argent”.

Robert, de son côté, n'est pas sans scrupules : “Elle doit souvent payer mes Lieder de son silence et de son effacement”. Mais, en fait, il est profondément dépendant de Clara : elle est pour lui un abri sûr, maternel, elle le soulage de la plupart des soucis matériels, pratiques, ménagers, et elle est l'interprète qui fait connaître ses oeuvres ! Enfin l'admiration qu'elle lui manifeste lui est vitalement nécessaire.

Mais plus Clara se montre efficace, ambitieuse, active et brillante, plus Schumann se sent dans l'obligation de travailler, travailler toujours plus. Avant même d'être une exigence familiale (sa descendance future, nombreuse), c'est une exigence, une nécessité personnelle. Clara, qui ne veut pas se sentir à l'origine des états d'âme douloureux de son mari, se réjouit quand elle le voit “travailler avec assiduité”, mais est peu consciente du danger que ce sur-investissement défensif du travail porte en lui. Fischer-Dieskau note que “le travail doit ici porter ses fruits, non dans le domaine de l'art, mais dans ceux, prosaïquement qui permettent de vivre, et cela, seul le succès croissant les apporte et les multiplie”.

Schumann essaie de “faire avec” tout cela. Son rôle de Pygmalion auprès de Clara, son insistance à la faire composer (les Liebesfrühling associant les deux époux comme co-auteurs), semblent vouloir faire équilibre à ces problèmes, conflits, rivalités. Dans le même sens, s'il insiste sur la vanité de la virtuosité pure, c'est comme pour mettre Clara en garde vis à vis du vertige que peut ressentir le virtuose qui reçoit un succès en tant que tel. Curieusement, enfin, il conseille à Kosmaly, un jeune compositeur, de se consacrer, pour percer, se faire un nom, à “la grande musique ” d'orchestre, de vastes dimensions : opéras, symphonies, alors que lui-même excelle et se cantonne à peu près dans les “petites formes” ou réputées telles, qu'il recommande à Clara.

Quoiqu'il en soit, la vie de couple des Schumann s'installe et s'organise semaine après semaine, très riche, ce dont témoigne leur journal, au milieu des exclamations de tous deux du bonheur d'être réunis.

La première semaine, du 13 au 20 Septembre, c'est d'abord l'anniversaire de Clara, avec promenade du couple pendant que Marianne Bargiel et les amis, List, la Devrient, Becker préparent la fête qui évidemment se déroulera en musique : chant avec Devrient, piano avec Clara et Robert, les lendemain et sur-lendemain 14 et 15, Clara cuisine avec succès et reçoit en maîtresse de maison.

La deuxième semaine, du 20 au 27, Clara se déclare “la plus heureuse des femmes”. Le dimanche 2O, on reçoit les Carl, le Dr Reuter, Wenzel. Mais Robert ne se sent pas bien. Toutefois on entreprend l'étude des fugues et Clara se fait gentiment gronder pour ses fautes. Le mardi 22 Clara ressent une rivalité avec Amélie Rieffel, dont

Robert lui a vanté le jeu, mais elle passe la journée avec elle, à jouer, ce qui les rapproche. Et le samedi 26 Clara accepte de chanter des Lieder de Schumann (cycle Heine et "Myrthen"), pour des amis.

La troisième semaine, du 27 Septembre au 4 Octobre, Clara joue beaucoup, mais pour les oeuvres de Robert, il y a désaccord entre eux en ce qui concerne l'interprétation et Schumann affirme que l'auteur a toujours raison sur ce point ! Le projet de voyage à Saint Petersbourg inquiète assez fort Schumann.

La quatrième semaine, du 4 au 11 Octobre, Emilie List est là et sa présence distrait par trop Clara de son travail. De plus Clara, qui ne lit pas beaucoup, est impressionnée par la boulimie de lecture de son amie.

La cinquième semaine, du 11 au 18 Octobre, Robert, qui tient le journal, s'extasie sur la manière brillante dont Clara assume sa position lors d'un souper chez Monsieur Kistner, entre Mendelssohn et le Comte Reuss, Schumann étant, lui, le voisin de Moscheles.

Lors de la Sixième semaine, du lundi 19 au lundi 26, Schumann a du mal à composer, est mélancolique; il critique le manque de coeur et de sensibilité d'Emilie, Clara partage son avis.

La neuvième semaine, du 8 au 15 Novembre, le projet de voyage en Russie est abandonné. Peut-être pour un projet "Copenhague" Le "Chant du Rhin" sur un texte de Becker assez chauvin, est publié. Schumann réalise la difficulté qu'il y a à écrire une mélodie populaire facile à chanter.

La onzième semaine, du 22 au 29 Novembre, les Schumann reçoivent ("peu", écrit Schumann, malgré le nombre conséquent de visites, de personnages sans doute de peu d'intérêt). Et Schumann compose ses Lieder sur des poèmes de Kerner.

La douzième semaine, du lundi 30 Novembre au 6 Décembre, Clara, un peu fatiguée jusque-là, se rétablit doucement, trop lentement à son gré. On en est à la cinquième édition du "Chant du Rhin".

La treizième semaine, du 6 au 13 Novembre, Robert travaille beaucoup. Les Kerner-Lieder, presque terminés vont en partie chez l'éditeur. Schumann n'a pas le prix au concours du "Chant du Rhin". Il échoit à G. Kunz.

La quinzième semaine, du 20 au 27 Décembre, Clara offre en cadeau à Robert trois Lieder de sa composition, Robert une intégrale des sonates de Beethoven pour Clara.

Ainsi finit pour les Schumann l'année 1840. Outre le mariage, enfin ! elle aura été riche du point de vue création pour Schumann ; seulement des lieder, mais la majorité de ses compostions dans cette forme.

CHAPITRE III

DE L'INSTALLATION DANS LA VIE CONJUGALE EN 1841 À LA MORT À ENDENICH EN 1856

1841 sera "l'année symphonique". Tandis que le couple enfin réuni s'installe, la composition pour l'orchestre va tenir une place essentielle dans l'activité de Schumann. Il quitte les domaines exclusifs du piano et du Lied, formes certes idéales pour la confession, l'épanchement intimes. Il rêve même d'Opéra, mais celui-ci "se dérobe encore" (Boucourechliev).

En Janvier Schumann travaille beaucoup. C'est alors, en même temps, qu'il suggère à Clara, le 14, de collaborer avec lui dans la composition d'un cycle de Lieder sur des poëmes de Rückert, "Le printemps de l'amour", qui sera l'opus 37. Mais du 17 au 23, connaissant un entrain particulièrement vif, il compose, "facilement", dit-il, tout en se retranchant de tout ce qui n'est pas son travail. C'est Clara qui, cette semaine, tiendra le journal. En cinq jours, quatre jours et quatre nuits - car Robert se lève tôt pour travailler et devient insomniaque, au risque de s'épuiser - il aura rédigé l'esquisse de sa 1ère symphonie ("Le Printemps"), et terminé pratiquement la pièce dès le 26. Cette composition, "née dans une heure ardente", se fait "dans la joie et l'attente du printemps."

Cette frénésie symphonique durera au moins jusqu'au 20 du mois suivant. Robert confie à Clara son désir de passer aux grands ensembles, inspiré en cela par l'exemple du "vieux lion" (Beethoven), son "ardent et récent désir de s'essayer à la symphonie, le plus vaste des genres". Il ajoute : "Je suis tenté d'écraser mon piano, il est trop étroit pour contenir mes idées. J'ai bien peu d'expérience de la musique d'orchestre, mais je ne désespère pas d'en acquérir." En fait Schumann aurait fait ses premiers essais dans ce domaine dès les années 1829-1832, en composant un mouvement de symphonie, créé à Zwickau sous forme de réduction pour piano, et, que maintenant, il semble désavouer. Et dès lors Schumann se "livre avec fougue", "s'adonne complètement" à cette composition symphonique. Les mauvaises critiques réservées à ces premières essais ne l'impressionnent pas : "les premiers pas ne sont pas toujours les bons". A vrai dire, Clara le pousse depuis longtemps à aborder "la grande forme" et elle veut qu'il "égale Mendelssohn en tous points".

En Février, c'est parallèlement qu'il travaille avec Clara au "Liebesfrühling", et, seul, à parfaire sa première symphonie. Au 20 du mois, il a terminé "au pas de charge" la partition, orchestration, instrumentation. Une répétition générale est dirigée par Mendelssohn "avec l'amour le plus grand et le plus grand soin" avec l'orchestre du Gewandhaus. Au même programme sont prévus le Lied "La fiancée du lion" ("die Löwenbraut") et, de Clara, le Lied "Sur le rivage" sur un texte de Robert Burns, Lied qu'elle dédie à Robert et qui comporte ces vers troublants : "Je regarde avec tristesse les flots qui nous séparent", préfigurant une oeuvre ultérieure de Schumann : Héro et Léandre... et son triste destin. C'est leur amie Emilie List qui devra chanter ces deux Lieder.

En Mars Schumann continue de travailler d'arrache-pied, d'où une production considérable dans divers domaines musicaux jusqu'en Août. Il a l'impression qu'il doit -

qu'il se doit à lui-même - "monter sans cesse, sans répit, sous peine de chuter". A la fin du mois, c'est le concert, le 31. Mendelssohn dirige le Gewandhaus dans la première symphonie et Clara accompagne Sophie Schloss dans "die Loewenbraut", "Widmung" (dédicace : "Du meine Seele..."), qui est bissé, ainsi que son Lied "Le rivage". C'est un succès : la symphonie est accueillie "comme jamais une nouvelle symphonie de Beethoven ne le fut.", "Le public de Leipzig goûte la musique avec ferveur, assis, écoutant attentivement, et plus silencieusement qu'à l'église". La critique, elle, est plus mitigée, bien que "Musik und Litteratur" voie en Schumann "le nouveau héraut de la nouvelle chanson allemande." Schumann, lui, est bien décidé à poursuivre dans cette voie "devant le public et les éditeurs". C'est pour lui "un jour des plus importants", "une soirée heureuse". "Clara a joué en grande artiste, avec un emportement qui a ravi tout le monde", Clara presque plus heureuse par la première symphonie que par son succès.

Dans la foulée du concert au Gewandhaus du 31 Mars, Schumann, est pris dans la composition orchestrale; entre le 11 et le 25 Avril il écrit "Ouverture, scherzo et finale" en UT op. 52 (qu'il retouchera pour la "lisser" un peu en 1845). Il commence la composition du premier mouvement (allegro) de son futur concerto pour piano, sous la forme primitive d'une "fantaisie pour piano." L'oeuvre ne sera terminée que fin 1845. Il ébauche une deuxième symphonie, en ré, qui sera numérotée quatrième, car terminée seulement en 1851 (opus 120).

C'est en Mai surtout et jusqu'à la fin du mois qu'il travaille à cette symphonie, stimulé en cela par la présence de Clara avec laquelle il fait une excursion mémorable à Connevitz. Et pendant ce mois de Mai, ils apprendront la condamnation de Wieck à 18 jours de prison pour diffamation envers Schumann. Cependant que Clara peut récupérer son piano, et, à l'Ascension, revoit son père pour la première fois depuis le procès.

En Juin le couple part, sur l'initiative de Clara, en voyage à travers la Suisse Saxonne. Ils ratent de peu l'occasion de rencontrer Andersen que tous deux admirent. Schumann est repris par son "obsession" vieille de plus de quinze ans et commence la composition de son Faust, par le second Faust, composition axée sur la spiritualité et le royaume céleste plus que sur l'intrigue. Ce travail s'étalera sur dix ans.

Mais c'est une période, aussi, où se dévoilent les difficultés de la vie à deux. La lune de miel est déjà parfois obscurcie par des "brumes" et orages intérieurs, des soucis réels et imaginaires, des craintes pour la santé. La collaboration des deux artistes, la cohabitation, imposent des sacrifices : le travail de composition absorbe, accapare même Schumann qui ne tolère alors à coté de lui rien d'autre. Quand il compose, il n'existe plus, même pour Clara, et, plus tard, pour ses enfants. "Trop souvent il lui faut (à Clara) acheter mes Lieder par un silence et une invisibilité complets" avoue-t-il, et cela à sens unique, car on ne peut demander cet effacement à un génie. Certes Clara a comme compensation que, certes, elle apprécie beaucoup, d'avoir la primeur des oeuvres aussitôt écrites.

Il n'y a, du moins au début, qu'un seul piano à la maison, et quand il y en aura deux, l'appartement sera trop petit pour qu'on puisse les utiliser en même temps. En tout cas, impossible pour Clara de travailler son piano quand Robert compose et elle en souffre, ainsi que cela apparaît dans le Journal : "Mon piano est souvent relégué au second plan, comme toujours quand Robert compose. De tout le jour il ne trouve pas une petite heure pour moi. Pourvu que je ne sois pas trop en régression ! Nous avons cessé le déchiffrage des partitions, mais j'espère que ce ne sera pas pour longtemps. La composition ne me va pas du tout, il y a des moments où j'ai envie de taper sur ma tête stupide". Dans le domaine des difficultés majeures du couple se situent aussi les problèmes posés à Robert par les départs en tournée de Clara. Lors de ces absences Robert écrit à sa femme que, dans ces conditions, il ne peut composer et ne fait que "de misérables études de contrepoint, de fugues". Mais les problèmes d'argent nécessitent absolument ces tournées, et, de plus, Clara ressent le désir de reprendre cette carrière de virtuose, appréciée qu'elle est au plus haut point par le public. Alors se pose pour Schumann le dilemme : ou bien il accompagne Clara dans ses tournées et il est alors "le mari de la virtuose", ce qui le blesse; ou bien il la laisse partir seule et il souffre de la solitude comme d'un abandon et, très conformiste, se désole de ce qu'on va penser : "que va dire le monde ?"

Le 1er Septembre naît Marie, leur première fille, au terme d'un accouchement difficile, première enfant qui sera suivie de sept autres en treize ans ! Pour faire vivre cette famille qui ne cessera de s'accroître, ce ne sont certes pas les revenus de Schumann qui y suffiront, mais les tournées de concert de Clara et quelques élèves. Qu'importe à Schumann ! "Les enfants sont la plus grande des bénédictions, on ne saurait en avoir assez" et Schumann se croit autorisé à poursuivre : "Clara SAIT que sa mission est d'être mère et je la crois heureuse d'une situation à laquelle nous ne pouvons rien changer".

Le 13, c'est l'anniversaire de Clara et le baptême de Marie, avec Mendelssohn pour parrain. Clara reçoit à cette occasion comme cadeau la première mouture de la symphonie en ré, composée en secret, ("sommet de ma musique", écrira-t-il le 2 Mai 1842), et un recueil de Lieder pour piano et chant, "révélations de mon travail à venir; je ne peux promettre de m'élever au dessus du niveau que j'atteins, précisément dans le Lied". En Novembre, le 25, ils sont appelés à Weimar; c'est le départ d'une reprise des tournées de Clara. Mais l'un et l'autre sont parties prenantes d'un concert au profit de la Caisse Mutuelle des Musiciens. Liszt assiste au concert; au programme la 1ère symphonie et des Lieder de Schumann, qui s'en trouve satisfait. Liszt les retient une journée.

En Décembre, il est encore avec eux à Leipzig pour donner un concert le 6, avec la symphonie en ré, Ouverture, scherzo et finale ("une symphonette"), des Lieder (Les deux grenadiers, de Heine) et, à quatre mains, Clara et Liszt, avec, de celui-ci, l'Hexameron et la fantaisie sur Lucia de Lammermoor. Le succès est médiocre et Clara très critique de cette musique très peu faite pour elle, "épouvantablement brillante".

Si Schumann compose peu, les deux derniers mois de l'année, il consacre pas mal de son temps à Clara dont la culture, même musicale a été quelque peu négligée dans l'éducation qu'elle a reçue de Wieck. C'est l'étude des écrivains et poètes : Shakespeare, Goethe, et, bien entendu, Jean-Paul.

En musique, c'est à l'opposé du répertoire brillant, de technique, de vélocité, une conception plus grave, intérieure, intime ou grandiose, que Schumann insuffle à Clara, laquelle a quelque peine à le suivre, par exemple dans l'abandon de Bellini, qu'elle adore, et que déteste Schumann, qui parle encore à son sujet de "canari douceâtre et superficiel" (cité par Marcel Brion).

C'est Beethoven, que Clara joue magnifiquement ("la sonate en UT comme je ne l'ai jamais entendue" dit Schumann). Et ils étudient méthodiquement, dans l'ordre, toutes les sonates de Beethoven, ainsi que les transcriptions des symphonies, la IIIème avant tout, souvenir napoléonien de jeunesse pour Robert. C'est un culte beethovenien, parallèle au culte de Goethe, que Schumann veut introduire chez Clara, jusqu'à voir en lui un prédécesseur de Bach ! Clara ne suit pas toujours ce qui est aussi, pour Schumann, un choix un peu chauvin : "un homme comme ça contrebalance à lui seul six génies étrangers", choix qui représente, aussi, des marques affectives de sa jeunesse : "les plus vieux souvenirs musicaux, la IIIème symphonie, Hottentiana, l'enthousiasme à l'audition de la VIème, véritable réanimation psychique dans les années difficiles, et à celle de l'ouverture d'Egmont. Mais pour Clara, Beethoven est certes vénéré comme un dieu, "mais qui reste toujours un peu lointain, qui ne fait jamais un avec nous".

En fait, le culte premier, essentiel, reste celui de Bach. Schumann se montre un professeur rigoureux, exigeant, d'après Clara elle-même, dans l'étude quasi quotidienne de la fugue, et en particulier du Klavier bien tempéré. Là aussi Schumann veut absolument communiquer à Clara sa passion pour le Kantor : "ce génie incommensurable me purifie et me donne des forces" (lettre à Keferstein du 31 Janvier 1840), ce "modèle de la plus haute humanité" ; et, dans la même lettre, Schumann soutient que les romantiques sont plus près de Bach que de Mozart. "Ce n'est pas un classique desséché, mais un auteur plein d'immense fantaisie, de gaillarde jovialité, de puissants changements d'humeur, de caprices formidables de l'imagination, de bouillonnement de passions contradictoires". On croirait lire un auto-portrait de Schumann ! En fait Schumann a besoin de Bach, de son coté équilibré, "sain" pour maîtriser la fougue qui aurait tendance à l'emporter, et pour faire reculer l'angoisse et les démons qui l'étreignent : la concentration et la rigueur sont les meilleurs contrepoids, les meilleures défenses et Schumann dit lui-même éprouver "un renouveau de vigueur créatrice, un rafraîchissement, chaque fois qu'il revient à Bach, comme il le fera lors des périodes difficiles en composant des oeuvres pour orgue ou piano à pédalier, fondées sur des fugues inspirées de Bach.

Et Schumann développe devant Clara émerveillée toute une esthétique sur les rapports du beau et du vrai, "inséparables" pour lui comme forme et contenu, sur la dialectique de l'art universel et des représentations personnelles de l'auteur. Selon Fischer Dieskau, Schumann a assimilé l'essence même du réalisme.

L'année 1841 aura été une des "années fécondes", fruit d'un labeur ne connaissant "point de relâche" :

- Liebesfrühlig, op. 37, avec Clara
- Tragödie, op. 64
- Symphonies N°s 1 en SI bémol op. 38 "Le printemps"
2 en ré, op. 61, première version de la symphonie N° 4
- Ouverture, scherzo et finale op. 52
- Fantaisie pour piano et orchestre, Ier mouvement (Allegro) du futur concerto pour piano en la op. 54
- quelques pièces pour piano auxquelles Schumann restera fidèle et qu'il retravaillera par la suite
- essais d'oeuvres chorales
- début (derniers morceaux) des "Scènes de Faust"
- peut-être ébauche du "Paradis et la Péri".

1842. Dès Janvier, cinq mois après la naissance de Marie, un deuxième enfant est en vue... Les charges du couple augmentent et il a alors quelques problèmes financiers.

Tandis que Robert s'attaque à "Lallah Rokh" de Thomas Moore, dont il demandera à son ami Flechsig d'écrire un livret pour ce qui sera "Le paradis et la Péri", il part à la mi Février, accompagner Clara en tournée en Allemagne du Nord. Il y sacrifie alors composition et écriture. La symphonie en SI bémol n'a qu'un succès relatif, tandis que Clara triomphe avec des oeuvres de Weber et de Mendelssohn. Et c'est Weimar où ils retrouvent Liszt, et Brême où, face à la mer, Schumann a l'idée et le projet, jamais réalisé de partir aux U.S.A., mais, qu'un moment, Schumann considérera comme une solution possible à ses dilemmes C'est, en Mars, lors de son voyage à Brême, devant la mer, que lui vient cette idée qu'il lui faudrait réaliser en un mois ! Chose impossible, évidemment sans envisager les possibilités de travail, de concerts, de vie aux U.S.A. D'autant que l'aventure n'est pas la chose de Schumann, ni de Clara. Et pourtant : "Décision effroyable ! Mais j'ai la ferme certitude qu'elle en vaudrait la peine. Il faudra que nous l'ayons prise avant la fin d'Avril". Une lecture à deux d'un poème suffira à chasser ce projet comme un hasard l'avait suscité : une histoire d'adolescent parti aux Amériques et qui, déçu, se jette dans la mer avec sa lyre. Encore le thème de la noyade !

A Oldenburg, Clara accompagne des extraits de "Liebesfrühling". Elle sera seule invitée à la résidence de la cour. Schumann en est vexé, humilié, mais Clara en revient gaie et satisfaite. Dans ce rôle de mentor d'une artiste qui est seule reconnue, Schumann est pris dans un conflit entre orgueil déçu et tendresse pour Clara. Aussi ridicule que ce soit, ce n'en n'est pas moins douloureux. Le mois suivant, il commente l'incident : "Une histoire affreuse. Une leçon pour l'avenir. Fait le bilan qui s'équilibre à mon préjudice. Ceci à cause de ma bonhomie et de ma faiblesse qui me répugnent aux disputes et aux marchandages" (26 Mars 1842)

L'étape de Hambourg n'est citée par Schumann dans le journal que de façon laconique, "avec mauvaise humeur" (Fischer-Dieskau). C'est là qu'on lui a encore dit : "Vous aussi vous êtes musicien ?"

A Copenhague, Clara est contente de séjourner (elle y restera plusieurs semaines et y gagnera pas mal d'argent, bien nécessaire). De Schumann elle joue une novelette et y accompagne "Widmung" (dédicace). Elle dédie ses propres lieder à la reine du Danemark et est contente de revoir Andersen qui lui fait forte impression malgré "une nature hargneuse" pestant contre le fait qu'il n'est guère reconnu. C'est là que se produit un incident remarquable : ne supportant pas cette situation d'accompagnateur, Schumann rentre seul à Leipzig, laissant Clara au Danemark, d'où des rumeurs sur une mésentente du couple.

Schumann se retrouve donc en Mars, seul, comme abandonné, souffrant, déprimé, en proie à regrets et inquiétudes, dans "une maison silencieuse, morte". Il exprime dans son journal la difficulté à accepter ce rôle de deuxième plan, en tant que compositeur, derrière Clara, la virtuose, Clara qui continue sa tournée. "J'ai commis une de mes plus grandes sottises en te laissant t'éloigner de moi, je m'en rends compte de plus en plus. Que Dieu te ramène heureusement vers moi ! La séparation m'a fait sentir de nouveau la singulière anomalie de notre situation. Dois-je négliger mon talent pour te chaperonner en voyage ? Toi, de ton coté, faut-il que tu n'utilises pas le tien parce que je suis enchaîné à la revue et à mon piano ? Nous avons trouvé une solution : tu emmènes une compagne de voyage, je retourne à mon travail et auprès de notre enfant. Mais que dira le monde ? Ces pensées me tourmentent. Il faut que nous trouvions un moyen de développer parallèlement nos deux talents".

Clara annule, par manque d'enthousiasme, un concert prévu à Kiel. Schumann va mal, souffre de "vertiges" à plusieurs reprises et "d'une grande faiblesse nerveuse". Il est déprimé et ne retrouvera un certain équilibre moral qu'au retour de Clara, qui ira mieux, elle aussi, de ce fait.

Schumann n'en dédiera pas moins à l'auteur quatre lieder op. 40 sur des poèmes d'Andersen imprimés récemment à Copenhague. Clara fera de même avec ses lieder op. 13. L'harmonie renaît dans le couple à travers la musique, leur passion commune. La prochaine symphonie sera "à Clara", prévoit Schumann, "avec flûtes, hautbois, harpe".

Mais en Juin, après un bref séjour de repos, suivi d'une amélioration notable de son état, il se lance dans un genre complètement nouveau pour lui : la musique de chambre et, spécialement, les quatuors à cordes où, à l'opposé des quatuor, quintette, trios et sonates qui suivront, le piano est absent. Il avait été incité à explorer cette voie par Liszt qui, dans ses lettres, lui vantait l'intérêt lucratif de la chose... et aussi par Mendelssohn. Il s'y lance avec un véritable acharnement créateur, jusqu'à épuisement des ressources du genre... et du compositeur.

En cinq semaines, il a "bouclé les trois quatuors à cordes, domaine dans lequel il n'avait aucune expérience, mais où il a subi l'influence notable de Beethoven et de Mendelssohn. On suit bien la chronologie de son travail dans le Journal :

- 2 Juin : essais de quatuors
- 4 Juin : commencé le quatuor en la
- 6 Juin : quatuor, terminé l'adagio
- 8 Juin : quatuor presque terminé
- 10 Juin : encore appliqué à mon quatuor
- 11 Juin : belle journée ; commencé le 2ème quatuor
- 14 Juin : quasi variationi de mon quatuor
- 17 Juin : travaillé à mon quatuor
- 18 Juin : quatuor presque terminé, jusqu'aux variationi
- 21 Juin : travaillé avec application au quatuor
- 5 Juillet : terminé mon 2ème quatuor
- 8 Juillet : commencé le 3ème quatuor
- 10 Juillet : travaillé avec application au 3ème quatuor.

Les quatuors seront joués pour la première fois au domicile des Schumann. Clara s'enthousiasme de ce coup de maître dans le premier essai véritable de musique instrumentale. "Mon respect pour son génie, son intelligence, pour le compositeur, en un mot, augmente à chaque oeuvre".

Le moral de Schumann est encore stimulé par la réception, le 15 Juin d'un poème de Rückert ("vers chaleureux plus que géniaux") par lequel il remercie le couple de l'envoi de "Liebesfrühling". C'est d'ailleurs la seule fois, mis à part Eichendorff, que Schumann recevra pour ses Lieder un mot de remerciements et de félicitation d'un poète dont des textes avaient été choisis pour composer.

Dès lors, tout l'été, l'inspiration ne tarit pas et Schumann travaille "par explosions", se consacrant alors à la seule musique de chambre. Mais les nouvelles pièces seront marquées par la réintroduction du piano.

C'est avant tout le quintette op. 44, écrit en Septembre et dédié à Clara. C'est un chef d'oeuvre de la musique de chambre, qui enthousiasme Berlioz et dont la flamme se communique au public.

En Août le couple fait un voyage en Bohême, au cours duquel il sollicite une audience à Metternich. Le vieux diplomate et redoutable politicien se repose à Königswart. Le compte-rendu colligé dans le journal du couple surprend un peu car ni Robert ni Clara ne semblaient partager les idées réactionnaires de Metternich. Ils invoquent (pour se justifier ?) la bonne opinion que Goethe aurait eue du personnage et Schumann avoue que "le coeur lui battait un peu". Et ils avalent sans piper mot un éloge par leur hôte de Rossini et Donizetti, que Schumann abhorre ! "En apprenant que le prince Metternich se trouvait à Königswart, nous y allâmes en excursion, un peu pour Königswart, et beaucoup dans l'espoir de rencontrer le grand diplomate. En nous congédiant, il nous donne l'assurance d'un bon accueil à Vienne, si nous y allions et nous tendit la main. J'étais trop intimidé pour oser la prendre. Nous avons pris congé, riches pour toute notre vie, de minutes inoubliables, exaltés, fortifiés. La bienveillance des grands fait mieux comprendre à celui qui en bénéficie le lien étroit qui unit tous les hommes (?). On se sent réconforté, plein d'une activité ardente pour s'élever jusqu'à l'élite. Tel fut l'état d'esprit dans lequel nous plongèrent ces instants. Le ton de cet homme, l'éclat qui auréole son front illustre, tout cela m'avait fasciné à un tel point que je n'avais attaché que bien peu d'attention à son aspect physique". On ne put que se sentir affligé d'une telle naïveté et d'une telle inconséquence suscitées visiblement par la fascination exercée sur ces deux grands artistes par le "grand personnage".

Dans le mois qui suit la composition du quintette, Schumann compose le quatuor avec piano op. 47 et la Fantaisie op. 88 pour piano, violon, violoncelle, qui sera la dernière oeuvre de l'année (24-26 Octobre). En effet l'état psychique de Schumann lui interdit alors toute possibilité de travail dès la fin Octobre. Et les soucis financiers n'arrangent pas les choses malgré les gains de Clara. En Novembre, et jusqu'en 1843, c'est un état de prostration, d'"épuisement nerveux"; l'isolement n'est plus propice à la création, mais devient dangereux, Schumann alternant les troubles du sommeil et les troubles de la parole. Il parle de moins en moins, d'une voix devenue sourde, et avec une articulation difficile. Clara craint "une fièvre nerveuse" et le soutient comme elle peut. Schumann note lui-même dans le Journal : "Il est résulté de ce surmenage une dépression nerveuse qui nous a bien inquiétés. Mais le ciel m'a protégé et les soins affectueux de Clara ont contribué à ma guérison".

La seule lumière dans cette sombre fin d'année est la soirée du 6 Décembre, chez les Voigt, où l'on joue le quintette, avec Mendelssohn au piano, "Soir enchanteur" commente Schumann.

Malgré les aléas de santé déjà inquiétants, cette "année de la musique de chambre" aura été riche et féconde :

- les trois quatuors à cordes op. 41
- le quintette op. 44
- le quatuor avec piano op. 47
- les Phantaisiestücke pour piano, violon, violoncelle op. 88
- les Lieder und Gesänge op. 88, avec la Lorelei de Heine et deux poèmes de Rückert.

Clara, de son coté, a composé, encouragée qu'elle était par les moments de fécondité de Robert dans sa musique de chambre de Juin-Juillet. Ce sont "Les chemins de l'amour", sur des textes de Geibel, et "Ils s'aimaient tous deux", qu'elle offre à Robert pour son anniversaire. Ce sont, pour lui, "les pièces les plus réussies parmi tout ce qu'elle a écrit".

Mendelssohn va aussi proposer à Schumann un poste de professeur de piano, de déchiffrage et de composition au conservatoire qu'il a fondé.

1843. Schumann travaille à son oratorio profane ("La Péri") du début à la fin de l'année. La rencontre avec Berlioz, les débuts comme enseignant au conservatoire et la réconciliation avec Wieck sont les autres évènements marquants de l'année qui voit naître leur deuxième fille, Elise.

C'est en Janvier que Berlioz vient à Leipzig et qu'il rencontre Schumann, lequel l'avait d'ailleurs introduit par ses oeuvres en Allemagne. Il avait consacré dans la Revue un long et élogieux article à la "Symphonie fantastique", qu'il ne connaissait que par sa réduction pour piano. Une étude comparative avec l'oeuvre de Chopin, elle, n'avait pas été publiée, mais le "Traité d'interprétation" avait été jugé avec considération. De plus Schumann avait polémiqué contre les détracteurs de Berlioz en Allemagne, cherché des éditeurs pour ses oeuvres, échangé avec lui des partitions. Bref, conquis par la passion, la fantaisie, les changements "d'humeur" de la musique de Berlioz, il l'avait admis, enrôlé dans le Davidsbund. Il admirait son "Faust", bien qu'il soit très différent de celui auquel lui-même travaillait, étant beaucoup plus scénique, plastique (on avait évoqué Delacroix à son sujet) que psychologique et "spirituel" comme celui de Schumann.

Ils dînent et font de la musique ensemble. Et Schumann se veut enthousiaste, saisi qu'il est d'une grande sympathie pour la sincérité du personnage, bien que, plus lucide en d'autres moments, il admette: "Il est probable que nous ne nous entendrons jamais".

Mendelssohn se montre moins convaincu et c'est presque un sujet de dispute avec Schumann. Il juge même la musique de Berlioz "malpropre" : "après avoir feuilleté ses partitions, il faut se laver les mains". Clara, non plus, ne partage pas l'enthousiasme de Robert. Si elle admire sa direction d'orchestre lors d'un concert à la Société Euterpe, le 31 Janvier, elle dit de l'homme : "il est froid, indifférent, morose, ce n'est pas un artiste comme je les aime".

Effectivement Berlioz donne et dirige un concert "au profit des pauvres" avec, au programme, l'offertoire de son Requiem et la "Romance avec accompagnement d'orchestre". Et Schumann commente ainsi dans le Journal : "Berlioz dirige admirablement. Il y a bien de l'insupportable dans sa musique, mais certainement aussi, une richesse d'esprit, même géniale. Souvent il me paraît être lui-même le Roi Lear évanoui. On remarque une faiblesse sur ses traits autour du menton. Certainement Paris l'a gâté. Malheureusement il ne parle pas l'Allemand, de sorte que nous ne pouvons pas nous dire grand'chose. Je me le représentais plus vif, plus violent. Son rire est charmant. A part cela il est français, boit le vin coupé d'eau, et mange de la compote !"

Mise à part cette venue de Berlioz, peu de chose en ce mois de Janvier 1843. Schumann sort à peine d'une crise dépressive, et compose peu; il reprend "l'andante et variations" pour deux pianos, deux violoncelles et cor. Le "point lumineux" unique est "la deuxième soirée enchanteresse", après celle du 6 Décembre 1842, au Gewandhaus, avec Clara au piano pour le quintette, et les acclamations d'un "public d'élite".

En Février Schumann travaille à "la Péri", avec ténacité, sans être éprouvé physiquement ni moralement, et ceci jusqu'en Mai-Juin, et rien ne saurait l'en distraire. Cependant Wieck fait les premiers pas vers Clara et Schumann. Il a écrit à sa fille une lettre affectueuse. Il lui est dur de ne plus la voir. Sa deuxième fille, née du deuxième mariage, ne la remplace pas. Il ne connaît pas sa petite fille, et malgré son orgueil blessé par les deux jugements du tribunal, il se fait à la réalité. Schumann commence à être connu et estimé. Wieckl demande la partition du quintette et le 15 Décembre il franchit le pas en écrivant à Schumann : "Cher Schumann, Tempora mutantur et nos mutamur in eis, il faut tenir compte de Clara et du monde et nous ne pouvons pas rester ennemis plus longtemps. C'est vous qui êtes maintenant le père de famille. Pourquoi nous quereller davantage ? En art, nous avons toujours été unis. J'ai été votre professeur et c'est mon jugement qui a déterminé l'orientation de votre carrière. Vous ne pouvez pas douter de l'estime que j'ai de votre talent et vos authentiques aspirations. Alors je vous attends à Dresde avec joie, votre père Frédérik Wieck" Schumann doit bien avaler tout cela. Mais sera-ce sans dommage moral : " Cet homme n'a aucun sens moral, sinon, il n'aurait jamais osé hasarder pareille démarche".

Mars est encore occupé par la composition, l'écriture de "la Péri". Cet oratorio profane (plus qu'opéra), Schumann l'a longuement médité, il a écrit lui-même le livret, car le projet de Flechsig était par trop mauvais et il aime composer sur de beaux textes. Tout entier plongé dans cette oeuvre, il écrit vite mais cela le tiendra jusqu'à la fin du printemps, voire le début de l'été. Il compte, aussi, sur la vogue de l'orientalisme pour en assurer le succès. A part cela, ces premiers mois sont, dit Fischer-Dieskau "d'une inquiétante vacuité". Schumann ne rédige plus le Journal, qui est tenu par Clara.

En Avril, tandis que Marie, leur première fille se développe, s'épanouit, naît le deuxième enfant du couple : Elise. Schumann en est heureux, grisé qu'il est, de plus, par les répétitions de "la Péri" tant à Leipzig qu'à Dresde.

Mais l'événement du mois d'Avril est le création à Pâques par Mendelssohn d'une école de musique, un conservatoire, à Leipzig; innovation première en Allemagne, mais qui servira d'exemple dans toutes les principautés. Mendelssohn dirige cette école et a proposé à Schumann un poste de professeur de piano et de composition. Schumann hésite encore à l'accepter, accepte finalement d'enseigner le piano par intérim, "nominalement", quitte à abandonner. Mais c'est pour lui, au moins, un travail régulier, encore que peu payé. Schumann n'est pas un pédagogue-né, sauf avec Clara, "un autre lui-même qui n'est pas un autre que lui". Il ne pourra pas bien communiquer avec les élèves, et ce sera un échec, comme sera un échec sa tentative ultérieure de direction d'orchestre. A vrai dire il est peu doué et peu intéressé par ce genre de travail, bien qu'il soit très capable d'écrire des textes "pédagogiques" sur la musique. Sa formation personnelle aura été en grande partie autodidactique, en contrepoint et fugue en particulier, malgré les leçons de Dorn. Et il a bien souvent suppléé à la rigueur de la méthode par "l'instinct". Aussi, n'ayant l'expérience que de leçons données en privé, il est assez désemparé devant quarante élèves et ne réussit pas mieux comme enseignant qu'il ne le fera en tant que chef d'orchestre.". De nature solitaire, pudique, replié - et ce n'est pas la sollicitude protectrice de Clara vis-à-vis de tous les aléas du monde extérieur qui l'amendera de ce coté - il sera un professeur peu loquace, déchiffrant en silence, faisant une simple grimace quand quelque chose d'une composition d'un élève lui déplaira, "les doigts abattus sur les touches" (Fischer-Dieskau), se contentant de proposer une autre version pour un passage qu'il juge défectueux. Il faut dire qu'il a le souci, aussi, de ne pas reproduire l'autoritarisme de ses maîtres.

Il est, ce mois d'Avril, "fatigué", connaissant une éclipse dans son travail (y compris "la Péri"), faisant un peu diversion dans le piano à quatre mains : les "Andante et variations", version pour deux pianos, sont de ce mois-ci. Faute de grande production il fait de nombreux projets, souvent très intéressants et rarement réalisés :

- un concours de livrets d'opéra (il a trop souffert de la pauvreté des productions en la matière)
- une édition de l'oeuvre de J.S. Bach
- une bibliothèque musicale
- une campagne pour la suppression des indications en Italien (ou en Français !)

Mais malgré ces velléités, cette période est un peu pour Schumann "un passage à vide". Il s'occupe des enfants en "bon père de famille". Mais il est très soucieux des problèmes matériels, pécuniaires, qu'il s'efforce de résoudre : "Je suis tourmenté de notre avenir. Je voudrais gagner de l'argent à présent que nous sommes jeunes, amasser un petit capital" (Juillet-Août 1843) Doit-il accepter des besognes "alimentaires", inintéressantes, et souvent épuisantes, sachant que tout surmenage lui est nuisible ? Comment, encore une fois, concilier le désir d'avoir Clara auprès de lui, et les tournées de concert nécessaires tant à sa vocation d'artiste qu'aux besoins financiers du couple ? Le respect de l'artiste Clara et les conceptions conformistes et patriarcales sur "sa vocation de mère au foyer" ?

Schumann reste très pris par la Revue, qui le tiendra jusqu'en 1844. Il y mène une action salubre, qui lui vaut quelques ennuis, mais aussi d'être connu et estimé bientôt dans toute l'Europe, sans parler du milieu musical de Leipzig.

En Octobre Moscheles y est, à Leipzig. Les Schumann organisent à la maison des concerts privés : répétition des quatuors. Schumann dirige cordes, choeurs et solistes.

Clara, au piano, tient la partie initialement prévue pour les vents, réduite pour le clavier, Mendelssohn chante les rôles de ténor et tourne les pages.

En fin d'année, en Décembre, Clara est à Dresde. Schumann lui écrit de revenir à Leipzig car, dans ses débuts de chef d'orchestre, il ne se sent pas rassuré. "Je n'ai pas le goût d'organiser des répétitions sans toi" et "j'ai l'impression que mon bon génie me manque".

Les répétitions de "La Péri" sont terminées, et c'est la première, le 4, exécution "médiocre", disent certains, "triomphale" disent d'autres. Schumann admet que l'oeuvre n'a été "saisie que de quelques uns" et que "son romantisme et son orientalisme n'avaient pas été entièrement compris". Mendelssohn n'avait pas pu assister à cette première mais avait procuré à Schumann une recommandation pour un éditeur londonien, Buxton. L'oeuvre fut reprise les 11 et 23 du mois à l'opéra de Dresde. Schumann n'en tirera pas grand bénéfice côté recette, malgré ses espoirs.

L'année se termina par la réconciliation accomplie avec Wieck, avec lequel le couple passe la Noël. Wieck n'avait pas changé et restait rigide, intransigeant et facilement irascible. Mais il avait fait les premiers pas.

Fischer-Dieskau estime que, malgré différentes vicissitudes et nonobstant la monotonie de cette année 1843, elle fut pour Schumann celle d'un travail "assez productif : "l'Andante et "Variations" et, surtout, "la Péri".

1844. est, pour Schumann, une "année charnière" dont madame Brigitte François-Sappey écrit qu'elle fut celle de "tous les effondrements".

L'évènement essentiel de l'année est le voyage du couple en Russie, du 25 Janvier au 31 Mai, voyage ardemment souhaité par Clara, soutenue en cela par Mendelssohn et Liszt appelés à la rescousse : "L'idée de ce voyage lui fait horreur; peut-être saurez-vous lui présenter la chose sous un aspect plus agréable". Car cette escapade est très redoutée par Robert, pour lequel elle sera effectivement assez désastreuse. Schumann y sera malade déprimé pendant et après cette tournée, avec, au retour, la déception vis à vis de Leipzig et le départ, véritable fourvoiement, pour Dresde. Déprimé donc, supportant mal le froid dans les hôtels, les trains, les traîneaux, l'humiliation de n'être que le "prince consort", jaloux des succès de Clara, se réfugiant dans l'isolement, le mutisme, l'alcool, l'apragmatisme (à part quelque travail sur son "Faust"), il vit une des pires périodes de sa vie.

Clara, elle, tenait et tient à ce voyage, toutes les raison l'y poussent : les difficultés matérielles du couple, les charges familiales croissantes créant des besoins d'argent supplémentaires, l'intérêt artistique et de carrière, car les tournées de concert lui manquent; enfin elle veut faire connaître à l'étranger l'oeuvre de Schumann. Sans parler de son vif désir de voir le Kremlin.

Et Schumann est toujours harcelé par le même conflit : laisser Clara partir seule (et rester seul, lui), ou l'accompagner comme chaperon et "mari de la virtuose". Clara a fini par le décider à l'accompagner, bien forcé, Clara le lui ayant fait promettre. Et Schumann se laisse faire, espérant profiter de ce voyage pour travailler, ce qui ne se réalisera nullement.

Ils quittent Leipzig le 25 Janvier, laissant les petites, Marie et Elise, aux soins de Karl, frère de Robert. Ils font étape à Berlin, où ils retrouvent Mendelssohn, voient aussi Rückert (Clara qualifie cette rencontre avec ce poète cher à leurs yeux "d'intéressante", terme bien tiède). Puis c'est Königsberg, avec deux concerts, Tilsitt, Mitau (un concert), Riga (un concert); presque partout Clara remporte un vif succès, Dorpat (où Schumann reste alité, souffrant de douleurs articulaires; mais il relit le Faust de Goethe pour y sélectionner des scènes, et écrit cinq poèmes de teneur mélancolique qu'il envoie à Wieck !) et ce sera, enfin Saint Petersbourg et Moscou.

A Saint Petersbourg l'accueil des aristocrates est chaleureux. En quatre semaines Clara donnera de multiples concerts publics : quatre à la cour, où les Schumann sont présentés au Tsar et à la Tsarine. L'un des concerts dure deux heures et Clara doit bisser deux fois le Lied de Mendelssohn "Le printemps". C'est l'enthousiasme, mais avec une part plutôt de convenance pour Robert, dont Clara impose les oeuvres (le quintette, "l'Andante et Variations" pour deux pianos, avec Adolph Henselt). Arthur Rubinstein est là aussi, propagateur lui aussi des oeuvres de Schumann. On offre à Schumann un orchestre et il peut ainsi diriger, avec succès, sa première symphonie, "Le Printemps" chez les comtes Wiehorsky, chez lesquels on joue aussi ses quatuors. Mais incontestablement la pianiste est plus appréciée que le compositeur. Et le couple tire quelqu'argent, sans plus, de ces concerts dont beaucoup sont privés et privés de tout écho dans la presse.

Si Clara s'émerveille du Kremlin, de ses dômes et ses trésors, "merveilles féeriques", des promenades sur les bords de la Néva, des palais, des réceptions fastueuses avec banquets et champagne, Schumann, lui, ne va pas bien, ce que décrit bien Fischer-Dieskau : "Des accès de dépression et des "vertiges" firent de son séjour à Moscou un martyre. Il comprit très vite qu'être l'époux d'une femme en vue était une situation porteuse de souffrances qu'il fallait dissimuler avec soin. Il s'efforça de n'en laisser rien voir, entrant et sortant sans se faire remarquer quand Clara recevait des visiteurs ou que des pourparlers se tenaient chez elle faisant à l'occasion des remarques rassurantes sur le mode ironique. Son existence semblait se dérouler dans un monde parallèle à celui de sa femme, mais clos sur lui-même. Il paraissait toujours d'accord avec elle, et aux heures où il oubliait la situation de prince consort, il jetait même un regard intéressé sur les pièces pour piano figurant au programme de Clara et qui n'étaient pas de lui. En fait il détestait tous les compositeurs car il voyait en eux l'origine de ses maux." « Ni le temps ni le calme nécessaires pour composer" tel est le bilan que tire Schumann de ce voyage. Il évoque même une certaine "phobie" de la musique"; conscient de son incapacité douloureuse, mélancolique, il la rationalise comme due au "surmenage", fait des projets inconsistants (leur établissement à Londres...). La seule activité qui est réellement productrice c'est au prix de gros efforts qu'elle est possible. C'est la préparation du "projet grandiose" (conçu d'abord comme "opéra") des "scènes de Faust" : sélection des scènes, esquisse d'une partie de la scène finale, rédaction de brouillons pour la IIIème partie (Numéros 1, 2, 3, 7) qu'il rédigera à son retour ».

En Avril, à Moscou, il ne va pas aux concerts de Clara, qui ne rassemblent d'ailleurs qu'un public clairsemé, et ne s'intéresse qu'aux cérémonies de la Pâque russe, dont il apprécie les choeurs et les voix.

Début Mai, retour à Saint Petersbourg, il regrette Moscou et souffre encore des succès de Clara, qu'il admire pourtant tellement, et de la non reconnaissance dont il est l'objet. Clara ne semble pas se rendre pleinement compte de tout cela et se réjouit des applaudissements et des compliments à elle adressés.

Si bien qu'au mois de Mai ils reviendront à Leipzig via Kronstadt, le 18, Stockholm, le 20. Malade, déprimé, désillusionné, Schumann note dans son journal : "Peine à surmonter ce chagrin... la conduite de Clara"... Il aspire "à se vider l'esprit", et dans la vie monotone qui reprend, au milieu d'êtres familiers, il a quand même d'ambitieux projets : un opéra, "Le corsaire" (d'après Byron), dont il compose un choeur, et qu'il abandonnera, au profit des "Scènes de Faust", ce Faust qui va le tenir dix ans. Il s'y adonne au début de l'été "corps et âme", prêt à parcourir d'un trait le cycle que le poète mit quarante-deux ans à élaborer. C'est, dans cette IIIème partie, le choeur des anachorètes dans le désert, le pater extaticus, le pater profondus, l'hymne final. "Le féminin éternel nous attire au ciel", commente-t-il.

En Juillet, il abandonne toute responsabilité permanente (le poste de rédacteur en chef) et confie la Revue à Oswald Lorenz. Il la vendra - la bradera - (le 20 Novembre) pour 500 Thalers à Franz Brendel. La Revue continuera sans lui encore quarante ans. Il se résout à abandonner ainsi un poste lucratif qui lui assurait la sécurité financière, mais cela lui demandait un excès de travail, tâche écrasante que les autres rédacteurs lui laissaient en grande partie sur les épaules. Il espère ainsi avoir plus de temps pour composer. Il n'a peut-être plus l'énergie pour polémiquer, certes, mais le premier objectif de la revue est en fait atteint : c'est la fin des compositeurs-virtuoses, de leur règne absolu, et Berlioz, Chopin et lui-même sont mieux reconnus. Mais, quittant la revue, il se prive ainsi de contacts sociaux vitaux, et du média de l'écriture au travers duquel il est plus agile que par la parole orale. Il écrit toutefois alors ses "Conseils aux jeunes musiciens" et ébauche son "jardin des poètes" (Dichtergarten) auquel il consacrera peu avant sa mort, ses derniers efforts.

En Août tout semble aller mal pour Schumann. On annonce que Mendelssohn va quitter Leipzig pour Frankfort et Berlin. C'est un coup dur pour Robert, la perte d'une amitié présente, d'une estime, d'un soutien moral précieux. Sans lui Leipzig va lui paraître vide et Mendelssohn va gravement lui manquer. Il pose sa candidature à sa succession au Gewandhaus, mais on lui préfère Ferdinand Hiller, puis Niels Gade, chef suédois, que Schumann avait certes en estime, mais que Mendelssohn, lui même, avait introduit en Allemagne. Mais "un étranger !" Schumann reçoit cela comme un affront public.

Aussi commence alors une grave crise dépressive, dite "neurasthénique", qui rappelle la crise, sévère aussi, de 1833-36. Il étouffe dans ce Leipzig où Mendelssohn lui fait défaut. Il se sent à l'étroit dans l'appartement, et est repris par le désir maladif de changer de lieu, pensant que voyages voire déménagements vont entraîner la guérison. Clara, une fois conquise, n'a pas le pouvoir de maintenir l'équilibre qu'assurait la lutte pour l'avoir à lui... Et ce sont insomnie, visions oniriques effrayantes, hallucinations et tremblement, cauchemars, réveils en larmes. Bientôt des phobies multiples, et, chose terrible : phobie de la musique ! "Phobie", qui le reprend, comme autrefois, des sommets et des étages élevés, et aussi des objets métalliques, comme les clés. Schumann attribue encore ses troubles au "surmenage", alors qu'il est depuis quelque temps incapable de travailler et n'a rien produit depuis l'épilogue de Faust ... même Faust !... L'idée fixe de l'argent le reprend, d'un revenu stable, régulier, alors que les charges familiales augmentent et que, c'est vrai, les revenus de Clara n'y suffisent pas. Quant aux siens... tout ceci est exprimé dans le journal, quand Schumann "prend sa semaine", ce qui, symptomatiquement, devient de plus en plus rare. Et c'est chose grave, car Schumann qui avait toujours des difficultés d'expression orale, d'où, selon Fischer-Dieskau, l'emploi de formules grotesques, un évitement systématique des réunions, ainsi que la capacité à rester silencieux une heure avec une personne (cf. les récits et témoignages de Henriette Voigt, Franz Brendel et de Hebbel). Il écrivait jusque là facilement, négociant les problèmes conjugaux via le Journal, conseillant, encourageant, recommandant avec aisance et spontanéité de jeunes musiciens, tel Robert Franz pour ses Lieder auprès de Breitkopf. De toutes façons, depuis ces temps présents, Schumann ne fera qu'accentuer son habitude de silence obstiné, son horreur de la conversation, le rendant parfois inabordable.

En Septembre, malade, se sentant épuisé, écoeuré de son échec pour la direction du Gewandhaus, prenant en grippe Leipzig, "ville infecte" qui le dégoûte, et à laquelle il estime avoir tant donné musicalement, il entreprend avec Clara un voyage dans le Harz. Il fait une cure à Carlsbad, le tout n'apportant pas plus d'amélioration que les prescriptions peu judicieuses voire absurdes d'un médecin : cesser toute activité habituelle, dont évidemment la musique ! Et changer de lieu de résidence. Schumann abandonnant évidemment la première, littéralement meurtrière, et se précipitant sur la deuxième qui correspond trop bien à ses propres rationalisations ! Il tente enfin un traitement homéopathique avec un Dr Müller.

En Octobre il fait un voyage en famille à Dresde, voyage exploratoire qui annonce le déménagement-fuite de Décembre pour Brühl, un faubourg de Dresde. Ils séjournent en pension, Schumann y dort mal. La petite Marie est malade. Clara prépare l'installation future et contribue à l'amélioration et au renforcement de leurs liens, récemment quelque peu affectés.

A la mi Novembre il apprend la mort, précoce, d'Ernestine von Fricken, son ex-fiancée. C'est à cette époque que se confirme et se réalise la décision de quitter Leipzig pour Dresde, choix apparemment paradoxal.

Leipzig, ville de la musique par excellence, où les concerts succèdent aux concerts, qui possède un orchestre capable de jouer classiques et modernes, y compris des créations, pour un public ouvert. La ville est pourvue de librairies, d'imprimeries, d'éditeurs. C'est une métropole non seulement marchande mais universitaire. Les Schumann y ont des liens réels qu'ils vont rompre.

Dresde, capitale historique de la Saxe, ville au passé glorieux ("la Florence de l'Elbe"), ville des Lumières et de la belle architecture, du baroque), certes, mais c'est bien, aussi, la ville du passé, en retard musical sur Leipzig, "un désert musical" jugera sans appel un Schumann pour lequel la ville apparaîtra alors désuète et sans attraits.

Härtel organise le 29 Novembre un concert d'adieu, avec Mendelssohn, Livia Frege, Joachim, le jeune violoniste, alors âgé de 13 ans. Le 5 Décembre Clara joue au Gewandhaus le concerto en MI bémol de Beethoven. Le 8, c'est un concert d'adieu privé, pour les amis, avec la musique de chambre de Robert. La revue "Signale für musikalische Welt" formule l'espoir du retour de Schumann à Leipzig avec de nouveaux Lieder. Mais le 13, c'est le départ pour six ans pour Dresde, ville reliée maintenant à Leipzig par une ligne de chemin de fer de 120 kilomètres. Dès le 30, Schumann devra consulter le Dr Carus Junior.

On est frappé de la pauvreté créatrice de Schumann en cette année 1844 : outre un choeur pour l'opéra (abandonné) "Le Corsairee", le travail commencé sur les scènes de Faust, Schumann semble s'orienter vers des oeuvres requérant un certain nombre d'exécutants.

1845. En effet Schumann est arrivé à Dresde déjà en désarroi complet, "nerveux", moralement déprimé, vidé de toute capacité créatrice. Il ne se sentira jamais chez lui à Dresde et, de plus en plus étranger, pensera déjà à d'autres séjours possibles : même Vienne, malgré le mauvais accueil passé et ses insuccès pour l'implantation de la Revue ? Hambourg ? Berlin ? Hanovre ? Ce sera, après six ans, Düsseldorf. Mais en attendant, à Dresde, les Schumann ne peuvent compter que sur eux-mêmes et les quelques amis qu'ils vont se faire... et la proximité de Leipzig.

En effet Dresde leur apparaît pour ce qu'elle est. L'opéra y est toléré, plus que la "grande musique", sous réserve qu'il soit italien et dépourvu de tout caractère novateur. L'opéra allemand de Weber y est méprisé voire inconnu malgré le retour des cendres du musicien organisé par Wagner, maître de chapelle adjoint, dont on a, seule innovation, joué les "Rienzi". Il n'y a pas d'orchestre, même de chambre, digne de ce nom. On y préfère Reissinger ou Meyerbeer, qui règne ici en maître, à Beethoven, peu joué (une symphonie par an !), car il ne fait pas recette. Aucun respect pour les classiques : Bach y est méprisé. Une société de concerts a du cesser son activité, faute d'abonnements. Quand un oratorio de Mendelssohn a été donné, les chanteurs étaient mauvais et l'orchestre remplacé par un piano...

Les arts plastiques ont la préférence, peinture, sculpture, mais quelle peinture ? une peinture d'apparat, académique, compassée, conventionnelle, conformiste à l'image de la ville et d'une : cour rococo, vieillotte, qui s'endort, aristocratie "distinguée", très XVIIIème siècle : "il leur pend une fameuse perruque dans le dos" écrit Schumann à Mendelssohn. Une bourgeoisie "philistine", une cité de fonctionnaires, c'est aux yeux de Schumann, une société détestable, se nourrissant de querelles, jalousies, ragots, préséances hypocrites ("mon cher collègue", voire "mon trésor") recouvrant une agressivité latente.

La famille Schumann est installée à Dresde Grossreitbahnstrasse, avec deux enfants, bientôt trois avec la naissance à venir de Julie. Clara y sacrifie beaucoup de temps, ainsi qu'à Robert, souvent malade, mais cela n'empêche pas celui-ci de s'intéresser au développement de ses enfants, qu'il aime et sur lesquels il écrit des notations tendres et vivantes dans le journal. Mais il est toujours poursuivi par ses soucis financiers, à la fois justifiés par l'agrandissement de la famille, mais aussi objets d'une véritable obsession. Le Dr Carus le confie, dès le début de l'année, à un médecin praticien de l'hypnose, le Dr Helbig.

Sa situation de musicien n'a rien de satisfaisant, il est vrai. On refuse son projet d'un hommage à Chopin dans l'église Notre-Dame, projet comportant la direction du Requiem de Cherubini et des oeuvres de Bach. L'opéra lui sera refusé quand il composera Manfred et Genoveva. Le travail est difficile, les choristes, souvent absents des répétitions et, ne prisant guère les partitions difficiles que Schumann leur propose, le lui font sentir. Si la veuve de Weber montre de l'intérêt pour les oeuvres de Schumann, la musique de feu son mari est mal comprise malgré le retour des cendres organisé par Wagner. Par contre Meyerbeer est très prisé à Dresde ! En effet comme il a aidé Wagner, celui-ci lui montre ici sa reconnaissance. Or on sait que Schumann n'avait pas manqué une occasion d'éreinter ce compositeur, ayant l'ambition de se montrer meilleur auteur d'opéra que lui. En particulier sa critique des Huguenots était une véritable exécution : "Stupéfier ou chatouiller est la chère devise de Meyerbeer... Il y réussit fort bien auprès de la canaille. Ce choral qui transporte les Français, j'avoue que si un élève m'apportait un tel contrepoint, je me bornerais à le prier de ne pas faire pire une autre fois. A la fois médité et creux, superficiel et profond... pour que la canaille n'y perde rien, superficialité, parfaite absence d'originalité. Aussi connu que son brio, l'habileté de son tour de main. Il possède un trésor de moules : on trouve chez lui Bellini, Rossini, Mozart, Herold, Weber, et même Spohr, bref la musique entière. Mais qu'est-ce que cela au regard de la vulgarité, de l'affectation, de la monstruosité, de l'immoralité, de l'absence de musicalité de l'ensemble". La réplique des supporters de Meyerbeer est violente : injures, menaces, Schumann accusé de vouloir jouer les Berlioz. Et voilà qu'à Dresde Schumann le retrouve omniprésent. "On a peine à imaginer un public plus timoré, conclut-il. Enfin il a quelques difficultés avec les éditeurs pour imposer ses propres oeuvres, par exemple les "Dichterliebe" que Peters publie finalement, amputé de quatre lieder, ainsi que "l'Allegro pour piano et orchestre" et la symphonie en ré éditée par Kistner. Schumann se sent comme déplacé à Dresde.

Heureusement il réussit à se reconstituer un cercle d'amis, qu'il rencontre chaque semaine. Schumann les voit quand il va mieux... ou va mieux quand il les voit. Les

Schumann ont retrouvé les Carus. Et la rencontre des musiciens est vitale pour Robert. C'est grâce à Ferdinand Hiller, auteur de "La destruction de Jérusalem", chef d'orchestre admiré, qui reçoit souvent les Schumann et que les Schumann reçoivent, que Schumann peut être en contact avec les meilleurs (et rares) musiciens du lieu et les artistes de passage: Hans von Bülow, jeune pianiste alors, et futur chef, Franz Liszt et la comtesse Wittgensteinn, Niels Gade lui-même (un ami de Meyerbeer !), les deux grandes cantatrices, premières à chanter les Lieder de Schumann : Jenny Lind que Robert apprécie beaucoup malgré une "Elvire" "moyenne" et madame Wilhelmine Schröder-Devrient, épouse de l'acteur Devrient, "qui donne un peu du bonheur de sa vie privée" et aura été l'interprète première et profonde des Chamisso-Lieder (dont l'Amour et la vie d'une femme), de même Pauline Garcia-Viardot. Il y a aussi beaucoup d'artistes : le peintre Bendemann de "L'entretien sur Dürer et les Madones de Raphaël", et son épouse, liés par une admiration commune de Hebbel, et Rietschel, le sculpteur qui fera un médaillon célèbre du couple Schumann, Felicien David, Auerbach, Hübner, peintre, le poète Reinicke (qui inspira les six lieder opus 36), Ludwig Richter, auteur du frontispice du "Liederalbum für Jugend".

Mais un "cas à part" est constitué par la relation entre Schumann et Wagner, bien que celui-ci fasse partie du cercle des amis. A trente ans il est second Kapelmeister à la cour, où, vu sa personnalité et ses idées, sa présence paraît incongrue. Schumann le rencontre à Dresde pour la première fois chez Hiller avec d'autres artistes et écrivains. Il le connaissait par ses articles pour la Revue (dont un certain papier sur les juifs et la musique...) et certaines oeuvres (dont les Rienzi, entendu en répétition). Il avait eu entre les mains la partition du "Hollandais volant" Mais les rapports des deux génies sont ambigus, complexes. C'est d'abord une bienveillance affectée, peu sincère en fait, car il n'y a guère d'atomes crochus entre ces deux tenants, si différents, de "la musique de l'avenir" qui eut pu les réunir. « C'est un compositeur de haut mérite, mais un être absolument impossible", note Schumann, déçu par l'homme. Il écoute parler "le brillant causeur" deux heures sans dire un mot. "C'est un homme fort remarquable mais on ne peut se contraindre à écouter longtemps sa conversation menée sans reprendre haleine ». Et sans doute les idées révolutionnaires extrémistes (il est lié à Bakounine, l'anarchiste !), choquent-elles Schumann. Malgré sa culture inépuisable et boulimique, en musique, mais aussi en poésie, théâtre, philosophie, légendes, idées sur Berlioz, sur le mariage, avec un idéal de vaste synthèse de toutes les disciplines, le pathétisme "excessif", la violence malgré un enthousiasme jugé sincère, tout cela rebute Schumann qui finit même par le prendre en grippe. Peut-être y a-t-il aussi rivalité, désir d'affronter victorieusement Wagner, lequel voudrait être le représentant exclusif de l'opéra allemand ou diriger les projets d'opéra allemand dans son sens à lui, Wagner.

Wagner est peu connu comme auteur de lieder, malgré les Wesendonck-lieder annonçant le style "opératique". Schumann n'a guère aimé les premiers opéras de Wagner du fait de leur italianisme, et de l'influence de Meyerbeer. Tannhäuser ? "Extérieur, excessif, artificiel, clinquant, inauthentique, sans recueillement ni âme, sans émotion vraie, vulgaire" voire "repoussant, informe, dilettantesque". Quant à la musique même : "Une accumulation de quintes, d'octaves", Wagner "à peine capable d'écrire, de penser convenablement quelques mesures de suite". Choqué par cette musique, Schumann ne voit pas, d'emblée, en déchiffrant la partition, l'avenir que pourra avoir cet opéra... Mais après la première audition, il change complètement d'avis, emporté "par l'émotion, le drame puissant". Wagner lit le livret de Lohengrin chez Hiller alors que Schumann pensait à ce sujet d'opéra et, de ce fait, y renonce, alors que le texte, le style "vieille Allemagne" plaît, en particulier aux peintres.

Mais rien ne passe vraiment entre ce Schumann méditatif, intérieur, réfléchi, et un Wagner impétueux, provoquant par ses idées folles, bavard et jouisseur, qui trouve "cet homme taciturne, incompréhensible," ce que Nietzsche, cruel, qualifiera de "coté vieille fille" de Schumann.

Autre déception, Andersen, qui, venu à Dresde, marque peu d'intérêt pour les Lieder composés par Schumann sur ses poèmes et remarquablement chantés par Livia Frege. Il ne s'intéresse guère qu'à trouver en Allemagne des lecteurs pour ses contes, alors que, le 15 Avril, très amical, Schumann lui écrivait : "J'ai cruellement souffert. Tous ces temps-ci je ne pouvais travailler, mais j'ai pensé à beaucoup de choses, entre autres à votre "Fleur du bonheur". Mais je suis en retard et je ne pourrai vous montrer que peu de choses. Mais je dois dire que ma pensée n'est pas restée inactive, et une lueur plus rose vient me visiter de temps en temps. Mes forces entières vont me revenir et je pourrai à nouveau travailler". Il faut dire que Schumann n'a pas de chance avec les poètes sur les textes desquels il compose des Lieder, de Heine en Rückert, et maintenant Andersen, c'est à peine s'ils lui en accusent réception !

Même les évènements qui pourraient lui être heureux ne lui apportent pas les pleines satisfactions qu'il eût dû en recevoir. Ainsi la naissance de son troisième enfant, Julie, ne suscite pas l'enthousiasme habituel en ce genre de circonstances. Ainsi Mendelssohn projette-t-il une sorte de "congrès", de réunion de famille et d'amis à Frankfort, Schumann un de ses amis les plus proches, lui écrit comme pour quémander sa participation.

Il va mal, souffre en Juin de maux oculaires, et la Faculté récidive en lui prescrivant d'arrêter tout travail, un travail qu'il se sent lui-même incapable de mener, à part des études sur des fugues, activité sur laquelle il se replie habituellement quand il tente de se ressaisir.

Après avoir projeté un voyage sur le Rhin, ce cher Vater-Rhein, avec pour terme la participation à l'inauguration à Bonn d'un monument à Beethoven, ("nous nous réjouissons surtout de voir le Rhin, le beau Rhin aimé", écrit-il le 7 Juillet à Mendelssohn), Schumann a des nausées interminables. Il renonce en Août à poursuivre et interrompt la croisière à Weimar où se trouve Liszt, et retourne à Dresde. Il est trop malade, "ne supporte pas les médicaments". Fischer Dieskau fait à ce sujet l'hypothèse, peut-être anachronique, encore que cliniquement cohérente, d'une tentative de cure de désintoxication.

Puis Schumann se sentant moins mal, c'est un voyage à Vienne dans lequel il semble avoir placé quelques espoirs. L'accueil semble lui donner raison, au point qu'il évoque la possibilité de s'y établir. Ce sont des rencontres encourageantes et revigorantes telles celle de Grillparzer et d'Eichendorff. Mais ce n'est pas le triomphe escompté. Le concert de Clara connaît un succès relatif : la virtuose n'est plus une "wunderkind", mais "une adulte au jeu rigoureux, intériorisé, voire austère" (Françoise Mallet-Joris). Les bénéfices matériels sont légers, sauf le concert avec la participation de Jenny Lind dans des Lieder de Robert. Les Schumann sont, une fois de plus, déçus par Vienne, mais Schumann, quand même un peu revigoré, se décide à de nouveau composer, tout en revenant sans enthousiasme à cette ville de Dresde qu'il aime de moins en moins.

En fait, toute cette année, Schumann ira mal, les crises se multipliant jusqu'en 1846, sans véritables rémissions entre elles, et en continuité avec son état de l'an passé, et malgré un semblant d'amélioration fin 1844 - début 1845. Le 28 Mars Schumann note qu'il est "malade moitié par imagination, moitié pour de bon". Au printemps, il semble aller mieux, revivre au travail. "La vie coule en lui sous le rocher". Il fait une "cure de contrepoint" qui semble contribuer effectivement à le stabiliser. Mais on a vu sa "rechute" le 17 Juillet lors du voyage sur le Rhin. Il écrivait alors à Mendelssohn, lui confessant son désarroi, et parlant alors ouvertement de "dépression nerveuse". En Décembre il est pris d'un prurit tenace, qui reste mystérieux pour les médecins, et qu'on dirait sans doute aujourd'hui "psychosomatique". L'hiver 45-46 il se sentira encore "en grande faiblesse", n'osant reprendre la direction d'orchestre, ni même le travail sur "Faust". Il retravaille cependant sur Bach et écrit les quatre fugues op. 72.

Et, là encore, ce seront des alternances de mutisme - le plus souvent - et de sociabilité - plus rarement. Schumann se sent oppressé, mal à l'aise, a minima; à d'autres moments il a carrément "un air absent et même apathique", témoigne Wilhelmine Schröder-Devrient, voire a des périodes de torpeur où "le physique ne soutient plus le vouloir vivre" (Pitrou). Toute occupation intellectuelle provoque fatigue, tremblement, sensation de froid dans les extrémités, angoisse, crainte de la mort avec reprise des phobies des hauteurs et des objets métalliques, crainte que les remèdes ne l'empoisonnent. L'insomnie est fréquente et le malaise culmine vers deux heures du matin. Le docteur Helbig prescrit des douches froides et des activités autres que la musique. Mais Schumann, après avoir tenté de travailler la physique, les sciences naturelles, revient à la musique et se replie sur lui-même. C'est à cette période, en automne, que survient un nouveau symptôme, hallucinatoire, des fanfares de trompettes en UT et de tambours, dont il a l'impression qu'elles lui dictent "une splendide symphonie en UT".

On pourrait s'étonner que, dans ces conditions, Schumann puisse encore produire, créer. Certes, à part le point final mis au concerto pour piano en la op. 54, en ajoutant un intermezzo et un rondo à la "fantaisie" (allegro) composée en 1841 et dédiée à Hiller ("un véritable présent venu d'en haut", exulte Clara), et le début de la deuxième symphonie, en UT, op. 61, comme on l'a vu, "composée sous l'empire de la maladie... dont elle porte les traces", écrit Fischer-Dieskau, c'est essentiellement à des études de contrepoint que Schumann se sera livré, avec Bach. D'où :

- Quatre fugues op. 72 pour piano, dédiées à Reinicke
- Six fugues sur le nom de B.A.C.H., pour orgue
- les Etudes et Esquisses pour piano à pédalier, op. 56 et 58,

"Fugen passion", "rédigées automatiquement", c'est à dire quasi inconsciemment, note Schumann. En fait, c'est, pour lui, s'insérer dans un cadre formel, formalisé, qui le soutient, "occupation de convalescence" a-t-on même cru pouvoir dire.

Il faut cependant noter l'intérêt apparu pour les choeurs et un certain renouveau du Lied, avec le "Soldatenlied" sur un texte de Hoffmann von Fallersleben, inclus dans un recueil collectif à l'intention des enfants (avec Spohr et Mendelssohn), tandis que le projet de Lieder sur des poèmes de Robert Burns mûrit.

Mais la principale occupation et préoccupation, avec des fortunes variables, reste le "Faust", projet qu'il méditait depuis son voyage en Russie, "une idée hardie et belle, n'est-ce pas ?" écrivait-il à Krüger. Projet non d'un opéra, qui serait trop prisonnier des conventions du genre, mais d'un oratorio qui, tout en étant "profane", serait "spirituel", d'où l'importance du second Faust; avec, certes, l'amour de Faust pour Marguerite, où Faust devenu aveugle, et meurt, mais va surtout à l'au-delà, telle apparaît "la clé de voûte" de l'oeuvre. Et puis seul Méphisto porte la malignité, et les péchés, et les mensonges féminins ne sont que les effets de ses manoeuvres. En fait, si Schumann semble penser sans cesse à son Faust, il n'arrive pas à s'y remettre. "La scène de Faust est enfermée dans mon pupitre, mais j'ai grand désir de la relire. C'est parce que la poésie sublime de cette partie finale a pris possession de mon âme que j'ai osé me mettre à la tâche. Je ne sais si je la publierai jamais". C'est ce qu'il écrit à son ami Mendelssohn.

1846. Le premier Janvier, Clara, enceinte, joue au Gewandhaus, sous la direction de Mendelssohn, le concerto pour piano de Schumann. C'est un triomphe. Schumann est toutefois vexé que le succès revienne plus à la pianiste qu'à son oeuvre. Clara, dès lors consacre l'essentiel de ses tournées, voire de sa carrière, aux oeuvres de Robert, et se plonge, plus que jamais, avec lui dans l'étude approfondie de Bach. Quelques jours après le concert naît Emile, leur quatrième enfant.

Pendant le mois de Janvier, surexcité quand même par le succès, Schumann se jette dans l'instrumentation de sa deuxième symphonie, en UT op. 61. "L'inspiration jaillit avec violence, forçant le succès" écrit Pitrou, mais Schumann travaillera à cette symphonie jusqu'à la fin de l'année. Commencée en 1845, elle a vu Schumann s'en distraire un temps, occupé qu'il est par "des idées d'opéra", et en proie à des périodes de "malaise". C'est d'ailleurs un cri de souffrance : "Là où il y a des rires et de la joie, il faut que je m'écarte". Il écrit dans une lettre au chef Oten : " ... Etant encore à demi malade, il me semble qu'on doit s'en rendre compte à l'audition. C'est seulement dans la deuxième partie que je me suis senti renaître, et, de fait, une fois l'oeuvre achevée, je me suis senti mieux; mais elle me rappelle une sombre époque"... "En dépit de cela, des accents aussi douloureux peuvent éveiller l'intérêt... mon mélancolique basson de l'adagio".

C'est une lutte, un effort, pour écrire, avec de nombreux remaniements, lutte au cours de laquelle il est hanté par l'image de Beethoven pour arracher de lui cette musique. Il est d'ailleurs, alors, frappé comme le maître de Bonn de bourdonnements d'oreille. Mais ces efforts le tirent du fond de la douleur, et c'est un hymne à la victoire qui termine l'oeuvre, issue toute beethovenienne.

En Avril, les Schumann et Wieck sont enthousiasmés par "la Lind" et le 12 font un voyage à Leipzig pour l'entendre à nouveau et participer chez le Dr Frege à un dîner en son honneur. Quelques mois plus tard Schumann la rencontrera à nouveau, à Hambourg et malgré "une donna Anna" un peu faible, il l'admire fort, moins cependant que "la Schröder-Devrient".

En Juillet Schumann se tourne, effectivement, vers des oeuvres chorales, à l'exemple de Mendelssohn, genre auquel il avait jusqu'ici peu contribué; et ce sont les choeurs mixtes op. 55 d'après Robert Burns et l'op. 59 (Lappe, Platen, Möricke et Rückert), des éléments pour trois chants pour choeur d'hommes, futur op. 62 (Eichendorff, Rückert, Klopstock) et pour "Ritournelle in canonischen Weisen" (Rückert), futur op. 65.

C'est aussi, le même mois, la visite d'Andersen, avec leur admiration partagée pour "la Lind", laquelle apprécie elle-même les poèmes en prose et les contes ("Livres d'images sans images") du Suédois. Les conversations entre Andersen et Schumann prolongent de longues correspondances et Schumann, qui conseille à Andersen de lire les poèmes d'Annette von Droste, aurait bien voulu, on l'a vu, tirer d'une des ballades d'Andersen un livret d'opéra; il devra y renoncer, un autre compositeur y travaillant déjà.

Mais l'été est encore une période difficile pour Schumann, désarmé devant les difficultés rencontrées pour organiser des concerts publics et privés à Dresde. Parallèlement au travail sur la symphonie en UT, il entreprend une autobiographie, qu'il abandonne bientôt. S'y ajoute l'effet déprimant qu'a sur lui la rencontre, dans la campagne, d'un asile psychiatrique. Les "poussées au travail" alternent avec les moments de dépression, en un cycle tel que, dès qu'il se met au travail, il décline rapidement. Il ressent ce qu'on a appelé "hallucinations auditives", mais qui sont surtout le fait de la contrainte intérieure qu'il ressent d'être obligé de convertir tous les bruits en sons musicaux.

A l'automne il fait une cure à Nordernay, sur le bord de la mer, au calme. Il y fait de longues promenades, seul ou avec Clara et prend des bains dans la mer du Nord. Au bout de six semaines, il ressent un mieux, les forces semblent lui revenir. Angoisse et "vertiges" disparaissent. Et, tandis qu'il se rétablit peu à peu, le repos forcé qu'il doit prendre, il le consacre à ses enfants. Avec Marie, qui a quatre ans et demi, il fait des promenades, lui apprend des poésies, et même avec Elise, trois ans, qui est capable de réciter quelques vers. Il leur apprend avec plaisir à chanter et prépare les lectures futures de ses enfants : la Bible, Shakespeare, Byron, Homère, Sophocle, Goethe, Schiller, Jean-Paul, Rückert, Platen, Grün.

Le 27 Octobre, ayant achevé sa symphonie en UT, il écrit à Mendelssohn : "Si le copiste tient parole, j'espère avoir ma symphonie pour le troisième concert, ce me serait une grande joie".

Elle est effectivement dirigée par Mendelssohn les 5, 6, et 16 Novembre au Gewandhaus. Mais, dès ce mois, alors que Schumann est encore faible et n'ose encore reprendre la direction d'orchestre ni son cher Faust, Clara repart en tournée le 24, et Robert l'accompagne avec Marie et Elise. A Vienne l'accueil semble plus favorable que lors du premier séjour et Schumann évoque à nouveau la possibilité d'aller s'y établir. Ils profitent bien de la ville et de la forêt viennoise, des coteaux vinicoles avec leurs "Heurigen", ainsi que du Heiligenstadt de Beethoven. Ils retrouvent leur ami Fischof et le critique Hanslik, assistent à des concerts à l'opéra, à la Redoute et au Kärntnerortheater. Ils ont un appartement agréable et Clara est reçue à la Hofburg, où elle est appréciée, plus que Robert, quasi inconnu. C'est là qu'on lui demande encore un jour : "Vous aussi vous êtes musicien ?"

Mais l'accueil fait au premier concert de Clara, le 10 Décembre, avec le concerto en sol de Beethoven est plutôt décevant. Si on ne retrouve plus en Clara la Wunderkind de jadis, on n'est visiblement que peu capable d'apprécier chez elle un jeu nettement supérieur, même s'il est dit "austère". Ce concert, tous frais déduits, ne rapporte que quelques ducats. Pour le deuxième concert, avec le quintette et les variations pour deux pianos, avec Anton Rubinstein, la salle est presque vide et le solde négatif. Pour parfaire le tout, Schumann et Meyerbeer, très prisé à Vienne, sont amenés à se rencontrer, au cercle "Concordia", et à s'éviter soigneusement. Malgré des rencontres intéressantes avec des poètes, comme Eichendorff ou Grillparzer (le frère du poète, auteur du "rêve comme moyen de connaissance"), qui partage l'admiration de Schumann pour Beethoven, Goethe, ou Napoléon, le couple partira déçu de Vienne en début d'année 1847 , mais Schumann se portera alors plutôt mieux.

1847. Le troisième concert, le premier Janvier, dirigé par Schumann lui-même, n'attire, lui aussi, qu'un public clairsemé, avec peu d'applaudissements pour la première symphonie et le concerto pour piano. "Marguerites ante porcos" commente Wassilievski. Certes, le quatrième concert à Vienne, le 10 Janvier fait salle comble, beaucoup ne peuvent entrer, mais c'est que Jenny Lind chante ! : des lieder de Mendelssohn ("Auf Flügeln des Gesanges") et de Schumann ("Der Nussbaum"), lieder dont elle a été la première interprète, avec courage, face à l'hostilité initiale des critiques qu'elle a su finalement convaincre. Le bénéfice net sera, cette fois, bon : 300 thalers. Et Clara de soupirer : "Un air de Jenny Lind a réussi tout ce que je n'ai pu faire avec toute ma pianisterie". Et Schumann de répliquer : "Console-toi, chère Clara, tout cela sera changé". Mais peut-être les Schumann n'ont ils pas les qualités d'imprésario qu'avait le vieux Wieck. Clara aura encore donné une matinée le 15 Janvier. Fin Janvier le couple quitte Vienne et la tournée se poursuivra jusqu'à la fin Mars, en passant par Brno, Prague, Berlin et Leipzig.

Prague est une consolation après l'insuccès et la déception à Vienne, ce qui n'est pas sans rappeler les vicissitudes jadis connues par Mozart. Le quintette et les Eichendorff Lieder, annoncés chaleureusement par le journal Bohémia, reçoivent un accueil enthousiaste. Clara, pour le concerto pour piano ("con amore", commente Robert), reçoit une extraordinaire ovation. Elle s'amuse de la gaucherie de Schumann venu saluer avec elle le public. Le couple doit faire une halte à Dresde car le petit Emile est malade (il mourra, sans doute d'une leucose, le 22 Juin).

Et c'est Berlin, où les attendent de nouvelles déceptions. D'abord parce que Berlin, au plan culturel, n'est plus ce qu'il avait été depuis le XVIIIème siècle. C'est "une ville froide" aux yeux des Schumann, mais aussi et surtout l'exécution devant le roi, tant attendue, de "La Péri" n'est qu'un demi-succès. L'orchestre est composé d'amateurs, les choristes sont peu familiarisés avec le genre "oratorio profane". Les répétitions sont en partie assurées par Clara, Schumann étant malade le plus souvent. Deux solistes, la soprano dans le rôle-titre et le ténor, se désistent, remplacés au pied levé par des chanteurs médiocres. La direction de Schumann est incertaine. Et le 17 Février, le public ne réagit guère, la critique est pour le moins réservée, si ce n'est pire. On ne comprend pas l'oeuvre. Deux autres concerts donnés les jours suivants n'ont pas plus de succès. Et, là aussi, s'évanouit l'espoir d'une installation à Berlin, où se trouvent les Mendelssohn, Félix et Fanny, laquelle mourra peu après, le 14 Mai.

Mais fin Mars, il faut, à contre-coeur, retourner à Dresde, via Leipzig où Schumann constate avec plaisir que Mendelssohn y est toujours prisé. Et c'est affaibli que Schumann arrive dans une ville qu'il déteste et où il se sent seul malgré la présence des peintres Bendemann et Ludwig Richter et de Rietschel, le sculpteur. Il y est préoccupé d'obtenir un poste régulièrement rémunéré, comme directeur de conservatoire, de société chorale ou, pourquoi pas, d'opéra ? Mais là encore, il réagit par un élan de "création forcenée" (M. Brion). Il cherche un livret pour composer un opéra, son vieux rêve, "un opéra allemand", à opposer à "la pacotille" de Meyerbeer et des "canaris" italiens. "Voulez-vous connaître ma prière, du matin et du soir ? Un opéra allemand. Il y a là quelquechose à faire", écrit-il à Kosmaly. Le but, ambitieux, et romantique par excellence, est d'y allier tous les arts. Rêve de vingt ans, il avait songé déjà a un "Hamlet", puis à "Doge et Dogaresse" (d'après E.T.A. Hoffmann). Byron ? Goethe ? Calderon ? Thomas Moore ? L'Odyssée ? Bajazet, de Racine ? Sakontala ? Et même les "lettres de Cicéron", qu'il trouvait jadis si bavard... Finalement, vers Pâques, début Avril, il trouve "Genoveva" (Geneviève de Brabant) sur laquelle ont écrit Hebbel et Tieck. Les quatre premiers jours d'Avril il compose l'ouverture. Il demande à Reinick, le peintre-poète, aussi passionné que lui par l'histoire, d'écrire un livret qui réaliserait un "mixte" de Hebbel, le "puissant" et Tieck, "le sentimental" (Eusébius et Florestan ?). Mais le texte de Reinick ne lui plaît pas. Lors de leur rencontre il sollicite en vain Hebbel. Il doit finalement se décider en Mai à réécrire lui-même le livret. Et la composition proprement dite de l'opéra, futur opus 81, ne commencera qu'à Noël et ne sera terminée qu'en 1848.

Pendant cette période Schumann sera occupé à étudier de nombreuses partitions et Clara à composer une transcription pour piano de la symphonie en UT.

En Juillet, en fait de fin Juin au 13 Septembre, c'est un "festival Schumann" (Musikfest) qui est organisé à Zwickau en l'honneur de l'enfant du pays, festival repoussé cette année de quelques jours en raison de la mort récente du petit Emile. Aubades et retraites aux flambeaux saluent le musicien de la ville, auxquelles Schumann répond en offrant à sa ville natale, et en le dirigeant, "Beim Abschied zu singen" sur le "Dieu a décidé dans sa sagesse" de Feuchterleben. Comme le texte, l'air souffre d'une certaine sentimentalité.

C'est aussi en Juillet que les Schumann ont le "grand honneur" de la visite de Hebbel, "la nature la plus géniale qui soit de nos jours".

Il semble alors que Schumann aille mieux et compose entre Juin et Septembre le trio en ré op. 61 et le trio N° 2 en FA op. 80, qui "ravit" Clara. Mais le 4 Novembre, coup de tonnerre : c'est un évènement qui frappe encore cruellement Schumann : Mendelssohn meurt subitement d'apoplexie. Schumann, est effondré, "grande terreur", et craint alors de mourir du même mal. Bien qu'ayant horreur de ces cérémonies, il se rend, seul, Clara étant à nouveau enceinte, aux obsèques, en l'église Saint- Paul de l'Université de Leipzig.

Et Schumann, déjà profondément déprimé, sera encore affecté par le départ d'un autre ami, c'est à dire de Hiller, nommé chef à Düsseldorf. Il lui succédera à Dresde à la tête de la société chorale du "Liedertafel". Ceci lui redonne un certain entrain et correspond bien à son orientation récente vers les oeuvres chorales et lui permet de suivre l'exemple de Mendelssohn. Il compose "Errinerung" (souvenir) en hommage à son ami, oeuvre qu'il intégrera dans son "Album pour la jeunesse".

Le 23 Novembre il commence à composer pour son "Manfred" et reprend le travail sur "Faust".

Mais l'année finit sur une nouvelle déception : l'échec confirmé de sa candidature à la direction du Gewandhaus, poste où est nommé son ami Gade.

1848. Sur l'élan de sa nomination à la direction du Liedertafel Schumann avait lancé un appel pour la création, effective en fin d'année, d'un choeur mixte, "Chorgesangverein". La première répétition a lieu dès le 5 Janvier, puis le 12 avec "Comala", cantate de Gade d'après un texte d'Ossian, qui fournira la matière du premier concert, le 26 Mars. Mais Schumann, surtout, a la joie de programmer la musique qu'il aime, les grands classiques : Palestrina, Bach, Beethoven - avec la Missa Solemnis ! - et des oeuvres personnelles : le mélodrame "Les fugitifs" (de Shelley) op. 22; Romances et ballades op. 67; la Romance pour choeur de femmes op. 69; les "Spanische Liebslieder" op. 138; Liederspiele op. 74; Jaglieder op. 137 pour voix d'hommes, et surtout la troisième partie des "Scènes de Faust", présentée en concert seulement le 25 Juin. C'est l'union des voix et des instruments que recherche Schumann. Il se lance dans cette activité comme il en est capable, avec enthousiasme, ne ménageant ni temps ni énergie, "corps et âme" dit Clara. Cela représente un travail énorme, deux répétitions par semaine pour chacun des deux choeurs. D'autant que les satisfactions réelles sont loin d'être immédiates : un temps est nécessaire pour former les chanteurs qui sont modérément travailleurs, variablement passionnés, d'une assiduité relative (souvent 57 sur 117 !). Mais c'est une chose très profitable pour Schumann, tant sur le plan de la confiance en soi, de l'efficacité comme chef, que de l'extériorisation de ce qu'il porte en lui, de sa sociabilité. Des tournées en province auront un assez grand succès. Mais si le Chorgesangverein lui donne grande satisfaction, il est secondairement déçu et lassé du Liedertafel et le laissera à un autre chef.

Sur le plan de la vie personnelle, c'est la naissance, le 20 Janvier de Ludwig, le cinquième enfant du couple.

A partir du printemps, Schumann qui croit, et est effectivement sensible à l'influence des saisons sur les individus, est dans une période d'élan, de travail, de création.

En Juin, les Schumann reçoivent la visite du diabolique Liszt, visite qui sera l'occasion, le 9, d'un incident violent entre Schumann et Liszt et d'une brouille de près d'un an. Ils se connaissaient et s'étaient d'abord appréciés par correspondance, et Schumann avait fait dans la Revue des critiques élogieuses des oeuvres de Liszt. Puis ils s'étaient rencontrés et si Schumann s'était orienté vers la musique de chambre, c'était, sur les conseils de Liszt, tout autant que de Mendelssohn Clara avait, elle, été toujours réservée, "tout près de le détester", même. Elle trouvait "vulgaire" l'interprétation par Liszt des oeuvres de Robert, et dans le journal (31 Décembre 1841), elle ne le ménageait pas : "... une exécution extraordinaire. Et pourtant, par endroits, peut-être souhaiterait-on une interprétation différente. Mais y a-t-il un artiste au monde qui atteigne toujours à la perfection ? Liszt peut bien jouer comme il lui plaît, ce qu'il fait est toujours plein d'intérêt, même si l'on peut relever des fautes de goût, et cela surtout dans ses propres compositions qui sont affreuses, je ne peux les qualifier autrement : c'est un chaos des plus aigres dissonances, un continuel murmure tant à la basse qu'à la partie supérieure, des introductions ennuyeuses etc... Comme compositeur, je serais tout près de le détester, mais le virtuose m'a bouleversée d'admiration..." et alors : "Comme toujours Liszt est arrivé en retard. Je crois qu'il aime à se faire désirer, et cela me déplaît. Il faut toujours qu'il me donne l'impression d'un enfant gâté, bon, autoritaire, aimable, arrogant, noble et généreux, mais tout à la fois dur aux autres, en un mot un curieux mélange de qualités fort diverses".

Liszt est cependant reçu chaleureusement par le couple. Il est brillant, sait être charmant voire charmeur, mais aussi, parfois, odieux. Arrivé en retard comme on l'a vu, il veut se faire jouer les trios de Schumann, qu'il apprécie et applaudit. Mais le quintette lui fait dire que "cela manque d'un certain libéralisme" (?) et "sent un peu trop son Leipzig". C'est déjà une jolie bourde dans la bouche d'un musicien. Puis il se met au piano et "joue mal" selon Clara. mais surtout il va avoir d'autres mots malheureux : il vante Meyerbeer que Schumann abhorre, et Liszt le sait, et se permet de décrier Mendelssohn, sachant l'admiration et l'affection que lui porte Schumann, encore endeuillé, de surcroît de la mort de son ami. Alors, cela a pour effet de déclencher un éclat pénible, et presque un pugilat devant les amis consternés. Schumann outré, tremblant, se lève vivement, empoigne Liszt aux épaules et le secoue, et, d'une voix indignée et bouleversée lui crie : "Taisez-vous ! Qui êtes-vous, monsieur, pour vous permettre de parler ainsi d'un maître comme Mendelssohn". Et Schumann parle même d'un "pois-chiche poussant à l'ombre d'un chêne", arguant que Meyerbeer est un nain et Mendelssohn un géant. Et il se retire sans saluer personne et en claquant la porte. Liszt, qui n'est pas inconscient de sa gaffe, est attristé, étonné quand même des réactions de Schumann, et vexé. Il essaie de parler encore avec les amis, tous gênés, et dit à Clara : "Dites à votre mari que je n'aurais supporté de nul autre les paroles qu'il a prononcées". Et il s'en va, retournant aussitôt à Weimar. "J'ai rompu pour toujours avec lui", commente Schumann. La brouille durera un an. Et Schumann écrira à Liszt une longue lettre pour défendre "le groupe leipzigois" (Mendelssohn, Hiller, Bennett et Schumann), "Tout cela dit à propos de votre déclaration qui fut injuste. En résumé, oublions cette soirée. Un mot n'est pas une flèche. L'important est de progresser sans cesse". Liszt ne sera pas rancunier et reviendra les voir en Juin 1852 avec la princesse Sayn-Wittgenstein, qui saura se faire aimer du couple Schumann, bien que Marie soit amenée plus tard à relater avec ironie que la princesse se mettait à genoux devant Liszt pour lui allumer sa cigarette, ce qui n'était certainement pas du goût de ses parents. Schumann était choqué des goûts de luxe de Liszt, son attirance pour la haute société, les princesses, "puce d'hermine" ironisait-il.

Mais il se dessina bientôt aussi une divergence au plan esthétique entre les deux compositeurs, divergence que Clara, dont on a vu les positions personnelles, contribua à renforcer, y compris après la mort de Schumann. Cependant il faut ne pas oublier que Schumann envoyait "pour avis" à Liszt toutes ses compositions. . Et Liszt les jouait et les défendait. Lors du centenaire de Beethoven, Liszt dirigea les parties des "Scènes de Faust" déjà composées par Schumann.

L'été "où l'on sommeille", par opposition au printemps, "qui donne l'élan", (selon les vues de la "naturphilosophie" sur les rapports entre les phénomènes naturels et la psychologie) fut cependant favorable à la production de Schumann. En Août il met la barre finale de son opéra Genoveva, au terme de péripéties et de rebondissements dus à la maladie, en particulier en fin Janvier. Mais il faudra encore attendre pour faire jouer l'opéra. Et Schumann hésite : où le faire jouer ? À l'opéra de Dresde ? Ou à celui de Leipzig ? Il écrit à Rietz et David pour qu'ils le soutiennent auprès de Wirsing, le directeur du dernier. Il pense que sa musique y sera mieux comprise. Dans la foulée, il se lance dans la composition de Manfred, op. 113, qui le tiendra jusqu'en 1849. Il lit avec passion le texte de Byron et s'en enflamme, d'autant plus qu'il s'y identifie et se projette dans le héros. Wassilievski a relaté qu'un jour Schumann lui lisait l'oeuvre et que sa voix se brisa d'émotion, qu'il fondit en larmes et dut interrompre sa lecture. "Jamais je ne me suis voué à une composition avec autant d'amour et une telle dépense de forces". Il dut cependant modifier le texte original que Byron lui-même déclarait "injouable", et ceci en s'efforçant de ne pas en altérer l'esprit.

Et, parallèlement au travail sur Manfred ("la malédiction"), il reprend celui sur Faust ("la rédemption"). Il a des doutes sur la réalisation possible de cette oeuvre et il écrit à Brendel : "A quoi bon ajouter la musique à un poème en tout point parfait ?". Et, après une audition avec un petit cercle d'amis : "J'ai cru que je ne viendrai jamais à bout de cette pièce, en particulier le choeur final". Et c'est l'hiver, sombre et triste. Schumann reste préoccupé du peu de rentrées d'argent; Clara, en raison d'une grossesse pénible "ne gagne presque rien"; puis elle reprend ses concerts qui sont autant de "publicité" pour les oeuvres de Schumann, fût-ce les moins connues. Mais elle donne pas mal de l'argent gagné à des associations charitables en faveur des pauvres. Les ballades, vu leur succès, de par le caractère dramatique des choeurs plus que leur lyrisme intrinsèque, sont encore ce qui donne les gains les plus substantiels.

La fin de l'année est encore marquée par le retentissement, assez inhabituel, des évènements sociaux et politiques sur la vie des Schumann. Certes ils sont des libéraux. Clara joue au bénéfice des insurgés polonais en révolution, des saxons indigents et le couple est en réaction vis à vis de l'étroitesse réactionnaire des Dresdois, parmi lesquels sont même les artistes du cercle restreint de leurs relations, mis à part Bendemann. Une atmosphère lourde pèse sur la Saxe en raison des effets en Europe des mouvements révolutionnaires nés en France. Cette atmosphère se ressent dans "le chant de l'Avent" op. 71 (sur un texte de Rückert) que Schumann compose pour cette fin d'année. Sans atteindre la prolificité de l'année suivante, 1848 aura été loin d'être stérile : outre le Cantique de l'avent, avec choeurs, première œuvre religieuse de Schumann, les derniers remaniements de "Genoveva", le travail sur Faust, le Manfred, des choeurs mixtes op. 75, que Fischer-Dieskau qualifie de "travail d'élève de contrepoint", c'est un certain retour au piano avec "les Scènes de la forêt" op. 82, oeuvre majeure, les "Bilder aus Osten" ("Images d'Orient") à savoir 6 impromptus pour piano à quatre mains op. 66, et "l'Albumpour la jeunesse" op. 68, avec une préface "sur l'art du piano" : "Jouez toujours avec amour; faites votre pain quotidien du Klavier de J.S. Bach; les lois de la morale régissent l'art; rien de grand ne s'accomplit sans enthousiasme; on n'a jamais fini d'apprendre". Ce recueil et ce texte sont la pure expression de la vie familiale selon Schumann.

Et Schumann écrit à Louis Ehlert que "de nombreuses choses datent de cette période heureuse et attendent encore dans mes cartons". Ce sont sans doute les Lieder de Wilhelm Meister que Schumann relit et qui seront l'opus 98 a, une pièce pour cor, hautbois, et clarinette, des romances pour voix de femmes avec "physharmonica" (cordes, tuyaux d'orgue, pédales, un peu comme un harmonium) op. 69.

Cette période, que Schumann dépeint rétrospectivement comme période heureuse, a été quelque peu chaotique. Certes, à certains moments, Schumann ne va pas trop mal, tant qu'il est satisfait de ses rapports avec Clara et avec ses enfants. Mais il se dit lui-même "épuisé par la poésie de Faust et ce Manfred" et par le deuil, toujours difficile, de Mendelssohn : "on ne peut se lasser de toujours penser à lui, d'en parler sans cesse". Comme il en est persuadé, son humeur suit effectivement le cycle des saisons. Et sans qu'il ait eu, cette année, de crises franches, il est fatigable, doit se reposer, est parfois excité, "fiévreux", employant toutes ses forces à tantôt s'exalter, tantôt se calmer; mais il maîtrise mal, sort de ses frontières, et se surmène, soit par excès d'un travail dans lequel il se jette, comme pour conjurer sa mélancolie, soit pour se contraindre à l'immobilité. Il se sent de plus en plus seul, compris seulement de quelques uns, évite la société, choisit avec Clara les lieux de promenade les moins fréquentés. Et quand il fréquente les réunions hebdomadaires de "La vieille Poste", c'est pour y rester dans un coin, silencieux, comme absent, seul avec sa chope de bière. Clara tient bon, l'observe, plus ou moins lucide selon les cas. Des proches accusent Clara de l'infantiliser, de le "chambrer", le couper du monde extérieur. Cette "crise," permanente en fait, s'avère être de plus en plus profonde et ce sera peut-être la plus douloureuse de la vie de Schumann. En tout cas il semble se sentir alors comme pris dans l'étau d'une maladie incurable.

1849. Effectivement, dès Janvier les "crises" ont tendance à se répéter : "Une fatigue de 2000 ans", écrit Schumann, épuisé des travaux de l'été dernier. Mais c'est aussi une hypochondrie, une mélancolie, faite de dégoût, de silence, d'isolement, de solitude recherchée : chemins solitaires, églises désertes, et Schumann a recours assez souvent à l'alcool. Mais souvent aussi, il est sur-excité, se jette dans le travail, mais sans pouvoir assumer un ouvrage de longue haleine, ni se concentrer sur un seul genre de musique. Il écrit à Hiller, le 10 Avril : "J'ai beaucoup travaillé ces derniers temps, ce fut mon année la plus féconde, comme si les tempêtes faisaient rentrer l'homme en lui-même et j'ai trouvé dans le travail une consolation aux terribles évènements extérieurs". Intérieurement enfin, ce sont des préoccupations religieuses, assez nouvelles chez lui, "quitter les préoccupations terrestres" et, selon Pitrou, "un déisme par trop incolore". Aller vers Dieu "l'objet supérieur de l'artiste, qui y aspire non sans appréhension". Ces aspirations se développeront après les émeutes de Dresde, conjointement à des idéaux sociaux. Ceci transparaîtra dans diverses oeuvres, après "l'Adventlied" sur un texte de Rückert, op. 71, composé l'an passé, c'est "Ne désespère pas en cette vallée de larmes" ("Souvent la tempête mugit, et, derrière elle, se dessine en même temps un regard de Dieu"), motet à plusieurs voix avec orgue ad libitum, op. 93.

Mais si des troubles psychiques apparaissent souvent chez Schumann en cette année, il en a aussi une certaine conscience, douloureuse, et cela n'empêchera pas une fécondité créatrice exceptionnelle, soit trente oeuvres dans l'année ! Une année riche en évènements de toutes sortes, puisqu'elle voit le 19 Avril la mort de Carl, seul frère survivant de Robert, qui se trouve désormais seul, ce deuil étant de ce fait encore plus difficile à faire pour Robert que tous les autres. Il est triste, désespéré; “Si Clara n’était pas là... Voici le chagrin qui m’a reconquis et voilà que mon travail abandonné gît, mélancolique, sur la table”.

C’est aussi à partir du 29 Avril la reprise du contact avec Liszt en un échange de lettres, réconciliation qui mettra fin à une année de brouille. L’occasion en a été pour Liszt de solliciter de Schumann sa participation au centenaire de Goethe à Weimar, en l’espèce, pour le 29 Août, avec la présentation de la IIIème partie des “Scènes de Faust”. Schumann accède à ce désir et c’est alors qu’il écrit à Liszt cette fameuse lettre, dans laquelle, sans faire de concessions excessives sur le passé, voire en faisant montre d’une certaine ironie acide : “Mais mon cher ami, est-ce que mon Faust ne vous paraîtra pas sentir trop son Leipzig ? Ou estimez-vous que Leipzig est tout de même un Paris en miniature où l’on est capable de faire aussi de la bonne besogne ? Sérieusement, de vous qui connaissez nombre de mes oeuvres j’aurais attendu autre chose que ce jugement en bloc sur toute ma vie artistique. Si vous regardez de plus près mes compositions, vous y découvrirez une assez grande variété de conceptions : j’ai toujours en effet tenté de réaliser en chacune d’elles quelquechose de différent, et pas seulement dans la forme. Et pourtant, ils n’étaient pas si méprisables les musiciens réunis à Leipzig : Mendelssohn, Hiller, Benett etc... Nous pouvions parfaitement nous mesurer avec Paris, Vienne, et Berlin. Si, de ce que nous avons écrit, l’on peut découvrir quelques traits communs, on appelle cela être philistin, ou quelque chose d’approchant. Mais on peut faire la même remarque pour toutes les époques artistiques, et Bach, Haendel, Glück, puis Mozart, Haydn et Beethoven, se ressemblent en cent passages à s’y méprendre, si j’excepte les dernières oeuvres de Beethoven, qui d’ailleurs ramènent à Bach. Personne n’est entièrement original. Voilà ce que je voulais vous dire sur votre remarque, qui était une injustice et une offense. Mais oublions cette soirée, une parole n’est pas une flèche, et ce qui importe, c’est d’aller de l’avant, de progresser sans cesse”.

C’est, enfin, une période socialement agitée, puisque dès les même jours éclatent des “troubles” (une tentative de révolution) dans le duché de Bade, à laquelle participe Engels, l’ami de Marx. Du duché de Bade, les troubles insurrectionnels s’étendent à Dresde le 5 Mai. Schumann en sera d’autant plus remué qu’il est encore sous le coup de la mort de son frère Carl. A Dresde le tocsin sonne. Des hommes armés se rassemblent. Schumann interrompt sa promenade et rentre à la maison. Il reste à la fenêtre toute la journée. Il y a une barricade à cinquante mètres et l’on entend des coups de feu. Wagner, illuminé, est sur les barricades, avec les ouvriers et les étudiants, révolutionnaire, et aussi désireux de faire connaître son oeuvre. Il y a le Dr Schwarz, et Bakounine, anarchiste proscrit, réfugié à Dresde avec ses camarades. Il dirige l’insurrection, animé par l’idée de détruire l’ordre existant et d’instaurer un monde meilleur. Wagner ressent à la fois un irrésistible attrait et un effroi pour ce vrai révolutionnaire. L’opéra est en flammes, Bakounine à l’hôtel de ville. Le gouvernement Benst dissout le Landtag, et fait appel aux troupes prussiennes. Ce sont de sanglants combats, des fusillades et les corps des insurgés tués, au nombre de 300, sont exposés.

Schumann est de coeur avec les insurgés, mais reste à l’écart, voire se terre, surtout quand ils viennent le solliciter de se joindre à eux. Certes, il est d’idées libérales, partisan de réformes, de mesures sociales, voire de la République, mais pas jusqu’à suivre Wagner et Bakounine. Et Clara dessinait peu avant, le 2 Mars, ce que le couple pensait : “C’est affreux de devoir subir de telles choses ! Les hommes devraient-ils ainsi avoir à lutter pour acquérir tant soit peu de liberté ! Quand le temps viendra-t-il enfin où tous les hommes auront les mêmes droits ? Comment est-il possible que la confiance en les nobles puisse être ainsi enracinée depuis si longtemps ? Comme s’ils n’étaient pas tout simplement d'autres hommes comme nous, nous qui sommes des bourgeois !... Le désordre de ce monde est maintenant effroyable ! On ne sait comment cela finira". Elle relate des discussions politiques en famille, comme portant sur la liberté de la presse, "la nécessité de renverser les princes haïs". Ceci dans une période confuse troublée, contradictoire, où "le nouveau a peine à naître" et les idées politiques restent imprécises, les rapports entre politique et artistes étant peu clairs.

Mais malgré des "idées avancées" Schumann craint de voir confisquée la lutte pour la liberté, craint, on l'a vu, de se voir enrôler par les insurgés. Il ressent une peur de la violence d'où qu'elle vienne, du peuple ou de l'armée, peur de la foule, du désordre, avec une honte de ne pas être solidaire ni fidèle à une sorte d'idéal imaginaire. Il renonce à ses idées de jeunesse ("le passé ne fut jamais sublimé", note Fischer-Dieskau). Il abandonne ses rêves tels que "le prince musicien, agent de bonheur et de l'amélioration de l'humanité". Il reste un bourgeois - père de famille. Il fuit l'insurrection par le jardin, avec Marie et Clara, enceinte de six mois, Clara qui devra revenir pour mettre à l'abri les quatre autres enfants et diriger les opérations. Ils vont à Maxen, faubourg de Dresde, où Schumann est triste, incapable de travailler, puis à Kreisha où, malgré l'absence de piano, il peut à nouveau composer. Il y apprend par "l'Augsburger Allgemeine Zeitung" la défaite de l'insurrection, le mandat d'arrêt contre Wagner, qui doit s'enfuir en Suisse. Les révolutionnaires épargnés par la répression quittent la ville.

Le couple rentre le 7 Juin à Dresde, au grand regret de Clara. C'est le chaos, la ville, "pacifiée" par une répression féroce, est le camp retranché des troupes prussiennes. Le lendemain 8 Juin le couple fête l'anniversaire, le 39ème, de Schumann : "Mon trente-neuvième anniversaire, ma bonne Clara, et ma mélancolie". La vie à Dresde doit reprendre. Schumann n'obtient ni titre ni honneur, pas même le poste de deuxième Kapellmeister à la cour, laissé libre par Wagner. On lui refusera même l'organisation d'une commémoration de Chopin, mort le 17 Octobre. Mais libéré de la dépression et de l'usage de l'alcool, Schumann trouve un autre refuge contre les injures extérieures : un travail fébrile, une hyper production, au risque d'une élaboration trop rapide. Clara s'étonne de la stimulation du sentiment poétique dans son âme par "ces horreurs". Et Robert écrit : "jamais je n'ai été plus actif ni plus heureux en mon art. J'ai achevé certaines choses... et j'en ai d'autres, plus nombreuses encore, à l'état de projet pour l'avenir. Les marques de sympathie qui me viennent de près ou de loin me donnent le sentiment que je n'oeuvre pas en vain. Ainsi, nous filons, nous filons notre toile, et à la fin nous nous y incorporons nous-mêmes." Et : "Tout ce qui se passe dans le monde m'affecte : en politique, en histoire, dans l'homme... réflexion (qui) me pousse à m'exprimer par la musique; durant cette période, j'ai été inspiré au plus haut point... conter par ma musique les douleurs et les joies qui émeuvent notre temps, don-privilège qui m'est fait, montrer au public combien ma musique est fortement enracinée dans le présent et cherche autre chose que de simples sonorités et un divertissement agréable". Mais Fischer Dieskau fait remarquer que ce sur-investissement "devient un refuge".

Il n'en reste pas moins que c'est une période d'intense création au cours de laquelle Schumann recherche de nouveaux rapports à la réalité sociale, humaine, "un nouveau contenu à la vie", "une nouvelle simplicité" "opposée à l'emphase et au raffinement bourgeois" (Fischer-Dieskau).

Il en ressort en effet :

- les cinq pièces en ton populaire pour violoncelle et piano, op. 105 composées dans la voiture, pendant le retour à Dresde !
- les quatre "marches républicaines" (ou "des barricades") pour piano op. 76, "écrites avec une véritable flamme et plutôt républicaines" ... que militaires, "taillées dans le

rocher", dit Liszt. C'est, pour Schumann un hommage aux insurgés et aux victimes de la répression, et sans doute une façon de se déculpabiliser de son manque de courage envers eux.

- les "chants libertaires" sur un texte de Freiligrath, "trop bonnet rouge", a-t-on dit, pour être publiées.
- enfin Schumann se remet une fois de plus au travail sur Faust.

En Août, c'est la naissance du sixième enfant du couple, Ferdinand. Schumann semble aller mieux. Il cherche toujours un poste officiel. Mais il subit, après le refus pour le conservatoire de Vienne, pour la direction des concerts de Leipzig, et la succession de Wagner à la cour comme second Kappelmeister, l'échec de sa candidature pour le Gewandhaus et l'opéra de Leipzig, où c'est Dorn qui est nommé à la succession de Rietz.

C'est alors qu'une lettre de Hiller, du 2 Décembre lui annonce qu'il quitte Düsseldorff pour Cologne et lui propose de lui succéder. Schumann hésite. Certes Dresde, malgré les succès qu'y remporte Clara, lui est devenu intolérable. Lüttig, le directeur de l'opéra n'aime pas Schumann, qui n'a pas de nouvelles de la première de Genoveva, programmée en principe pour le 15 Février ! Wirsing l'a-t-il abandonné ? Y a-t-il eu des intrigues ? Enfin, on lui promet... pour Février 1850 ! Mais, de toutes façons, c'est l'échec de ce qu'il voulait promouvoir à Dresde, l'échec de Clara et de lui-même à Leipzig. Le seul succès, financier, vient du nord. Mais Düsseldorf, "promotion inouïe" selon Clara, où "la Péri" a connu un grand succès, et que Immermann, de Brême, leur vante, a aussi été critiquée par Mendelssohn Enfin et surtout, en consultant un livre de géographie, Schumann s'aperçoit qu'il y a à Düsseldorf un asile psychiatrique... "Trois couvents, passe encore, mais un asile..." Et il écrit à Hiller, rappelant de fâcheux souvenirs : "Le principal point de vue que j'avais sous les yeux était la route conduisant à la maison des fous de Sonnenstein. Le paysage me devint si pénible qu'il gâta mon plaisir. Je dois éviter toutes les impressions mélancoliques." Séduit cependant par la proposition, le couple accepte finalement, mais ne s'installera à Düsseldorf qu'en Septembre 1950 !

De l'année 1849, Schumann a écrit que ce fut "l'année la plus féconde de ma vie" "Fruchtbare Jahre"). De fait, la simple énumération des oeuvres - une trentaine ! - écrites dans l'année "donne le vertige" (Pitrou); c'est une composition ininterrompue, particulièrement active en Avril-Mai, cadence accélérée d'un labeur forcené, où Schumann épuise ses forces, au service d'une fantaisie inépuisable qui transporte Clara d'enthousiasme. Mais au point que Schumann perd la faculté de retenir toutes les idées qui lui viennent en tête, véritable "fuite des idées", ce dont il semble conscient. De plus, à cette époque de sa vie, il est "trop sur-excité" pour se cantonner "à un seul genre" (de musique), véritable "manie ambulatoire à travers sons et timbres", "incessant vagabondage mental à travers instruments et voix".

Cette hyperproduction ne témoigne nullement, comme certains l'ont prétendu, d'un tarissement du génie, mais d'un processus défensif vis à vis de l'angoisse, de la mélancolie, et dont l'effet immédiat est plus vivifiant qu'apaisant. Est-ce le dernier sursaut ? On peut le croire quand Schumann écrit : "la nuit vient ... créer tant qu'il fait jour", comme s'il voulait gagner de vitesse la maladie et la mort.

Schumann aura donc mis la dernière main à Manfred, et à Genoveva. Pour le piano ce sont, outre les "Scènes de la forêt" op. 82 (en Février), et les Quatre marches op. 76, les douze pièces pour piano à quatre mains op. 85 "pour petits et grands enfants". En musique de chambre, c'est l'Adagio et allegro pour piano et cor op. 70, les "Phantasiestücke" pour clarinette et piano op. 73, tous deux en Février, les "Cinq morceaux dans le ton populaire pour violoncelle et piano" op. 105 (en Avril), les Trois romances pour piano et hautbois op. 94 (en Décembre), le Concerto pour quatre cors et orchestre op. 86, et l'Introduction et allegro pour piano et orchestre op. 92, qui terminent cette production instrumentale exempte de tout travail symphonique.

C'est aussi un retour important au Lied, pour lequel Schumann est à la recherche d'un renouvellement du style, plus épuré et sobre, et, en même temps alternant des passages d'atmosphères différentes, des récitatifs et des airs, et mettant en relief les mots par la mélodie. Il a aussi donné une place assez importante au genre "ballade", associant musique instrumentale et vocale voire chorale. Et ce sont, en Mars, les "Romances et ballades" pour choeurs mixtes op. 67 et 75; les pièces pour voix de femmes op. 69 et 91; en Avril-Mai, le "Liederalbum für Jugend" op. 79; en Mai le "Minnespiel" d'après Rückert op. 101, les cinq "Jagdlieder" pour choeur, basse et quatre cors op. 137; en Août les quatre duos pour soprano et ténor op. 78, et les "Spanische Liederspiel" d'après Geibel op. 74; en Octobre les quatre "Gesänge pour double choeur" op. 141; en Novembre les "Spanisches Liebslieder" d'après Geibel op. 138; en Décembre les trois "Lieder hébraïques" de Byron avec harpe et piano op. 95.

Mais il faut surtout mettre en exergue trois types de création de cette année 1849 :

- une musique d'inspiration religieuse à laquelle, fait nouveau, Schumann semble beaucoup tenir : le motet "Ne désespère pas" d'après Rückert pour double choeur masculin avec orgue op. 93, composé dès Mai; musique religieuse de laquelle on peut rapprocher le "Nachtlied" pour orchestre et choeur sur un texte de Hebbel op. 108 et le Neujahrslied d'après Rückert op. 144, composé en Décembre
- un genre que Schumann veut absolument nouveau (outre Manfred), le mélodrame ou "Deklamation mit Piano" avec "Die schöne Edwige" op. 106, qui sera suivi de deux autres oeuvres lors des dernières années de composition.
- mais c'est surtout d'un "retour à Goethe" qu'il faut parler, Goethe objet d'une vraie vénération, mais aussi d'un respect qui frise la crainte ou la réserve. C'est la perpétuelle reprise, jusqu'en 1853, du Faust, personnage emblématique depuis l'adolescence du musicien. En Juillet-Août, Schumann compose enfin, d'un seul trait, l'instrumentation des quatre scènes du jardin, de la cathédrale, d'Ariel et du réveil de Faust. Il y manque encore les "quatre femmes grises", la mort de Faust et l'ouverture (qui devra attendre 1853).

La première partie et le début de la deuxième sont exécutés sur la demande expresse de Liszt pour le centenaire de Goethe à Weimar le 29 Août. La partition en sera prête seulement le 28. "Cette oeuvre belle et grandiose produit l'impression la plus grandiose et la plus belle" commente Liszt. L'oeuvre est jouée ensuite à Leipzig et Dresde, mais avec un succès moindre.

Mais Goethe en 1849, ce sont aussi les Wilhelm Meister Lieder op. 98 a, que Schumann veut réunir en un seul et même recueil avec le "Requiem pour Mignon" 98 b. Pour ces Lieder commencés à Kreisha, lors de l'insurrection de Dresde ("Kennst du das Land", "Mignon et le harpiste"). Schumann adhère littéralement aux textes, qu'il a relus cent fois et superpose son chant personnel qu'il identifie projectivement à celui des héros de Goethe.

Avec l'édition des "Bunte blätter" op. 99, dont les premières feuilles dataient de 1833, et la parution à Paris de la transcription pour piano seul par Liszt de "Widmung" (dédicace), le bilan de l'année est effectivement impressionnant.

1850. débute par la direction par Schumann, le premier Janvier, de l'orchestre et des choeurs pour son "Neujahrslier" op. 44 tout récemment composé.

En Mai, le 4, il invite Schôpff à venir le rencontrer à Leipzig pour une consultation, "assez inhabituelle" note Fischer Dieskau entre musicien et poète. Malgré la précarité des échanges verbaux avec Schumann, le poète trouve l'homme attachant. Il y a consultation sur l'op. 89 (six "Gesänge" sur des textes de von der Neun) créés les 11 et 18 Mai, dédiés à Jenny Lind en souvenir de leur rencontre à Hambourg. Les Schumann lui proposent de se voir à Berlin. En effet, Clara a donné des concerts à Hambourg, Brême, avec grand succès et effet bénéfique pour Robert, qui en avait grand besoin. Elle se produit alors à Altona et "la Lind" les rejoint, assiste à la répétition le 21, et chante des Lieder de Robert (dont "Nuit de printemps"), d'une manière qui ravit le couple. Les concerts de Clara font salle comble les 28 Mai et 4 Juin et soulèvent à nouveau l'enthousiasme.

Parallèlement, à la mi Mai, Schumann devait, enfin, assurer les répétitions à Leipzig et Dresde de la première de sa Genoveva. Wirsing, malgré ses engagements, avait fait traîner les choses, préférant, en une véritable provocation vis à vis de Schumann, monter "Le prophète" de Meyerbeer. Ces répétitions, malgré la joie de voir produire son opéra, sont pénibles pour Schumann. A la générale sont présents Liszt, Spohr, Meyerbeer (!), Hiller, Moscheles, Gade, Moritz, Hauptmann. Schumann, qui ne va pas bien, commence par arriver en retard. Ritz lui passe alors la baguette, et ce n'est pas une réussite; un échec honorable ? Un succès d'estime ? Les amis applaudissent : Bargiel, Reinicke, Kuntsch, David... Seul le passage "si j'étais un oiseau..." est apprécié. Les critiques sont sévères. Schumann, à la suite, est amené à se brouiller avec Krüger, de la Leipziger Allgemeine Zeitung. Mais la monotonie, dont le sujet est responsable, le "manque de sang-froid d'un acteur", le désir, appuyé, d'aller à contre-pied de Meyerbeer et de ses effets théâtraux, le fait que Schumann, très doué pour les ciselures de détail en néglige quelque peu le mouvement d'ensemble, tout cela justifie la tiédeur, pour le moins, des réactions. La recette n'est pas non plus importante, de même que celle des deux représentations suivantes, les 28 et 30 Mai. Schumann rencontre ensuite les pires, les plus insurmontables difficultés à retrouver un théâtre qui reprenne son opéra. Il est amer, et supporte mal ces milieux théâtreux, avec le narcissisme, les jalousies, les rivalités, les intrigues qui y règnent. De retour à Dresde, il faut se décider enfin : pas de possibilités pour un poste à Vienne, ou à Leipzig, et il y a le poste laissé vacant à Düsseldorf, avec un traitement de 700 Thalers. Schumann écrit, encore en pleine hésitation, à Hiller, le 25 Juin : "Sois assez bon pour me faire savoir jusqu'à quelle époque je peux retarder une décision pour la place en question. Plus tard, je te dirai pourquoi". Clara, de son côté : "Nous ne resterons (à Dresde) pour rien au monde. Nous nous ennuyons horriblement : tout a l'air tellement « vieille perruque », on ne rencontre pas un homme intelligent dans les rues. Ils ont tous l'air d'épiciers. Pas un seul musicien à voir".

En Juillet, ce sont finalement les préparatifs pour un départ sans regret, et qui sera définitif, le 1er Septembre. Il faut noter que, pour Schumann, ces trois premiers trimestres sont à peu près désertiques du point de vue composition.

Toutefois, fin Août, deux cérémonies d'adieu sont organisées, dans un cercle strictement amical, ou presque. A la Société de chant choral, c'est le chant "Quand deux amis se quittent", choeur composé pour la circonstance par Schumann. Et, chez les Bendemann, ce sont les Lenaugesänge op. 90, le Requiem op. 148 et la "Messe vieux catholique" op. 147. Mais Schumann est "d'humeur massacrante" (Fischer-Dieskau) et replié sur lui-même, y compris pendant l'exécution de ses Lieder. Il trouve les choeurs affreux (il les dirige pour la troisième reprise). Il faut dire que la Schröder-Devrient a, là dessus un jugement encore plus sévère. Et même l'excellent vin de Bendemann "ne vaut rien" selon Schumann.

A l'arrivée à Düsseldorf, ce sont les difficultés pour se loger, qui cantonnent la famille Schumann à l'hôtel Breidenbacherhof, que Schumann trouve inévitablement inconfortable, étroit, bruyant, au milieu de "charivaris multiples".

Le 8 Septembre, les meubles arrivent, l'aménagement est possible en appartement, mais pénible, et le jour même d'une réception aimablement offerte par l'orchestre. Schumann s'y traîne, bien que l'accueil de Düsseldorf ait été chaleureux, et triomphal essentiellement hommage au compositeur désormais célèbre. En effet, les habitants de la ville sont heureux d'accueillir deux grands musiciens. Hiller en personne est là pour eux, et ce sont festivités, cadeaux, couronnes ! Les choeurs, sous la direction de Julius Tausch, leur offrent "Dédicace", "Chant de route", et des extraits de "la Péri". "Joli", écrit Clara et Schumann se permet de penser à un orchestre qui jouerait ses oeuvres. Ce pourrait être alors une pause salutaire dans ses obsessions abyssales, l'énergie et la puissance créatrice semblant lui revenir. Mais Tausch, bon musicien, qui, il est vrai, jouera vis à vis de Schumann, en fin de carrière, un rôle assez pénible, suscite d'emblée chez lui, comme a priori, une certaine antipathie.

Par ailleurs les Rhénans sont ouverts, souriants, bienveillants, pouvant mettre à l'aise, dans une atmosphère de liberté, bien différente de celle régnant à Dresde... Düsseldorf est un centre artistique où voisinent peintres et musiciens. Le public semble cultivé, compréhensif, musicien dans l'âme. L'orchestre et le choeur de la ville, formés par Mendelssohn et Hiller sont de bon niveau, avec "de belles voix fraîches". Ceci augure pour Schumann de bonnes conditions pour travailler, tant côté professionnel que côté public, et réaliser son rêve de direction d'orchestre. Pour Clara, c'est la possibilité d'avoir des élèves. Et puis il y a le "Vater Rhein", dieu tutélaire, mythique, et qui fascine Schumann, qui le vénère depuis son tout jeune âge. Les Schumann habitent un appartement tout proche du fleuve et se promènent souvent sur ses rives.

Dès Octobre, c'est le premier concert dirigé par Schumann malgré une certaine appréhension de cette première expérience au pupitre, et avec Clara au piano. Au programme, le "Chant de l'Avent" et c'est, incontestablement, un succès. Le 24, c'est le premier concert d'abonnements, avec l'ouverture de Léonore, que Schumann affectionne spécialement.

Comme directeur de la musique, Schumann aura un travail assez considérable, note Clara : dix concerts par an, plus quatre concerts d'église et un concert par semaine de la Société Chorale (trente choristes), où Schumann aura le choix des oeuvres à programmer, ce qui l'incite encore à composer pour le choeur. Si la direction d'orchestre et de choeurs apparaît à Schumann comme un bon moyen de souder l'unité de sa personnalité divisée (Eusébius et Florestan), et d'être en contact avec les autres, rapidement les difficultés apparaissent dans ses nouvelles fonctions, qui amèneront, leur aggravation aidant, l'éviction de Schumann de son poste.

En attendant, joie et inquiétude cohabitent chez Schumann en accédant au pupitre de chef. Car c'était, à 40 ans, sa première expérience de cette activité. "C'était trop tard pour commencer", dira sa fille Eugénie, et rares furent ses succès : la IXème symphonie et la Passion selon St Jean. Mais Schumann se fatiguait vite lors des répétitions. Il s'y montrait nerveux, manquant de patience, d'attention et de diplomatie. Ses longs silences, correspondant à ses rêveries, l'isolaient, et les musiciens, peu enclins à la sympathie et à l'indulgence envers lui, pouvaient croire à une sorte d'orgueil. En fait, Schumann vivait la musique intérieurement, comme dans un rêve, et oubliait parfois l'orchestre. De plus il s'intéressait plus aux découvertes nouvelles qu'à la technique, la répétition minutieuse. Il ne manifestait que peu d'énergie physique et guère d'ascendant sur les groupes à affronter, d'où une absence de respect de la part des musiciens, qui arrivaient en retard, bavardaient. Il n'eut pas la capacité d'imposer à l'orchestre et aux choeurs la discipline nécessaire et ils perdirent rapidement l'intérêt pour le travail, voire le sabotèrent. Clara se demanda un jour s'il avait le don de diriger. En tout cas ce ne fut pas un grand chef, et le public, qu'il trouvait initialement intéressé et intéressant, perdit de sa vivacité d'écoute en profondeur.

Une telle détérioration d'une situation sur laquelle il comptait professionnellement et moralement ne pouvait au contraire qu'aggraver sa condition psychique. Il y eut bien des moments de reprise d'énergie et de création intensive, mais l'équilibre était précaire malgré le sur-investissement du travail de composition : "Ma musique me tue actuellement, je pourrais y sombrer", mais Schumann redoute un avenir où il ne pourrait plus créer, tel Hölderlin.

Schumann peut être chaleureux et cordial, jusqu'à ce que ce lien affectif s'évanouisse. Il a surtout tendance à fuir le public, d'où ses difficultés avec l'orchestre. Il affectionne les promenades solitaires sur les chemins déserts et dans les quartiers éloignés. Même vis à vis de ses enfants, il peut paraître indifférent. Son mutisme est de plus en plus prononcé. Il présente bientôt des troubles de la parole dont le type, rétrospectivement, est difficile à cerner. Et plus que de simples soucis, ce sont des angoisses de plus en plus fréquentes, des états de "panique" ou d'irritation, une nervosité accompagnée de maux de tête et une tendance hypochondriaque qui se développent.

Quand il travaille sur Faust, il est pris lui-même d'hallucinations (visuelles ?) de "monstres de l'ombre", avec des idées de mort qui le torturent, annonçant les "lémures" qui creusent la tombe de Faust. Il pense qu'il a encore peu de temps pour composer. L'au-delà l'obsède et c'est à cette période qu'il interroge les grands disparus, Beethoven, au moyen des "tables tournantes, qui savent tout", dit-il un jour à un Wassilievski interloqué. L'effondrement approche, pressent-il avec une certaine lucidité. "Mauvaise humeur et aussi sautes d'humeur". Il ressent même qu'on pourrait profiter de ses moments de faiblesse pour se montrer supérieur à lui.

Mais cette période troublée est particulièrement féconde. En quantité d'oeuvres et en leur variété, ceci concentré sur le dernier trimestre, les trois premiers étant spectaculairement stériles. C'est dans le domaine du Lied, à nouveau, que Schumann travaille spécialement et produit, et ceci dans un "nouveau style" et une tonalité sombre et douloureuse. Le Neujahrslied op. 144 qui inaugurait l'année n'est que le prélude avancé. "Née des ténèbres, elle s'avance, combien imposante. Quel dessein nourris-tu ? Quelles vicissitudes nous réservent les heures ?"

Ce sont les Lieder : op. 77, le 3ème cahier des Lieder und Gesänge; op. 83, Dreigesänge; op. 87, Das Handschuh (Schiller); op. 89, six Gesänge (von der Neun); op. 90, six Lenau lieder; et 96, le 4ème cahier des Lieder und Gesänge;

C'est aussi le concerto pour violoncelle op. 129, admirable quoiqu'en ait dit Wassilievski, composé entre le 10 et le 24 Octobre, la IIIème symphonie (Rhénane) en MI bémol, composée entre le 2 Novembre et le 9 Décembre, et jouée à l'occasion des fêtes célébrant le cardinalat de l'archevêque de Cologne.

Ce sont surtout les Scènes de Faust, les plus tragiques, de la deuxième partie (Numéros 5 et 6 : "les femmes grises" et la mort de Faust. Il ne reste plus qu'à composer l'ouverture, qui ne verra le jour qu'en 1852.

1851. Alors que le meilleur accueil avait été réservé aux Schumann, avec une réception en leur honneur par le "comité musical" dès le 2 Janvier, tous deux étant reconnus en tant que grands musiciens par la ville de Düsseldorf, celle-ci ne tarda pas à susciter chez Robert l'amorce d'une déception. Les difficultés que Schumann va en effet y rencontrer dans ses fonctions de chef d'orchestre ne feront que s'accroître durant toute l'année. Certes Schumann pensait bien réaliser un sien rêve en conduisant un orchestre. Celui-ci était composé de musiciens de qualité, formés par Hiller et Mendelssohn, mais en général d'une certaine indolence. Or Schumann devait satisfaire à la fois les musiciens, le public, le "comité"... et lui-même. Au tout début il était plus que bien toléré, mais rapidement, ce sera l'échec, car Schumann avait peut-être commencé trop tardivement à exercer ces fonctions, à la seule exception de premières et juvéniles tentatives. Et sans doute n'avait-t-il pas la concentration et l'autorité nécessaires pour bien l'exercer. De plus, musicien lui-même, il était absorbé par sa "musique intérieure" plus que par les musiciens de l'orchestre et leur direction effective. "L'oeuvre en cours de composition l'absorbait au point qu'il pouvait en oublier et son entourage et les musiciens dans l'attente, les yeux levés vers lui", écrit Clara. Les rêveries du chef déroutaient et désorientaient les musiciens au point que, livrés à eux-mêmes, ils fonctionnaient de manière anarchique. Et Schumann, de plus en plus silencieux, comme absent, ne tarda pas à rebuter ces Rhénans, de nature plutôt gaie et sociable. Sa difficulté à communiquer avec eux passait facilement pour de l'orgueil. Schumann, en fait, trop peu directif, faisait recommencer un passage jugé insatisfaisant, sans dire un mot pour indiquer "comment" le reprendre. On chuchotait, puis bientôt critiquait le chef ouvertement. Choristes et instrumentistes se mirent à négliger les répétitions, voire saboter les soirées. En fin d'année, l'hiver 51-52, ce furent des critiques hostiles, des remontrances des administrateurs, et le comité s'alarma de l'indiscipline de l'orchestre et du choeur. Pour Schumann, ce fut l'humiliation et bientôt le désespoir, la hantise du Kreisler, le musicien fou de Hoffmann. Et les rivaux ne tardèrent pas à se manifester.

Clara, au premier rang, s'efforçait parfois de ramener le chef à la réalité, a fait remarquer Clara Feltin, ce qui ne faisait qu'accroître le pénible sentiment d'infériorité. Il arriva même à Clara d'assurer à la place d'un Schumann défaillant, certaines répétitions des choeurs.

Il est vrai qu' accablée, selon ses propres termes du "fardeau écrasant" des tâches matérielles du foyer, et très empêchée, de ce fait, d'exercer pleinement son art, inquiète de l'état physique et moral de son mari, aimante et pleine de courage, elle cache le plus possible ce qu'elle est bien obligée d'appeler quand même dans le journal son "désarroi affreux" : "y a-t-il quelquechose de plus magnifique qu'un esprit doué de la puissance de travailler sans relâche ? Comme je m'estime heureuse que le ciel m'ait donné assez de compréhension et de coeur pour saisir si complètement cet état d'esprit et cette âme ?" Déjà, sa fille aînée Marie suit son exemple, puisqu'elle donnera plus tard, dans ses souvenirs un tableau idyllique de la vie familiale à cette époque même.

Et c'est précisément à cette époque que commence une "toquade" qui s'empare de Schumann : celle pour Elisabeth Küllmann, jeune poétesse russe morte précocement, après avoir été polyglotte surdouée et l'auteur de poèmes à vrai dire assez mièvres, voire niais. Schumann, pourtant habituellement assez sûr dans son bon goût et son appréciation des oeuvres littéraires, est pris d'une passion-culte pour la jeune morte, installe sur son bureau, autour de son portrait, un véritable autel avec fleurs et bougies , et compose sur les textes d'Elisabeth deux cycles de lieder, les opus 103 et 104, à une et deux voix, et se fait auprès des foules, assez complaisantes il est vrai, le chantre-prosélyte de la jeune russe jusque là inconnue; ceci dans le courant de la reprise d'un élan mystique analogue à celui qui l'affecta dans les années 1848-1849.

Mais là, heureusement ne se limite pas l'activité de Schumann. Déjà l'hiver 1850-51 a constitué une "saison des ouvertures" : avec celle de "La fiancée de Messine", op. 100 Schumann ayant renoncé à poursuivre au delà d'elle, le livret demandé à Richard Pohl d'après l'oeuvre de Schiller ne lui ayant pas convenu. Et, coup sur coup, c'est l'ouverture de Jules César, op. 128, restée isolée également (on n'a ni trace ni idée d'un livret d'après Shakespeare), de même pour l'ouverture d'"Hermann et Dorothée" op. 136, inspirée de l'oeuvre de Goethe.

Le 17 Janvier il y a eu le premier concert avec au programme "Comola", de Gade, Josué, de Haendel, et un deuxième concert offre le concerto en sol de Mendelssohn et le requiem pour Mignon; et c'est aussi en Janvier, le 29, que Schumann effectue une sorte de pèlerinage à Bonn, pour honorer Beethoven ; le 6 Février, c'est la Symphonie "rhénane", un triomphe, d'où, le 13 Mars, un nouveau concert avec des oeuvres de Schumann.

En Mai, à part les Lieder Elisabeth Küllmann, Schumann consacre son temps à la reprise de l'écriture de ce qui sera la IVème symphonie en ré, op. 120, la deuxième chronologiquement et le 11 Juin c'est Wassilivski qui dirige la messe en SI de Bach.

Mais en Juillet se développe, sous l'impulsion de Clara une activité musicale autre autrement importante et originale : un petit noyau d'amis musiciens pratique, dans le salon du nouvel appartement des Schumann, sis dans un quartier calme de Düsseldorf, la musique de chambre, de piano avec Clara, les Lieder, et, grâce à un petit choeur réduit, la musique chorale.

Ce même mois Schumann se met à la composition du "Pèlerinage de la rose" op. 112 pour soli, choeurs et orchestre, d'après un "conte féerique" de Moritz Horn. Ce sera une suite, plus ou moins réussie de 24 numéros dont Schumann semble assez satisfait. Il écrit : "Cela s'apparente à la Péri, de forme et d'expression, sauf que c'est plus poussé dans le sens allemand et villageois". Car pour Schumann, alors, il apparaît évident que la musique vient du peuple (le Volkslied, et il va d'ailleurs aller recueillir lui-même toute une série de chants populaires des bords du Rhin). Mais malgré de beaux passages, la musique du "Pèlerinage" apparaît assez fastidieuse, sans parler du texte... L'oeuvre sera créée à Düsseldorf en Février de l'année suivante.

Auparavant le couple aura fait étape à Bruxelles, à Anvers, pour un concours de sociétés chorales et, pour le plus grand plaisir de Schumann, retour par la Savoie, à Chamonix, où il s'enthousiasme des montagnes et glaciers "très romantiques", fait apparemment paradoxal pour un phobique des hauteurs, et au bord du Léman, à Vevey, en Suisse, et au pied de la Jungfrau. Le retour à Düsseldorf après passage à Heidelberg et Bade, sera, par contraste, assez pénible.

A la mi Septembre, le "Pèlerinage de la rose" est déjà gravé, et Schumann s'attaque en quelques jours, du 15 au 18 Septembre, à la composition de la 1ère sonate pour violon et piano op. 105, que Clara aura le droit de déchiffrer dès le 25, suivie du 2 au 9 Octobre du 3ème trio op. 110 et en Novembre de la deuxième sonate pour violon et piano, op. 121. S'y ajoute les "Märchenbilder" pour piano et alto op. 113, ravissant, tendre et quelque peu mélancolique morceau. De plus des oeuvres pour piano, les Phantasiestücke op. 111, et, pour quatre mains, les "Scènes de bal" op. 109. D'Octobre à Décembre Schumann mûrira son projet d'"Hermann et Dorothée" d'après Goethe, dont il produira uniquement l'ouverture en fin d'année (19-23 Décembre).

Mais c'est en automne, aussi, que "le petit groupe de quatuors échappe à Schumann, de même que la petite chorale, qui se disperse "par indifférence" (Fischer-Dieskau). De cette chorale Clara semble ne pas avoir eu grande estime : "on y bavarde plus qu'on y travaille", jugeait-elle. Par contre, c'est à la même période (Novembre-Décembre) que se crée et se développe, à l'initiative de Schumann, la Société de Musique de Chambre. Il se réjouit des bonnes conditions de travail qu'elle réunit, de la possibilité d'y créer de la musique moderne. En Novembre, il écrit à Moscheles : "J'ai organisé depuis peu une société de musique de chambre qui exécute les nouvelles oeuvres musicales. En somme, on fait ici beaucoup de choses pour la bonne musique et je m'estime fort heureux d'avoir trouvé, en y venant, le moyen de réaliser pour une grande part mes souhaits favoris". Clara, elle, est plus réservée, et craint surtout pour Robert une surcharge, encore, de travail.

Le premier Décembre naît Eugénie, la septième enfant du couple, et, fin Décembre, c'est une nouvelle visite de Liszt et, avec lui, de la princesse Caroline von Witgengstein. Schumann, toujours perfectionniste, vient de mettre la dernière main à son "Manfred" ; il est à la recherche de "l'interprète adéquat". Il a seulement dirigé lui-même l'ouverture avec l'orchestre de Düsseldorf. Ils en parlent ensemble, et Liszt est prêt à créer l'oeuvre à Weimar, mais il faudra remanier la partition, apporter des modifications pour rendre l'oeuvre "présentable", ce qui, à vrai dire, n'est pas conforme aux opinions et voeux de Byron. Suit, là dessus, une correspondance entre les deux amis, et Schumann dédicace à Liszt le manuscrit de la partition, dont il écrit que "la musique est une pure folie".

L'état psychique de Schumann lui même s'est donc notablement aggravé en cette année 1851, malgré quelques rémissions coïncidant avec une certaine verve productive, parfois mystique (comme avec Elisabeth Küllmann), parfois en "une sorte de hâte confinant à l'acharnement" (Boucourechliev). Mais dans l'ensemble, Schumann va être "fatigué," c'est-à-dire malade, voire accablé, en proie à des crises d'amnésie et de somnambulisme; il se sent oppressé, supportant mal l'exacerbation voire la violence de ses impressions, il n'en n'est pas moins déprimé, replié, et moins sociable que jamais, abusant de l'alcool, comme seul Fischer Dieskau ose le rappeler. Il sera bientôt incapable de faire face à ses obligations et tâches sociales et sera petit à petit acculé à la démission de son poste de chef.

Aussi on doit s'avouer étonné de constater la production assez considérable de Schumann en cette année 1851. Production en tous genres, bien que Schumann cherche alors à se fixer sur un genre particulier. Production, aussi, de semi-commandes, car il faut à Schumann des morceaux courts à faire jouer par l'orchestre et les choeurs. Il faut noter aussi encore une fois que chaque oeuvre est, le plus souvent, composée d'un trait, en quelques jours seulement. Et outre de nouveaux Lieder (outre les Külman-lieder op. 103 et 104, les cinq lieder pour mezzo soprano op. 107, d'après Moritz von Strachwitz - avec les Numéros 1, 2, 3, les quatre Hussarenlieder op. 127, sur des textes de Lenau, dont "Meine alte Ross", les Pfarriusgedichte op. 119, dont "la chanson sylvestre"), Schumann se lance dans un nouveau genre : la balade chorale, avec le "Königssohn" op. 118, sur un texte de Uhland, genre qu'il illustrera par d'autres compositions l'année suivante.

Il a abandonné le "projet grandiose" (d'opéra ? d'oratorio ?) dont il espérait beaucoup, du fait de la défaillance du librettiste pressenti, Pohl. Schumann ambitionnait un "oratorio populaire, une musique émouvante, peu savante quant au rythme, à la mélodie, inspirée du Volkslied" (Fischer-Dieskau). Il n'en n'a rien composé, qu'un air de clarinette et un choral final : "Dieu est une forteresse".

C'est cette même année enfin, que Schumann, rédigeant son testament, chargea N. Gade (ou, à son défaut Dietz), de publier, après examen rigoureux, ses inédits, à savoir son Faust et son Manfred.

1852. C'est l'année qui, malgré quelques évènements heureux faisant éclaircie, sera assombrie par la dégradation de l'état de santé physique et surtout psychique de Schumann, ce qui faisait écrire à Wassilievski : “il devenait évident que se développait de plus en plus un état maladif qui lui enlevait la possibilité d’entreprendre désormais ce qu’il avait pu accomplir dans le passé”.

Tous ses symptômes psychiques s’aggravent, se fixent, et se complètent de nouveaux troubles : Schumann se promène longuement, seul ou avec Clara, à la lisière des bois, se coupe de plus en plus du monde extérieur. Perdu souvent pendant des heures dans son mutisme et ses rêveries, lesquelles confinent parfois à la stupeur, états qui surviennent tout aussi bien pendant les répétitions de l’orchestre. A la maison, il peut rester confiné dans sa chambre, immobilisé ou excité, marchant en gémissant. A d’autres moments il reste engourdi dans son fauteuil, dans une sorte de torpeur nonchalante “dont il ne sort que par des explosions inefficaces” (Pitrou). Il ne voit pas, semble-t-il, le temps passer, connaît des moments de dépersonnalisation, des hallucinations auditives, des “vertiges”, des douleurs fulgurantes, auxquels se superposent des préoccupations hypochondriaques. S’ajoutant à cela, ce sont des perturbations du langage, qui ne sont plus seulement la parole rare, mais une parole difficile, embarrassée dans son articulation. Bien que vivant dans une sorte de demi-sommeil le jour, conjoint à de pénibles insomnies nocturnes, il garde une certaine conscience douloureuse de son incapacité, en particulier quant à sa possibilité de concentration. Il écrit à Montag : “Que va-t-il encore m’arriver ? J’ai de vifs désirs et un dégoût de la vie. Comment concilier des tendances si contraires ? Et son travail de composition n’a plus le rythme ni la productivité d’antan. Replié sur lui-même et sur les oeuvres qu’il crée encore, il écrit : “ces choses là on les écrit pour soi seul”. Il pense que ce sont là des tentatives de correspondre seul à seul avec Dieu. En tout cas ce sont des expressions de sa vie psychique la plus intime, “les reflets d’une nuance de son vouloir-vivre daté” (Pitrou). Jusqu’en Avril toutefois les choses pouvaient se passer de façon plus ou moins favorable : après une première du “Pèlerinage de la rose”, très bien accueillie, le 5 Février, dans la baraque du théâtre de plein air de Geissler, sur l’emplacement de l’ancienne salle de concert de Düsseldorf, c’est, le 14 Mars la deuxième exécution, à Leipzig, lors des “Semaines Schumann”, et de l’ouverture de “Manfred”, sous la direction du compositeur, en présence de ses amis, et l’”ouverture de Jules César” à la fête des chanteurs; le 18 c’est la Symphonie rhénane, suivie du Quintette et du Trio en ré par les élèves du conservatoire, et, en un deuxième concert, le 21, la Sonate en la et le Trio en sol par Felicien David et Clara au piano. Mais à partir d’Avril, c’est une redescente : bien que s’accrochant à la tâche, Schumann ne peut s’imposer comme chef.

Lors de la visite de Liszt l’année passée, il avait été convenu que serait montée à Weimar l’intégrale de Manfred, ce qui était prévu pour les 13 et 17 Juin. “Cette musique m’est chère, écrivait-il à Montag, je l’aime passionnément. Dites-moi ce que Liszt fait de Manfred ? Sera-ce beau ? Je n’en doute pas puisque notre ami a bien voulu se charger de notre enfant”. Mais, fait symptomatique, Schumann n’assistera pas à ces deux représentations où il était évidemment plus que convié. En route pour Weimar, en croisière sur le Rhin, il est si mal qu’il retourne à Düsseldorf sans assister aux seules intégrales de cette oeuvre si chère à son coeur qui seront données de son vivant. Il ira alors faire une cure à Godesberg et Clara écrira de son coté à Montag : “Je vous prie instamment de donner à mon mari quelques détails sur la première représentation”. Pendant ce temps il compose un nouveau mélodrame; “Les fugitifs” sur un texte de Shelley, le 13 Juin, titre quasiment symptomatique, et, du 18 au 22, “Le page et la fille du roi”, ballade chorale d’après Geibel.

Fin Juin, affaibli, malade, il essaie de reprendre une activité qu’une crise qualifiée d’“anémie cérébrale” (?) lui avait fait interrompre, mais son état est tel que cela ne fait qu’aggraver sa situation professionnelle avec les musiciens et le comité.

En Juillet, particulièrement les 8, 9, et 10, c'est "une attaque de nerfs" que Schumann attribue à la chaleur. Il se réfugie auprès du Rhin, s'y baigne, et semble en être apaisé et voir revenir ses forces.

Le 3 Août au matin, avant de se rendre à l'orchestre, il ressent ce qu'il nomme "un triste épuisement de mes forces". Quelques jours plus tard, il parlera de "période de grande et pénible souffrance ", avec, même quand il se sent les idées claires, une inhibition devant la feuille de papier à musique. Et quand, ce 3 Août, avec la 1ère symphonie, c'est le dernier succès public à Düsseldorf, cela ne constitue en rien pour lui une consolation. Schumann en sort encore amoindri, angoissé. La direction d'orchestre l'épuise physiquement. Il n'a plus l'énergie pour l'assurer, la dominer, se trouve incapable de diriger les tempi rapides et en vient à déclarer erronées les indications métronomiques qu'il a lui-même données pour ses propres oeuvres.

A l'automne, n'ayant pas préparé les concerts programmés, il doit céder la place à Tausch, son prédécesseur-intérimaire avant d'être son adjoint, puis, finalement, son successeur. L'accueil le plus favorable fait à Tausch ne fait qu'aggraver l'amertume qu'il ressent. Une dernière tentative le 2 Décembre, de reprendre la direction pour "Le page et la fille du roi", est catastrophique. La presse se mêle à une cabale telle que trois membres du comité exigent sa démission. On lui reproche, outre ses défaillances, sa programmation trop au bénéfice de ses amis et au détriment des "grands classiques" voire de Liszt et Wagner.

Clara, inquiète depuis quelques temps, avait assisté aux répétitions et aux concerts, craignant même que Robert perde connaissance. Et, consciente des dérapages de Schumann au pupitre, tout en le défendant elle-même mollement ("on oublie son incontestable apport musical"), elle reproche aux amis, en particulier ceux qui sont membres du comité (mais qui n'y peuvent rien), de ne pas l'avoir efficacement défendu. Les amis, eux, trouvent qu'en protégeant Schumann comme elle le fait, elle l'infantilise, et le prive de ses ressorts défensifs personnels. Clara devra par ailleurs subir l'épreuve d'un accouchement prématuré et d'un déménagement que Schumann exige car il se dit gêné de façon insupportable... par le piano des voisins. Ce qui amène les Schumann à quitter un appartement confortable pour un logement plus étroit ! Dans les quelques quatre années de leur séjour à Düsseldorf, les Schumann auront occupé successivement quatre appartements : Grabenstrasse, Königsallee, Herzoggasse (pendant seulement cinq mois et demi !), Bilkerstrasse.

En fin d'année Schumann compose ses lieder op. 135 sur des poèmes de Marie Stuart, qu'il offrira pour Noël à Clara, singulier cadeau que cette musique magnifique, mais poignante, d'une reine morte, et dans quelles conditions !

En dehors de oeuvres déjà signalées, Schumann aura encore rassemblé et publié les "Bunte Blätter" pour piano op. 99, ensemble de pièces écrites depuis des années, composé "l'Albumblätter" op. 124, ainsi que deux oeuvres religieuses, projets déjà anciens, correspondant à une démarche spirituelle bien actuelle, avec de beaux passages, mais d'une inspiration assez pâle pour des productions de Schumann : la "Messe en ut", dite "vieux catholique", op. 144 pour choeur à quatre voix, et le Requiem op. 148, commencés dès Avril-Mai 1851, auxquels il faut ajouter l'instrumentation du motet "Ne désespère pas". Mais c'est cette année 1852 qu'il commence une série de ballades pour choeur et orchestre : "La malédiction du chanteur" op. 139 sur un texte de Uhland, "production mécanique, sans l'inspiration d'auteur", estime Maurice Fleuret; et "Le page et la fille du roi" op. 140, qui seront suivies d'autres ballades en 1853. Enfin, c'est la reprise du Lied avec, outre les "Marie Stuart", les op. 107 et 142 (neuf et quatre Lieder).

1853. est la dernière année créatrice de Schumann, année relativement heureuse malgré les soucis, et l'amertume qui le gagne depuis ses démêlés avec la Société de Musique et l'orchestre. Et c'est grâce à la rencontre de Joachim, de Brahms et de Dietrich, et à la présence de Clara que c'est encore possible. Le 17 Février il dirige "Les saisons" de Haydn, le 3 Mars "Le page et la fille du roi", des fragments de sa Messe et sa symphonie en ré.

Mais en effet, c'est en Mai, à la Pentecôte que se tient à Düsseldorf le Festival de Basse Rhénanie, à la préparation duquel Schumann, qui en est le directeur, se donne beaucoup, en temps et en énergie. Ce festival est un grand succès, en soi, et pour Schumann. Sa symphonie en ré, à laquelle il a mis la barre finale, l'ouverture de fête ("Rheinweinlied"), composée pour la circonstance, suscitent un grand enthousiasme. Ce ne sont que lauriers et applaudissements. Seuls les journalistes font des réserves sur "le caractère terne et sans esprit" de l'ouverture et sur des erreurs d'exécution du "Messie".

Mais c'est la rencontre avec Joachim qui est pour Schumann une révélation, un évènement qui lui réinsuffle le goût de la vie : ce jeune homme au visage exprimant puissance et bonté : "grand enthousiasme, enthousiasme immense. Joachim ensorcelle le monde. Joachim merveilleux. Fait de la musique matin et soir avec Joachim. Belles heures". C'est le 17 Mai, ce que les Schumann appellent "la soirée inoubliable"; "la plénitude sereine et grave" (M. Brion) est loin du Paganini tant admiré jadis, de la fascination démoniaque et de la virtuosité vaine. Le couple écoute Joachim, émerveillé, jouer le concerto pour violon de Beethoven. "Jamais virtuose ne m'a fait une telle impression" note Clara parmi d'autres superlatifs. Cet "ami exquis et bon" leur fait même connaître une sonate de Beethoven jusqu'ici ignorée d'eux. Et l'admiration est réciproque car Joachim s'extasie : "Richesse de cette âme", "hauteur si pure de ce caractère", "loyauté et souplesse de ce génie"... Et : "Il est naturel que parmi la musique de son âme, maint fait passe inaperçu autour de lui. On ne peut que l'en vénérer davantage. C'est le seul des compositeurs actuels qui soit traversé du même torrent musical impétueux que Beethoven et que Schubert. Il chante comme sa nature le lui dicte et il a le courage de dire à tous : "je ne saurais faire autrement", mais il est le seul, aussi, à en avoir le droit".

Si, incontestablement, la rencontre et l'amitié de Joachim font le plus grand bien à Schumann, il n'en garde pas moins en lui des singularités et des bizarreries Telle sa passion fébrile, devenue carrément morbide pour les "tables tournantes", certes à la mode, mais qui prennent, chez lui, une allure prééminente, obsédante. En ce même mois de Mai Wassilievski demande à Schumann quel livre il est en train de lire : "Que lisez-vous ? Et, sur un ton élevé, il me répond : "Ne savez-vous rien sur les tables tournantes ? - mais si, certainement, dis-je en plaisantant - les tables tournantes savent tout". Là dessus ses yeux, qu'il avait d'habitude mi-clos, s'ouvrirent tout grands, ses pupilles se dilatèrent démesurément. Je me gardai de le contredire et il se calma. Ensuite il appela sa seconde fille et il commença des expériences avec une petite table, lui demandant de marquer les mouvements initial et final de la symphonie en ut de Beethoven. Toute cette scène m'avait effrayé au plus haut point".

Clara semble avoir participé à ces séances, sans se rendre compte de ses tenants et aboutissants pathologiques. "Dès qu'il commençait ses manoeuvres, Robert se sentait bien et agréablement excité". Et un jour que la table avait "bien répondu" il demanda à Clara, sans humour aucun, de la récompenser d'un tapis. Schumann, pourtant, s'épuisait souvent lors de ces séances parfois longuement prolongées.

Le 8 Juin le couple fête le 43ème anniversaire de Robert. "Belles heures, mon 43ème anniversaire. Beaucoup de joie, travail, admirable ciel étoilé".

Mais peu après, un jour de Juillet, Schumann refuse de se lever, craignant d'avoir une attaque d'apoplexie, comme Mendelssohn. C'était, aussi, sans justification médicale, une hantise de subir ce qu'il appelait "une attaque de nerfs". En même temps il souffrait de plus en plus souvent d'"hallucinations auditives", acouphènes peut-être, mais qu'il appelait lui-même "persécutions auditives", comme "poursuivi par un la". Son ami Becker note dans son journal : "Ses oreilles entendaient comme le souffle lointain d'une musique soutenue par les plus nobles harmonies. Depuis huit semaines il ne composait plus". De façon labile son humeur oscillait de l'accès mélancolique, (où il se sentait incapable de lutter, perdant toute inspiration, se repliant loin du monde, en proie à d'effroyables terreurs). Il note sur son journal : "Heiter" (gai), ou "Freude" (joie). Il est peut-être gai, mais note aussi ses hallucinations auditives et l'aggravation d'"effroyables terreurs", à des moments d'excitation maniaque. C'est aussi l'aggravation de ses troubles de la parole. Cependant bientôt ses souffrances semblent s'apaiser. Il abandonne même un temps ses tables tournantes. Joie de vivre réellement retrouvée ? Sérénité ? Ce semble pourtant comme "une gaieté dans une âme endeuillée" (Pitrou).

"Il est si gai que je m'égaie, à la lettre, à son contact... humeur contagieuse sur moi" note Clara, visiblement abusée. Mais ces "rémissions" qui trompent Clara sont temporaires et sous l'influence de la présence de Joachim, et, plus tard, de Brahms. Et Schumann ne tarde pas à retomber dans le noir de la mélancolie, de l'enfermement en lui-même et de l'éloignement d'un monde, d'une humanité avec laquelle il n'est plus en accord, même le monde de ses plus proches familiers. Clara, on le voit, est loin de réaliser la gravité de son état. Elle est inconsciente de la proximité de la catastrophe qui attend Schumann. "Les accès d'angoisse et de mélancolie sont de moins en moins fréquents", croit-elle pouvoir écrire. Elle approuve tout ce qui vient de lui, même les choses les plus aberrantes, comme les tables tournantes ou la toquade pour Elisabeth Küllmann. Elle est même à la fois enthousiaste et durement stimulante, "un pouvoir stimulant parfois effrayant" fait remarquer Fischer-Dieskau, qui s'appuie sur les critiques émises par les proches de Schumann sur cette vigoureuse invigoration. C'est en femme aimante qu'elle s'extasie : "Quelle chose splendide que le puissant esprit qui crée sans relâche, et combien je m'estime heureuse que le ciel m'ait donné assez d'intelligence et de coeur pour comprendre entièrement un tel cerveau et une telle âme ! Souvent je me sens prise d'une brûlante angoisse en songeant quelle femme heureuse je suis, plus que des millions d'autres. Et alors je demande au ciel si vraiment ce n'est pas là trop de bonheur. Que pèsent les petits ennuis que la vie matérielle apporte avec soi auprès des joies et des heures délicieuses que je vis par l'amour et les oeuvres de mon cher Robert".

Comment Clara peut-elle s'exclamer ainsi, alors qu'elle est enceinte de son huitième enfant, que les tâches ménagères la font renoncer à une tournée en Angleterre, vieux rêve en passe de se réaliser, et que Schumann est parfois si dur dans ses critiques sur son jeu au piano, en particulier en matière d'accompagnement, au point qu'elle peut être amenée à se dire : "Je ne sais plus comment jouer".

Le 12 Septembre le couple fête son treizième anniversaire. Schumann offre à Clara pour cadeaux "l'Allegro pour piano et orchestre" ("Introduction et allegro" op. 134), la "Fantaisie pour violon et piano" op. 131, dédiée à Joachim, la transcription pour piano de son "Faust". Clara, émerveillée, écrit : "Quel plus bel anniversaire de mariage qu'aux cotés d'un mari chéri et tendre. Mon coeur débordait d'amour et de vénération pour Robert et de gratitude envers le ciel pour le bonheur dont il me comble. Ce que je dis peut sembler présomptueux, mais n'est-ce pas vrai, ne suis-je pas la femme la plus heureuse de la terre ?" Clara ne le répète-t-elle pas trop, comme pour se réassurer et se masquer la réalité ? Devant les trois oeuvres offertes, sur le piano, "fruit de son incessant travail", elle se trouve "triste par excès de bonheur".

Le lendemain, 13 Septembre, c'est l'anniversaire de Clara. "Jour de joie, temps merveilleux, promenade à Beurath, puis, surprise à la maison : un piano (un Klemm, soigneusement choisi par Schumann pour Clara). Et c'est un poème de Schumann : "L'orange et le myrthe, à quatre voix", qui se termine par : "Et si je ne peux plus être auprès de toi, cours chez notre ami et pense à moi". Ce chant d'amour aurait été composé par Schumann au temps de leurs fiançailles. Et c'est "le merveilleux jeu de Clara".

Mais un autre évènement va illuminer cette fin d'année. Le 30 Septembre, selon Marie, la fille aînée des Schumann, vers midi, quelqu'un sonne à la porte, c'est Marie qui ouvre, les parents étant absents et faisant leur promenade habituelle. "C'est un tout jeune homme aux longs cheveux blonds, beau comme le jour, imberbe, à la fois timide et hardi de se présenter "comme çà", encore que recommandé par Louise Japha, une élève de Schumann, de Hambourg comme lui". Il reviendra le lendemain à 11 heures, comme convenu avec Marie. Il a apporté les partitions de ses propres compositions. Schumann le prie de les jouer au piano. A peine a-t-il joué quelques mesures que Schumann le prie d'arrêter et crie à Clara, à travers l'appartement, d'accourir car il veut absolument que Clara vienne écouter ce qui vient de l'émerveiller et le bouleverser. Au repas suivant, la conversation est évidemment occupée par l'échange sur le "génial visiteur". Brahms va entrer dans la vie du couple et y occuper une grande place, une place auprès de Schumann qu'aucun ami ou amie semble ne jamais avoir occupé ainsi.

Il a, effectivement, en lui, tout pour séduire : "son physique : longue silhouette souple et fine , front haut encadré de boucles opulentes, regard de feu, pénétré déjà de cette ardente nostalgie" (M. Brio n), sa jeunesse de garçon imberbe, alors que Schumann est, lui, précocement et récemment vieilli, son culte romantique pour Goethe, Novalis, Jean-Paul, Hoffmann, qui ne peut que réveiller chez Schumann les passions de sa jeunesse, non encore éteintes, son charme magique, presque divin, son caractère taciturne mais aussi son éloquence au piano, tout comme son hôte. Et même cette cour maladroite que fait Brahms à Clara, avec cette "respectueuse admiration". Tous deux, Robert comme Clara sont comblés de cette amitié qui d'emblée de ce dernier amour de Schumann, qui écrit sur son journal, dès la deuxième visite de Brahms : "Brahms en visite : un génie. Musique étrange de ce jeune homme. Brillant avenir. Voici celui qui devait venir. Le Messie de l'art". Et Schumann reprend, pour un dernier article, véritable dithyrambe à Brahms, la plume de critique délaissée depuis des années ! "Voies nouvelles de la musique. Nous vivons vraiment une grande époque de la musique. Un jeune homme est apparu qui, avec sa merveilleuse musique, nous a étreint tous dans notre profondeur la plus intime; il suscitera, j'en suis convaincu, le mouvement le plus puissant dans le monde musical. Je crois que Johannes est le véritable apôtre qui, lui aussi, écrira une apocalypse que des multitudes de pharisiens, pendant de longs siècles seront incapables de déchiffrer... Il faudrait absolument que survienne, après un tel processus, quelqu'un qui, subitement, serait appelé à exprimer d'une manière conforme à l'idéal, la plus haute expression de notre époque. Quelqu'un dont la maîtrise ne se développerait pas par degrés, mais qui jaillirait d'un seul coup, comme Minerve toute armée, de la tête de Kronos. Et il est venu, ce jeune sang, autour du berceau de qui auraient veillé les grâces et les héros. C'est un élu, un appelé !"

Et il écrit à Joachim : "Je crois que si j'étais plus jeune, j'écrirais des vers en l'honneur du jeune aiglon qui est tout à coup descendu des Alpes en dirigeant son vol vers Düsseldorf. On pourrait aussi le comparer à un torrent puissant qui, tel un Niagara, se montre dans toute sa splendeur lorsqu'il tombe en chute d'eau des hauts rochers, au milieu de l'écume et de la vapeur, portant sur ses vagues l'arc-en-ciel, tandis que les papillons jouent sur les rives où chantent les rossignols... un véritable apôtre".

A Härtel, il écrit, pour faciliter à Brahms l'édition de sa musique, répétant qu'elle "suscitera, j'en suis convaincu, le mouvement le plus puissant dans le monde musical".

Et Clara en ajoute à tout cela, s'extasiant sur "Son visage intéressant, si jeune, qui s'illumine complètement quand il joue, sa jolie main qui triomphe avec la plus grande aisance des pires difficultés (ses compositions sont très difficiles), et, avec tout cela, ces oeuvres si étranges..."

Chaque soir Brahms, Joachim, et Dietrich viennent avec Bettina von Arnim, faire de la musique à la maison avec les Schumann. Et Robert propose alors à Brahms et Dietrich d'écrire ensemble une sonate pour Joachim. Schumann est rasséréné de cette amitié avec ces hommes : deux "hommes voyants" qui sont pour lui "la lumière", alors qu'il pense que, pour lui, "la nuit vient". Il y voit assurée la relève du romantisme. "Il faut qu'il croisse et que je diminue", dit il de Brahms qui, "avec son "ardente nostalgie qui dévore sa musique", a "la disposition à recevoir toutes les voix de l'univers". Surtout, il voit en lui "un héros capable de terrasser "les évangélistes de Weimar", l'école de la "Nouvelle Allemagne" (Liszt et Wagner), que, en nouveau Davidsbundler, il se propose de combattre au nom de sa vérité et pour le progrès de l'art. Le 8 Octobre, dans la Neue Zeitschrift, son ancienne revue, maintenant acquise à cette "Nouvelle Ecole", en même temps qu'il faisait un éloge passionné de Brahms, il réussissait, dans son article "Voies nouvelles", à ne pas dire un seul mot de Liszt, Wagner, Berlioz et de leurs prophètes : Gade, Kirschner, Mongold, Bargiel.

Le 16 Octobre son concert avec la Messe en sol de son ami Hartmann à la Maximiliankirche n'est pas un succès, et le 27 ce sera le dernier concert, comportant la fantaisie pour violon et orchestre de Beethoven avec Joachim et l'ouverture de Hamlet. Le 29 Joachim et Clara jouent la sonate en ré.

La place que tiennent désormais dans sa vie ces nouveaux amis a peut-être permis à Schumann de supporter le moins mal possible l'évènement le plus pénible de l'année : le dénouement de son conflit avec l'orchestre. Sa démission a été demandée par trois membres du comité, puis par le conseil municipal. Et c'est la cabale, la presse qu is'en mêle, les insolences subies de la part des musiciens. "Des intrigues de bas étage", note Schumann pour qui "les gens d'ici sont des misérables". Des amis s'entremettent e t ne font que retarder la douloureuse et inévitable conclusion. Clara ne s'en indigne pas moins de "la passivité des amis". Schumann, au vrai, est difficilement défendable mais "ses actes, ses jugements sont difficilemen intelligibles au commun", qui ne connaît pas "sa vie intérieure". Ses troubles auditifs, maintenant, sa perturbation du sens du rythme, constituent des handicaps graves, certes, mais cela ne saurait justifier la grossièreté du comité, des musiciens... et de Tausch. Une transaction est proposée le 14 Décembre : Tausch prendrait la direction de l'orchestre à l'exception des œuvres de Schumann. Ce compromis humiliant est refusé par Schumann qui est conscient d'ailleurs, de ses insuffisances, de l'opposition de l'orchestre et de la réciprocité des torts. Le 30 Décembre, c'est son ultime concert, avec la septième symphonie de Beethoven. "On grossit le compositeur pour diminuer le chef ", formule Pitrou. Les choristes, qui lui préfèrent Tausch, ont mis un climat d'indiscipline voire de sabotage. Blessé, Schuman démissionne. De toutes façons c'était, le 19, l'ultimatum. Schumann ayant perdu à Düsseldorf son poste de Directeur de la musique, n'ayant sur place aucune autre possibilité d'emploi, et ne se sentant plus la force de lutter, pense à s'en aller, à Berlin, ou à Vienne, projet répétitif malgré les échecs précédents subis dans cette ville, dans l'illusion qu'il aura enfin, là, "la liberté", et pourra respirer un autre air.

Une diversion, un évènement positif dans une année par ailleurs pleine de difficultés, et une heureuse consolation sont cependant possibles avec une nouvelle tournée de Clara en Hollande, escapade heureuse autant que tournée professionnelle remportant succès et ovations. C'est une compensation bien venue à la dureté de la vie du couple, et qui satisfait son "goût nomade" (M. Brion).Tournée triomphale pour Clara, et, fait notable, triomphale également pour Robert. C'est "une apothéose de l'art" du couple, une revanche sur les avanies subies, rassérénés qu'ils sont du succès d'un programme comportant la 2ème symphonie, le concerto pour piano, des Lieder, des duos, des choeurs et des extraits du "Pèlerinage de la rose" (que Schumann vient de composer dans un "moment de création prospère" (M. Brion). Et Schumann retrouve même (ou trouve ?) le plaisir de diriger, tant il se sent "à l'aise dans ce pays scrupuleux". La tournée, commencée les derniers jours de Novembre, dure jusqu'au 22 Décembre. Exécution de ses oeuvres, mieux accueillies qu'en son pays lui-même, satisfait pleinement Schumann : "Ma musique est plus chez elle en Hollande que dans ma patrie", note-t-il, mi heureux, mi déçu. "Exécution excellente, à La Haye, de mes symphonies, même les plus difficiles, les IIème et IIIème", et d'extraits du "Pèlerinage de la rose". C'est un accueil "glorieux", une presse élogieuse, même si Robert doit entendre, encore, une fois de plus, le trop fâcheux "vous aussi vous êtes musicien ?" Le 23 les Schumann seront de retour à Düsseldorf, et vont fêter, pour la dernière fois, le Noël en famille.

Ils reçoivent pour Janvier une invitation, transmise par Brahms et Joachim pour le concert-festival des oeuvres de Schumann à Hanovre.

Ainsi finit une année, la dernière entièrement "à l'air libre" pour Schumann, et qui aura mêlé, bien à son image, les évènements les plus heureux et les plus douloureux, une vie intime relativement protégée et préservée, et une production musicale assez considérable (les dernières oeuvres, à peu de chose près), et ce malgré des déboires professionnels graves. La vie familiale, Bilkerstrasse, contribuait grandement a rendre vivable et souvent heureuse l'existence de Schumann. Et ceci malgré les soucis matériels inhérents à la tenue d'une grande maison, l'élevage et l'éducation d'une ribambelle de gosses. Les concerts de Clara et l'édition des oeuvres de Robert "payaient mal". Clara devait aussi sans cesse soutenir le moral de son époux. Celui-ci se montrait aimant, en particulier vis à vis de ses enfants; il savait étonnamment jouer avec eux (n'en n'était-il pas encore un peu un, comme le fait remarquer M. Brion, à la suite de Clara elle-même). Il savait s'occuper d'eux, quand il ne s'isolait pas lui-même, leur apprenait la musique, bien mieux qu'à ses élèves, et fêtait leur anniversaire par une oeuvre, de piano ou de chant. Cependant, il lui arrivait, rarement il est vrai, de les frapper ; son aînée, Marie, en fut même un jour physiquement marquée.

Avec Clara, outre la musique, bien sûr, il partageait le plaisir des lectures en commun et de traditionnelles et longues promenades quotidiennes, éventuellement nocturnes, sans doute nécessaires, pour lui, à un relatif équilibre.

Coté bilan des oeuvres de l'année, il y avait, d'une part, la production littéraire. Schumann, cette année, rassemble pour les éditer - en trois volumes - chez Wigand, l'ensemble de ses écrits "sur la musique et les musiciens", textes déjà parus dans journaux et revues. Ce sont des "Gesammelte Schriften" , plus que des productions de l'année, mis à part l'article ultime "Voies nouvelles", d'apologie du jeune Brahms.

Schumann a la satisfaction de ne pas avoir eu à changer d'avis depuis ses premiers écrits, et il revendique toujours le droit et le devoir de rigueur et d'impartialité (?), d'humour subjectif, cependant, face aux critiques traditionnels, de style original enfin. L'édition lui rapporte 300 marks.

C'est à cette période aussi qu'il commence à rassembler dans le "Dichtergarten" (jardin des poètes) tous les écrits possibles sur la musique, d'Homère à Jean-Paul. Il s'y livre dans ses moments de loisir et à la suite de lectures avec Clara : Shakespeare et les romantiques devraient, pour Schumann, éclairer ainsi le public des générations futures.

D'autre part, Schumann a laissé des traces écrites de certains reniements de ses premières compositions de piano, sous prétexte que certaines "font date", allant jusqu'à qualifier la "Fantaisie" de "fouillis inextricable". Il épurera voire édulcorera certaines oeuvres majeures de certaines originalités devenues pour lui trop marquantes.

Mais la liste des compositions de l'année, impressionnante, vaut d'être dressée ici :

- sonate F.A.E (Frei aber einsam), avec Brahms et Dietrich, composée pour Joachim
- Märchenerzählungen op. 132
- trois sonates de piano pour la jeunesse op. 118, dédiées à trois de ses filles
- sept petites fugues pour piano op. 127
- Bal d'enfants, à quatre mains, op. 130
- Arrangement de "Faust" pour piano
- Fantaisie pour violon et orchestre op. 131, suivie, coup sur coup de
- Concerto pour violon et orchestre composé en l'honneur de Brahms
- Allegro de concert (introduction et allegro) pour piano et orchestre op. 134
- réécriture de la IVème symphonie
- ouverture de "Faust", clôturant la composition de l'oeuvre, "où le chant s'y réduit à une simple déclamation musicale" dit Fischer-Dieskau
- Balade chorale "Das Glück von Edenhall" op. 143
- "Rheinweinlied, ouverture de fête avec choeur op. 123
- trois Lieder pour voix de femme d'après l'Egru, Rückert, Bechtein, op. 114 dédiés à Brahms
- le 5ème lied de l'opus 145 "Vom Gansebuben Romannze" (traduit de l'Espagnol par O. de Maliburg)
- Romanze und Baladen op. 146 d'après Uhland et Burns
- "Deklamation" (mélodrame) pour voix parlée et piano, adressé à Bruyck et à Hebbel
- et enfin les harmonisations des sonates pour piano et violoncelle de Bach
- Chants de l'aube pour piano op. 133, inspirés par Hölderlin, sublime dernière oeuvre

A part la musique de chambre, pourtant très pratiquée cette année avec les amis, tous les genres musicaux sont représentés.

1854. Cette année, qui fut tragique, commence par un évènement heureux. Brahms et Joachim ont organisé à la cour de Hanovre, ce Hanovre où Hiller avait monté "La Péri", un festival de concerts des oeuvres de Schumann. Robert et Clara les y rejoignent pour y trouver "un oasis de joie" pour tous les deux, dernière joie sans doute, "un mois de bonheur dans la musique". La symphonie en ré en particulier y remporte un brillant succès, de même que la Fantaisie pour violon et orchestre jouée par Joachim. C'est un émouvant hommage aux deux artistes, un triomphe ultime, avec applaudissements, couronnes de laurier. La seule note discordante vient de la presse : on y trouve le "Rheinweinlied", oeuvre de circonstance composée pour le festival de Basse Rhénanie, là aussi, terne et sans esprit, ce qui n'est sans doute pas totalement faux.

Très réconforté, le couple rejoint Düsseldorf le 30 Janvier. Cependant ce sera dès lors une période de tension entre Clara et Robert, la grossesse de l'une et la maladie de l'autre contribuant à rendre les difficultés plus sensibles. Schumann est repris par sa passion pour "la petite table" et converse par son entremise avec Platon sur la musique. Il écrit le 6 Février à Joachim : "La musique se tait, au moins extérieurement". Il se cantonne de fait à l'écriture, "dans la mesure où l'alcool ne lui enlève pas sa lucidité" (Fischer Dieskau). Il a rassemblé ses articles, critiques, etc... pour une édition en trois volumes, et c'est maintenant la poursuite du travail sur son "Jardin des poètes, anthologie de pensées et aphorismes sur la musique. "L'esprit s'évade en tous sens", des Grecs et des Romains (et Schumann se remet à l'étude des deux langues mortes), à Byron, Hebbel, en passant par la Bible, Goethe et Jean Paul, auteurs qu'il "pioche" en bibliothèque municipale, parfois avec l'aide de Joachim.

La phrase écrite à Joachim, le 6 Février, "La musique se tait, tout au moins extérieurement", ne signifie pas seulement que les hallucinations pourraient avoir cessé, mais que SA musique, au lieu d'aboutir à des oeuvres, ainsi objectivée, reste intérieure, non créative, et ne lui laisse aucun répit. Dans la même lettre, il écrit, encore plus bizarrement et énigmatiquement : "J'ai été une semaine sans t'envoyer un signe, à toi et à mes compagnons. Mais je t'ai souvent écrit en esprit. Je vous écris à l'encre sympathique, et, entre les lignes, il y a encore un signe invisible, un message secret qui te sera révélé plus tard. Pour l'heure, je termine, car déjà le soir tombe".

Le 9 Février il se sent envahi par une musique incessante "que lui soufflent les anges" (Fischer Dieskau). Il note et varie ces airs. Et la nuit du vendredi 10 au samedi 11 est la première de ces nuits terribles qui vont se succéder jusqu'à la fin du mois. Est-ce vraiment "dans un ciel serein", comme on a pu l'écrire, que cette "crise suprême" éclate alors ? C'est cette hallucination auditive, ce "la" continu, lancinant, toujours le même, qui, d'abord lointain, se rapproche, envahit la pièce et la ville, et ne s'éloigne qu'à l'aube, où Schumann connaît un certain répit. Délirant, quasi onirique, Schumann en fait un "céleste concert", "venant des anges qui le ravissent au ciel" : enivrant mirage, moment d'extase, les anges annoncent l'union de Robert et Clara au ciel... "ils voltigent dans un paysage de cristal, lui dictant des thèmes inouïs" - le mot même employé par Schumann pour qualifier certains passages de "Manfred". Mais cet air céleste se transforme bientôt en un vacarme effrayant, cacophonie démoniaque provoquée par des démons "des monstres grimaçants qui se livrent à un sinistre sabbat, des tigres et des hyènes qui le déchirent". Il y a donc aussi des hallucinations visuelles et coenesthésiques, qui participent, chez un Schumann insomniaque à une horrible persécution. Douleurs atroces, physiques en particulier dans l'oreille, accompagnant les hallucinations. Et, par dessus tout, une angoisse épouvantable, celle de se sentir devenir fou, qui le torture atrocement lors des moments de lucidité, quand son esprit n'est pas accaparé par les habitants du ciel ou des gouffres. S'y joint bientôt une peur obsédante (phobie d'impulsion) de faire du mal à Clara et aux enfants, Schumann refusant que Clara passe la nuit auprès de lui, et demandant alors à être éloigné, interné, soigné. Ces demandes sont proférées d'une voix sourde, lourde, lente, à l'articulation difficile, entrecoupée de cris de douleur. Une voix surnaturelle vient d'ailleurs l'accuser des pires crimes et le voue à l'enfer. A d'autres moments des hallucinations visuelles "rafraîchissantes, douces, lumineuses l'apaisent". Clara, qui notera toute cette séméiologie sur son carnet, assiste, impuissante et épuisée à cette tempête psychique : "Robert souffre atrocement. Tous les bruits se transforment pour lui en musique et il dit que c'est une musique si magnifique, avec des instruments d'une sonorité merveilleuse, qui résonnent si splendidement qu'on n'en n'a jamais entendu de pareille sur terre. Naturellement "cela le bouleverse énormément" (12 Février).

Schumann lui-même note chaque jour ces “évènements” psychiques, puis, peu à peu, les notations s’espacent et s’appauvrissent. L’extase lui paraît à lui-même mortelle, liée à la profusion enivrante de cette musique qui se fait sans qu’il en soit le maître. Ce sont maintenant des hallucinations continues, la “musique splendide” retentissant toute la journée. Et Schumann écrit à Stern, de Berlin, une lettre incongrue où il lui propose d’échanger leurs postes, lui étant désormais libre de toute obligation à Düsseldorf. L’ultime défense étant de se mettre au pupitre, en pleine nuit, plume à la main, écoutant “avec un regard de béatitude que je n’oublierai jamais”, écrit Clara, les voix dont il s’efforce de transcrire les mélodies. Cette musique, comme reçue d’un au-delà, semble affranchie de son auteur, alors qu’elle n’est évidemment la production que de lui-même, autre, double (“doppelganger”) fantastique voire diabolique, effrayant, dominateur en fait d’un génie qui le dépasse, lui, qui se sent comme “un naufragé de la musique” (M. Brion). C'est peut-être aussi le souvenir confus d’une vie antérieure au terme de laquelle il aurait changé d’enveloppe corporelle, suppose Colling, d’après les propos mêmes de Schumann. Il en résulte, déchirante dans sa pauvreté mélancolique, la beauté figée, mais cohérente et sans discordance des “Variations Geisterthema” (sur le thème des esprits), oeuvre affligeante que Clara refusera de publier, mais sur laquelle Brahms composera des variations ! Variations dédiées à Julie, la fille de Schumann. Mais ce que Schumann croit être une oeuvre nouvelle inspirée par les anges, n’est qu’un pauvre démarquage du mouvement lent du concerto pour violon. De jour, il ne se livre qu’à des travaux de routine, comme la correction de son concerto pour violoncelle.

Le dimanche suivant, le 13 Février, Schumann note sur son carnet : “Etrange et merveilleuse souffrance”. Mais la nuit qui suit et la journée du 14, sont encore pires : les douleurs ne diminuent, relativement, que pendant les premières heures de la matinée, pour reprendre de plus belle vers 10 heures, et, “vers le soir, très fort, de la musique, magnifique musique, note Schumann, mais, pour la plupart, elle nous reste inconnue, bien sûr”.

“Les nuits suivantes furent très mauvaises et nous n’avons presque pas dormi”. Il essaie de travailler pendant la journée suivante, mais il ne peut y arriver qu’au prix d’un “affreux effort”. Il dit à plusieurs reprises que si cela ne cessait pas il perdrait la raison. Les troubles auditifs se sont tellement développés qu’il entend, maintenant, de grands morceaux symphoniques, comme s’ils étaient exécutés par un orchestre complet, du commencement à la fin, et la dernière note se prolonge jusqu’au moment où une autre pièce musicale se présente à son imagination. Et il note : “Hélas ne rien pouvoir faire pour adoucir ces souffrances... musique qui reste intérieure”.

Le 16 Février c’est, laconiquement : “Heures de souffrance”, et le 16 : “Pas d’amélioration; rassemblé toutes les poésies”. Devant l’aggravation des hallucinations depuis une semaine, Clara fait venir un autre médecin, le Dr Böger, en sus du Dr Hasenclaver qui vient chaque jour mais surtout comme ami de la famille. Et si la journée du 17 est assez calme, les choses reprennent avec une grande violence dans la nuit du vendredi 17 au samedi 18. Clara, qui veille sur lui, assiste impuissante à l’explosion du délire de son mari qui divague les yeux ouverts, elle note : “Alors que nous étions couchés depuis peu de temps, Robert se leva “pour écrire un thème que, disait-il, les anges lui dictaient”. Lorsqu’il eût fini, il se recoucha et passa la nuit à divaguer, les yeux ouverts, levés vers le ciel. Il croyait sérieusement que les anges volaient autour de lui et lui faisaient de magnifiques révélations, tout cela sous la forme d’une musique merveilleuse. Ils nous souhaitaient la bienvenue, disait-il, et nous annonçaient que nous serions réunis tous les deux au milieu d’eux avant que l’année soit écoulée”. Les anges chantent “l’harmonie des sphères”, “l’incommensurabilité de Dieu”, “la genèse de la lumière”. Là se projette le côté angélique, candide et enfantin de Schumann, qui existe conjointement au côté sombre : douleur et béatitude. Les anges dictent aussi, de la part de Mendelssohn un thème en MI bémol; Schumann se lève et transcrit aussitôt ces “révélations sublimes”. Mais à l’aube, les démons sont revenus, les tigres et les hyènes le déchirent à nouveau, lui arrachant des cris de douleur affreux.

Clara décrit : “Le matin vint, et avec lui un effroyable changement. Les voix d’anges se transforment en voix de démons, accompagnées de musiques affreuses. Ces voix lui disaient qu’il était un pécheur et voulaient l’entraîner en enfer. Son état aboutit à une véritable crise de nerfs, il criait de douleur, et les deux médecins qui étaient, par bonheur, venus tout de suite, pouvaient à peine le tenir. Je n’oublierai jamais son regard, je souffrais avec lui les plus cruels tourments. Après une demi-heure environ, il se calma, et dit que les voix amicales se faisaient à nouveau entendre et lui rendaient courage. Les médecins le mirent au lit et quelques heures se passèrent ainsi, puis il se leva à nouveau et corrigea son concerto pour violoncelle; il espérait par là être délivré de l’incessant bruit des voix. Mais les voix continuaient, lui conseillant de lire la Bible avec piété, lui promettant le sommeil, ce qui, au contraire, l’exalta”. Mais le travail, qui lui avait tant servi comme défense et écran contre toutes ses souffrances, nécessitait quand même lui-même plus de lucidité et de calme. Et la musique ne pouvait plus combattre en lui la musique persécutrice des être infernaux ou célestes. Et Schumann demanda, encore en vain, à être interné. Le 19 les troubles persistent, évidemment, et Schumann se sait malade et, en même temps, croit à la réalité des hallucinations, et Clara doit le croire aussi !

Le 20 il reste debout devant son pupitre, à écouter les anges. “Robert passe toute la journée à son pupitre, avec du papier, des plumes, de l’encre. Il écoutait la voix des anges, puis il écrivait quelques mots, pas beaucoup, et il écoutait encore. Son regard avait, dans ces moments-là, une expression de béatitude surnaturelle que je n’oublierai jamais; et pourtant cette béatitude me déchirait le coeur, autant que quand des mauvais esprits le faisaient souffrir.”

Le 21 Février les esprits se calment un peu et ne font que chuchoter. Mais il est accablé de culpabilité, il est un grand criminel et il doit lire la Bible (où il cherche, aussi, des citations pour son “Jardin des poètes” !). Il compose des variations sur des thèmes fournis par les anges. Mais il craint de devenir fou et veut épargner cela aux siens : “Clara, je ne suis pas digne de ton amour”. Clara raconte : “Il mangea ce soir là avec une hâte extrême, puis, subitement, à neuf heures et demie, il quitta le sofa, réclama ses habits, disant qu’il voulait aller dans un asile d’aliénés, qu’il avait perdu le contrôle de lui-même, qu’il ne pouvait pas savoir ce qu’il serait capable de faire pendant la nuit. Il disposa minutieusement tout ce qu’il voulait emporter avec lui, sa montre, de l’argent, du papier à musique, des plumes, des cigares, tout cela avec la plus grande méthode. Lorsque je lui dis : “Robert, tu veux quitter ta femme et tes enfants ?”, il me répondit : “ce ne sera pas pour longtemps, je reviendrai bientôt guéri”. C’était le dimanche. Il se calma sous l’influence du Dr Hasenclever.

Le 23, il se promène encore avec Clara... sur les bords du Rhin.

Le 24, il déjeune avec Becker, mais la voix des anges et la musique reprendront aussitôt après. Becker rapporte dans son journal : “Nous étions assis au restaurant lorsqu’il commença son concert interne; il fut forcé d’abandonner la lecture des journaux. Il pensait que c’était chez lui le souvenir d’une vie antérieure après laquelle il avait changé d’enveloppe corporelle. Depuis huit semaines il ne composait plus.” Le soir il veut faire ses adieux à Clara, qu’il priait depuis quelques jours de s’éloigner de lui.

Mais c’est dans la soirée du 26 et la nuit du 26 au 27, nuit de Carnaval, que va se produire le drame. Il avait passé deux soirées avec Dietrich. Peu avant minuit, trompant la vigilance des siens, et Clara ayant dû s'absenter ce soir là, il se faufile en silence au dehors de sa chambre et sort, par une pluie torrentielle, nue-tête, en chaussons de feutre et robe de chambre à fleurs vertes, se dirige à grands pas vers le Rhin. Arrivé au pont, n'ayant pas d'argent, il laisse en gage un mouchoir de soie. Arrivé à mi hauteur du pont, il enjambe la balustrade et se jette dans le Rhin, le majestueux "Vater Rhein". Il est tiré du fleuve par des mariniers, auxquels il échappe, se jette à nouveau dans l'eau, est repêché une deuxième fois... Des voisins, qui ont reconnu le Dr Schumann, le ramènent à la maison en le soutenant, lui, quelque peu hébété.

Sa fille aînée, Marie se souvient : "J'ai vu mon père pour la dernière fois le jour où il sortit de la maison pour s'ôter la vie. On m'avait appelée parce que ma mère avait à s'entretenir avec le médecin. Je fus chargée de rester dans la chambre voisine de sa petite chambre, et de voir si mon père avait besoin de quelque chose. J'étais depuis un moment devant le bureau de ma mère quand la porte de communication s'ouvrit et mon père parut dans sa longue robe de chambre à fleurs vertes. Il était d'une pâleur extrême. En me voyant, il cacha son visage dans ses mains et dit : "Ah, mon Dieu !". Puis il disparut à nouveau. Je demeurai quelques instants comme clouée au sol, puis, me rappelant pourquoi j'étais là, j'entrai dans la chambre de mon père. Elle était vide et les portes qui conduisaient à la chambre à coucher de mes parents, et, de là, au vestibule, étaient grandes ouvertes. Je me précipitai chez ma mère. Le médecin était encore là et l'on fouilla toutes les pièces. Il était clair que mon père était parti. On se mit à sa recherche et ma mère m'enjoignit d'aller chez mademoiselle Laser pour lui raconter ce qui était arrivé. Dans la rue, je vis des gens, de loin, qui avançaient vers nous, et quand je fus plus près, je reconnus mon père que deux hommes soutenaient sous les aisselles, et qui se couvrait le visage de ses deux mains".

On peut légitimement s'interroger sur le sens de cet acte suicidaire, commis par Schumann, fait notable, la nuit du Carnaval, un carnaval qui l'a hanté toute sa vie et lui a inspiré maintes oeuvres. Culpabilité délirante, mélancolique ? Se laver de ses "crimes" dans l'eau de ce Rhin vénéré, le "VaterRhein", qui aurait assuré ainsi un tardif apaisement, mais qui n'en n'a pas voulu ? Folie, fût-elle "circulaire", ou cruelle lucidité ? L'entourage et les médecins ont jugé bon de ne pas tout dire à Clara sur les péripéties de cet épisode. Mais Clara, au retour de Schumann, a remarqué qu'il n'avait plus son alliance. Elle dira à ses enfants, plus tard, qu'elle avait supposé qu'il l'avait jetée dans le Rhin, avant de s'y précipiter lui-même, et avant que Clara fasse de même pour réunir les deux anneaux. Elle se référa à une lettre antérieure de Schumann dans laquelle il aurait émis ce souhait, mais on n'a jamais vu cette lettre; toutefois c'était bien dans le genre de pensées qu'affectionnait Schumann. Fischer-Dieskau, lui, évoque la possibilité d'une "énigme sur cette histoire d'amour réciproque à trois, peut-être impossible à formuler par les intéressés." La musique des Lieder en aurait peut-être été la seule expression possible.

Les jours suivants Schumann est sous bonne garde de deux infirmiers avec lesquels il semble avoir eu des rapports affables. Il réitère le désir d'être hospitalisé en clinique. Il s'estime atteint de folie passagère et veut se mettre à l'abri de toute impulsion agressive vis à vis de ceux qu'il aime, sa permanente obsession.

C'est chose faite le 4 Mars, dans la clinique du Dr Richarz, à Endenich, près de Bonn, le Dr Richarz ayant la réputation, excellente, d'un praticien opérant des prises en charge modernes et libérales de ses patients. Schumann part en voiture, accompagné du Dr Hasenclaver. Sa fille Marie se rappelle encore : "On nous avait dit que notre père reviendrait bientôt, complètement rétabli, mais les servantes qui assistaient à la scène auprès de nous pleuraient". Schumann restera à Endenich jusqu'à sa mort, le 21 Juillet 1856. Et Rémy Stricker commente justement : "C'est comme un enfant qu'il s'est laissé emmener jusqu'à l'asile. Mieux, il l'a demandé". Et il note que pendant ces années d'asile, il en sera comme apaisé, presque heureux, libéré le plus souvent des cauchemars mélancoliques des années 50-54.

La clinique d'Endenich était un endroit agréable, calme, apaisant, doté d'un grand parc où Schumann, toujours sensible à la nature, aura grand plaisir à se promener. L'amélioration de son état sera d'ailleurs rapide malgré un premier contact difficile : il agresse un jour physiquement ses infirmiers, ce dont il s'excusera au bout de quelques jours. Toutefois il ne s'enquerra pas, pendant longtemps, de sa famille, Clara et les enfants, comme si, apparemment, il les avait oubliés. Il faut dire que les visites, d'abord autorisées (à Bettina von Arnim, à Joachim, mais pas à Clara) seront suspendues un temps car elles entraînaient chez Schumann un état de sur-excitation, et que les médecins ont eu alors pour attitude d'écarter de Schumann tout souci et tout ce qui peut rappeler un passé plus ou moins récent, mais douloureux. Clara aura, par la suite avec son mari, un contact par correspondance, mais elle ne viendra jamais à la clinique, sauf l'avant-veille de sa mort.

Bien qu'enceinte et non loin du terme, elle reprend leçons et concerts, s'absorbe aussi dans l'éducation des enfants, envoie à Schumann, avec ses lettres, livres, partitions, tabac. Schumann lui répond par des lettres parfois incohérentes mais toujours tendres. Clara soufre d'être séparée de lui. Elle se réfugie dans la musique, et le 23 Mars elle donne un récital de piano à quatre mains avec Brahms et Grimm, et avec au programme les "Spanische Liebslieder".

Mais lors des semaines et des mois qui suivent Schumann demande des nouvelles de Clara et lui envoie un jour "un témoignage d'amitié" (Fischer Dieskau). Il est autorisé à se promener, d'abord dans le parc, puis au dehors, et même jusqu'à Bonn, où il fait de longues stations devant l'ancienne douane, d'où l'on a une belle vue sur... le Rhin, et devant le monument à Beethoven. Jusqu'en Mai apparaissent, assez rapidement, des signes d'amélioration assez encourageants. C'est en ce mois de Mai qu'il peut faire paraître "Le jardin des poètes" dans la "Neue Zeitschrift für Musik". C'est une des dernières joies de Schumann, mais Breitkopf et Härtel refusent de publier les deux volumes d'aphorismes corrigés et mis au net par Wassilievski, textes dans lesquels Schumann essaie de définir une esthétique : justification de l'existence de l'art, place de la musique, avec des doutes sur la valeur de l'expression musicale, aspect qui, venant de lui, ne sera pas trop favorablement reçu.

En Juin, Brahms est amené à prendre, en l'absence prolongée de Schumann le rôle de chef de famille, ce qui scandalise certains de leurs amis. Le 11 de ce mois naît Félix, appelé ainsi en souvenir de Mendelssohn.

En Juillet l'amnésie se dissipe, et les souvenirs, jusqu'ici confus et incohérents, deviennent plus nets et ordonnés. Le 18, Schumann cueille des fleurs et demande au Dr Peters de les faire porter de sa part à sa femme; il demande au Dr Richarz des nouvelles de Clara.

Le 19 Août, Brahms rend une première visite au malade et parle de comportement "presque normal" à Clara, alors qu'il n'a pu converser avec lui. Certes l'état général, appétit, sommeil, sont rentrés dans la norme, les hallucinations ont disparu, mais selon le Dr Peters, assistant du Dr Richarz, Schumann reste pour le moins taciturne.

Le 13 Septembre, jour anniversaire de Clara : elle écrit à Robert, avec l'autorisation du Dr Richarz. L'effet est immédiat, spectaculaire : Schumann lui répond dès le 14, par une lettre sensée, lucide : "Sois remerciée, Clara bien-aimée, de m'avoir écrit précisément à cette date, et de penser encore à moi, ainsi que les chers enfants, avec l'affection d'autrefois. Oh, si je pouvais vous voir, vous parler. Mais la route est trop longue. Alors, que j'apprenne de toi comment la vie est organisée, où vous demeurez, et si tu joues du piano toujours aussi admirablement. Ô combien je voudrais entendre ton jeu magnifique ! As-tu encore le piano à queue de Klemm ? Marie et Elise font elles des progrès, chantent-elles de leurs voix fraîches et pures ? As-tu encore près de toi les lettres que je t'ai écrites de Vienne à Paris ? Est-ce un rêve que l'hiver dernier nous étions en Hollande et que tu remportas de brillants succès ?"

Schumann, lui, semble lutter avec un certain succès pour reprendre contact avec la réalité. Il s'efforce de reconstituer le monde de ses objets aimés : partitions, manuscrits, autographes de Jean Paul, de Schubert, Beethoven, correspondances, journal de musique.

Le 18 Septembre il rappelle à Clara son désir d'appeler leur dernier fils Félix et il lui demande le portrait où ils sont tous les deux. Le 26, il se montre même critique vis- à-vis de ses manifestations oniriques nocturnes. Aussi Clara écrit-elle à Joachim, le 24 : "j'ai vécu là un bonheur que je n'aurais pas espéré il y a quinze jours encore. Ce sera difficile pour moi cependant, car je voudrais lui ouvrir tout mon coeur, lui dire qu'il emplit toutes mes pensées, tous mes sentiments. Mais je dois être très prudente dans mes lettres. Il ne m'écrit pas encore qu'il voudrait que je lui rende visite. Je suppose que les médecins l'en dissuadent encore; et lui, il accepte tout ce qu'ils lui disent. Malgré cette bonne nouvelle, les choses vont évoluer lentement, ce à quoi je m'attendais".

Mais, le 12 Octobre, c'est une lettre assez confuse (citée par Colling) sur la perte d'un diamant de la bague offerte à Clara pour son anniversaire, diamant que quelqu'un retrouve..., "ce sont là des souvenirs bénis", comme si Schumann s'exprimait ici, dans la vie éveillée, comme dans un rêve, par déplacements et symboles.

Le 27 Novembre, il étudie des compositions récentes de Brahms que Clara lui a fait parvenir, et il lui écrit en donnant une analyse très pertinente des variations op. 20 : "Que ne puis-je, ami, vous revoir et vous entendre jouer vos splendides variations. Comme je vous retrouve dans cet éclat fantastique, uni à une habileté d'art que je ne vous connaissais pas encore, lorsque le thème, qui n'a paru que très discrètement, devient si passionné et si intime."

Les rapports avec Brahms deviennent d'ailleurs de plus en plus chaleureux. Le tutoiement s'installe entre eux, comme en témoigne la lettre du 15 Octobre : "Clara m'a envoyé ton portrait. Elle me parle de ballades composées par toi, depuis que nous sommes séparés. Je serais si heureux de connaître tes oeuvres nouvelles. Depuis Hanovre nous ne nous sommes pas revus. Ah, que c'était donc un heureux temps. Adieu, mon fidèle ami, parle moi de toi et continue à m'écrire".

Le 21 Décembre, Joachim venu le voir émet de grands espoirs quant à la guérison. Il est vrai que celle-ci semble progresser, et ceci jusqu'en Mai 1855.

1855. Voilà bientôt dix mois que Schumann est hospitalisé à la clinique d'Endenich.

Le 11 Janvier Brahms lui rend visite. Schumann manifeste, selon lui, une joie qui est inquiétante à force de vivacité. Il manifeste un vif espoir de guérison et de retrouver Clara et les enfants. Ils jouent à quatre mains dans la pièce voisine de la chambre de Schumann, quelques morceaux dont les variations sur un thème de Schumann et la sonate en fa dièse. Ils vont se promener à Bonn, voir la cathédrale et le monument à Beethoven.

Le 24 Février Brahms apprend et révèle que Schumann a composé des fugues, exercice auquel il s'est régulièrement livré chaque fois qu' il a eu à retrouver rigueur, maîtrise et contrôle, et ceci pas seulement dans son travail de composition, mais dans sa vie elle-même. Mais Schumann hésite à les montrer, les jugeant imparfaites. Il se propose de composer une transcription à quatre mains de l'ouverture du "Henri IV" de Joachim. On sait qu'il aura mené à bien la composition d'accompagnements piano pour l'intégrale des "Caprices" de Paganini.

De même les lettres qu'il écrit à Brahms et à Joachim, par opposition à celles adressées à Clara où transparaît une forte angoisse, pourraient donner l'impression d'une amélioration régulière. En fait cette évolution est oscillante; le 12 Mars il exprime une nouvelle fois la crainte de devenir fou, le 23 Mars il veut quitter la clinique, alléguant qu'on l'y fait souffrir. Le 5 Mai il écrit une "lettre d'adieu" à Clara, annonçant une deuxième lettre qu'il n'écrira vraisemblablement pas. " Chère Clara ! Le 1er Mai je t'ai envoyé un message de printemps, mais les jours suivants ont été très agités. Tu en apprendras plus par une lettre que tu recevras après-demain. Une ombre y plane, mais ce qu'elle renferme te réjouira, ma douce". Le 6 Mai il se sent "poursuivi par de méchantes femmes". Le moins qu'on puisse dire, c'est que tout cela ne favorise pas, pour Clara, la sérénité qui pourrait la soutenir dans son épreuve.

Ceci coexiste avec ce qu'on pouvait constater dés le début d'Avril, à savoir la reprise du goût pour le travail : il commande des revues musicales, compose quelques petits morceaux, harmonise de vieux chorals, forme qu'il a toujours affectionnée. L'un d'eux est intitulé "Quand viendra ma dernière heure", ce qui n'est pas sans rappeler le vieux Bach cher à son coeur, et le choral qu'il est de tradition de jouer pour clore "l'art de la fugue", laissée inachevée par le Cantor. Seule la musique semble maintenir Schumann. Quand elle s'éloigne, le délire réapparaît. Il assure une correspondance suivie avec Simrock, l'éditeur de ses derniers Lieder (cinq poèmes de Marie Stuart, pour mezzo et piano, dans la traduction du baron Gisbert von Vincke). Et il plaide pour l'édition des oeuvres de Brahms qui "aurait plaisir à être édité dans une maison aussi célèbre". Mais Simrock, visiblement réticent, ne répond pas.

Clara rappelle à son mari que le 7 Mai est le jour anniversaire de Brahms. Schumann réagit en lui adressant le manuscrit dédicacé de l'ouverture de "La fiancée de Messine", histoire de deux frères épris de la même femme... "Hanté par les anges des ailes sont nécessaires au transport de ce cadeau d'anniversaire". Le 8 Juin, il reçoit de Clara une romance, qu'elle envoie aussi à Brahms.

Puis Schumann n'écrit plus. Clara aura des nouvelles par Brahms, Joachim et Bettina Brentano von Arnim. Mi Mai, celle-ci vient, heureuse de le revoir. Elle le trouve "en bonne forme", mais "étrangement excité". Il veut parler le plus vite possible, comme pressé, et lui parle de voyages purement imaginaires en Sicile, à Londres, tout simplement "ailleurs". Il reste donc en fait angoissé, tourmenté, et perd l'intérêt pour choses et gens et le lien avec la réalité, parle de "clarté", de "feu"; les anges sont revenus et le félicitent d'avoir pratiqué "le Bien". Il veut ou "guérir complètement", ou mourir. Il ne compose plus, mais se livre à des improvisations au piano, dont on ne connaît ni la valeur, ni le message obscur qu'elles expriment.

Brahms vient le chercher pour le faire soigner dans un établissement où se pratique la thérapie par bains froids. Mais le Dr Richarz croit encore à la guérison, pense que "ce n'est qu'une crise", grave certes, et refuse la sortie, alors que Schumann voudrait être traité plus près de Düsseldorf. Richarz rassure aussi Joachim venu voir son ami. Mais Wassilievski, qui a vu Schuman par une sorte de hublot, est, lui, effrayé : assis au piano, c'est "un être physiquement et moralement brisé"... "L'affreuse hypochondrie ne fait qu'empirer".

Et pendant l'été les choses s'aggravent encore. Schumann s'affaiblit physiquement, maigrit. Il se mobilise peu, ses gestes sont pesants. Mais lors de vacances universitaires, quand le neveu du Dr Richarz, venu à Endenich, joue du piano dans la pièce voisine de la chambre de Schumann, le maître frappe à la cloison à chaque faute.

Clara écrit alors à Robert, le suppliant de lui écrire, ce qu'il ne fait pas. Le Dr Richarz, maintenant inquiet, écrit à Clara que tout espoir de guérison est désormais vain, "tout est perdu". Mais que l'évolution peut encore durer des mois. Effectivement des "crises" lors desquelles Schumann s'en prend à ses oeuvres, le 10 Octobre font prendre la décision médicale de lui supprimer livres, partitions, matériel de travail, décision assez aberrante, témoignant du désarroi des thérapeutes; le résultat ne se fait pas attendre, provoquant le déchaînement du musicien.

Brahms, qui a apporté son soutien et son concours à Clara pour son concert au Gewandhaus, le 23 Octobre, où se sont donnés "Le bonheur d'Edenhall", et le scherzo de la sonate en fa par Clara, fait de nouvelles visites à Schumann. Mais toute conversation est devenue impossible avec lui. Il apporte à Schumann, sur sa demande, un atlas où Schumann relèvera des noms de villes pour les classer par ordre alphabétique !...

1856. C'est la fin. Dès Février, peu après une visite de Wassilievski et celle de Brahms, que Schumann ne reconnaît même pas, étant lui-même méconnaissable physiquement et psychiquement, hors toute réalité ("Chaque mot est un ange", profère-t-il). Schumann ne reçoit plus, n'écrit plus. Il est épuisé, dans un état voisin de la léthargie. A la mi-Avril, alors que Clara est en tournée en Angleterre et que Brahms vient le visiter, il semble s'être livré à un autodafé de lettres de Clara et sans doute de partitions, de manuscrits. Sa seule occupation semble être, à mi Juin, depuis des semaines, la transcription de noms de villes relevés dans l'atlas. Le 8 Juin Brahms trouve un Schumann moribond. Les 13 et 14 Juillet, Schumann garde le lit pour ne plus guère en sortir. Ce même 14 Juillet Clara a un entretien avec le Dr Richarz : il faut se faire à la triste réalité. Le 21, Schumann ne s'alimente plus, il est cachectique et ses membres inférieurs gonflés d'oedèmes. Le 23 Richarz télégraphie à Clara : "Si vous voulez revoir votre mari vivant, accourez !" L'aspect de Schumann est terrifiant et Brahms s'efforce de dissuader Clara de venir le voir, en vain. Certes, le jour-même, Clara ne le voit pas; elle ne l'a pas vu depuis le 4 Mars 1854. Quatre jours après, le dimanche 27, elle arrive à Endenich, accompagnée de Brahms. Elle a peine à reconnaître son mari, lequel peut à peine articuler : "ma" (Clara), "je sais" (je reconnais). Clara écrira alors les phrases devenues célèbres : "Je l'ai revu, c'était le soir entre 6 et 7. Il me souriait et m'a enlacée tendrement d'un de ses bras, car il pouvait à peine gouverner ses membres. Jamais je n'oublierai ce moment et pour des trésors je ne donnerais pas cette étreinte. Il devinait que c'était moi ! C'est ainsi qu'il aura fallu que nous nous revoyions. Avec quelle peine n'ai-je pas tenté de retrouver ses traits chéris. Quel spectacle de douleur !"

Le 28, Clara revient avec Brahms et passe quelques heures avec ce qui reste de Schumann. Elle lui donne à sucer ses doigts trempés dans du vin, et Schumann "en aspire bruyamment quelques gouttes". En fin de journée, ce sont des convulsions subintrantes, des cris, une douleur atroce, semble-t-il.

Le 29, à l'aube, il semble apaisé, détendu, et à 16 heures, dans un dernier soupir, il meurt délivré.

Les obsèques ont lieu deux jours après, le 31, au cimetière de Bonn. L'éloge funèbre est prononcé par Hiller, centré sur les rapports de l'oeuvre et de la maladie. Brahms et Joachim marchent devant le corbillard. Clara n'avait pas voulu attirer de monde. Elle a écrit : "Je suivis le cortège sans me faire remarquer. Nous avons agi comme il l'aurait souhaité". Mais on ne sait, à vrai dire, absolument pas si Clara était ou non présente à ces obsèques.

Le Dr Richarz a publié un compte-rendu d'autopsie d'une banalité voire d'une vacuité désolante, qui n'apprend rien sur les aspects organiques de la pathologie dont Schumann a souffert, alors que l'école de neuropathologie allemande était déjà assez développée.

CHAPITRE IV

UN COUPLE, DEUX MUSICIENS

L'exposé de l'histoire de la vie de Schumann a fait apparaître deux traits qui la parcourent comme des sortes de "fils rouges" :

- la constitution, à travers les pires difficultés, parfois dramatiques, même, du couple de deux artistes de génie
- la récurrence de troubles psychiques cycliques faisant alterner les périodes de dépression et d'hyperactivité.

On s'attardera maintenant sur ces deux aspects qui émaillent de façon essentielle cette biographie, en attendant, en un deuxième volume, l'étude d'un troisième élément, décisif à considérer, à savoir celle de l'oeuvre de composition, considérable, dont la production a sans doute permis à son auteur une vie - ou une survie - jusqu'à ce que "la musique se taise".

Le couple Schumann a pris une allure quasi mythique, bien illustrée par les lithographies, et surtout par la médaille associant les deux profils, médaille due au sculpteur Rietschel. Mais ceci s'est fait parfois au prix ou au profit d'une certaine idéalisation, celle-ci elle-même au prix d'un escamotage des écueils et conflits connus par le couple, même après le mariage en Septembre 1840.

Pourtant, malgré ces aléas, qu'il ne faut pas sous estimer, il apparaît comme évident que la rencontre des deux individualités ne pouvait qu'aboutir à leur union. Trop de choses les réunissaient, trop d'éléments faisaient d'eux des êtres complémentaires. Et la mère de Schumann n'avait pas hésité à dire à la toute jeune Clara venue jouer à Zwickau : "un jour, tu épouseras mon Robert". Celui-ci, dans la fabrication des pseudonymes qu'il attribuait aux membres de son "Davidsbund", choisit celui de "Maître Raro" pour son professeur et futur beau-père Frédérik Wieck, par condensation des deux prénoms de Cla RA+RObert.

Idéalisation, certes, partie d'une réalité, celle d'une enfant "surdouée" et efficacement guidée par un père attentif, et qui devait devenir la plus grande virtuose européenne du piano du siècle, et faisant un mariage d'amour avec un jeune musicien pauvre, futur génie de la composition musicale. Elle en fut rapidement la muse inspiratrice et l'interprète fidèle et inégalable. Et tout ceci malgré les obstacles mis par le père Wieck à leur union, et malgré le fait d'avoir à mener de front d'une part une carrière de concertiste internationale permettant matériellement au couple de vivre, et d'autre part les tâches d'une mère de bientôt huit enfants.

Pour comprendre comment s'est constitué ce couple, cette famille, avec la fratrie qui en est issue, sans doute faut-il jeter à nouveau en arrière un regard plus approfondi, sur ce qu'avaient été pour eux les parents des deux époux, et sur le parcours sentimental qui avait été le leur.

Du coté de Robert, un père très aimé et aimant, quelque peu rêveur et farfelu, lettré autodidacte de qualité, mélomane, source pour Robert d'apports culturels essentiels, nombreux, variés (littérature et musique principalement) et judicieusement choisis. Père trop tôt disparu, laissant un encore jeune Robert, dont il avait encouragé les penchants artistiques face à une mère dont on a vu le portrait psychique. Portrait de mère aimante, certes, en particulier de son "petit dernier" qu'elle appelait son "Lichter punkt" (Point de lumière), mais très névrosée, à la fois froide dans ses manifestations et captative dans ses attitudes, plus soucieuse de l'avenir "bourgeois" de son fils que de sa vocation d'artiste. Ceci au point que Robert avait même pu l'accuser de lui "barrer la route". Mais elle avait du se résoudre, sous la pression de son fils chéri, à faire elle-même la démarche pour obtenir de Wieck un "avis d'expert" sur le bien fondé et l'avenir possible de la vocation artistique du fils.

Quant à la fratrie Schumann, elle se composait, outre Robert, de trois frères aînés, Julius, Carl et Edouard, très aimés et aimants eux aussi, et dont les pertes, ainsi que celles de leurs épouses, très passionnément adorées de Robert, seront pour lui des coups terribles. Il en fut de même d'une soeur, Emilie, tendrement aimée, vraisemblablement psychotique, dont le suicide par noyade dans la rivière Mülde à Zwickau, laissa à Robert une marque cruelle, hanté qu'il fut tout au long de sa vie par le "Vater Rhein" dans lequel il se jeta finalement.

Si l'on excepte l'amitié amoureuse pour deux jeunes filles, Liddy Hempel et Nanny Patsch - vite délaissées "parce qu'elles n'aimaient pas Jean-Paul" ! - Robert eut, avant Clara, sa vie affective, sentimentale, occupée, vouée à de jeunes femmes le plus souvent inaccessibles. Ce seront les belles-soeurs, Thérèse et Rosalie surtout, objets d'un véritable amour, platonique car interdit. Autre femme inaccessible, fut pour lui Agnès Carus, "la femme du Docteur", muse-égérie et surtout initiatrice... en musique, ("mon ami en sol mineur"). Elle lui fit découvrir Schubert, ses Lieder et sa musique de chambre. Et il y en aura d'autres, telle Henriette Voigt, et quelques cantatrices. Tous ces amours avant Clara étaient platoniques et la mystérieuse Christel, aurait été la très hypothétique initiatrice sexuelle du jeune Schumann. Elle a même été suspectée, tout aussi hypothétiquement, de lui avoir transmis une affection vénérienne, ceci pour tenter de trouver justification à une étiologie organique de ses troubles psychiques. En tout cas ce ne semble pas avoir apporté une modification du cours de la vie libidinale du jeune Schumann, lequel s'est peut-être marié vierge. Quant au "don suprême" lors d'une entrevue avec Clara, auquel il est fait allusion dans le journal intime, il semble fort peu probable qu'il s'agisse du premier rapport sexuel du couple, comme le fait remarquer justement Madame Brigitte François-Sappey, mais d'un engagement de Clara envers Robert.

Et pour ce qui concerne la fiancée, très officielle que fut Ernestine von Fricken, vite abandonnée sans grande élégance par Schumann quand il apprendra sa bâtardise et sa pauvreté, elle ne fut, si l'on peut dire, que la bénéficiaire - ou plutôt l'instrument - de la prescription d'un médecin convaincu que la médecine n'avait aucun pouvoir de guérir les maux de Schumann (ce qui était sans doute vrai), et que seule une femme pourrait le sauver (ce qui l'était beaucoup moins, même si, encore quelques années plus tard, le jeune Freud pouvait avoir ce genre de conception sur les rapports des névroses actuelles - névrose d'angoisse - avec la continence sexuelle).

Mais ce qui réunissait ces "liaisons" féminines toutes platoniques, c'est la comparaison, l'assimilation que faisait Schumann lui-même de toutes ces femmes avec "une madone", Clara comprise. Cela revient en effet sans cesse dans son journal et sa correspondance Il y est fait allusion à propos de toutes ces femmes à "un retable". Et ce n'est pas un hasard si Schumann a retenu, pour ses "Dichterliebe" ce poème de Heine "Im Rhein, heilige Strome...", poème dans lequel un hommage à la fois solennel et très affectueux est rendu à la vierge sous les dehors de ce portrait "aus goldenerleder gemahlt" (peint à l'or sur cuir).

On a vu ce qu'avait pu être la relation de Clara à son père, Frédéric Wieck, relation faite à la fois d'amour filial, d'admiration mais aussi de crainte et de soumission, ce père possessif, faisant de sa fille "sa chose", son produit d'excellence, son "objet narcissique". Sans doute est-il maintenant nécessaire d'approfondir le portrait déjà esquissé du géniteur de Clara.

Frédérick Wieck est né le 18 Août 1785 dans une famille modeste de Leipzig où son père était établi comme petit commerçant. Il dut, en raison d'une santé fragile, renoncer à des études musicales à la Thomasschule de Leipzig et faire des études de théologie à Wittenberg. Pour gagner sa vie, il fut précepteur dans diverses familles, et ceci dans une condition parfois humiliante de "domestique", ce qui, après l'abandon forcé des études musicales, loin de le décourager, ne fit que renforcer chez lui l'énergie mise à réussir. Il ouvrit une agence de location et de vente de pianos, se mit pour cela en rapport avec les meilleurs facteurs (Conrad Graf et Andreas Stein, par exemple), fit aussi oeuvre de libraire musical, vendant des partitions.

Devenu adepte des méthodes pédagogiques de Logier, et convaincu de l'utilité du chiroplaste, appareil conçu pour maintenir la main dans "une bonne position", il s'installa comme professeur de piano, et devint en quelques années le maître de piano le plus réputé de Leipzig et au delà. Bien que très rigide d'esprit, il concevait l'enseignement de façon particulièrement éclairée, veillant spécialement au développement physique et culturel de ses élèves. Mais on verra, aussi, que cela n'excluait pas de sérieuses lacunes, lacunes que connaîtra Clara et que Robert s'efforcera de combler. Mais Clara n'en sera pas moins pour son père une élève de prédilection, "sa chose" qu'il aura formée, qui deviendra même pour lui sa raison de vivre que nul ne devait pouvoir lui arracher. Mais les conceptions de la formation musicale de cet homme par ailleurs apparemment froid, au regard froid, sont quand même construites autour de l'idée que la technique, si importante qu'elle soit à ses yeux, n'est qu'un moyen et non un but, moyen au service de la musique. Il pense, comme il le dit dans son livre "Klavier und Gesang", que "le piano doit chanter". Il fait d'ailleurs donner à Clara des leçons de chant par un professeur réputé, Mikisch. Lui même composera, en 1815, quelques Lieder. On conçoit qu'un tel professeur ait pu être choisi par le jeune Schumann dès qu'il eut décidé de devenir pianiste professionnel.

La mère de Clara, Marianne Tromlitz, née dans une famille de musiciens, épousa Wieck à l'âge de 19 ans, en 1816. Elle était jusque là son élève, élève particulièrement douée tant au piano qu'en chant, ayant même tenu sa partie très jeune lors de concerts au Gewandhaus. Elle fera, plus tard, une assez belle carrière. Mais dès le mariage elle sera essentiellement cantonnée par Wieck à "tenir la boutique" en son absence, à s'occuper de la maison ("Hausfrau"), et des enfants que Wieck lui fera (cinq grossesses en huit ans de vie commune !). Peu après la naissance du dernier, Victor, séduite par un ami de la famille, lui même musicien, Adolphe Bargiel, qu'elle épousera plus tard, en 1825, elle quitta le domicile conjugal, emmenant avec elle Clara et son jeune frère, ceci en Mai 1824. Mais Wieck "récupérera" Clara, à ses cinq ans révolus, dès la fin de l'été, comme la loi le lui permettait. Il semble que Clara ait souffert de ce divorce et de la privation de sa mère, avec laquelle elle n'eut plus que des contacts très espacés et "encadrés" sous conditions strictes, puis des relations purement épistolaires quand Clara fut capable d'écrire. Par la suite Clara ne verra guère sa mère avant l'an 1837.

Wieck se remaria très vite, dès l'été 1828, avec Clémentine Fechner, fille de pasteur, qui sera vis à vis de lui une épouse soumise, voire sa complice dans son attitude parfois si dure envers Clara. Clémentine ne pourra jamais jouer pour Clara le rôle d'une mère de suppléance.

Quand Marianne Tromlitz se remariera avec Bargiel, la conséquence sera pour Clara, que les deux "familles recomposées" lui auront donné, en plus de ses frères, 7 demi-frères et soeurs.

Clara Joséphine Wieck naît le 13 Septembre 1819, à Leipzig, dans la maison familiale "Hohen Lilie" (le grand lys) place du marché neuf, deuxième et seule fille d'une fratrie qui comportera, en dehors d'elle, trois garçons : Alwin, Gustav et Victor. Elle a pour parrain Herr Steubel, notaire, et pour marraines Frau Reichel ainsi que sa grand-mère maternelle Tromlitz. Bien que de santé tout à fait normale elle connaîtra un développement assez problématique puisqu'elle ne parlera que vers quatre ans et demi - cinq ans, au point qu'on évoquera chez elle une surdité, hypothèse vite abandonnée vu l'oreille qu'elle manifestera dans sa capacité remarquable à retenir toutes sortes de mélodies entendues.

Effectivement la musique semble avoir été pour elle son langage essentiel, un investissement psychique refuge, facilité par le père, et qu'elle utilisera au maximum lors de moments difficiles pour elle au cours de toute sa vie : mort de sa fille Julie, tentative de suicide puis décès de Robert, périodes lors desquelles la pratique intensive des concerts sera son mode de relation privilégié au monde, avec l'attachement qu'elle aura toute sa vie au contact avec le public. Elle quittera relativement facilement les siens pour partir en tournée. Elle effectuera celles-ci malgré la souffrance endurée de douloureux rhumatismes et presque jusqu'au terme de ses huit grossesses Cet investissement était bien sûr facilité par les "dons" propres de Clara, bien perçus et développés par son père, lui procurant très précocement des revenus auxquels celui-ci n'était pas indifférent. Elle saura donc lire la musique bien avant l'acquisition de la lecture. La musique sera, dès sa prime enfance, pour reprendre ses propres termes, "une grande partie de ma vie", "l'atmosphère que je respire".

Sans aucun doute Clara eut elle à souffrir, dès avant la séparation d'avec sa mère, de l'atmosphère qui régnait probablement entre ses deux parents qu'elle adorait, tous deux, profondément. Et il est notable, même si cela peut paraître paradoxal, que son inhibition du langage ne se leva, progressivement mais assez rapidement, que quand le père Wieck la reprit avec lui. De ce point de vue, la séparation franche des parents semble lui avoir été relativement plus favorable qu'une mésentente sourde, confusément perçue par elle au point de profondément l'affecter. Cependant, rien ne pouvait remplacer la complicité avec une mère, et ce sujet était inabordable avec le père Wieck.

Dès lors, ce Frédérick Wieck, abandonné par son épouse, investit cette enfant d'une manière à la fois "efficace" mais aussi très possessive. Efficace, car, non content de lui procurer une éducation la meilleure possible à ses yeux, éducation à la fois intellectuelle, artistique, mais aussi physique ("mens sana in corpore sano", selon les principes pédagogiques éclairés en vogue, voire inspirés de Rousseau), il décida de faire de sa fille, dès son plus jeune âge, la grande artiste dont il avait su prévoir précocement les possibilités. Et en cela il tendit à faire de Clara "sa chose", un "objet narcissique", une véritable vitrine de son savoir faire pédagogique, voire de lui même dans ce qu'il était effectivement ou aurait voulu être.

Non qu'il fut, à l'instar d'un Léopold Mozart, un "dresseur", écrasant de travail sa progéniture. Il était au contraire, sur ce plan aussi "rigidement raisonnable" que dans d'autres domaines, limitant le travail du piano auquel il mit Clara dès âge de cinq ans à trois heures par jour dont une avec lui. Par contre l'exercice physique, les promenades à pied faisaient partie du programme. Wieck se chargeait aussi de son éducation en Français, en Anglais, ce qui n'empêcha pas Clara d'attendre sa neuvième année pour savoir lire et écrire ! Schumann rapporte en effet qu'à l'époque du concert de Zwickau, "elle jouait avec des lettres qu'elle s'efforçait d'assembler". Par contre Wieck la confia à d'autres professeurs pour lui apprendre le violon et le chant, l'harmonie et le contrepoint (chez Dorn, l'ancien maître de Schumann). Mais si attentive et judicieusement prévue, cette éducation ne pouvait que comporter lacunes et manques. Il semble que Clara, en dehors de son père-précepteur, n'ait fréquenté d'école qu'au total sur une durée de dix-huit mois, privée ainsi de camarades de jeu, de contacts avec d'autres enfants. C'est un peu ce que, là aussi, Robert Schumann, âgé de tout juste 9 ans de plus qu'elle, compensa certainement, avec sa capacité de se faire lui même enfant pour partager, jeux, devinettes, charades, comptines. Clara lui rappellera souvent cette capacité à être enfant avec elle. Plus, ses parents étant "fort occupés" par ailleurs, c'est une gouvernante, Johanna (le même prénom que portait la mère de Robert), Johanna Strobel, qui se chargea de son éducation quotidienne, de son élevage. Gouvernante particulièrement peu loquace, semble-t-il, mais très investie par Clara jusqu'à son remplacement par une autre, pour des raisons qui nous échappent, avant qu'une certaine Nanni prenne auprès d'elle grande place, au besoin de complice.

La place que Wieck donna à sa fille Clara prend d'autant de relief qu'il n'investit guère ses autres enfants. Il estimait qu'une fille "c'est bien mieux qu'un fils", car plus docile, malléable. D'où la relative négligence dont furent victimes Alwin et Gustav (Viktor mourut très jeune). Schumann rapporta même des scènes de maltraitance morale et physique dont fut victime Alwin, battu brutalement quand il n'avait pas bien joué du violon et "déshonorait" ainsi son père. Et quand Wieck attendit son premier enfant de Clémentine, il formulait encore pour les mêmes raisons le souhait que ce fut une fille, mais la jeune puis l'adulte que devint Marie, née le 17 Janvier 1832, fut loin de combler, comme Clara le fit, les espoirs mis en elle.

Mais, pendant ce temps, Clara devenait une "Wunderkind", puis une "Wundermädchen". Elle donnait à l'âge de neuf ans un concert chez les Carus, à Leipzig, le 31 Mars 1828; Robert y assista. Dès le 30 Août de la même année, puis le 23 Octobre, elle joua, entre autres, le concerto en mi bémol de Mozart devant le public du Gewandhaus. Schumann, qui l'y entendit parle déjà d'elle comme de "la meilleure pianiste de Leipzig". Puis c'est à Paganini (celui qui, par son jeu, avait provoqué la vocation du jeune Schumann) de faire son éloge. Et c'est, de nouveau, le Gewandhaus, en 1830, et Dresde, avec des concerts privés en Mars Avril, Arnstadt, Gotha, Frankfurt. Elle triomphe dans des morceaux de virtuosité, de Czerny, Herz, Kalkenbrenner. On peut s'étonner qu'une fille de neuf ans ait pu apparemment supporter l'épreuve physique et morale que représentaient ces tournées épuisantes avec leur succession de voyages et leurs hébergements souvent inconfortables, les répétitions et concerts sur des pianos différents et de qualité variable malgré la compétence du père Wieck en la matière. A Weimar, elle émerveille Goethe qui l'installe lui même au piano et trouve à cette fille de neuf ans "l'énergie de cinq garçons" ! Seule déception l'accueil fait à son premier concert à Paris, déception qui sera, au cours de sa vie largement compensée. En 1832, le 31 Juillet, c'est un triomphe avec les variations opus 2 de Chopin, et le 18 Novembre, un concert à Zwickau, lors duquel Clara et Robert jouent pour la première fois. Et ce seront encore de nombreux concerts privés, de nombreux concerts au Gewandhaus. A noter que c'est alors pour la première fois qu'apparaissent, entre Clara et Robert, les productions de ce qu'il faudra appeler des "oeuvres croisées" : une Romance variée de Clara dédiée à "Monsieur Schumann", et des Impromptus sur un thème de Clara Wieck, composés par Robert, et dédiés à Frédérick Wieck.

Une longue conquête commença alors pour Robert comme pour Clara, pour satisfaire, en se constituant en couple, un amour né très tôt, mais se confortant au cours d'une décennie. Et ceci, au fil et au feu des épreuves les plus dures pour l'un comme pour l'autre, revêtant même pour Schumann une intensité parfois dramatique, mettant en jeu sa santé mentale et même sa vie. Bien que les nombreuses péripéties de cette lutte aient été plus qu'aperçues dans l'exposé biographique, il convient d'en préciser ici les moindres "détails".

Robert, élève comme Clara du père Wieck et résidant sous le même toit depuis l'été 1828, côtoya quotidiennement en Clara, d'abord une enfant, jouant comme on l'a vu avec elle, jeux enfantins certes et bien innocents. Mais ils préparaient en sourdine un amour dont l'un et l'autre discutèrent ultérieurement, comme le font tous les amoureux, de la date de début, à vrai-dire bien difficile à cerner : 1833 ? 1832 ? , peut-être même 1831, Robert ayant vingt et un ans, Clara douze ! En tout cas, dès 1832 (le 2 Août) Schumann n'hésitait pas à écrire à Clara : "J'espère que la réunion de nos deux noms sur la couverture (d'un programme) pourra devenir l'une de nos perspectives d'avenir".

Clara était déjà présente sous les pseudo de Zilia ou de Chiarina, avec son père, Maître Raro, dans le virtuel Davidsbund. Mais c'est en Avril 1832 que Robert vit une Clara "grandie", tenant des propos "raisonnables" à son retour de Paris, comme une petite femme à 13 ans ! C'est en 1833 que se croisèrent leurs oeuvres (Romance variée et Impromptus). En Avril 1834 Ernestine von Fricken, aînée de Clara de trois ans arrive comme élève-pensionnaire chez les Wieck (on a vu l'épisode-parenthèse des fiançailles de Robert avec elle; l'hypothétique liaison avec une certaine Christel se serait produite en 1831). D'un autre côtété, du coté de Clara, un épisode vient perturber le parcours sentimental engagé, c'est l'intervention de Bank, qui donnait des leçons de chant à Clara ("Serpentinus" dans le "Davidsbund"), provocation sans doute manipulée par le père Wieck, pour tenter une diversion du lien qu'il devine en train de se former entre sa fille et Schumann. Sans doute flirt qui dure quand même de Novembre 1834 à Avril 1835. Mais le 28 Août 1835 c'est le "Vous savez combien je vous aime" d'une lettre de Robert à Clara. Le 25 Novembre, c'est le premier baiser, que Schumann a l'audace de "lui prendre" quand elle l'accompagne pour prendre congé d'elle; elle manque en échapper d'émotion la bougie qu'elle tient alors. Le deuxième baiser attendra le 6 Décembre, à Zwickau. L'échange se fait aussi par la musique, Robert se chargeant de l'orchestration du concerto pour piano en la de Clara, qui lui attirera maint succès, et dont, après une première le 5 Mai 1835, une exécution aura lieu au Gewandhaus, avec Mendelssohn à la direction, le 9 Novembre 1835.

Mais en 1836, Wieck, qui veille au grain provoque une séparation, emmenant Clara en tournée, dont à Dresde où Robert, désemparé de la mort de sa mère, vient rejoindre Clara, à la grande fureur de Wieck. Mais cette séparation durera 18 mois. Wieck interdit toute correspondance entre les deux amoureux, interdiction enfreinte évidemment grâce à l'entremise complice d'amis, Becker, le Dr Reuter et la fidèle Nanni, correspondance clandestine trompant la surveillance de Wieck, lequel n'en est pas, en fait, complètement ignorant.

1836 sera alors pour Robert une année de production musicale intense, dans laquelle il tentera d'apaiser sa douleur : Sonate en fa #, dédiée à Clara, sonate en fa où Clara est présente, "Ruines", de la fantaisie opus 17, "profonde plainte à cause de toi", "en ce douloureux été où je renonçai à toi", écrira-t-il plus tard. Et ce sont des emprunts-citations de Robert pris dans des compositions de Clara, comme pour en garder quelque chose : dans les "Davidsbündlertänze", motto venant de la Mazurka en SOL de Clara, "Stimme aus der Ferne" de la 8ème "Novelette"- "Wieckelette") pris au Notturno de Clara. Clara répond en interprétant, lors de ses concerts, des oeuvres de Schumann : ainsi, le 13 Août 1837, au Gewandhaus de Leipzig, elle joue trois des "Etudes Symphoniques", que Schumann entend, aussi dissimulé que possible, dans un coin de la salle.

Toutefois, malgré embûches et épisodes à rebondissements, le lien tient bon. De Février 1836 (le 13) à Septembre (le 18), ils passent du "Ihr" (Vous) au "Du" (Tu), non sans quelques hésitations et retours. Et c'est à propos d'un soir d'entrevue furtive avec Clara, le 4 Octobre 1837, que Robert parle, dans son journal de "don ultime", ce que l'on a pu interpréter comme allusion à un premier rapport physique, hypothèse qu'avec Madame Brigitte François-Sappey on peut à peu près récuser comme peu conforme à ce qu'on peut attendre de Clara, assez prude bien que passionnée, et de Robert, non seulement peu hardi sexuellement, mais parlant comme on l'a vu de Clara , à l'instar de toute autre femme approchée et aimée, comme d'une "Madone". Le "don suprême" est sans doute le plein engagement de Clara, ce qui n'est quand même pas rien. Mais le 27 Novembre 1837, un échange de lettres entre les deux, révélait ce que l'offre par Robert d'une bague avait suscité chez Clara : elle arguait qu'il avait aussi offert une bague à sa fiancée d'alors, Ernestine, discussion encore lestée d'ailleurs d'une pénible revendication de Clara d'avoir les moyens "d'une vie aisée".

Le 13 Septembre 1837 Robert avait fait transmettre par Clara à son père une demande en mariage qui avait suscité chez le père une violente colère et la remarque que Clara aurait vite oublié Schumann. "Oublier, moi ?", s'était exclamé Clara indignée.

L'équilibre psychique de Schumann est encore mis à rude épreuve, cette année 1838 et même la suivante. Dans sa lettre à Clara du 14 Avril il dit amèrement mais courageusement : " J'ai dû, pendant deux ans, souffrir si affreusement de notre séparation, je peux bien en passer deux autres. Car çà ne rime à rien de voler quelques instants pour se dire deux mots et mourir de peur par dessus le marché; non, c'est inutile, je te veux des journées entières, des années - l'éternité. Je ne suis plus ton chevalier lunaire d'autrefois. Je veux que tu sois ma femme, c'est mon voeu le plus sacré, le plus profond. J'en ai fini avec le reste". Mais avant de partir pour Vienne, pour y explorer les moyens de s'y établir - en fait aventure suggérée malignement par Wieck, et qui fera heureusement fiasco - , Schumann ne néglige pas l'occasion qui se présente alors de retrouver clandestinement Clara pendant deux jours.

Mais le père Wieck pendant cette période, ne reste pas inactif. Il utilise même l'amitié et la confiance établies entre Clara et Emilie List, présente auprès d'elle lors de son séjour à Paris en 1839, pour, littéralement, manipuler Emilie à ses fins. Sous l'influence de cette "amie", Clara envoie à Robert deux lettres, détruites pour des raisons qu'on imagine facilement, lettres où elle reprend, semble-t-il sur un ton assez dur, les arguments employés par le vieux Wieck pour retarder (voire empêcher) leur union. Ce n'est qu'un des épisodes lors desquels Clara est amenée, sous la pression voire le chantage du père Wieck, mais tout aussi bien du fait de son profond attachement à lui, à reculer l'échéance et sembler accepter et reprendre les arguments paternels. Le coup est terrible pour Robert. De rage il répond sur le même ton, dur. Puis il se calme et se ravise. Il envoie à WIeck une demande en mariage en bonne et due forme, la deuxième, en fait. Et, prévoyant aussi le refus de Wieck, il rédige un projet de procédure en cour d'appel qu'il envoie à Clara le 8 Juin 1839, afin qu'elle la cosigne, ce que, finalement poussée à bout par la mauvaise foi de son père, elle fait, non sans chagrin, sous quinze jours. Robert exulte et compare le courage de Clara signant "sans trembler" (?) à celui de Léonore, incarnée par leur amie la Devrient. La 24 Juin 1839 il fait encore une tentative auprès de Wieck; celui-ci fait répondre par Clémentine qu'il refuse tout contact avec Schumann. Il faut savoir qu'à cette époque, mêmes majeurs, des jeunes gens et filles devaient avoir, pour se marier, l'autorisation des parents. Schumann, orphelin de père et mère, n'en avait pas besoin, Clara demanda cette autorisation à Marianne Bargiel, qui, évidemment la lui donna mais il fallait aussi l'autorisation du père, sauf décision de la cour d'appel récusant, "pour abus de pouvoir" un refus d'autorisation parentale.

Les fiancés se trouvent alors, du fait de ce combat, épuisée, malheureux et non épargnés par la culpabilité. Clara trouvant cruelle cette situation l'obligeant à attaquer son père; Robert, bien que jugeant sévèrement l'attitude de Wieck, insultante, méprisante à son égard, abusivement possessive et cruelle vis à vis de Clara, et, de plus, bassement et froidement intéressée (il appelle Wieck "Monsieur tout argent"), n'en souffrait pas moins de la culpabilité, bien dans sa problématique, de traîner en justice un homme qu'il admirait et aimait malgré tout et dont il aurait voulu faire un père. Wieck, effectivement, bloqua les avoirs financiers de Clara, fruits de son travail (mais c'était aussi, pour lui, son travail), ainsi que le piano Graf que le facteur lui même lui avait offert en cadeau. Clara se trouva le 18 Août 1839 à Altenberg, dépouillée de tout. Elle y est rejointe par Robert qui lui propose de l'aider financièrement. Clara préfère donner concerts sur concerts, encore que son père réussisse à lui "pourrir l'existence" en faisant courir sur son compte, dans tous les lieux où elle vient jouer, des calomnies sur sa vie privée voire sur un prétendu déclin de son talent. Puis Clara et Robert se rendent à Berlin, chez les Bargiel, où Clara retrouve sa mère, son appui et sa nouvelle complicité, ainsi que la découverte de son demi-frère Waldemar Bargiel, lui-même pianiste et compositeur. Robert est adopté par les Bargiel et loge chez la tante de Clara, Emilie Carl, porteuse d'un prénom tant aimé jadis.

La procédure contre Wieck est engagée en Août 1839, mais en Décembre, Wieck contre-attaque en déposant une requête appuyée sur un véritable réquisitoire contre Schumann, mêlant des estimations défavorables quant à la capacité matérielle de Schumann d'assurer décemment le vie d'un couple, et constituant de ce fait une menace pour la carrière de la grande virtuose universellement connue qu'est Clara, ainsi que des appréciations pessimistes sur l'équilibre psychique de Schumann, et arguant même de sa tendance à l'ivrognerie, en langage d'époque : son alcoolisme. Robert se sent évidemment atteint dans son honorabilité. Ses amis Felix Mendelssohn, Félicien David, Franz Liszt et le baron von Fricken et même sa fille Ernestine, protestent et le défendent contre les calomnies, mais le mal semble fait, d'autant que certains griefs (tel celui d'ivrognerie) ne sont pas de pures calomnies et atteignent Schumann en des points sensibles ou vulnérables. Schumann opposera à ces attaques le fait qu'il vient d'être nommé Docteur Honoris Causa en Philosophie de la prestigieuse Université d'Iéna. Le premier Août les bans sont publiés, Wieck ayant été débouté, et même condamné, et n'ayant pas fait appel. Le mariage est célébré par le pasteur Wildenhahn, un ami d'enfance de Robert, le 12 Septembre 1840 dans la plus stricte intimité (les témoins, les amis les plus proches) dans la petite église protestante de Schönfeld, petite ville voisine de Leipzig. Emilie List chante des airs de Rossini, plus pour Clara que pour Robert qui continue à détester "ces canaris" et des Lieder, pas toujours au goût de Robert. Clara exulte, remercie Dieu, et ne peut s'empêcher d'évoquer le malheur que serait pour elle le fait de perdre son Robert. Le couple va s'installer à Leipzig, 5 Inselstrasse.

L'installation dans la vie conjugale, familiale, à Leipzig tant espérée, mais qui s'annonce sous un jour bien traditionnel, même pour l'époque, comme on l'a vu à la lecture de la "préface" écrite par Robert au "Tagebuch" conjugal, journal dont la rédaction incombera, en principe, semaine après semaine à Clara et à Robert. Si on y sent un "machisme" très XIXème siècle et très bourgeois, il semble que cela revête un caractère plus personnel, car on y perçoit une tendance à la dépendance captative qui affectera en permanence, malgré toute la tendresse dont il est capable, la relation de Robert à Clara. Clara doit être, c'est explicitement formulé, à la disposition exclusive de son époux pendant toute leur première année de vie commune. Elle doit ainsi, pour le moment, renoncer aux projets de voyage et tournées en Russie et en Angleterre qui lui étaient chers. De "Virtuosin" (c'était, ainsi qu'elle le disait, "l'air que je respire"), elle doit se faire "Hausfrau" (femme d'intérieur), fonction à laquelle, malgré sa bonne volonté elle n'était guère préparée.

Si l'on prend aussi en considération que, pour se réjouir d'être "Madame Clara Schumann", Clara doit se résoudre à abandonner son nom d'artiste, sous lequel elle est connue, de "Clara Wieck", que ce nouveau statut a pour rançon la rupture, pour encore des années avec son père, et que, de plus, Clara aura pas mal de peine à prendre la mesure des troubles psychiques dont souffre Schumann; on peut concevoir que s'installer dans une vie quotidienne, jour après jour avec son époux, lui fait connaître les difficultés inhérentes à toute vie commune, amplifiées encore de ces aléas particuliers. Et ceci bien qu'elle continue à s'extasier, comme avant le mariage, dans son journal du 4 Avril 1840 : "Je ne me sens jamais aussi heureuse (que quand je suis auprès de lui). Il n'est pas besoin de parler du tout. Je l'aime tant qu'il est en train de penser, assurée d'être sa bien-aimée absolue" Madame Brigitte François Sappey souligne avec juste raison "le caractère taciturne, les missives laconiques" et "l'humour compensatoire" qui sont les traits marquants de Schumann. Clara a pour but et pour joie de contenter son époux. Plus tard, questionnée par sa fille Eugénie sur ce qu'est le bonheur, elle répondra : "Le bonheur ? Une chose très simple : vous devez simplement accomplir votre devoir en toutes circonstances". Conseil de bonne pédagogie, certes, règle qu'assume bien Clara, avec sa générosité, son amour et son admiration pour son mari. Mais cela suffit-il à contenter l'âme passionnée qui est la sienne ? Elle aura, par moments, des exclamations spontanées qui lui échapperont, disant crûment sa frustration pour ne pas dire sa déception.

En effet elle ne peut pas éviter la crainte qui est la sienne de perdre le contact avec son public, contact qui lui est quasi vitalement indispensable. Elle craint aussi de perdre ses capacités techniques, faute d'exercice suffisant, car elle n'a pas accès au piano quand Robert travaille, compose. De plus, fondamentalement, Robert, compositeur est un être essentiellement réservé et sédentaire, et Clara, concertiste virtuose, formée aux tournées européennes, a besoin d'aller un peu partout à la rencontre du public. Ainsi, elle a des projets de tournées, jusqu'aux U.S.A., dont l'aspect très lucratif n'empêche pas qu'ils effraient Schumann. Il y a certes des compromis tout à fait bénéfiques, tels la musique de chambre à la maison avec des collègues amis, et tout spécialement sur des pièces de la composition de Schumann, lesquelles, quatuors à cordes exceptés, requièrent le piano qui y joue souvent un rôle essentiel, tels le quintette, le quatuor et les trios. On verra que Schumann a de plus insisté fortement pour qu'avec Clara ils composent, à parties certes inégales, un cycle commun de Lieder, "Liebesfrühling" (le printemps de l'amour) sur des poèmes de Rückert.

Et puis Schumann est pour Clara un véritable Pygmalion, comblant de Clara des lacunes, parfois importantes, y compris en matière musicale, cette ouverture modifiant quelque peu l'orientation de ses intérêts; ainsi les auteurs de virtuosité prennent- ils moins de place chez Clara que de grands classiques au premier rang desquels J.S. Bach, dont le couple travaille systématiquement les préludes et fugues du Klavier.

Mais aussitôt libérée de la lune de miel confinée à laquelle Clara s'était docilement conformée, Clara Schumann reparaît à l'affiche. Elle joue la Fantaisie en la pour piano et orchestre de Robert au Gewandhaus le 13 Août 1841, sur le point d'accoucher de leur premier enfant. Elle joue avec grand succès à Noël 1841 les parties déjà composées "pour mon Robert" de sa sonate en sol. Elle en est satisfaite d'autant que Robert trouve que c'est là ce qu'elle a écrit de plus parfait.. Elle jouera de nouveau en Janvier 1842 au Gewandhaus avant de partir en tournée dans le Nord où Schumann l'accompagne d'abord, puis la laisse poursuivre seule jusqu'à Copenhague et retourne seul à Leipzig. Elle sera allée aussi à Weimar, en Novembre-Décembre 1841 chez Liszt, pour y jouer entre autres l'Hexameron. Clara s'efforce de satisfaire le désir (quelque peu ambivalent, en fait) de Schumann en composant pour lui six Lieder opus 13 sur des poèmes de Heine et de Geibel, qu'elle lui offre, comme ils le feront souvent, le 8 Juin 1842, pour son anniversaire. Elle aura de plus écrit la version chant et piano du "Paradis et la Péri", dont la première, avec Livia Frege, remporte un succès triomphal en 1843.

Dans le cadre de ses tournées, Clara mûrit depuis longtemps le projet d'un voyage en Russie. Le moins qu'on puisse dire est que Schumann est loin d'être enthousiasmé par cette perspective qui l'effraie même littéralement, non sans raison, car ce séjour sera effectivement, pour lui, assez catastrophique. Mais Clara qui y tient, l'y entraîne avec elle. Elle est invitée dans diverses villes, Mitau, Riga, Dorpat, Moscou, Saint Petersbourg. Elle y est adulée, précédée déjà d'une réputation flatteuse, chez les princes, les bourgeois et les musiciens. Elle est faite "membre d'honneur de la Société musicale", va de concerts publics en palais et réceptions privées. Schumann déteste ces mondanités, s'y sent mal, les fréquente a minima, est en fait assez malheureux, jaloux, ou plutôt envieux du succès triomphal de Clara. Ce sera une des circonstances où, le traitant en "prince consort" on lui demandera encore une fois si, "lui aussi, est musicien"... Il essaie, en vain le plus souvent de retravailler à son "Faust", est quasiment mélancolique et, rappelle Fischer-Dieskau, s'adonne de plus belle à l'alcool, facilité en cela, outre sa propension personnelle, par le contexte local.. Si Clara revient en Juin 1844, auréolée de ses triomphes, lui, revient déprimé et se livre alors à des opérations assez fâcheuses : il vend sa revue, qui prendra un tour assez contraire à l'orientation qu'il lui avait donnée; il ne prend plus son tour à la rédaction du journal conjugal, que seule désormais Clara va tenir. Alors que sa candidature au Gewandhaus de Leipzig a été refusée (on lui a préféré un de ses amis, Gade !), Clara s'y trouve nommée au conservatoire.

Clara n'en n'est pas moins aux prises avec un conflit permanent entre ses fonctions de mère et sa carrière musicale. Et si elle maintient une grande activité de concertiste, ce sont ses talents de compositrice qui ne sont plus guère utilisés, ou à grand peine. Schumann a d'ailleurs toujours été ambigu et ambivalent envers elle à ce sujet. D'un coté il la pousse, formellement tout au moins, à composer, et quand il constate qu'elle n'en n'a guère, de fait, la possibilité et le temps, il dit simplement : "Je souffre pour elle". En fait il se persuade (dès le 17 Février 1842) que "Clara reconnaît que son métier principal est celui de mère... je crois qu'elle est heureuse dans ces circonstances, qui ne se laissent pas changer de toutes façons". De toutes façons, son point de vue à lui était, dès le début, bien arrêté : "Les enfants sont une bénédiction du ciel. On n'en n'a jamais assez". A Clara donc de se faire à cet état de fait qui doit quand même lui rappeler le sort que son père dictait à ses épouses, dont la propre mère de Clara, qui avait dû en tirer en actes toutes les conséquences.

Le couple va ensuite s'installer à Dresde, déçu qu'il est, surtout Robert, du sort qui leur est fait à Leipzig. Schumann va même jusqu'à dire que Leipzig est "une ville sans musique". Mais de là à aller s'enterrer à Dresde, certes capitale historique, "la Florence de Saxe", dont les Schumann sont pourtant bien avertis du caractère désuètement rétrograde. "Il leur pend une perruque" dit Schumann parlant des Dresdois... Et il qualifiera Dresde à son tour de "désert musical", bien que Wieck y ait laissé des traces, ainsi que Hiller, qui lèguera à Schumann, en quittant Dresde, le choeur "Liedertafel" qu'il a fondé et dont Clara sera l'accompagnatrice attitrée, et aussi malgré la présence de Wagner comme deuxième Kapellmeister de l'Opéra. Un Wagner qui n'a alors guère aidé les Schumann lors de leur installation. Il faut dire qu'entre le loquace Wagner et le taciturne Schumann l'accord n'a jamais été parfait.

De fait les Schumann ne se plairont guère à Dresde. Les amis qu'ils s'y feront ne seront guère des musiciens mais des artistes tels que les peintres Richter, Hübner et Bendemann, le sculpteur Rietschel, celui qui fera le beau médaillon associant les profils de Clara et Robert. Ils y retrouveront aussi le Docteur Carus, devenu professeur à la Faculté de Leipzig.

Robert terminera son concerto pour piano, dédié à Hiller, qui le dirigera, et sa symphonie opus 61, dont il adresse le finale à Clara.

Clara et Robert vont faire une cure à Norderney, où Clara fait une fausse couche. Et elle sera de nouveau enceinte d'un premier fils, Emil, qui mourra précocement. Schumann se trouvant mieux, Clara l'entraîne à Vienne, fin 46 - début 47. Mais elle n'y retrouve pas le succès jadis remporté dans la capitale, sauf lors d'un concert avec Jenny Lind, qui sauve ainsi la mise. Jenny Lind vient s'adjoindre au nombre des cantatrices célèbres, amies plus proches du couple que les pianistes en vogue : Wilhelmine Schröder-Devrient, Emilie List, Pauline Viardot, Livia Frege, avec, en souvenir, la belle Agnès Carus. Déjà, lors de leurs premières amours et du "Printemps des Lieder" Clara ne taquinait-elle pas Robert, lui demandant "par quel joli rossignol il était alors séduit ?".

Si Schumann est, cette année, célébré dans sa ville natale de Zwickau, et si les Schumann ont la joie de revoir à Berlin les Bargiel et Mendelssohn, c'est le coup terrible qui les frappera, peu après de la mort de Mendelssohn, coup sur coup après celle de sa soeur Fanny. Deuil effroyable pour Robert, son frère d'adoption, certes, mais aussi pour Clara qui a tant joué en concert avec lui.

Le couple se resserre encore en composant encore une fois des "oeuvres croisées", des préludes et fugues des deux, qu'ils s'offrent pour leur anniversaire de mariage, en Septembre 46; Robert répondra, pour sa part, par la composition des "Sept pièces en forme de fughette". Clara, par la composition de Lieder, du premier mouvement de son concerto en fa (joué dès le 8 Juin 1847), de son trio piano violon et violoncelle, en 1846, joué en 1847 et.de trois choeurs mixtes a cappella, très influencés par le style de Schumann en ce domaine, en 1848.

Et c'est le coup de tonnerre de la révolution de Mai 1849 à Dresde. Wagner est sur les barricades, avec Bakounine. Le couple Schumann se tient à l'écart, bien que se sentant des sentiments républicains. Clara, et plus encore Robert, sont effrayés par la violence, d'où qu'elle vienne. A la différence de Robert, qui se terre, angoissé qu'on ait pu venir le solliciter, lui le Dr Schumann, de simplement patronner l'insurrection, Clara assume les responsabilités de chef de famille en emmenant les enfants pour les mettre à l'abri, à Maxen, localité voisine de Dresde, et faisant pour cela plusieurs allers et retours. Se sentant coupable de son manque de courage, Schumann compose alors ses "Quatre marches républicaines" pour piano.

Le couple devra encore subir l'échec de l'opéra Genoveva à Leipzig; il participera à la célébration du centenaire de Goethe, et effectuera une tournée en Allemagne du Nord, à Hambourg. Et Clara accouchera d'un fils, Ferdinand. C'est alors que Hiller, devant quitter Düsseldorf pour Berlin, et connaissant la déception des Schumann pour Dresde, leur proposera de venir prendre sa suite dans la ville rhénane. Proposition séduisante pour le couple, qui hésite toutefois un certain temps avant de se décider.

En Septembre 1850, c'est Düsseldorf, après bien des tergiversations du couple, bien que l'ami Hiller leur ait préparé sur place un accueil exceptionnel, qui se confirme dans les faits. Ce sera la dernière ville de résidence du couple, qui y occupera quatre logements successifs en trois ans dont le dernier, Bilkerstrasse, plus vaste, leur permettra d'avoir enfin chacun sa salle de musique et chacun son piano.

Clara reprend ses tournées : Cologne, Bonn, Berlin, Leipzig. Robert connaît alors des difficultés professionnelles grandissantes. Peut-être n'est-il pas "fait" pour ce métier de Directeur, de chef, malgré une expérience déjà non négligeable. Connu et d'emblée estimé des membres de l'orchestre comme grand musicien, il les déroute bientôt par ses "absences" au pupitre, son économie extrême en interventions guidant le travail, et son caractère taciturne, interprété - à tort - comme une marque de mépris. Il laisse s'installer un manque de discipline voire de respect envers lui. Clara, qui le seconde, voire le remplace lors de répétitions, s'efforce de pallier ses carences ou ses maladresses, peut-être trop aux yeux d'amis du couple qui estiment que Clara infantilise son mari. En fait elle méconnaît la gravité de son état psychique, elle fait montre d'une sérénité de façade, et le défend contre ceux qu'elle estime être ses ennemis, par exemple Liszt et Tausch ! Les rapports avec le Comité qui, au nom de la municipalité, assure la gestion de la musique de la ville, se détériorent au point que Schumann se voit imposer son adjoint Tausch pour diriger toutes les oeuvres produites à l'exception de ses seules compositions. Et cela alors que Clara fait face, assume déjà concerts, enfants, maison et vit bientôt sa huitième grossesse, non compte tenu des fausses couches... Et si cette année 1853 s'avérera la dernière "année féconde" pour Schumann, elle sera surtout fructueuse pour Clara : "Variations sur un thème de Robert Schumann" (d'après les "Bunte Blätter"), opus 20; offertes à Robert pour son anniversaire, le 8 Juin; "Trois romances" "à mon mari bien-aimé" opus 21, mais dont un exemplaire sera offert au jeune Brahms; le Lied "das Veilchen" (la violette), texte de Goethe, déjà mis en musique par Mozart; "six Rollet Lieder" opus 23.

Robert va donc mal, est en perte de vitesse vis à vis de Clara, est parfois même agressif avec ses enfants, Marie, sa préférée, se trouvant "marquée" parfois, du fait de coups portés sur elle. Son attitude même à l'égard de Clara surprend parfois, ainsi que le rapporte Madame François-Sappey : critiques, parfois, du jeu de Clara, oubli de faire appel à Clara pour la composition collective de la sonate F.A.E., appel fait à un autre pianiste pour l'exécution du quintette, sous prétexte que seul un homme...

Il y a quand même quelques évènements plus réjouissants ; l'un est d'importance majeure : l'arrivée du jeune Brahms, venu de Hambourg, évènement, effectivement, dans la vie du couple, on y reviendra, et qui fera reprendre la plume à Schumann pour un texte sur "Les voies nouvelles" en musique. C'est la venue, aussi, de deux autres "jeunes messieurs" musiciens, le très jeune et éblouissant violoniste Joachim, le pianiste Dietrich, qui, sans tenir une place aussi grande que celle tenue par le jeune Brahms, feront partie d'une sorte de fratrie adoptive. Autres moments de lumière aura été le voyage du couple en Hollande lors duquel ils ont put tous deux se produire, ce qui n'aura pas été si fréquent. De même, le Festival de Hanovre, organisé par Brahms et Joachim, qui sera tout entier consacré à un hommage rendu aux Schumann.

Il était temps, car, le 27 Février, jour de Carnaval, Schumann tente par deux fois de se jeter dans le "Vater Rhein", demande à être interné, craignant de nuire à sa femme et à ses enfants, soit moralement, par "indignité mélancolique", soit même, physiquement, par phobie d'impulsion. Ceci face à une Clara désemparée et sans doute à bout de forces, qui lui demande, maladroitement : "Veux-tu abandonner ta femme et tes enfants ?" Il entre le 4 Mars à la clinique d'Endenich, près de Bonn, où il passera les 29 derniers mois de sa vie.

Clara Wieck et Robert Schumann, étaient donc deux personnes qui ne pouvaient que s'unir. Il apparaît comme évident qu'une fois que leurs chemins étaient amenés à se rencontrer, ils ne pouvaient que former le couple quasi héroïque qu'on connaîtra, ceci malgré et au travers des pires difficultés, obstacles et péripéties, comme ce fut bien le cas.

Qu'est-ce qui, en effet pouvait rapprocher à ce point les deux personnes jusqu'à rendre leur union à peu près inéluctable ? Comment un jeune homme d'une vingtaine d'années peut-il se lier à ce point avec une fille qui, âgée seulement de neuf ans, est encore une enfant ? Ce jeune homme, qui s'exprime plus facilement par l'écriture et surtout par la musique que par la parole, se livre avec elle à des jeux d'enfant, charades, énigmes, jeux avec les lettres, histoires de doubles, de sosies, de fantômes et autres histoires fantastiques, avec une Clara qui ne s'est ouverte au langage que tardivement (à quatre ou cinq ans) et n'a guère su lire et écrire qu'à l'âge de neuf ans ?

Le jeune Schumann de son coté n'est pas sans problèmes psychiques. Il subira comme de très sérieux traumatismes les deuils, d'abord de sa soeur aînée et aimée Emilie, qui, sans doute psychotique, se suicide en se jetant dans la rivière "Mülde", ensuite de son père alors que le jeune homme n'avait pas encore trouvé son chemin dans la vie. Son père, à qui il devait son éveil et sa culture musicale et littéraire, l'avait laissé face à une mère qu'il adorait certes, mais à laquelle il avait pu reprocher de lui "barrer la route", cette route encore incertaine, mais vers laquelle son père aurait eu plus de compréhension pour ses velléités de s'y engager. Mais cette mère, qui était surtout soucieuse d'établir son cher "Lichterpunkt" (Point de lumière) de fils dans une carrière solide, telle celle de magistrat, avait été capable toutefois de céder aux penchants artistiques du fils en demandant au père Wieck, sur la suggestion de Robert lui-même, une sorte d'avis d'expert sur le bien-fondé de cette possible vocation. C'est donc au père Wieck que Schumann devait d'avoir pu réaliser ce qu'il portait en lui.

Clara avait subi un autre traumatisme : celui du départ de sa mère, Marianne née Tromlitz, qui avait quitté le foyer conjugal, le père Wieck, et les enfants, dont Clara. Et cette mère n'avait aucunement été remplacée par la deuxième épouse de Wieck, Clémentine, qui se fera sans cesse l'alliée du père Wieck dans ce qu'il pourra y avoir de plus dur dans son attitude vis à vis de Clara. Aussi, celle-ci, même si elle se montrera capable de garder pour son père une admiration, une reconnaissance et un amour résistant aux pires péripéties, devra dire qu'elle n'a pas eu une enfance heureuse.

Si Robert est d'abord un semi autodidacte du piano, avec goût et talent pour l'improvisation, il ne sera véritablement formé pour devenir un virtuose que quand il sera l'élève-pensionnaire de Wieck. Carrière de virtuose abandonnée avant même de débuter, du fait bien connu de cette automutilation causée par l'usage d'un appareil d'immobilisation d'un doigt, sans doute inspiré du chiroplaste de ce Logier, cher au père Wieck. Mais se rendait-il compte qu'il lui était difficile d'atteindre l'excellence que réalisait au piano Clara Wieck "cornaquée" par son père depuis l'âge le plus tendre ?

Car Clara, elle, dont le père avait visiblement su percevoir les dons et possibilités personnels, avait été "mise au piano" dès l'âge de cinq ans, et éduquée selon les méthodes les plus éprouvées et rigoureuses, les plus efficaces de son père. C'est ce qui devait faire d'elle une Wunderkind, puis une Wundermädchen, et finalement la plus grande pianiste virtuose de toute l'Europe au XIXème siècle.

Schumann, par son père, a bénéficié d'un éventail culturel très ouvert : littérature allemande, avec les "grands" : Goethe et surtout son Faust, Schiller et Jean-Paul et Hoffmann et Heine, Novalis et tous les poètes allemands et la littérature étrangère : Shakespeare, Byron, et Walter Scott traduit et édité par son libraire de père. Et c'est aussi le père qui emmène le jeune Schumann entendre Moscheles, Paganini, et la "Flûte enchantée", mais il a manqué lui trouver les Maîtres d'excellence, le "projet Weber" n'ayant pu prendre forme. Wieck, tout en procurant à Clara des formations dépassant celle du strict piano (chant, etc...), lui offre, lui qui n'est qu'un pédagogue et un tenancier de librairie musicale et de location et vente de pianos, une culture bien moins vaste que celle dont a bénéficié le jeune Schumann. Le répertoire pianistique de Clara, bien que Wieck ne fasse pas de la virtuosité un but mais un moyen, est souvent constitué d'auteurs-virtuoses (Thalberg, Herz, Kalkenbrenner) plus que des grands classiques (Bach, Mozart, Beethoven...) qu'elle ne méconnaît certes pas, mais que Robert, vrai Pygmalion, aura le privilège de lui faire mieux connaître et approfondir.

Enfin, si, retombée "positive" de l'automutilation que Robert s'est infligée, l'obligeant à abandonner la carrière de virtuose, Robert consacre désormais toute son énergie, sa créativité, son besoin d'expression à la composition musicale, cette réorientation fera de lui, en ce domaine, un des plus grands maîtres du XIXème siècle.

Clara n'a certes pas méconnu les joies de la composition. Wieck l'a encouragée à improviser, ce qu'elle aurait fait avec talent, comme le font tous les virtuoses, tout en la mettant en garde contre le risque de facilité. Encore toute jeune, elle a produit des oeuvres non négligeables.

Schumann, de son côté, lu aussi, mettait Clara en garde vis à vis de la "perte économique" qui pouvait résulter de ces improvisations si, après-coup, on ne les notait pas sur le papier. Plus tard, Clara fera remarquer avec une certaine envie teintée de nostalgie, que des décennies plus tard, après leur disparition à tous deux, on jouerait encore les compositions de Schumann, mais qu'il ne resterait rien des exécutions les plus réussies par elle, car il n'y avait encore aucun moyen d'enregistrement. Et elle était consciente de sa valeur. Schumann, lui, plaisantait en disant qu'en Clara il avait un excellent bras droit.

Mais surtout Clara se trouvait liée à Schumann en une sorte de fusion, qui lui laissait toutefois place pour son parcours personnel. Elle confessa d'ailleurs que son art de pianiste lui apportait plus que la relation à ses plus proches : Robert, les enfants, et plus tard Brahms.

Schumann dira d'elle qu'elle était son seul et unique Doppelganger. La musique entre eux n'était donc pas seulement une discipline artistique professionnelle commune, un art même suprême dont ils auraient le bénéfice en commun, mais un moyen de communication, de communion secrète, l'ineffable, l'indicible, l'incommunicable par le langage se trouvant spécifiquement et quasi miraculeusement traduit en sonorités musicales, en ces signaux énigmatiques dont ils étaient l'un et l'autre friands dans leurs jeux quasi enfantins (on pense à la charge libidinale inconsciente perçue par Freud dans son étude du "mot d'esprit dans ses rapports à l'inconscient"). "Nos affinités sont si étranges, écrivait Schumann en Juillet 1839. Seule la musique peut jouer ce rôle". Et quand c'est Clara qui dit que "la musique est l'antidote de la mélancolie, l'adversité, pour ne pas sombrer" (cité par Mme B. François-Sappey), on se demande si ce ne pourrait pas être Schumann qui parle ainsi.

Et tout ceci cohabitant avec une forme bourgeoise d'existence (de philistins ?) : "Labeur, économie, fidélité" mis en devise-exergue du journal conjugal inauguré le

13 Septembre 1840. Ce n'est pas "K.K.K." ("Kirche, Kinder, Küche"), mais sous ses affirmations, le plus souvent, d'être pleinement heureuse et satisfaite de cette vie, que peut bien ressentir en son for intérieur, cette Clara qui a vu sa mère souffrir de ce genre de vie et obligée de la fuir, fût-ce au dépens de sa fille Clara elle-même ?

En tout cas Clara, ne serait-ce que pour assurer les besoins économiques de la famille, doit multiplier les concerts. Et si cela lui nécessite des efforts considérables et lui impose de laisser à la maison les enfants et même son Robert, cela, tout au moins, comble, quand c'est possible, un de ses désirs et besoins essentiels : jouer, jouer pour le public. C'est ainsi qu'elle ira de ville en ville, de concert en tournée, enrichissant son répertoire, et, ce qui n'est pas sans importance, remportant triomphe sur succès.

Clara virtuose européenne. C'est ce qu'à tort comme à raison on retiendrait essentiellement sinon exclusivement de ce personnage hors du commun. Une grande virtuose et l'épouse d'un Schumann qui n'aura pas été virtuose lui même.

Elle aura d'abord été un Wunderkind : premier concert au Gewandenhaus en 1828, âgée de moins de neuf ans. Puis Wundermädchen comme élève-phare de Frédérik Wieck, son père. Celui-ci l'aura jalousement préparée, d'abord à donner des concerts privés, à la maison ou en d'autres salons, la faisant jouer ensuite dans des concerts publics Henselt, Herz, Kalkenbrenner, Pixis, Thalberg, et autres musiciens compositeurs virtuoses, très en vogue à cette époque, et peu joués par la suite, sinon dans les conservatoires. Les grands auteurs, ceux qui passeront à la postérité, resteront d'abord confinés, comme l'a dit un jour Wieck lui-même, à la maison, avant d'être produits en public : Bach (ses fugues), Mozart, Beethoven (Kreutzer, trio Archiduc, sonate op. 106), Schubert (dans les transcriptions par Liszt de ses Lieder), ou encore des contemporains comme Chopin, Hiller, Weber, mais surtout, évidemment, Schumann, le plus souvent choisi par Clara par passion, mais aussi par raison par le père Wieck. Plus tard, ce sera le jeune, puis le moins jeune Brahms.

Elle sera reconnue par les plus grands musiciens de l'époque, ou de grands amateurs avertis comme G.B. Schaw, comme la plus grande pianiste du siècle. Non tant Berlioz, élogieux mais ambivalent, mais, dès le début (le 22 Août 1828) : "La meilleure pianiste de Leipzig" (à neuf ans !), par Schumann lui-même. Il ajoutera même : "Par la perfection de son jeu, elle m'a fait oublier la femme pour l'artiste", capable de jouer "comme un hussard". Paganini, dès le 5 Octobre 1827 (Clara a dix ans) est émerveillé : "Elle a la vocation de l'art parce qu'elle en a le sentiment" et il lui prodigue quelques conseils. Spohr trouve "son talent extraordinaire"... "Qu'une enfant de son âge possède une telle maîtrise technique, ce n'est jamais comme ce l'est chez elle, associé à la profondeur d'une interprétation, à une exacte accentuation, à une parfaite clarté dans le choix des lumières et des ombres. Son jeu domine celui des prodiges ordinaires ". Liszt, plus tard, en 1838 (elle n'a que encore que 19 ans), lui dédie ses Études d'après Paganini et déclare : "Je fus encore à temps pour connaître une jeune et intéressante pianiste, Melle Clara Wieck qui avait obtenu l'hiver précédent de très beaux et très légitimes succès. Son talent me charme. Il y a chez elle une supériorité réelle, un sentiment profond et vrai, une élévation constante"... "C'est une personne fort simple, très bien élevée nullement c.., très préoccupée de son art, mais noblement et sans puérilité".

Un des plus impressionnés fut peut-être Goethe : la recevant chez lui à Weimar le 1er Octobre 1831 (Clara avait 12 ans), puis le 9, il la plaça lui-même sur le tabouret un coussin "là où il faut" (dixit Wieck) l'écouta jouer (Herz), et lui trouva "plus de force que six garçons réunis"; et lui offrit son buste dédié "à la grande artiste Clara Wieck".

Parmi les proches, Félix Mendelssohn, qui joua à quatre mains avec elle et l'accompagna à la direction d'orchestre pour de nombreux concerti (de Mozart, Beethoven, Mendelssohn, de Clara et d'autres, en 21 concerts !), fut non seulement un partenaire régulier, de choix, et très admiratif, mais un ami et un confident, autant pour Clara que pour Robert. Sa disparition précoce les affligera tous deux pour ces raisons mêmes, au point de provoquer chez Schumann un nouvel accès dépressif. Mendelssohn jeune avait lui aussi été l'objet de l'admiration de Goethe.

Parmi les critiques, à l'opposé de quelques rares se montrant chagrins, c'est l'émerveillement, Hanslick l'estime "la plus grande pianiste vivante, indépendamment de son sexe" (sic)... "La passion plus que la sentimentalité excessive". Et Litzmann : "joue avec une extrême élégance et aisance, et, en même temps, avec un style magnifique les oeuvres les plus difficiles, dont une interprétation magistrale avait été jusque là considérée comme impossible. Chez elle rien n'est forcé; son talent musical est le développement précoce de l'élan de son génie musical".

Plus tard ce seront son demi frère Woldemar Bargiel, qui l'appréciera beaucoup et aimera diriger, avec elle comme soliste. Et, bien sûr Johannes Brahms pour qui l'affection amoureuse se mêlait à l'admiration pour la grande artiste, et la piété quasi filiale pour le couple adoptif qu'étaient Clara et Robert. De même les chanteurs, Stockhausen, et surtout les cantatrices : Pauline Garcia-Viardot, Emilie List, Jenny Lind, et particulièrement la grande Wilhelmine Schröder-Devrient. Tous et toutes considéraient Clara comme la partenaire au piano à choisir entre tous et toutes.

Clara qu'on jugea un jour comme égale ou supérieure au célèbre virtuose Thalberg n'eut guère de rivales, malgré l'existence de "la Belleville" ou de Camille Pleyel, que Clara détestait, se trouvant de plus scandalisée par la conduite de cette "mangeuse d'hommes". Les autres pianistes, à fortiori, n'étaient pas de même pointure.

Clara était tout à fait consciente de sa valeur, de sa suprématie, cela sans orgueil excessif, et en se rappelant sans cesse ce qu'elle devait pour cela à son paternel Maître. Mais elle se comportait toujours en bourreau de travail pour ne pas décevoir un public qu'elle adorait et dont elle avouait joliment que son contact lui était vitalement indispensable. Elle travaillait avec un grand courage, parfois malgré des souffrances physiques cruelles (des rhumatismes, surtout à l'âge avancé), et, à plusieurs reprises, jusqu'à quelques jours seulement avant un de ses nombreux accouchements. Dans cet attachement acharné au travail, elle s'accordait bien avec son mari. Mais elle se trouvait souvent en concurrence (à ses dépens) avec lui pour travailler à la maison et occuper le piano. Cette attitude dans le travail fut constante, de 1828 à 1896, tout en ayant, à chaque période de sa vie, des motivations bien particulières.

- sous la férule et le goût pour l'argent de son père, que Schumann appelait "Herr Allesgeld" ("Monsieur tout argent"),
- puis pour nourrir une nombreuse famille et ne pas décrocher de son art en raison de ses charges d'épouse et de mère,
- pour se détourner du souci douloureux ("Sorge und Leid") que lui causait maladie, internement et dégradation de son cher Robert,
- pour assumer la dure "vie nouvelle" sans lui, après sa disparition, laquelle lui créait un vide immense en même temps que la double obligation de subvenir seule (elle y tenait) aux charges familiales et de rester elle-même, c'est à dire essentiellement une grande artiste. Elle s'expliqua crûment de cela en écrivant : "une vie plus tranquille ne laisserait que trop le champ libre à mon chagrin", écrit cité par madame B. François-Sappey qui a eu par ailleurs le grand mérite dans son petit livre consacré à Clara, de nous donner une analyse assez poussée des compositions de Clara, souvent trop méconnues jusqu'à un

passé récent. Œuvres pourtant non négligeables, d'autant que Clara elle-même était consciente que son oeuvre de concertiste ne laisserait pas de traces pour les générations futures comme peuvent en laisser les compositions gravées en partitions. Nous reviendrons ultérieurement sur ces oeuvres.

Nous voudrions ici nous limiter à la simple énumération, assez impressionnante des concerts que Clara donna, pour donner une idée de ce que fut pour elle son investissement et ses réalisations effectives.

Avant le mariage, donc en seulement 12 ans (1828-1840) :

- Quatre jours avant ses 8 ans, le 9 Septembre 1827 Clara joue à quatre mains avec son père une transcription du concerto en MI bémol de Mozart ainsi que des polonaises de Schubert et, selon elle, cela a bien marché sauf la cadence et les applaudissements qui l'ont gênée ! Mais elle avait auparavant déjà donné d'autres concerts "à la maison", du Marschner.
- En Février 1828 elle joue à nouveau avec son père à quatre mains des polonaises de Schubert.
- Le 31 Mars 1828, elle participe à un concert à Leipzig chez les Carus : un trio de Hummel. Le jeune Schumann y assiste très vraisemblablement.
- Elle donne au même moment un concert à Dresde dans une institution pour aveugles.
- Et c'est le 20 Octobre 1828, Clara ayant tout juste neuf ans, le Gewandhaus de Leipzig, avec les variations brillantes de Kalkenbrenner, exécutées à quatre mains avec une autre élève de Wieck, Emilie Reichhold.
- En Mars-Avril 1830, ce sont à Dresde des concerts privés et un concert à la Cour.
- Le 8 Novembre 1830, c'est à nouveau le Gewandhaus, avec Kalkenbrenner, Herz, Czerny, et des variations de Clara elle même.
- En 1831 des concerts à l'Hôtel de Pologne (salle comble !) à Dresde.
- Et surtout, la même année, à Weimar, chez Goethe ! Avec les variations de Herz, des pièces de Beethoven et de Chopin; le 7 Octobre concert public à l'Hôtel de Ville.
- Et ce seront encore Erfuhrt, Anstadt, Gotha.
- Le 25 Janvier 1832 Frankfurt, le 5 Février Darmstadt, Kassel où elle est entendue par Spohr.
- C'est alors son premier séjour à Paris, où elle arrive le 15 Février 1832; elle donne un concert privé dès le 26 chez un disciple du pédagogue Logier; le concert prévu le 9 Avril à l'Hôtel de Ville ne peut avoir lieu; elle joue de ce fait le 7 Avril avec le concours de la désormais célèbre Wilhelmine Schröder-Devrient.
- Retour à Leipzig où les 9 et 31 Juillet, ce sera à nouveau le Gewandhaus (variations de Moscheles, variations opus 2 de Chopin sur "La ci darem la mano", qui deviendra son morceau fétiche (c'est cette pièce que Schumann avait saluée par son "Chapeau bas, Messieurs, un génie !").
- Le 18 Novembre 1832, Robert et Clara se trouvent pour la première fois à jouer lors du même concert, à Zwickau. Pour Clara ce seront Herz, Moscheles, Pixis. C'est à cette occasion que Johanna Schumann dit à Clara : "Plus tard tu épouseras mon Robert".
- Et de nouveau le Gewandhaus, les 9 et 31 Juillet 1833, (Herz et Hummel), suivis de concerts privés et concerts publics à Chemnitz et Karlsbad, et enfin, le 30 Septembre, le Gewandhaus encore avec le concerto en sol de Moscheles.
- En 1834, à nouveau Dresde (Chopin et les "Lieder ohne Worte" de Mendelssohn), puis ce seront Magdebourg, Schönebeck, Halberstadt, Brunswick.

- Début 1835 c'est Hambourg, et le 9 Novembre le Gewandhaus avec le concerto en la de Clara, Mendelssohn au pupitre de chef, le 26 Novembre, concert à Zwickau.
- en 1836 Breslau et le 24 Septembre Iéna avec Herz, Pixis, mais aussi Bach, Beethoven, Chopin.
- Février-Mai 1837, Berlin, concert le 24 Février à l'Opéra, puis au total 8 concerts (de la musique de chambre) , dont certains à la Cour, le 31.
- A Hambourg, 3 concerts, puis Brême.
- A Leipzig, le 13 Août 1837, le concert a lieu Salle de la Bourse, et, là aussi, Schumann, dissimulé dans un coin de la salle, reçoit de Clara son message sous la forme de trois des "Études Symphoniques" qu'elle a glissées dans le programme; et le 8 Octobre, c'est, au Gewandhaus un concert Henselt.
- Du 15 Octobre 1837 à Mars 1838, une tournée par Prague (gros succès avec Henselt et Chopin), Budapest et enfin, début Décembre, Vienne, avec six concerts, plus ceux donnés au Burgtheater.
- Dès après le deuxième concert, le 7 Janvier 1838, chez Fischhof (huit cent personnes !), où Clara triomphe dans des oeuvres de chambre et dans "l'Appassionata". Grillparzer fait un éloge remarquable et mémorable de Clara, qui est nommée "Membre Associé de la Gesellschaft der Musikfreunde".
- En Mars, elle sera proclamée "Virtuose - au féminin, "Virtuosin" - Impériale et Royale", distinction exceptionnellement attribuée (à Thalberg, Paganini, et, unique femme jusque là, à la Pasta).
- Le 18 Mars elle donne son dernier concert à Vienne.
- Le 28 Avril 1838 elle est à Bratislava, en passant par Graz.
- En Septembre 1838 elle joue à nouveau au Gewandhaus, avec, toujours Robert comme auditeur clandestin.
- Et les 15, 20, 24 Novembre, trois concerts avec grand succès en l'Hôtel de Pologne à Dresde.
- Le 8 Janvier 1839 Clara passe à Asch, ville schumannienne fétiche, par Bayreuth, Nuremberg; le 16 Janvier Caprice de Thalberg et Carnaval; enfin le 20 Janvier par Stuttgart (concert privé à la Cour puis concert public), et où Clara rencontre et se lie à une jeune fille désirant être son élève Henriette Reichmann, qui l'accompagnera désormais fidèlement, dans son périple jusques et après Karsruhe (concert chez la grande Duchesse).
- Et c'est Paris, où elle arrive le 6 Février 1839, chez Emilie List, elle retrouve aussi Pauline Garcia-Viardot.
- Le 20 Mars deux concerts privés dans la même journée, suivis d'autres concerts privés (Henselt, Thalberg, mais aussi des oeuvres de Clara elle-même).
- Mais surtout ce fut chez Erard, le 16 Avril, un concert avec Charles de Bériot, un violoniste qui est l'époux veuf de la Malibran, et avec la Sérénade de Schubert-Liszt, le Caprice de Thalberg et une oeuvre d'elle-même. C'est un vif succès, qu'elle renouvellera plusieurs fois dans la même salle, malgré une critique assez tiède de Berlioz qui a la maladresse de la comparer à la Belleville.
- Début Septembre 1839 elle sera à Berlin chez sa mère Marianne Bargiel et le 23 Octobre elle y donne à l'Opéra un concert avec le Caprice de Thalberg , les Variations de Henselt et des oeuvres de chambre avec le violoniste Carl Müller; le 31, c'est Henselt, Herz, Scarlatti au Théâtre Royal, devant le Roi Frédéric Guillaume III,
- Et d'autres encore à Berlin : le 25 Janvier 1840, avec Beethoven (le trio en SI bémol), l'Ave Maria de Schubert transcrit par Liszt, Scarlatti, Mendelssohn, Henselt, et ses propres variations sur la cavatine du "Pirate" de Bellini. Et ce sont des incursions à Hambourg (Chopin et Erlkönig-Liszt), Lübeck, Brême, Stettin (avec le même violoniste),

et où elle rencontre Loewe, mais où, épuisée elle a quelques défaillances "dont personne ne s'aperçoit", Stargard, avec Scarlatti, Herz, une Novelette, et des parties de la Sonate en fa# de Schumann ; le 1er Février avec la Sonate en sol également de Schumann.

Jusqu'en Août et Septembre 1840 Clara donnera encore des concerts : Iéna, Weimar, à la Cour, Gotha le 2 et Weimar, à la Cour, le 5 Septembre.

Il faut donc réaliser que pendant toute cette période, à l'exception des derniers mois à Berlin, précédant le mariage, ceux qui se considéraient comme des "fiancés" se trouvaient, du fait de la carrière de virtuose de Clara, et des déplacements en tournée que cela impliquait, mis dans l'impossibilité de se rencontrer autrement que par une correspondance la plupart du temps clandestine, source d'aléas et de malentendus. Wieck utilisait assez machiavéliquement les nécessités "nomades" de cette carrière pour séparer Clara de Robert. Puis cet emploi du temps particulièrement chargé fut rendu à Clara absolument nécessaire du fait que Wieck lui avait alors coupé les vivres. Et Schumann lui proposa alors, bien en vain, de l'aider financièrement.

Quand Clara Wieck devient Frau Schumann, on ne s'étonnera donc pas, même si cela peut paraître choquant, qu'en cette nouvelle période de leur vie Schumann impose à Clara de renoncer pendant un an à ces tournées à travers l'Europe, tournées auxquelles, Schumann le savait très bien, Clara tenait tant ("l'air que je respire"). Frustré des années durant par la brutalité du père Wieck à son égard, Schumann semblait vouloir sinon se venger, tout au moins prendre pour lui une certaine revanche en gardant, comme il le disait lui-même, pour lui seul, cette Clara tant aimée et désirée. Mais cela au prix d'une sorte de purgatoire à elle imposé, dont la fin, quoique Clara ait pu dire, fut pour elle un véritable soulagement.

- Clara a d'ailleurs quelque peu anticipé sur la date de la fin prévue du dit purgatoire puis qu'elle donna son premier concert, au Gewandhaus, sous le nom de "Frau Schumann", dès le 31 Mars 1841. Riche programme : Thalberg, Chopin, Scarlatti, des Lieder de Robert et de Clara (Am Strand) chantés par Sophie Schloss, avec Mendelssohn, qui dirige, lors de ce même concert, la Première Symphonie "Le Printemps" de Schumann. C'était, il faut le dire aussi, quelque soit la joie qu'elle pouvait avoir à se produire sous son nom de femme, abandonner celui déjà célèbre de Clara Wieck que lui avait légué son père.
- Le 13 Août 1841, près du terme de sa première grossesse, elle participe à un deuxième concert, avec la Fantaisie pour piano et orchestre de Schumann.
- Et c'est à nouveau Weimar, pour la Chapelle Royale (Mendelssohn, Thalberg) le 21 Novembre, ainsi qu'au palais de la Grande Duchesse, et le 6 Décembre elle joue l'Hexameron (de Thalberg, Pixis, Herz, Czerny, Chopin et Liszt), un triomphe.
- En Janvier 1842, deux concerts au Gewandhaus, encore Mendelssohn et Thalberg.
- Et en Février jusqu'en fin Avril 1842, après Hambourg, Hanovre et Brême, Clara et Robert vont se séparer, lui, préférant rentrer qu'être simple auditeur de ces nombreux et lucratifs concerts. Le 3 Avril et le 10, grand succès au Théâtre Royal (Thalberg, Henselt, Chopin, Scarlatti, Weber, transcriptions de Liszt) et le 14 en l'Hôtel d'Angleterre Moscheles, Chopin, un prélude et fugue de Bach, la "Clair de Lune" de Beethoven et son Scherzo, enfin concert pour la Reine Caroline-Amalie.
- Le 9 Février 1843, participation au concert de la cantatrice Sophie Schloss à Leipzig, avec la Sonate opus 101 de Beethoven et des oeuvres de Schumann.
- L'évènement, ce sera surtout du 25 Janvier au 31 Mai 1844 la tournée vers et en Russie, tant désirée de Clara et tant redoutée de Schumann : Koenigsberg (deux concerts), Taurage, Mitau, Riga, (succès avec Henselt, Talberg, Liszt et Schubert-Liszt, "La

Tempête" de Beethoven), Oldenburg, Dorpat (trois ou quatre concerts), et Saint Petersbourg où, le 15 Mars c'est Chopin, Liszt, Mendelssohn, Scarlatti, la sonate "la Tempête", une étude de Schumann, et le 16 deux concerts dans la journée; elle est faite "Membre Honoraire de la Société Philharmonique". Le 21 Mars Schumann dirige sa 1ère symphonie et Clara joue le concerto en sol de Mendelssohn, le 24 elle donne deux concerts avec le quintette, dont un chez le Tsar, le 29, à la cour, Mozart et son propre scherzo. Puis c'est Moscou où Clara, le 2O Avril 1844, remporte un triomphe avec le concerto en MI bémol de Beethoven, suivi encore de deux concerts; enfin retour à Saint Petersbourg jusqu'à fin Mai pour de nombreux concerts privés.

- Ce seront, fin 1844 de multiples concerts "d'adieu" à Dresde : fin Novembre concert privé chez Härtel (Mendelssohn, et participation de Joachim); le 5 Décembre avec le concerto "l'Empereur" de Beethoven, énorme succès, le 8 Décembre avec la sonate Waldstein et le quatuor avec piano de Schumann.

- De 1845 à 1849 Clara, hors Düsseldorf, ne donnera de concerts qu'à Dresde et à Leipzig : - Le 4 Décembre 1845, c'est la création à Dresde du Concerto pour piano de Schumann dans sa version achevée, sous la direction de leur ami Hiller, concert repris le 1er Janvier 1846 sous la direction de Mendelssohn.

- En 1846, Juillet sera occupé en grande partie par une cure marine à l'île de Norderney, et par l'attention requise par des troubles psychiques de Robert et une fausse-couche de Clara... Mais le 12 Avril Clara aura pu participer à un concert de Jenny Lind à Leipzig. Le 22 Octobre c'est le concerto en sol de Beethoven à Leipzig et le 16 Novembre Dresde avec la Barcarolle de Chopin.

- L'hiver 1846-1847 c'est Vienne avec quatre concerts qui, pour la plupart, ne sont pas des succès aussi éclatants : le 10 Décembre le concerto en sol de Beethoven, la Barcarolle de Chopin, du Mendelssohn et une romance de Schumann; le 15 avec le Quintette, l'Andante et Variations pour deux pianos avec Anton Rubinstein; le 1er Janvier 1847 peu de monde et d'applaudissements, note Hanslick, pour le concerto de piano de Schumann et sa Symphonie en si bémol; le concert du 10 Janvier 1847 n'est rattrapé que par la participation de la cantatrice Jenny Lind - au retour, à Prague, véritable triomphe avec son concerto en la.

- Le 22 Juin 1847 Clara devient accompagnatrice attitrée du "Liedertafel" hérité de Hiller à Düsseldorf.

- Le 23 Mai 1848, concert en l'Hôtel de Saxe à Dresde : Chopin, Mendelssohn.

- 1849 sera perturbée par "les évènements" (la révolution de Mai noyée dans le sang).

- Au printemps 1850, c'es l'Allemagne du Nord : Hambourg.

- En Septembre 1850 les Schumann sont installés à Düsseldorf et c'est, le 24 Octobre, la première participation aux concerts annuels par abonnement (Beethoven "la Consécration de la maison" et le concerto en sol de Mendelssohn sous la direction de Schumann, et participation aux concerts de la Cürtensaal.

- Entre naissance du troisième enfant et grossesse de la quatrième, tournée à Bonn, Cologne, Krefeld, et des concerts de chambre à Düsseldorf.

- 1852 est une année particulièrement calme, exception faite de la Semaine Schumann organisée en Mars à Leipzig par Joachim et Liszt.

- De même 1853, peu de concerts, Clara devant se consacrer à Schumann qui ne va pas bien; toutefois le 29 Octobre c'est un concert avec Joachim, avec la Sonate à Kreutzer et la sonate en ré de Schumann.

- Et à partir du 26 Novembre une tournée en Hollande; fait notable Schumann y accompagne Clara et dirige l'orchestre à Utrecht, La Haye (à la Cour), Rotterdam; Amsterdam.

- En Juillet 1854, participation au Festival Schumann organisé à Hanovre par Brahms et Joachim.

A partir de l'hospitalisation de Schumann à Endenich, le 4 Mars 1854, Clara (qui ne visitera pas Robert avant la veille de sa mort), se réfugie plus que jamais dans son travail d'artiste, sous couvert d'avoir à assurer à elle-seule les besoins de sa nombreuse famille (7 enfants, dont Félix, né récemment); en fait Düsseldorf lui versera le traitement de Schumann jusqu'à la mort du Chef. Cet activisme a même fait dater, pour certains, à cette période, le "véritable début" de sa carrière de concertiste, ce qui est certainement excessif.

- C'est dès Octobre 1854 en tout cas que Clara reprend, avec, à Hanovre et Leipzig, le concerto en sol de Beethoven et l'Allegro de concert de Schumann.
- Le 27 Octobre un hommage rendu à Schumann à Weimar avec Liszt : le concerto en fa
- En Novembre c'est Frankfort, Lübeck, Brême et Hambourg le 13.
- Le 20 Décembre à la Singakademie de Berlin, avec Joachim, le concerto en sol de Beethoven.
- En 1855 c'est Hanovre, Berlin, Dantzig et la Poméranie, Detmold, à la Cour, Berlin encore avec Joachim.
- Retour à Leipzig le 8 Décembre 1855, Clara ose la sonate "Hammerklavier", qu'elle reprendra souvent par la suite.
- Début 1856 à Vienne où elle retrouve Brahms.
- Et à partir du 8 Avril, elle peut donner en Angleterre jusqu'à 28 concerts, dirigés par Bennett voire par elle-même, à Manchester, Liverpool. Dont une soirée Schumann à la "Réunion des Arts".

Schumann étant disparu le 29 Juillet 1856, Clara va utiliser la même stratégie vitale qui lui avait permis de supporter internement, séparation et dégradation terminale de son époux : se précipiter à corps perdu (malgré des souffrance physiques incontestables) dans son travail et ses tournées de concertiste : ceci pendant près des quarante ans qui lui restent à vivre ; elle dira ouvertement que cela lui semble plus efficace que la prière... Avec, successivement trois points d'attache pour sa vie de musicien-nomade : Baden, Berlin, Frankfort;

- Dès l'automne 1856, Clara est à Copenhague, pour des concerts avec Gade.
- En 1857, retour au Gewandhaus avec le concerto en ré de Mozart et à Ebersfeld pour le Festival Schumann.
- Le 21 Avril 1857 Clara est à nouveau en Angleterre (elle y serait allée 19 fois, généralement au printemps) , pour des concerts au Lystel Palace, le plus souvent avec Bennett comme chef. Elle y retrouve Pauline Viardot, Livia Fregge, Anton Rubinstein.
- Le 19 Décembre elle joue à Zürich (les Études Symphoniques).
- En 1858, c'est l'Autriche, et l'été à Göttingen.
- L'automne 1858, c'est la reprise des tournées qui la mènent à Cologne, Berlin, Budapest, Vienne.
- En 1859 c'est à nouveau l'Angleterre, avec Joachim et Stockhausen
- Et à l'automne 1859, des concerts en Allemagne.
- Début 1860 en Hollande, puis à Vienne où elle joue son trio en sol.
- Et retour à Düsseldorf le 29 Mai 1860 pour le Festival de Basse Rhénanie.
- L'automne 1861 la voit repartir en tournée : Hanovre, Hambourg, Leipzig.

- En 1862, tout en s'assurant une résidence fixe à Baden, elle va jouer, avec Stockhausen, à Cologne, Bâle, Munich où elle joue avec lui "Les amours du poète".
- Le 7 Mars 1862 elle est à nouveau à Paris et y joue avec Pauline Viardot l'Andante et variations pour deux pianos de Schumann et le concerto en MI bémol de Beethoven dans lequel elle triomphe.
- L'été 1862, à Baden, où elle réunit sa famille ("la nichée") et ses amis artistes (les Viardot, voisins), elle joue dans le cadre du Festival d'Été.
- L'été 1863, ce seront des concerts en famille (ses filles pianistes) et avec Brahms.
- En 1864, second séjour en Russie, avec Anton Rubinstein; elle y est acclamée en tant que virtuose et pour la musique de Schumann.
- En 1865 Londres avec Joachim pour les "Popular Concerts" et la "Schumann Evening", avec le concerto en MI bémol de Beethoven.
- 1866, Vienne encore.
- 1867, en Angleterre et en Écosse, avec Joachim avec lequel elle joue 18 fois !
- En 1868, après une nouvelle série de concerts en Angleterre, au printemps,
- C'est, le 30 Octobre, une nouvelle tournée qui commence par Oldenbourg (danses hongroises à deux pianos avec Brahms, autre triomphe), puis c'est le 3 Novembre à Brême avec le concerto en Ut de Beethoven;
- En Décembre à Vienne pour "l'Andante et Variations pour deux pianos".
- A Vienne, toujours, à la Singakademie avec les Liebsliederwalzen de Brahms.
- En Janvier 1871, encore à Londres, avec Pauline Viardot et Jenny Lind et aussi avec Joachim pour un concert pour les "défavorisés".
- La même année 1871 Clara refuse le poste d'enseignement qu'on lui propose à la Hochschule de Berlin, parce qu'elle ne veut pas se fixer.
- En 1872 concert à Vienne avec Amalia Weiss, l'épouse de Joachim.
- En 1873, encore à Londres, avec Joachim avec qui elle donne son trio en sol.
- Du 16 au 19 Août 1873, trois journées aux Schumann-Feier à Bonn.
- En 1874 Clara refuse la proposition d'une tournée d'une centaine de concerts aux U.S.A.
- Et si le 12 Mars elle joue encore à Kiel...
- En 1876 elle se sent carrément malade, de rhumatismes, plus que jamais, mais elle souffre aussi d'une hypoacousie et d'une diminution de la discrimination des sons ! Sans parler d'une mémoire qu'elle sent fléchir.
- En 1878 elle accepte finalement un poste d'enseignement au conservatoire de Frankfort, avec, comme collègue Stockhausen.
- Elle donne encore la même année 1878 des concerts à Berlin avec Joachim et sous la direction de son demi-frère Waldemar Bargiel.
- En Septembre 1878 elle joue à Hambourg.
- Et c'est son jubilé (50 ans de carrière) à Leipzig avec Livia Fregge et sous la direction de Reineck dans des oeuvres de Schumann.
- En 1880, le 2 Mai Festival Schumann à Bonn, avec inauguration du monument.
- Et au Muséum de Frankfort Clara joue le concerto en MI bémol de Beethoven.
- En 1881, à Londres, c'est le "Carnaval"; Clara est nommée membre de la "Royal Académie of Musik".
- En 1884, à Londres encore, gros succès avec la sonate en fa # de Schumann.
- A l'automne 1885, le Gewandhaus, et un deuxième concert au Gewandhaus le 26 Novembre avec le concerto en fa de Chopin.
- En 1886, gros succès à Londres avec ses variations opus 20 sur un thème de Schumann.
- 1887, l'Angleterre, encore grand succès avec les quintettes de Dvorak et de Schumann.

- 1888, Londres toujours, les “Popular Concerts”, mais souffrant trop de rhumatismes, Clara doit renoncer à accompagner Stockhausen dans les “Dichterliebe”.
- Le 21 Octobre 1888, après son 60ème anniversaire de carrière, Clara joue le concerto en la au Muséum de Frankfort.
- 1889, à Berlin gros succès, à Leipzig succès médiocre, mais Clara reçoit la “Médaille d'or de l'art” de l'Empereur.
- En 1890, encore au Muséum de Frankfort, le concerto en fa de Chopin.
- Et le 12 Mars 1891, toujours au Muséum, c'est le dernier concert public avec le trio en MI bémol de Beethoven, les variations de Brahms sur un thème de Haydn, dans leur version pour deux pianos et le quatuor en sol de Mozart. Mais Clara organise encore chez elle des concerts de musique de chambre, parfois avec Brahms.
- Enfin, le 13 Novembre elle ne joue plus et entend les sonates de Brahms pour clarinette et piano avec l'auteur et le clarinettiste Mühlfeld. Sa dernière manifestation au clavier sera pour la transcription pour piano (opérée par elle-même) des canons et esquisses pour piano à pédalier de Schumann.

Cette longue énumération (dont rien ne dit qu'elle soit exhaustive), a pour seul but ici, de bien représenter ce que la vie de Clara pouvait comporter de “plein”, certes mais au prix d'efforts considérables. On imagine par exemple ce qu'à l'époque les transports pouvaient avoir d'épuisant. Efforts souvent malgré des douleurs articulaires, suffisamment intenses pour faire de Clara une consommatrice assez régulière de morphine. Concerts donnés parfois les jours précédant le terme de ses nombreuses grossesses, et souvent dans l'inconfort de ses hébergements d'étape. Mais Clara y tenait. Elle considérait que moins de 50 concerts par an, c'était un échec. Mais pratiquement jusqu'au bout elle triompha dans toute l'Allemagne et la plupart des grandes villes d'Europe, avec des partenaires privilégiés et prestigieux : Joachim, et les chanteurs et cantatrices du siècle : Stockhausen, Jenny Lind, Livia Fregge et sa chère Pauline Viardot, sans parler, au début, de l'immense Schröder-Devrient . On aura remarqué que, de plus en plus, elle fit acclamer dans ses programmes les oeuvres de Schumann. Et bientôt elle fît de même pour les oeuvres de Brahms.

Clara Wieck-Schumann compositeur. Si l'unanimité s'établit sur le fait que Clara Wieck-Schumann fut la plus grande pianiste-virtuose du XIXème siècle en Europe, il n'en n'a pas été de même, jusqu'à un passé récent, pour ce qu'il en fut de ses qualités de compositeur. Il faut noter que le terme, féminin, même de “compositrice” est peu usité et revêt une sonorité étrange à nos oreilles. Il est vrai qu'il y eut peu de femmes-compositeurs, connues tout au moins. Seule sans doute Louise Farenc, récemment redécouverte, eut droit à cette reconnaissance éphémère puisqu'elle fut d'ailleurs professeur au Conservatoire de Paris. Ce n'était certes pas, même en fin du XIXème siècle, dans l'air du temps. Même la soeur tendrement aimée de son frère Félix, Fanny Mendelssohn n'était pas autorisée par lui à publier sous son nom les oeuvres qu'elle avait composées et celles-ci l'étaient sous le nom de son frère. Mahler, plus tard, intimera carrément à son épouse Alma l'ordre de ne plus composer. On évoquera alors le caractère personnel, particulier, de Mahler.

Hanslik qui n'était pas avare de compliments pour la pianiste, faisait remarquer que s'il y avait pas mal de femmes peintres (souvent aquarellistes, plutôt !), ou écrivain(e)s, il n'y avait pas eu de femmes compositeurs. Liszt, malgré un article élogieux de lui dans le Neue Zeitschrift für Musik sur Clara compositeur, ne l'encouragea guère à composer. Il faut dire qu'il avait écrit : “Ses compositions sont très remarquables, surtout pour une femme"; in caude venenum ! Bülow, sexiste avoué, affirmait qu'il n'y avait jamais eu de femme-compositeur. Brahms lui même, tout en harcelant Clara pour qu'elle compose, disait qu'il y aurait des femmes compositeurs quand les hommes accoucheraient. Cette remarque sexiste avait au moins le mérite de soulever le problème du rapport voire de l'antagonisme entre la procréation et la création artistique, soulevant du même coup le problème de la sublimation dans ses rapports avec la sexualité; problème évoqué par Freud, mais non élaboré, finalement, par lui : il a détruit ce qu'il avait écrit sur le sujet. Les hommes, renonçant à la bisexualité dans son versant féminin, utiliseraient ces "laissés pour compte" dans un travail créateur, sublimé... Joachim, ami intime chérissant Clara et jouissant d'un partenariat exceptionnel avec elle dans l'exécution des pièces de musique de chambre, n'oppose-t-il pas les compositions de Clara à la composition des oeuvres ultimes de Schumann ?

Ceci dit, le cas extrême de Mahler et d'Alma a le mérite, lui, de ne pas nous autoriser à nous contenter de l'explication, trop simple si elle est unique et totale, par le contexte social et les préjugés dominants, bien réels, de l'époque. Certes, comme disait Marx, "la femme est le prolétaire de l'homme" (ce que sa conduite personnelle confirmait largement). Et "la femme romantique" devait au mâle un dévouement quasi sacrificiel, être confinée aux rôles d'épouse et mère, souvent peu compatibles avec les aspirations romantiques à la création... On a vu la profession de foi affichée à plusieurs reprises par Schumann lui même, telles que "les enfants sont une providence du ciel, on n'en n'a jamais trop", et si Schumann a souvent fait mine, et plus que cela, de pousser Clara à composer, lui faire huit enfants en treize ans, compte non tenu des fausses couches, spontanées bien sûr, il ne lui laissait guère le loisir de composer, voire, simplement, de travailler son piano. Tout en assurant la plus grande partie des ressources familiales par ses nombreux concerts, la Wunerkind-Wundermädchen devait devenir, sans aller jusqu'aux "Trois K" de Bismarck ("Kirche, Kinder, Küche"), la "Hausfrau" à laquelle elle n'était pas préparée.

L'avant propos du futur "Tagebücher" (journal conjugal), de la main de Robert, n'est que trop explicite sur ces points... Et si Clara devait être "interdite de concerts" la première année de leur vie commune, que pouvait-il en être de la composition ? Ce n'est pas la production du recueil "commun" des "Liebesfrühling" d'après Rückert qui suffira à apporter à cela un démenti : c'est une "commande" de Robert, avec textes choisis par lui, trois seulement pour Clara, neuf pour Robert... et il fallait éviter le chiffre total de treize ! Madame François- Sappey parle, un peu comme Marx de "division sexuelle du travail".

Certes, avec ce "purgatoire" d'un an imposé à Clara, Robert prenait un temps sinon sa revanche, au moins sa récupération de Clara pour lui seul, sur les années de frustration cruelle de Wieck à son égard. Car tout en adorant sa "Clärchen", Schumann se montrait possessif et jaloux... Et évoquant son renoncement pour cause d'automutilation à sa propre carrière de virtuose, ne disait-il pas à Clara (en Mars 1834) : "N'ai-je pas en toi une main droite ?", propos tendre, sans doute, mais qui fait de l'aimée une sorte d'auxiliaire voire de prothèse. Et quand il assuma l'orchestration (d'un mouvement, ou, peut-être de la totalité) du concerto pour piano et orchestre de Clara, il était entendu que Clara était essentiellement la pianiste, et lui le compositeur. Ne disait-il pas, parlant des trios composés par Clara, que, sur ce point, elle n'était pas Mozart ou Beethoven, ce qui était évident, mais il ajoutait que Clara savait "elle-même très bien voir en quoi elle était bonne... ou moins bonne".

Et pourtant... et pourtant Clara n'affirmait-elle pas, le 3 Octobre 1846 : "Rien ne peut surpasser le plaisir d'entendre une oeuvre que l'on vient de composer". Aussi, dutelle avouer, malgré elle, telle cette écrivaine du XXème siècle, qu'elle sortait de là "flouée".

D'ailleurs Clara n'avait pas attendu ces messieurs, vieux ou jeunes, pour créer. Son père et maître Frédéric Wieck, lui conseillait, dès le début de sa formation, d'improviser, comme c'était alors la règle que s'appliquaient tous le pianistes virtuoses tels Herz ou Kalkenbrenner. Aussi, très tôt, Clara improvisait-elle sur des thèmes de "La muette de Pontici", ou comme elle le fit en 1832, chez Liszt, à Weimar, ou à Paris, en 1832 à "l'Académie du Mont Blanc", à la Chaussée d'Antin. Improviser, certes "mais pas trop", afin de "ne pas s'abandonner ainsi à la facilité". Schumann, dès leurs premières relations l'encourageait aussi, mais en lui recommandant de noter aussitôt ce qu'elle venait d'improviser, afin que ces créations ne soient pas perdues.

Et un certain nombre d'oeuvres, la plupart disparues, ont témoigné de la précocité et de la capacité de Clara en matière de composition :

- une valse "pour sa nourrice", peu loquace comme elle même, composée par Clara avant ses 8 ans révolus
- à 10 ans, un premier Lied à quatre voix : "Die Schwanne kommen gezogen" (les cygnes sont arrivés)
- à 15 ans, en 1834, quatre Lieder sur des poèmes de Kerner : 1. Der Traum (le rêve). 2. Alte Heimat (vieux foyer). 3. Der Wanderer (le voyageur). 4. In einen dunkeln Thal (dans une sombre vallée)
- quatre polonaises en majeur, composées en 1829-1830 (Clara ayant 10-11ans), "Dédiées à Monsieur Schumann, qui est à la maison pour apprendre le piano"
- caprice en forme de valse, neuf valses en majeur, de 1831-1832, futur opus 2, "Jouées comme un hussard", écrivait alors Schumann.
- variations sur un thème original, saluées par l'Allgemeine Zeitung
- un Lied, perdu, "der Traum" sur un texte de C.A. Tiedge, chanté au Gewandhaus et à Dresde
- la célèbre Romance variée opus 3, (1833), partition soumise à Schumann avant impression et à lui dédiée : "A quel titre ai-je mérité cet honneur ?", écrivit-il, et il répondit par ses "Impromptus sur un thème de Clara Wieck" opus 5.
- une Polonaise en mi bémol (incluse dans l'opus 1 ?)
- trois séries de variations sur un air tyrolien, sur un thème original, et "à Alexis"
- un scherzo en UT, disparu sauf ses inclusions dans l'opus 4

Toutes oeuvres dont la précocité est attestée encore par la lettre de Schumann, du 11 Janvier 1832, où Schumann promet à la petite Clara, des devinettes, énigmes, charades et histoires de sosies et de fantômes, et lui demande : "Avez-vous composé ? Et quoi donc ? En rêve j'entends de la musique quelquefois : c'est vous qui composez". Litzmann, biographe auto-autorisé dut admettre que "Clara nous surprend aussi par ses propres compositions". De plus on sait que Clara, à 14 ans suivit à Dresde un enseignement de théorie musicale et composition.

Et ce sera une trentaine d'oeuvres, inventoriées ou non en opus numérotés :

- on a déjà vu les opus 1. Quatre polonaises
  2. Caprices en forme de valse et
  3. Romance variée. Ce seront ensuite :
- Opus 4. "Valses romantiques", de 1835, (qui évoquent les Davidsbündlertänze et la marche des Davidsbündler du Carnaval)
- Opus 5. "Quatre pièces caractéristiques" (1832-1836) (le N° 1 évoque le Fandango de Schumann (1832) et sa sonate en fa# de 1833). Surtout on y entend la quinte mélodique descendante chère à Schumann dite "thème de Clara"

- Opus 6. “Soirées musicales” (1834-1836) :
. Toccatina en la, inspirée du “con anima” de la Romance opus 5
. Notturno en ré, du “con Stimme aus der Ferne” de la 8ème Novelette
. Mazurka en sol, du “motto” des Davidsbündlertänze
. Ballade en ré
. Deuxième Mazurka en sol
. Polonaise en la

- Opus 7. (1833-1835) Concerto en la, d'abord “Konzertsatz”, en 1833, futur finale du concerto, avec orchestration demandée à Schumann, puis ajout d'un 1er mouvement, Allegro, en 1834, et une Romance en LA bémol, entre les deux mouvements, incluant un duo célèbre, violoncelle et piano. Schumann s'en inspirera dans l'intermezzo de son concerto pour violoncelle. Ce concerto de Clara fut l'occasion d'un impair de Schumann, qui, n'osant en faire l'analyse lui même dans la Revue, la confia à son ami Becker dont la critique fut tiède, à la grande tristesse de Clara et la vive colère du père Wieck

- Opus 8. “Variations de concert sur la cavatine du “Pirate” de Bellini” (1837). Spontini les qualifia de “la plus belle musique de ces dernières années”, alors que cette oeuvre de virtuosité était peu en accord avec les orientations nouvelles en musique prônées par les habitués du Kaffebaum, ou les membres de la virtuelle Confrérie des Compagnons de David.

- Opus 9. “Souvenirs de Vienne” (1838), rondo paraphrasant l'hymne autrichien (“Gott, erhalte Franz Kaiser”), de Haydn, en sol “con bravura e grandezza”.

- Opus 10. Scherzo (1836), “con passione”, presto en ré. Berlioz l'a comparé aux scherzi de Chopin.

- Opus 11. Trois romances ((1839) a) en mi bémol b) en sol c) en LA bémol (la gamme descendante apparaît dans la deuxième, que Liszt empruntera pour l'incipit de la sonate,qu'il dédia à Schumann.

- Opus 12. C'est la contribution de Clara au recueil “conjugal” voulu par Schumann (l'opus 37 de Schumann) : “Liebesfrühling” sur des poèmes de Rückert (1841).
Sur les 12 Lieder, Clara en fournit 3 : a) “Er ist gekommen in Sturm und Regen” (il est venu par la tempête et par la pluie), b) “Liebst du um Schönheit ?” (aimes-tu pour la beauté ?), c) “Warum willst du and're fragen ?” (Pourquoi veux-tu interroger d'autres ?), dont on verra réapparaître des éléments dans la Sonate et dans le Scherzo opus 14.

- Opus 13. Six Lieder (1842-1843) :
. “Ich stand in dunklen Traumen” (j'étais dans de sombres rêves), poème de Heine. On y retrouve le grupetto du Carnaval.
. “Sie liebten sich beide” (ils s'aimaient tous deux) de Heine également, écho de la sonate en sol
. “Liebeszauber” (amour enchanté) sur un texte de Geibel
. “Der Mond kommt still gegangen” (la lune se lève en silence) de Geibel également
. “Ich hab' in deinen Auge...” (J'ai vu dans tes yeux...) de Rückert, en LA bémol
. “Die stille Lotosblume” (La silencieuse fleur de lotus), de Geibel

- Opus 14. Deuxième Scherzo (1844), amplification variée du Lied “Er ist gekommen” op. 12, “sehr schnell leidenschafftlich” (très rapide, douloureux), “con fuoco”, le trio intermédiaire étant “piu tranquillo”. Il renvoie à la sonate en sol de Schumann.

- Hors opus, non publiée, la Sonate en sol (1841-1842)
I. Allegro, d'après le lied “Er ist gekommen”
2. Scherzo, publié inclus dans l'opus 15 (pièces fugitives)
3) Rondo

4) Adagio

- Opus 15. “Quatre Pièces Fugitives” (1841-1844), le finale est le scherzo de cette sonate
- Opus 16. “Trois préludes et fugues” (1845), Clara est vivement stimulée par Robert pour se livrer à ce genre d’exercice. Lui-même y reviendra notamment en 1853 avec ses “Sept pièces en forme de fughette”
- Opus 17. “Trio pour piano, violon et violoncelle” (1846). Clara est une familière des trios de Beethoven (l’Archiduc, les Esprits) et des deux trios de Schubert; on y retrouve le “thème de Clara” en quinte descendante. Mais c’est à propos de ce trio que Schumann situe en retrait la composition de Clara par rapport à ces deux “grands” : Beethoven et Mozart
- Il n’y a pas d’opus 18 et 19 connus. On a supposé que ç’aurait peut-être été “l’Allegro” (inachevé) de 1847 pour violoncelle et piano. Ou la Sonate en sol ? C’est à ce sujet que Clara aurait émis des doutes, voire des velléités de renoncement quant à ses capacités de compositeur.
- “Trois choeurs mixtes” (1848) a cappella sur des textes de Geibel (1848)
    . “Abendfeier in Venedig” (fête du soir à Venise)
    . “Ave Maria”
    . “Vorwärts” (en avant !) composés pour l’ensemble choral de Schumann à Dresde
- Opus 20. “Variations sur un thème de Robert Schumann” (1053) pour son anniversaire, “ce faible nouvel essai de sa vieille Clara”, la formule “nouvel essai” est l’aveu du silence qui a suivi son “je renonce à composer” jusqu’à cette date. Le thème est issu des “Bunte Blätter”, en fa #, et la 7ème variation se réfère à la “Romance” opus 3 de Clara et aux Impromptus opus 5 de Schumann sur ce “thème”; le tout inspirera Brahms pour ses “Variations” opus 9, ce dont Clara se réjouira dans son journal.
- Opus 21. “Trois Romances” (1853-1855), renvoient aux romances opus 11 (1838) dédiées à Schumann. Mais la dédicace de chacune des romances et de l’ensemble est complexe, avec plusieurs dédicaces “à mon mari bien aimé”, dont une lorsqu’il est à Endenich, et l’ultime “à mon cher ami Johannes”
- Opus 22. “Trois romances pour piano-forte et violon” (1853) dédiées à Joseph Joachim, avec lequel Clara joue l’oeuvre. Très modestement, Clara se déclare influencée par Schumann dans cette composition
- Opus 23. Six Lieder “aus Jocunde von Hermann Rollett” (1853), dédiés à Livia Fregge :
    . “Was weinst du, Blümelein” (que pleures tu, petite fleur ?)
    . “An einem lichten Morgen” (par un lumineux matin)
    . “Frühlingslied” (chant de printemps)
    . “Geheimes Flüstern hier und dort” (secret murmure ici et là)
    . “Auf einem grünen Hügel” (sur une verte colline)
    . “Das ist ein Tag...” (c’est un jour...)
    . “Ô Lust, ô lust” (Ô joie, ô joie)
- Marche en MI bémol composée dans les années 70, sous deux formes : à deux et quatre mains, avec deux trios : le 1er évoque le duo “Familie Gemalde” op. 34, 4); le 2ème, le thème d’Astarté de Manfred ou le 2ème mouvement, “marcia”, du quintette.

Outre la relative richesse de cette production de Clara, on aura remarqué la référence fréquente de ses oeuvres à celles de Schumann (avec une certaine réciprocité) ce qui a fait opportunément parler “d’Oeuvres croisées” des deux époux-musiciens.

La musique, moyen de communication entre Robert et Clara. "Elle enrichit le dialogue amoureux", écrit Claude Samuel. Et avant que Schumann ne s'égare dans la parapsychologie des tables tournantes, il aura utilisé la communion des esprits avec Clara, lui proposant parfois un rendez-vous virtuel, en pensée, "à onze heures", en jouant ou évoquant les variations opus 2 de Chopin.

Mais si on a pu parler à juste titre "d'oeuvres croisées" entre les deux partenaires, c'est aussi que Schumann l'annonce lui même explicitement dans son "projet" de vie conjugale du 13 Juin 1839 : "Nous publierons aussi beaucoup de choses sous nos deux noms réunis; la postérité doit nous regarder comme un seul coeur, et une seule âme et ne pas éprouver ce qui est tien et ce qui est mien. Comme je suis heureux !"

Ce seront des oeuvres de l'un et de l'autre, et très souvent offertes comme cadeaux d'anniversaire, de mariage ou d'approche du mariage, tels ces "Myrthen", opus 25 (1840), sur des poèmes de divers auteurs, et dont le premier, "Du meine Seele" (toi mon âme) est sans doute le plus beau roman d'amour exalté, triomphant jusque dans la souffrance, qu'il aura pu composer; les vers de Rückert "Du, meine Wohn, ô du mein Leid" (toi, ma vie, ô toi ma souffrance) rejoignent ceux de Müller-Schubert ("weiss tu wie Liebe tut"; sais-tu ce que fait l'amour).

L'échange le plus célèbre est évidemment celui qui s'opère par l'entremise de la Romance opus 2 de Clara dédiée "à Monsieur Schumann" auquel elle soumet la partition avant impression, et qui suscite chez lui l'écriture de ses "Impromptus" opus 5 "sur un thème de Clara Wieck", et sur lesquels, 20 ans plus tard, Clara composera son opus 20 "Variations sur un thème de Robert Schumann". Et Brahms de s'associer ultérieurement au couple avec ses Variations opus 9 qui feront l'admiration enthousiaste de Clara.

S'il y a eu peu, relativement, de concerts communs (à part l'un, très tôt, à Zwickau, ville natale de Schumann, lors duquel Johanna Schumann prophétisera à Clara le fait qu'elle épousera un jour "mon Robert", les autres, tardifs, lors d'une exceptionnelle tournée en couple en Hollande, c'est que Schumann répugnait à voyager et sans doute à n'être vu, de façon humiliante, par rapport à la virtuose, que comme une sorte de "prince consort de la musique" (le "vous aussi, vous êtes musicien ?" trop souvent entendu) Par contre, comme on l'a vu, dédicaces et interférences seront nombreuses voire rituelles dans le couple. Clara, encore enfant (10-11ans), dédie en effet ses quatre polonaises, en 1829 à "Monsieur Schumann qui habite chez nous", puis ses "Trois Romances" opus 11, que Schumann reçoit comme l'annonce d 'une union inéluctable : "Nous devons devenir mari et femme; tu me complètes comme compositeur, je te dois toute ma musique".

Non seulement Schumann compose souvent sur des thèmes de Clara, non seulement celle-ci, comme on l'a vu, lui rend la politesse, même après 20 ans, mais surtout Schumann inclut force "thèmes de Clara" dans ses compositions. Ainsi des "Quatre pièces caractéristiques" opus 4 : certains thèmes passent dans son "Fandango" (1832) et dans sa Sonate en fa # (1833). Des "Soirées musicales" opus 6 (1833-1836) : des thèmes du "Notturno" passent dans le "Stimme aus Ferne" de la 8ème Novelette et des passages de la deuxième Mazurka se retrouvent au "motto" des "Davidsbundlertänze".

Il y a même un thème (quinte descendante), qui revient fréquemment et qu'on appelle "thème de Clara". Clara de son côté compose en 1853 son opus 20 "Sur un thème de Robert Schumann" (les "Bunte Blätter" et les "Impromptus" opus 5) et elle dédie cette oeuvre à la fois, d'une part par fragments à Schumann, les derniers jusqu' à Endenich, d'autre part en totalité à Brahms.

Ailleurs ce seront de simples évocations, par exemple en 1835 celle des "Davidsbündlertänze" et de leur danse dans le "Carnaval", dans les "Valses romantiques" opus 4 de Clara. Ou des influences réciproques : Clara, poussée par Schumann en 1845 compose “Trois préludes et fugues” opus 16, et Schumann y répond en 1853 par “Sept pièces en forme de fughettes” opus 127.

Schumann d’autre part a assumé sur la demande de Clara l’orchestration de son concerto en la, ou tout au moins du Konzertstück, futur finale du Concerto écrit avant les autres mouvements.

Schumann a souvent, malgré une très probable ambivalence, poussé Clara à composer. Dès le début de leur relation, on l’a vu, quand à la suite de propos ludiques quasi enfantins il s’enquerrait de ses compositions. Plus tard, en 1840, en plein “printemps des Lieder”, il lui suggère, au sens fort, et malgré les réticences de Clara (mais pourquoi ces réticences ?), de composer, elle aussi, sur des poèmes de Robert Burns.

Un cas à part sera le recueil “commun” (sinon conjugal), mené à bien sous l’instigation de Schumann, sur des poèmes de Rückert : 3 pour Clara, 9 pour Schumann, pas un de plus, pour ne pas arriver à treize...

Mais finalement ce qui est sinon le plus important, tout au moins le plus caractéristique, c’est que Clara jouera avec insistance, tout au long de sa longue carrière, et mettra au programme de ses concerts des oeuvres de Schumann. Certaines seulement de ses les oeuvres, quand elle sera encore sous la férule du vieux Wieck, plus de ses oeuvres après la rupture avec lui. Jusque là, ces concerts, Schumann est contraint, comme on l’a vu, d’y assister incognito, caché dans un coin, guettant comme un signe de Clara les pièces de lui qu’elle joue (trois des “Études Symphoniques” par exemple, parmi d’autres morceaux, lors d’un concert. Une fois mariée, pendant un certain temps elle ne jouera que les “Variations pour deux pianos” Mais par la suite, surtout après la mort de Schumann, c’est à l’interprétation de l’ensemble de ses oeuvres qu’elle se consacrera, à côté des oeuvres des “grands classiques”.

Clara s’est aussi livrée à divers travaux pour son mari : travaux de copie, de transcription, de réduction d’oeuvres telles que le quintette, “la Péri” ou les “Scènes de Faust”. Travail de répétition, aussi, tant à Dresde qu’à Düsseldorf, voire composition d’oeuvres chorales pour le Liedertafel que dirige Schumann.

Il y a dans cet échange, cette collaboration, quelques pages moins heureuses : il arrive à Schumann de “corriger” les compositions de Clara, telle son “Idylle pour le piano”, ce qui désarçonne Clara : “Tu as complètement changé la fin; c’est le passage que je préférais”. Il y a même des péripéties assez pénibles : on a vu la critique laissée à Becker, qui est certes un ami, pour l’analyse de l’unique concerto de Clara, que Becker qualifie de “composition de femme”. Mais ce sera aussi l’éviction de Clara de la composition de la sonate F.A.E, dédiée à Joachim, partenaire de prédilection de Clara, composition réservée au groupe exclusivement masculin : Schumann, Brahms, Dietrich, avec cette devise assez exclusive dans son ambiguïté, effectivement “Frei Aber Einsam” (libre mais seul - Léo Ferré dira, lui, “seul, mais peinard”). De même Clara sera évincée par Schumann de l’exécution du quintette particulièrement cher à son coeur, sous prétexte ou parce que, profondément, Schumann juge que cette oeuvre nécessite une “exécution virile”. On est loin, alors de la Clara vue comme jouant “comme un hussard”.

Il ne faudra pas s’étonner de voir, alors, Clara se résigner, affirmer qu’elle n’est pas douée pour la composition. Ainsi de son trio, qu’elle joue peu souvent en regard de ceux de Schumann : “Naturellement cela reste toujours un ouvrage de dames auxquels manquent la puissance et l’invention - comparé à celui de Robert, il ne me plaît pas trop, il a un côté efféminé et sentimental”.

Travaillant à son concerto, elle estime qu’il faudrait pour un tel travail “un caractère poétique, un esprit brillant, une énergie créative”, dont, visiblement elle s'estime, à l'opposé de son époux, dépourvue. Elle finira par cette conclusion désabusée "J'ai cru que j'avais un talent de créateur. Mais j'ai abandonné cette idée. Une femme ne peut espérer composer. Jamais une femme n'en fut capable. Ai-je l'intention d'être celle-là ? Ce serait prétentieux de le croire. Il n'y a que mon père qui a essayé de me conduire dans cette voie. Mais j'ai rapidement arrêté. C'est à Robert de créer. C'est toujours cela qui me rend heureuse". Peut-être, mais à coté de cette prudence vis à vis de tentations mégalomaniaques, on est quand même obligé de constater que, concernant cette tendance à l'effacement, l'amour pour Robert est peut être, quand même, insuffisant comme justification pleine.

Et en 1853, Clara écrit : "Je recommence à composer", ce qui confirme bien qu'elle y avait renoncé, en une période de sept ans lors de laquelle Schumann, lui, s'est montré particulièrement actif, créateur; et elle ajoute : "Je me suis arrêtée trop longtemps, ce sera difficile". Elle veut offrir à Robert pour son 43ème anniversaire ces "Variations opus 20 sur un thème de Robert Schumann", "ce faible essai de sa vieille Clara", écrit-elle.

Durant les 29 mois que durera l'hospitalisation de Schumann à la clinique d'Endenich près de Bonn, Clara subit une épreuve particulièrement douloureuse, voire un véritable calvaire.

D'abord parce que, bien qu'ayant dû soutenir Schumann des années durant, avec beaucoup de courage et de ténacité, lors de ses nombreuses crises psychiques, le plus souvent dépressives, Clara ne pouvait se faire à l'idée que, cette fois-ci, Schumann est gravement atteint. Ainsi elle qualifie de "superbe" une lettre de Schumann à Joachim, du 6 Février 1854, où il parle, entre autres, de lui "écrire à l'encre sympathique" et conclut : "La musique est silencieuse pour le moment, tout au moins extérieurement, ... il faut que je termine maintenant, il fera bientôt nuit". On se rappelle qu'il parlait jadis de "créer tant qu'il fait jour", comme gage, ainsi, de sa survie psychique. Sans doute Clara ne peut-elle supporter d'entrevoir que le génie qu'est cet époux qu'elle adore est en train de se dégrader sous ses yeux.

Pourtant, les semaines qui avaient précédé l'hospitalisation de Schumann avaient été éprouvantes et épuisantes pour Clara, ainsi qu'on l'apprend par le journal qu'elle tenait désormais seule. Par exemple en Février 1854 : folie des tables tournantes, "qui savent tout", symptômes multiples, dépressifs et hallucinatoires qui semblent, à ce moment-là, constituer des révélations pour Clara. Ou insomnie et acharnement à composer, en particulier la seule oeuvre qui témoignera de sa dégradation que sont les "Variations Geisterthema" (thème des Esprits), "dictées par les anges". Et alors que Schumann est au plus mal (on retrouvera un billet destiné à Clara dans lequel il annonce qu'il va jeter son alliance dans le "Vater Rhein", et conseille à Clara de faire de même pour que les deux soient réunis), Clara continue à vouloir s'affirmer jusqu'au bout, comme "la plus heureuse des femmes" et se fixer sur ces 13 ans de vie commune (Septembre 1840 - Septembre 1853) et sur le 43ème anniversaire, bientôt le 44ème, avec ces cadeaux nombreux que lui fait Robert : un nouveau piano, le "Du meine Seele" chanté par un duo d'amis chanteurs, et l'offrande de trois oeuvres récentes de Robert.

Elle s'affole alors de l'entendre déclarer ne pas mériter son amour et demander volontairement à être interné pour ne pas nuire aux siens. Elle lui dit alors : "Tu veux abandonner ta femme et tes enfants ?", ce qui ne peut qu'aiguiser la culpabilité du malade. Schumann rassemble papier à musique, plumes et cigares, signifiant ainsi qu'il est décidé à séjourner hors de la maison familiale pour un certain temps malgré son affirmation rassurante qu'il reviendra bientôt, guéri... Et le fait qu'en montant dans la voiture pour Endenich Schumann ne se retourne pas vers elle, crucifie littéralement Clara.

Puis elle souffrira encore de façon assez cruelle de ne recevoir de lui, d'Endenich, aucun signe, ce qui sera effectivement tout à fait réel jusqu'au quinzième mois de son hospitalisation. Mais dès qu'à cette date Clara lui écrira pour lui fêter son anniversaire, Schumann lui répondra par une lettre des plus affectueuses, lui exprimant aussi, très tristement, que le temps nécessaire lui sera bien long pour revenir à la vie avec les siens.

Certains ont pu s'étonner que Clara n'ait rien fait pour faire lever ou adoucir la consigne du Dr Richarz, médecin-chef de la clinique, d'un isolement strict de Schumann vis à vis de ses proches, consigne peut-être très justifiée, mais causant à Clara une souffrance à la limite du supportable. En tout cas Clara ne cherche pas non plus à rencontrer le médecin qui soigne son mari, ceci jusqu'en Mai 1855, la rencontre se produisant hors de la clinique, à Brühl.

Mais, une fois Schumann loin du foyer, que faire ? Clara, d'abord, ne supporte pas d'être seule avec ses enfants sans la présence de celui qui l'habitait avec eux. Elle se réfugie d'abord chez une amie, Roselyne Leser. Mais elle sera bientôt entourée par les proches les plus chers : Brahms, qui tient les comptes du foyer, s'occupe des enfants, ce qui suscite des rumeurs; Joachim, qui accourt de Hanovre et joue avec elle les sonates de Schumann, Dietrich, et Marianne Bargiel, sa mère, venue de Berlin, mais pas le père Wieck... Paul Mendelssohn lui apporte un soutien matériel, une lettre de crédit de 400 Thalers, que Clara a peine à accepter. D'ailleurs la municipalité de Düsseldorf versera à Clara le traitement de Schumann jusqu'à sa disparition. Härtel, l'éditeur, lui propose d'organiser un concert en hommage à Schumann, ce que Clara refuse, préférant s'en occuper elle-même. Liszt lui envoie la partition de sa sonate, dédiée à Schumann, musique que Clara déteste, mais elle avoue être touchée par ce geste d'un Liszt dont elle reconnaît, malgré ses défauts, le caractère généreux.

Comme Clara se désole de ne pas recevoir de la clinique des nouvelles concernant Schumann et l'évolution de ses troubles, passé un mois de Mars particulièrement pénible, ce sont Brahms, Joachim et Dietrich, puis Marianne Bargiel elle-même qui visitent le malade et ont des entretiens avec le Dr Richarz et qui, petit à petit, lui rapportent des nouvelles plutôt encourageantes.

Clara, elle, se défend comme elle peut, selon ses stratégies défensives personnelles. Et elle a à faire. D'abord mener à terme cette dernière grossesse : Félix naîtra cinq mois après le départ de son père pour la clinique. Et si cela ne lui a pas été immédiatement possible, Clara va reprendre rapidement ses activités de concertiste et ses tournées, en principe parce qu'elle a en charge une maison, toute une petite famille, quoique les 50 Talers par mois du traitement de Schumann ne soient pas négligeables. Mais il y aussi les frais de clinique, assez élevés. En fait, plus que jamais , les concerts et le public lui sont indispensables pour vivre et survivre.

Après Ostende, où elle joue mais y est surtout pour une cure pour ses rhumatismes, c'est Hanovre, où elle retrouve Joachim, et ce cher Gewandhaus à Leipzig, et Weimar, avec Liszt, Hambourg avec la famille de Brahms, surtout la mère de Johannes avec laquelle elle se lie, les villes du Nord (Brême, Lübeck...) la Hollande, où Brahms la rejoint, Pest, Prague, Leipzig encore, Frankfurt, Berlin, Dantzig, Detmold, Vienne où elle fait triompher la musique de Schumann et de Brahms et se risque avec grand succès à la "Hammerklavier" opus 106 de Beethoven.

Mais la tournée à laquelle Clara tiendra essentiellement est celle en Angleterre, organisée avec son ami Bennett. Elle durera trois mois, avec le concours de son amie Jenny Lind.

Schumann à partir du moment où il correspond par lettres avec Clara, l'encourage à "s'afficher" (musicalement) avec Brahms. Mais apprenant l'extraordinaire périple auquel Clara se prépare, il s'inquiète de "ne plus la revoir", elle et les enfants.

Entre les tournées, la vie quotidienne s'organise, avec la participation de plus en plus importante de Brahms. Pendant les tournées de Clara, il s'occupe des enfants et envoie de leurs nouvelles à leur mère, parfois il la rejoint pour certains concerts. Cette intimité sur laquelle on manque des précieuses informations qu'aurait pu fournir le journal de Clara si la famille ne l'avait pas expurgé pour maintenir cachés les "secrets de famille", a évidemment fait beaucoup jaser au point de faire émettre des doutes, par certains, sur la paternité de Félix, et d'inquiéter la propre mère de Brahms. Et c'est de cette époque que date le commencement de la longue et animée correspondance entre Clara et Johannes, marquée, entre autres par l'apparition du "Du" (tu) à la place du "Ihr" (vous), sur la demande de Brahms, dès Décembre 1854. Cependant, alors que Clara et Robert correspondaient par lettres à partir de Juin 1855, on ne dispose que des lettres de Robert à Clara, celles de Clara à Robert, retrouvées à la mort de Schumann, ont disparu. En cette période, Clara relisait souvent les lettres d'amour de leurs jeunes années. De même s'était instaurée une correspondance Schumann - Brahms, très chaleureuse, et Schumann avait dans sa chambre à la clinique, deux portraits, de Clara et de Brahms.

Ce n'est qu'in extremis que Clara verra son mari, mourant, suite à un appel célèbre du Dr Richarz : "Si vous voulez voir votre mari vivant, accourez". Clara accourt au chevet de Robert et lui fait absorber un peu de vin en lui donnant ses doigts à sucer. Schumann, extraordinairement ému la regarde, et a encore la force de l'enserrer dans ses faibles bras. Clara commentera : "Je ne cèderais cette étreinte pour aucun trésor". Schumann est mort le lendemain. Il semble que Clara ait préféré ne pas assister aux obsèques. Sans doute cette dernière cérémonie lui aurait été insupportable.

Schumann disparu, à quoi Clara pourra-t-elle consacrer sa "nouvelle vie" qui durera encore 40 ans ? (1856-1896)

A la musique, évidemment, surtout celle de Schumann, particulièrement le Concerto, le quintette, la musique de chambre. Tout, sauf ce qui peut l'impliquer par trop émotionnellement, personnellement comme le Carnaval, le cycle "Frauenliebe und Leben" (l'amour et la vie d'une femme). Et ceci par la reprise de plus belle des tournées de concerts : moins de cinquante par an, c'est pour elle "un échec". Ses partenaires favoris sont le violoniste Joachim, le baryton Stockhausen.Virtuose, elle "joue de mieux en mieux" selon Brahms.

Clara se consacre aussi, en 1879-1893) à l'édition des oeuvres complètes de Schumann, avec l'aide de Brahms, Joachim, O. Grimm et H. Lévi. Mises au point parfois difficiles des manuscrits, élimination de certaines oeuvres. Les "Romances pour violoncelle et piano" ont été détruites, l'édition du concerto pour violon bloquée, jusqu'en plein XXème siècle nazi, édité pour "remplacer" le concerto de Mendelssohn éliminé du fait des lois raciales.

Et c'est aussi l'édition des écrits de Schumann, articles de revue sur la musique et les musiciens, de sa correspondance, en particulier de jeunesse. Se posera par ailleurs le problème de l'édition de la correspondance Clara - Brahms, Clara, à l'opposé de Brahms se refusant à une telle publication. Enfin l'éventualité de la publication d'une biographie de Schumann amène des situations quasi- conflictuelles pour Clara, tant avec Wassilievski qu'avec Litzmann. Eugénie Schumann passera pour la biographe officielle aux yeux de la famille.

Même si certains enfants sont placés en pension ou chez des membres de la famille, Clara doit aussi se consacrer aux maintenant sept enfants, le petit Emile étant mort en bas âge et Félix complétant et fermant la fratrie. Certains la trouveront un peu trop possessive avec ces enfants, qu'elle doit quelque peu délaisser lors de ses tournées. On verra que la tuberculose y fera des ravages, comme c'était fréquent à cette époque et qu'un fils, Ludwig, dépositaire des espoirs familiaux, suivra le chemin paternel, sera interné dès 22 ans jusqu'à sa mort, qui surviendra bien après la disparition de Clara. Mais Clara aura de plus le souci de l'éducation et de l'avenir de ses petits enfants. Tout cela alors que Clara a de multiples occupations et engagements par ailleurs. Le 8 Juin 1860 elle sera avec les siens sur la tombe de Robert pour ce qui aurait été son cinquantième anniversaire.

Et Clara "compose à nouveau", en 1879 ; transcription de "Widmung" ("Du meine Seele"), de "Mondnacht" (nuit de lune), de "Nicht schöneres" (rien de plus beau...). Elle renonce à s'attaquer au monument des "Dichterliebe", opère une transcription pour piano des pièces pour piano à pédalier. Elle compose sa Marche en mi bémol.

Mais c'est surtout la "Wanderung" dans toute l'Europe : premier voyage, l'été 1856, au lac des Quatre Cantons, avec Brahms et sa soeur Elise. Puis voyage à Copenhague, important, avec Gade. Début 1857, c'est le Gewandhaus, avec le concerto de Schumann. Diverses villes d'Allemagne (Hambourg, Dresde, Aix la Chapelle, Frankfurt). Et en Russie, St Petersbourg, avec Anton Rubinstein, Vienne à plusieurs reprises, Budapest, la Hollande (Amsterdam, La Haye, Utrecht, Arnheim), la Belgique, le Luxembourg. Et Paris, où elle retrouve Stockhausen et fait acclamer les musiques de Schumann et de Brahms au Conservatoire.. Et surtout en Angleterre où elle revient, généralement au printemps, 19 fois ! dont la dernière en 1888. Elle joue pour la reine et en présence de Bernard Shaw, qui l'apprécie beaucoup.. Elle se trouve en Angleterre à la fin de la guerre de 1870, où, chauvine, elle est choquée de la francophilie des anglais. Lors de ce séjour Brahms et Joachim seront ses co-interprètes de prédilection.

Vie mouvementée, donc, de quasi nomade, avec comme ports d'attache successivement Düsseldorf (au tout début), puis Berlin (six ans), Baden, de l'été 1870 jusqu'à 1879 : elle y donne, en 1870 "un concert patriotique" et y achète une maison "la niche à chiens" pour y recevoir famille et amis, dont les Viardot, ses voisins. La dernière halte sera Frankfurt.

Sur le plan de la vie privée, une seule ébauche de relation amoureuse, en 1863, avec Kirchner, un élève de Schumann, mais la relation avec ce "Geliebter" sera décevante pour Clara et tournera court. La relation avec Brahms, faite à la fois de continuité, de fidélité et d'alternance de conflits et maladresses (quand Brahms lui conseille de ralentir son activité de concertiste) et de réconciliations (quand Clara accompagne Brahms à son bras pour la première de son "Requiem Allemand" dans la cathédrale de Brême), est certainement ce qui sera essentiel dans la vie sentimentale de Clara. On y réservera, in fine, quelques pages.

Mais Clara n'a pas toujours la relation facile, même et sans doute surtout avec ceux qu'elle aime. Ainsi surgissent des conflits, pas seulement avec Brahms mais avec H. Levi, avec Wilhelmine Schröder-Devrient, à laquelle, elle qui ne dételle pas de sa carrière d'artiste, assène assez fort à la grande cantatrice quelques dures vérités sur la dégradation de sa voix, voulant la persuader, non sans raison certes, de ne plus chanter en public.

Mais sa vigueur, pour ne pas dire son agressivité s'exercent surtout vis à vis des tenants de la "soi-disant musique de l'avenir" : Wagner, Liszt, von Bülow. Pour elle, la seule musique de l'avenir est celle de Schumann et de Brahms. Et elle a des mots très durs pour "Tristan" ("la chose la plus répugnante" et "une histoire stupide d'amour dû à un philtre"). Dans la tétralogie, "les dieux sont des malfrats et Wotan un imbécile". Cela lui vaut des désaccords avec ses plus proches amis voire adorateurs, tel Joachim, ou surtout G. B. Shaw, jusque là son grand admirateur, qui, agacé, finit par qualifier Clara et ses amis de "snobs".

L'évènement le plus notable de cette période de la vie de Clara, c'est l'apparition de son activité d'enseignement au delà des leçons particulières qu'elle a toujours données. En un premier temps, elle refuse systématiquement, sauf en Angleterre, les offres et demandes qu'on lui fait sur ce point. Ainsi même celles de son ami Joachim, à Hanovre, ou de la Musikhochschule de Berlin.

Elle n'acceptera que tardivement, en 1876 un poste au conservatoire de Frankfurt, où elle retrouve comme collègue son cher Stockhausen, seul professeur homme avec le directeur Raff. Elle occupe cette place, à son sens, en tant que pianiste de grande expérience et élève du père WIeck. Son but est de percevoir les difficultés qu'ont les jeunes artistes. Donc entrer dans le vif de la pratique plutôt qu'oser, après son père, commettre des écrits pédagogiques. De même elle ne composera pas comme Schumann des pièces pour enfants. Mais elle considère ses élèves comme ses enfants, sans doute rattrapant un peu ainsi le fait de ne pas avoir pu suffisamment materner ses propres enfants. Elle se serait montrée avec ses élèves juste, dévouée, attentive, chaleureuse et exigeante, ce qui lui aurait permis d'avoir des disciples, garçons et filles, d'une bonne qualité.

Et, parmi ces élèves, deux de ses filles, Marie et Eugénie, enseignées en 1881, pour leur assurer un métier (d'enseignantes) plus que pour en faire des virtuoses... Quant à sa fille Eugénie, elle, intégrera la prestigieuse Musikhochschule de Berlin et bénéficiera de l'enseignement de Brahms, après quoi Clara lui donnera deux leçons hebdomadaires en sus des leçons bi-hebdomadaires en groupe de 2 ou 3 élèves.

Mais c'est aussi, pour Clara, la saison des deuils, de la vieillesse, enfin ! Et de la maladie.

Des deuils : dans les années 70-80, ils seront nombreux à frapper Clara. En 1873, son père Fréderik Wieck, en 1877 sa fille Julie, et son petit-fils Eduardo, en 1879 sa mère Marianne Bargiel, et enfin ses enfants Julie et Felix, frappés par la tuberculose. Et ce seront, encore, Hiller, Gade, Jenny Lind, Anton Rubinstein. Ne restent, des proches, que ses amies Rosalie Leser, et Pauline Viardot, Joachim, et Brahms lequel ne survivra à Clara qu'un an. Clara évidemment très affectée par ces deuils accumulés, les supportera sereinement, contrairement à la manière dont Schumann subissait de telles pertes.

La vieillesse permet encore à cette infatigable Clara quelques voyages : en Suisse, souvent, à Bâle et Interlaken, en Italie, à Milan, sur le Lac Majeur, à Venise en 1882. Mais la maladie l'atteint : de plus en plus de crises rhumatismales qui la gênent pour jouer, nécessitent cures et même morphine dont Clara devient consommatrice. Elle s'inquiète bientôt de la diminution de sa mémoire, jusqu'ici fabuleuse, et de "maux d'oreille" : hypoacousie certes, mais aussi perte de la discrimination des notes qu'elle constate douloureusement lors d'une représentation des "Noces de Figaro". Le 1er Janvier 1892, elle fait une chute, et le traumatisme, quoique bénin, du bras droit l'empêche de jouer quelques semaines. Le 1er Février 1892, elle fait une “congestion pulmonaire” et démissionne de son poste au Conservatoire.

Elle meurt le 20 Mai 1896.

C’est donc une vie bien remplie que celle de Clara dans cette ultime période de sa vie. Elle ne pouvait faire autrement. Un certain nombre d’évènements borneront le chemin de cette vie :

- en 1873, le Festival de Bonn, marquant un triomphe de la musique de Schumann, avec le concerto de piano et la musique de chambre avec Joachim
- en 1878, les 20 et 22 Octobre, le “Jubilé” à Frankfurt et les “50 ans de carrière” au Gewabdhaus de Leipzig, avec les “Études Symphoniques” et des oeuvres de Brahms, ainsi que la présentation du célèbre médaillon de Rietschel représentant les profils de Clara et Robert
- le 2 Mai 1880, c’est le monument à Schumann à Bonn, comportant ce médaillon... sans le profil de Clara
- le 8 Juin 1880, la “Fête Schumann” à Cologne
- en I888, le 13 Septembre, soixantième anniversaire de carrière, et quarantième du mariage avec Robert
- en 1891, le 13 Mars, dernier concert, au Musée de Frankfurt. Clara n’y joue pas de Schumann mais la version deux pianos des “Variations sur un thème de Haydn” de Brahms.

Les enfants des Schumann. Le couple Robert et Clara eut huit enfants en treize ans de vie commune (1841-1854). C’est beaucoup, même au XIXème siècle, où tous les couples ne montraient pas une telle prolificité. On se souvient que Schumann proclamait que les enfants étaient une bénédiction du ciel et qu’on n’en n’avait jamais trop. Schumann ne se demandait guère si cela était supportable pour son épouse adorée; plus, il lui attribuait même là-dessus une opinion semblable à la sienne. Clara procréait, c’était son sort de femme; Robert, lui, créait, comme cela semblait être l’apanage des seuls hommes (on se souvient de l’aphorisme de Brahms : “Les femmes composeront quand les hommes accoucheront”). Schumann ne semblait guère réaliser que, pour Clara, s’occuper de toute cette marmaille, même aidée par des domestiques, pouvait n’être pas compatible avec l’exercice d’un art dont elle était devenue une virtuose mondialement reconnue. Exercice qui, rappelons-le, permettait par ses recettes d’assurer principalement le matériel d’une aussi vaste famille. En fait, tout en se défendant, toujours, d’émettre la moindre critique vis à vis de son époux adoré, Clara dut un jour admettre que, dans cette situation, elle était perdante. D’autant qu’avec la cohabitation sous le même toit avec le compositeur de génie qu’était son mari, elle ne pouvait utiliser pour son travail du piano l’unique instrument de la maison dont Schumann avait besoin pour le sien; et même après acquisition d’un deuxième piano, comment aurait-on pu les utiliser simultanément dans la même maison ?

Même s’il faut tenir compte qu’au XIXème siècle le contrôle des naissances était un rêve plus qu’une réalité (le jeune Freud s’en préoccupait dans son espoir que la diminution du risque de grossesse provoquerait une libération de la sexualité et une réduction du risque de névroses), cela n’explique pas tout. Le jeune couple Schumann, très passionné et longtemps frustré sexuellement du fait de longues fiançailles, était évidemment très empressé de satisfaction sexuelle, mais aussi fort inexpérimenté : Clara se mariant vierge, comme beaucoup de jeunes femmes de la petite bourgeoisie, Robert ayant une expérience sexuelle réduite (l’initiation par l’énigmatique Christel n’étant rien moins qu'une certitude), et une vie affective essentiellement platonique, on peut penser que sexualité et procréation étaient pour Clara et Robert comme inéluctablement liées, d'autant que pour Schumann cela constituait un élément tout personnel de sa vie libidinale, psychique (on y reviendra dans le chapitre suivant). Bref en treize ans, huit enfants et au moins trois ou quatre fausses couches, cela laisse peu de temps pour un état de "viduité" et Clara se trouvait donc enceinte à peu près en permanence.

La constitution d'une telle fratrie sera assez bouleversée eu égard à sa relative, partielle dispersion : certains enfants dont le développement rendait la chose possible furent envoyés en pension (les deux filles aînées) ou confiés à des membres de la famille ou à des amis proches. Cet éclatement de la fratrie fut encore confirmé à la mort de Schumann. On se rappellera que cela s'était produit aussi dans la famille propre de Clara, qui avait dû subir un autre éclatement de sa famille d'origine du fait de la séparation à peu près totale d'avec sa mère entre ses 5 et 17 ans. Clara s'efforcera, dans la dernière tranche de sa vie, de regrouper son monde à certaines occasions, d'où l'acquisition à Baden de ce que les enfants appelèrent "la niche à chiens".

Clara, certes aidée d'une gouvernante, puis d'une amie très proche, Rosalie Leser, assurait avec un beau courage, voire une certaine vaillance, tout ce qui était nécessaire à l'élevage (c'est le terme pédiatrique !), aux soins, et à l'éducation de ces enfants. Mais, ainsi qu'on a pu le signaler, la tendresse prodiguée aux enfants se trouvait être surtout, de son vivant, le fait du père, particulièrement envers sa fille aînée Marie... Et si ces enfants n'ont pas, par la suite, émis d'opinion sur ce curieux partage des apports affectifs des deux parents, et s'ils ont tous, à peu près unanimement, manifesté leur reconnaissance pour le dévouement de leur mère à leur égard, c'est aussi que la plupart, à l'exception, peut-être, des deux aînées, n'ont pu garder, vu leur âge du vivant de leur père, un souvenir conscient de celui-ci et de ce qu'était sa disponibilité affective à leur égard. Schumann, non seulement donnait aux enfants, à l'enfance, une grande place dans ses compositions, mais il a composé de nombreuses pièces de piano à deux et quatre mains pour les enfants ainsi que des "Lieder pour la jeunesse", comme il avait composé sur et pour Clara. Celle-ci le taquinait, très tendrement, touchée qu'elle était par le côté "enfant" de son époux.. Ce qu'on sait, c'est que Marie, sa fille aînée, était pour Schumann une compagne de ces promenades auxquelles il était assidu, et, semble-t-il, presque une confidente. On sait aussi que tout en investissant cette enfant d'un amour profond et privilégié, il lui était arrivé de la frapper au point de l'en laisser "marquée".

Mais Schumann, leur père, à travers Clara, leur mère, était, malgré son absence physique, parfois, et sa disparition ensuite, une image quelque peu écrasante et inégalable. Clara elle-même avait pour tous l'aura d'une star d'un art des plus nobles. Aussi ne trouvera-t-on, dans leur descendance aucun grand artiste, aucun musicien (seulement deux filles bonnes pianistes et bonnes pédagogues du fait du souci maternel de leur assurer une indépendance). Seule Elise monta sur scène, dont une fois avec sa mère. Pas d'écrivain-poète non plus, qui eût repris la deuxième vocation, abandonnée, du père, malgré l'espoir, déçu, mis un temps en un fils. Clara admettait d'ailleurs qu'il était difficilement pensable que leurs enfants puissent prendre la digne suite de leur génie de père ou de leur talentueuse mère.

Les enfants semblent ne pas avoir gardé de leur mère la trace d'une influence spirituelle que cette mère aurait pu leur imprimer, au travers par exemple d'une éducation religieuse. Sans être du tout incroyante, Clara se montrait peu convaincue, elle l'a dit, de l'aide que peut apporter la prière face aux difficultés rencontrées dans la vie. Clara, côté éducation, comme sans doute en d'autres domaines, semble avoir été d'un notable pragmatisme ("elle assure"), au détriment, peut-être du soutien, de la présence effective et affective, puisque, après l'hospitalisation et la mort de Schumann, elle réagit en femme active, entreprenante, attitude sans aucun doute nécessaire pour mener à bien la reprise de ses tournées de concert, dont on a vu l'enjeu vitalement défensif qu'elles représentaient pour elle. Défense vitale, donc, alors, pour survivre à la perte de l'homme de sa vie. Et cela avait aussi pour bases l'éducation inculquée par le père Wieck, et une certaine morale luthérienne. A sa fille Eugénie qui l'interrogeait sur ce qu'était pour elle le bonheur, Clara répondit que c'était fort simple : la satisfaction d'avoir accompli son devoir. Mais, par contre, Clara ne visitait que très rarement ses enfants placés en pension ou chez des proches, comme elle aura évité de visiter son mari en clinique, ou plus tard son fils également interné. Non sans doute par indifférence, mais pour ne pas se risquer au vécu affectif pénible que ces rencontres auraient suscitées.

Mais qui sont ces enfants ?

Emil, est mort peu après sa naissance.

Marie, va à l'école à Leipzig, est cette compagne de promenade, et l'égérie musicale de son père; elle subira même une sorte de "parentification" lui donnant un rôle d'assistance quasi maternelle vis à vis de son père. Elle ne se mariera pas.

Elise, élevée en pension, sera professeur de piano à Frankfurt; elle seule parmi les enfants a joué en concert avec sa mère (Andante et Variations de Schumann). Elle semble avoir été bonne pianiste, mais y renoncera. Elle se marie à 34 ans avec un homme d'affaires, Sommerhoff, dont elle a trois enfants. Elle vivra aux USA et mourra à 85 ans.

Julie, élevée chez sa grand-mère Marianne Bargiel, puis chez Emilie List, semble avoir souffert de la séparation d'avec sa mère. Elle épousera un Comte Marmorito di Radicati, veuf avec deux enfants, dont elle aura deux enfants; l'un, Eduardo, mourra ainsi que sa mère Julie de tuberculose.

Ludwig, le premier garçon vivant, élevé en internat à Bonn, semble avoir manifesté une certaine richesse d'intérêts et talents, mais, psychotique, il est hospitalisé en clinique psychiatrique à Colditz à 22 ans, en 1870; il semble n'y avoir reçu que deux visites de sa mère, en 1875 et 1878. Il survivra à Clara.

Ferdinand, également élevé en internat à Bonn, fait carrière dans la banque, revient malade de la guerre de 70, atteint en particulier de rhumatismes sévères, devient morphinomane et meurt à 42 ans.

Eugénie, élevée par une gouvernante (Berta) et en internat, entre à la Hochmusikschule de Berlin, dirigée par Joachim, bénéficie des enseignements de Brahms et de sa mère. Elle enseignera en Angleterre. Surtout elle est la gardienne des archives familiales, sera la biographe de son père et contribuera sans doute au caviardage, c'est à dire à la censure des publications afin de préserver, avec un relatif succès, la mise sous le boisseau des "secrets de famille".

Félix, le dernier, né après l'hospitalisation de son père, est ainsi prénommé en souvenir de Mendelssohn, ce qui est un indice des espoirs mis en lui (Clara l'appelle "Mon petit Schumann"). On a évoqué, sans guère de doute à tort, qu'il pouvait être le fils de Brahms. Il est élevé en internat avec Ferdinand. Mais il ne sera ni le Schumann, ni le Heine qu'on espérait. Par contre il fera son droit à Heidelberg comme son père avait évité de le faire.

Telle est la descendance du couple "hors norme" à tous les sens du mot que fut le couple Schumann. On ne peut qu'être frappé par le fait qu'aucun de ces enfants n'aura une vie, une destinée comparables à celle des parents, ce qui n'a rien d'extraordinaire, le génie étant rarement transmissible et les parents Schumann des personnages inégalables. Peu de carrières éclatantes, des vies privées peu exaltantes voire pauvres, une mortalité souvent précoce, même pour l'époque (la tuberculose), et un sujet finissant ses jours en asile. Le génie un peu écrasant d'un père grand malade (maniaco dépressif et grand addicté, on le verra), une mère grande artiste internationale et de ce fait grande voyageuse, peut-être épouse, amante et artiste avant d'être mère, voilà qui peut contribuer à expliquer le destin de la lignée des Schumann.

Brahms dans la famille Schumann. La place que le jeune Brahms prit dans la vie du couple Schumann a fait couler beaucoup d'encre, mais les liens affectifs profonds et incontestables instaurés entre Brahms et Clara ont suscité des commentaires trop souvent limités aux rumeurs concernant une possible liaison adultérine, ce qui est une manière bien sommaire, réductrice et quelque peu vulgaire d'envisager les choses, comme s'il ne s'agissait que d'une banale histoire vaudevillesque ou de ménage à trois. On verra que les rapports affectifs entre les trois protagonistes sont d'une complexité et d'une subtilité telles que certains de leurs aspects ou ressorts restent difficiles à appréhender.

Il faut d'abord rappeler l'irruption du très jeune Brahms, vingt ans, d'une allure encore juvénile, presque féminine même dans sa beauté singulière, le beau jour du 30 Septembre 1853 au domicile des Schumann. Il venait de Hambourg pour présenter à un Maître très admiré de lui (et, tout récemment, pour ses "Kreisleriana") ses capacités de pianiste et ses propres compositions. Assis au piano, il commence (sa sonate en UT opus 1 dédiée à Joachim ?) et presque aussitôt, Schumann vivement impressionné, appelle Clara à travers l'appartement pour qu'elle vienne "entendre une musique extraordinaire comme elle n'en n'a jamais entendu". Schumann venait de découvrir un musicien exceptionnel, "un génie", écrira-t-il, en reprenant spécialement sa plume de critique après 10 ans d'interruption, pour s'exclamer, comme il avait salué les variations opus 2 de Chopin : "Chapeau bas, messieurs, voici un génie". Là, c'est : "Quelqu'un est arrivé, dont nous entendrons un jour toutes sortes de choses merveilleuses; son nom est Johannes Brahms". Il ajoutera le 5 Octobre, comme annonçant un sauveur : "Il est venu, celui QUI DEVAIT VENIR" (plus tard il parlera "d'apôtre"). L'article, qui paraîtra dans la Revue, dirigée alors par Brendel suscitera inévitablement l'ire ouverte ou rentrée des membres du groupe Liszt-Bülow-Wagner, qui s'estimaient, eux, seuls représentants des "Voies nouvelles" (Neue Bahnen). Clara qui, plus tard défendra bec et ongles les voies nouvelles (Brahms-Schumann) contre ces tenants de "La musique de l'avenir", écrit, de son coté le 2 Octobre : "Brahms est venu dans l'après-midi; il a joué certaines de ses pièces et nous a tous impressionnés (j'avais prévenu quelques unes de mes élèves et Fräulein Leser). Le soir Brahms et Dietrich ont dîné chez nous. Après le repas Brahms a encore joué quelques mélodies populaires hongroises très curieuses".

Mais qui était donc ce "jeune aiglon venu du Nord", de Hambourg, où il était le fils d'une modeste famille, dont le père, après avoir joué dans les bals et les tavernes de Sankt Pauli, s'était fait une situation de musicien, d'abord corniste dans l'orchestre de la Garde Civile, puis comme contrebassiste jusque dans les meilleurs orchestres de la capitale du Nord. Le jeune Johannes, à partir de ce "bain familial de musique", se forma rapidement de lui même, et auprès de maîtres successifs, certes non prestigieux, mais dont il sut tirer tout le parti possible. Dans ses pérégrinations de jeune musicien, il fit une rencontre, en Mai 1853, qui eut la plus grande importance à tous points de vue dans le cours de sa vie : celle du très jeune et déjà reconnu comme violoniste virtuose qu'était Joseph Joachim. D'origine juive et hongroise, jeune prodige, il avait conquis Liszt (qui l'aurait bien embrigadé dans son groupe), mais surtout Mendelssohn, dont il devint le "poulain" (d'où le sobriquet de "Teufelsbraten" c'est à dire, littéralement, "rôti de diable" que le Maître lui donnait). Il avait joué d'emblée avec Mendelssohn, de Beethoven la Sonate à Kreutzer et le concerto pour violon, "comme on les avait rarement entendus" avaient dit des critiques. L'amitié et l'estime réciproque entre les deux jeunes musiciens, Brahms et Joachim, furent immédiates. Joachim recommanda Brahms à Liszt, ce qui n'aboutit pratiquement à aucune suite, et surtout à Schumann, que Joachim avait rencontré peu avant l'arrivée de Brahms à Düsseldorf. Bien que contrarié que ce maître admiré n'ait pas prêté attention antérieurement aux partitions qu'il avait déposées à son intention à son hôtel lors de son passage à Hambourg, Johannes termina sur les conseils de Joachim son périple de musicien-wanderer par Düsseldorf.

Aussi, dès le premier jour de leur rencontre, les Schumann adoptèrent littéralement ce "jeune aiglon venu du Nord". Avec d'autant d'enthousiasme, pour Robert, qu'à cette époque il était, du point de vue de sa carrière (de "Musikdirector" à Düsseldorf) en position difficile. Ainsi, aussitôt apparu, le jeune Brahms devint les jours suivants, aux dires de leur fille Emilie, le seul sujet d'intérêt et de conversation des parents. Il faut dire qu'on ait beaucoup parlé et écrit sur le jeune Brahms amoureux de Clara, la femme du Maître, et sur le fait que celle-ci n'ait pas été insensible au charme du jeune homme, puis du grand artiste vieillissant, voire plus, (le passage du "ihr" (vous) au "du" (tu), sur la demande personnelle, il est vrai, et très précoce, de Brahms en témoignant sans doute). Il faut dire aussi que c'est incontestablement Robert qui a induit les liens affectifs entre les trois - sans qu'on puisse parler trivialement pour cela de "ménage à trois" ou de "mari complaisant". Pour Robert, Brahms, il le lui faut, il l'adopte, avant tout, la musique jouant là comme ailleurs pour Schumann, et même et surtout pour les choses les plus intimes, de véhicule à tout sentiment. Il en sera de même, peut-être à un moindre degré, avec Joachim, avec Dietrich, ces "jeunes messieurs", qui sont pour Schumann un club d'hommes à lui indispensable, comme il avait créé le virtuel "Davidsbund" à partir de ses copains du Kafféebaum. Clara ne peut qu'être associée à cette adoption, mais, dans certains cas associée seulement, quand, au pire, le club d'hommes ne lui est pas fermé (cf. la composition de la sonate F.A.E. qui est l'oeuvre d'un trio d'hommes, dédiée à un quatrième). On reviendra sur cet aspect du fonctionnement psychique de Schumann lors du chapitre suivant. Cette intégration-adoption de Brahms au clan Schumann est vraisemblablement antérieure même aux liens affectifs qui pourront se tisser entre Clara et Brahms. De la clinique d'Endenich, Schumann encourage Clara à jouer avec Brahms comme partenaire, à jouer et faire aimer ses oeuvres comme les leurs propres. C'est Brahms, et parfois aussi Joachim et Dietrich, que Schumann reçoit le plus souvent à la clinique, avec lesquels il lui arrive encore de jouer du piano, de s'entretenir de toutes choses, musicales ou autres. De la mort de Schumann à celle de Clara, ce sera entre elle et Brahms une relation continue et fidèle, parfois secouée par des brouilles ou réaffermie par des réconciliations, comme il en est entre de vieux et ex amants qu'ils n'ont vraisemblablement jamais été, du moins charnellement. Joachim déclarera le 5 Octobre : "J'aime trop Brahms pour être jaloux" (sans qu'on sache : "jaloux par rapport à qui ?" Schumann ? Clara ?). Clara, qui dit bien : "Nous savons que Joachim n'est pas seulement un artiste. C'est un homme de coeur et un être vraiment modeste", comme si elle pensait aussi à Brahms.

A partir de ce 30 Septembre 1853, et pendant pratiquement tout le mois d'Octobre, c'est la fête tous les jours, sous le signe de la musique, de celle de Brahms essentiellement, alors que Clara se découvre à nouveau enceinte, ce qui risque poser quelques difficultés pour réaliser son programme de concerts projeté pour l'année qui vient. Qu'importe, ce sera la même chose le lendemain même de l'irruption de Brahms, puis le 2 Octobre, le 5 avec des Lieder et la sonate pour violon et piano, le 7 avec le

1er quatuor et des oeuvres de Schumann, le 8, la sonate en fa de Schumann, le 9, le 10 (avec lecture de poèmes), le 12, le 13, le 14 où Joachim se joint au groupe, le 16 (et il reviendra le 26 !). On doit se quitter le 28 après la présentation de la Sonate F.A.E. Bien qu'exclue pour cette oeuvre du "club", Clara s'extasie : "Ce mois-ci nous a valu une merveilleuse apparition en la personne d'un compositeur de vingt ans, Brahms de Hambourg. Il est un de ces être envoyés par Dieu..." Suit un portrait touchant du physique même du jeune homme. Le 30, on joue encore avec Joachim, qui repart pour Hanovre, le 2 Novembre Brahms soumet sa dernière sonate, en fa encore sur le métier. Mais "Ainsi dans le même mois, un nouvel ami est arrivé, un autre est parti; mais Brahms aussi nous quittera bientôt, ce qui nous fait vraiment de la peine, Robert l'aime et prend un grand plaisir en compagnie de l'homme et de l'artiste" et "Nous sommes désolés que Brahms parte - il veut rejoindre Joachim, qui se sent très seul à Hanovre".

Les amis se retrouvent du 19 au 27 Janvier 1854 à Hanovre pour le Festival Schumann organisé par Joachim et Brahms, qui jouent les oeuvres de chambre de leur Maître et ami... et boivent avec démesure, de l'aveu même de Schumann.

La période de l'hospitalisation de Schumann à Endenich verra un véritable renforcement des liens tant entre Brahms et Schumann qu'entre Clara et Brahms, bien que les détails manquent à ce sujet vu le caviardage des traces écrites, du journal de Clara.

Brahms est le plus assidu des visiteurs du malade, durant ces trois années 1854 à 1856; et à chaque fois il apporte à Clara des nouvelles de Schumann, tantôt rassurantes, tantôt inquiétantes. Il lui arrive de faire de la musique avec lui; mais l'essentiel est le rôle de "pont" qu'il joue entre Schumann et Clara, tenue à l'écart par une consigne médicale qu'elle ne cherche pas à assouplir. Ainsi, dès le 4 Mars 1854, au retour d'Endenich de Brahms et Dietrich, Clara écrit : "C'est gentil de leur part, ils ne veulent pas, pour le premier soir, m'abandonner seule dans mon chagrin". Le lendemain 5 Mars, c'est avec Joachim que Clara peut "parler de lui", le 6, chez Rosalie, encore Joachim et la musique de Robert comme seul réconfort, le 31, encore Brahms et le compositeur O. Grimm, retour d'Endenich. Et ceci jusqu'à la fin. En 1856 : le 12 Janvier : "Il est revenu le soir, tout entier dans le souvenir de mon bien-aimé, qu'il a trouvé en bonne condition, et serein". En Février, Brahms à Clara : "Je suis resté avec votre cher mari (on note le retour au "vous"); il m'a reçu avec chaleur et gaieté, sans manifester la moindre excitation. Ah ! Si vous aviez vu sa profonde émotion ! Il avait presque les larmes aux yeux. Il serrait votre portrait contre lui et sa main tremblait quand il le déposa". Brahms apporte à Schumann du papier à musique, jusqu'ici plus ou moins interdit par les médecins et que Schumann, en fait, ne saura utiliser. Par contre ils font ensemble de la musique, sur un piano mal accordé. Et Schumann est autorisé à accompagner, comme il le demandait, Brahms jusqu'à la gare. Brahms : "Marcher ainsi longuement et gaiement à coté de votre si cher époux, vous pouvez imaginer ma joie"... "J'aimerais tant que le médecin de la clinique m'autorisât à être l'infirmier de votre mari". Et c'est jusqu'en Avril que Brahms écrit à Clara, en tournée en Angleterre, mais là, pour l'avertir que Schumann va mal, très mal.

Entre temps, un évènement est survenu, en 1854, la naissance de Felix, que son père ne connaîtra pas. Brahms sera le parrain. Brahms offrira comme cadeau à l'occasion de cette naissance ces trois variations opus 9 sur un thème de Schumann (thème des "Bunte Blätte" opus 99, 1), oeuvre croisée avec celles, croisées, de Schumann et de Clara; c'est la reprise par Brahms des cadeaux-hommages sous forme de partitions à certaines occasions (rappel du 43ème anniversaire de Schumann). "Il a voulu m'apporter une consolation dans mon chagrin". "Cher et honoré Herr Brahms, votre délicate attention me promet de vraies joies. Je ne peux dire ce que j'ai ressenti en lisant votre dédicace, mais je tiens tout de même à la répéter, en espérant le faire bientôt de vive voix. Je pense me lever Mardi, je me réjouirais que vous me rendiez visite à quatre heures."

Schumann explicite fort clairement à Clara les sentiments qui le lient à Brahms : "Si tu voulais savoir qui porte pour moi le nom le plus cher, tu ne te tromperais pas en indiquant le sien; inoubliable". Et d'Endenich encore Schumann écrit à Brahms : "Mon adorable femme m'a envoyé ton portrait, et je sais la place qu'il occupera dans ma chambre".

Brahms n'est pas de reste, qui écrit à Schumann : "J'ai appris à vous aimer et vous aime chaque jour davantage, vous et votre admirable femme"; Et le 30 Septembre, à propos du "tu" : "Votre femme m'a fait l'immense plaisir, la meilleure preuve de son affection", preuve que Brahms lui avait, comme on l'a vu, en fait, vivement sollicitée.

En effet la nature des sentiments de Brahms pour Clara ne fait pas de doute, bien que les informations dont on dispose à ce sujet restent partielles, car les lettres de Brahms à Clara, spécialement celles écrites entre 1853 et la mort de Schumann en 1856 ont été détruites par Clara et les siens, pudeur envers Brahms, ou désir de garder cachés les "secrets de famille". Mais on sait que c'est dès 1854 que Brahms exige quasiment ce passage du "Ihr" (vous) au "Du" (tu). Clara : "Je n'ai pas pu le lui refuser car je le considère COMME UN FILS". C'est aussi le passage du "Veehrste Frau" (très honorée Madame) à "Geliebte Frau Clara" (Clara femme bien-aimée) dès Mars 1855. Et en Octobre 1855 Brahms réclamait à Clara un télégramme quotidien. Et d'Août 1855 à Février 1856, ce seront des formules telles que : "Avec toute ma tendresse", "Que m'avez-vous fait, pouvez-vous me délivrer de cet enchantement" (il semble que Clara s'en soit bien gardée), "Gardez moi bien votre amour", "Comme je serais malheureux si je ne vous avais pas" et même : "Ma chérie". Il écrit, en 1857, plaisantant, mais quand même... : "J'aimerais parfois revoir les gens pour la première fois. Ainsi pourrais-je tomber à nouveau amoureux. Les choses sont bien comme elles sont. N'es-tu pas d'accord ?" et il ne se démentira pas : "Meine Liebe ist grün" (1er Janvier 1874) et "Je t'aime plus que tout au monde" (19 Mars 1876).

Pour Clara les choses sont plus complexes et riches en conflits intérieurs. Clara a toujours été à la fois passionnée et prude et, en même temps, fille de devoir et de fidélité. De plus, ayant fait dès 1854 la connaissance à Hambourg de la famille et plus particulièrement de la mère de Brahms, elle avait été amenée à écrire : "Le fils m'est devenu si cher, peut-être devrais-je être une mère à sa place". Cette "filiation", bien cohérente avec "l'adoption" paternelle de Brahms par Robert, a constitué sans doute une barrière contre un amour par trop passionnel et quasi incestueux, mais ce tabou ne simplifie pas les choses et n'empêche pas les sentiments. Le soutien que Brahms apporte à Clara dans les heures les plus difficile est à la fois la "couverture" et la base sur laquelle vivent ces sentiments. Le 10 Avril 1854, Schumann est depuis peu à Endenich et il écrit : "Le bon Brahms est toujours le plus chaleureux des amis. Il ne parle pas beaucoup, mais on peut déchiffrer les signes sur son visage. Ses yeux parlent. Il s'efforce de me changer les idées avec la musique. De la part d'un si jeune homme; je suis consciente du sacrifice (?), car c'est un sacrifice d'être maintenant avec moi". "Il ne parle pas beaucoup, mais on peut déchiffrer les signes..." : on croirait entendre Clara parler de Schumann lui-même à travers Brahms. Et le 7 Mai c'est elle qui écrit : "Je l'écoute toujours avec une grande admiration; j'aime regarder quand il joue. Ses gestes sont toujours plus beaux. Ce n'est pas comme Liszt et les autres..." Le 27 Mai : "Je n'ai cessé de parler lui (de Schumann, évidemment) à Brahms. Brahms reste la seule personne avec laquelle je puisse mieux parler de Robert. D'abord parce que Robert l'aimait plus que tous, et parce qu'il a, grâce à sa jeunesse, une délicatesse qui me plaît. D'une certaine façon, il est très développé pour son âge; à d'autres moments il est comme un enfant". Là encore, Clara semble retrouver Schumann en Brahms. "Brahms est un génie. Robert l'a dit dès qu'il a entendu ses oeuvres. Mais le jeune garçon a presque tous les musiciens contre lui. Ils sont jaloux de sa supériorité. Quand je suis avec Brahms, je ne pense jamais à sa jeunesse. Je remercie le ciel de m'avoir envoyé un tel ami dans mon chagrin". L'été 1855 : "J'aime voir son visage radieux. Après tout il n'y a pas plus grand plaisir que de donner du bonheur à ceux que nous aimons". A Emilie List, elle écrit dès 1855 : "Brahms est mon soutien le plus cher et le plus vrai. Il ne m'a pas quitté depuis le début (?) de la maladie de Robert. Il m'a accompagné dans toutes mes épreuves. Il a partagé tous mes efforts". Et beaucoup plus tard, dans la dernière période de sa vie, à Frankfurt, elle doit constater non sans tristesse et nostalgie : "Je ne l'ai guère vu qu'au petit-déjeuner. Je ne retrouve plus une relation profonde avec lui. J'ai pensé cette fois-ci que si j'étais à nouveau malade, je pourrais mourir et notre adieu pourrait être le dernier. Je pense qu'il devrait y songer lui aussi. Et son coeur devrait s'ouvrir encore une fois. Ah ! Mais tout cela est du bavardage, de la sentimentalité". Sur le tard aussi, elle jugera nécessaire de se justifier auprès de ses enfants quant à ses liens avec Brahms : "Votre père l'aimait et l'admirait comme personne, sinon Joachim"; et de fustiger les auteurs de "rumeurs" : "Ils dénigrent affection et amitié, répandant des calomnies sur des relations qu'ils ne peuvent pas ou ne veulent pas comprendre".

Mais de 1854 à la fin de la vie de Clara, Brahms tient une place réelle, toute présente, dans cette vie. Quand Schumann est hospitalisé, après quelques jours que Clara passe hors de la maison, chez son amie Rosalie Leser, la vie quotidienne reprend Bilkerstrasse, c'est Brahms, qui y vit, sous le même toit, qui contribue à l'organiser, c'est lui qui tient la comptabilité, ce qui fait jaser, et la mère de Brahms elle-même s'inquiète et trouve imprudente cette cohabitation. Quand Clara reprend ses tournées, Brahms veille sur les enfants et envoie de leurs nouvelles à Clara en lui écrivant : "J'embrasse les enfants de votre part"... et ajoute : "J'aimerais que vous me rendiez les baisers" (Février 1854).

Mais parfois Clara et Brahms se trouvent séparés, par exemple quand en 1854 Clara est à Ostende pour y faire une cure et donner des concerts, tandis que Brahms est à Heidelbeg. En 1855, quand Clara est à Detmold, ou, en 1856 à Budapest, auprès des parents de Joachim, Clara regrette alors beaucoup que Brahms ne soit pas là pour y entendre les Tziganes. Ou encore quand, en Avril 1856, il faut se séparer ("douloureusement"), Clara partant en tournée, une de ses longues tournées en Angleterre.. Clara commente : "C'est dur de quitter Johannes. De toute mon âme je m'accroche à cet ami et je souffre quand je dois me séparer de lui". En 1857, au départ de Johannes, qu'elle accompagne à la gare, Clara, sur le chemin du retour, a "le sentiment de revenir d'un enterrement". Et quant à ce vécu des séparations, Brahms, là encore, n'est pas en reste.

Heureusement pour eux, ils sont souvent réunis. Ainsi lors d'un premier voyage, avec les deux garçons et Elise, la soeur de Brahms, en Suisse, au Lac des Quatre Cantons. Et en 1854 également, c'est une tournée ensemble, avec Joachim, de Hanovre à Berlin et Leipzig, et, de nouveau, Clara et Brahms à Cologne. En Juillet de la même année, c'est une tournée à trois, avec Jenny Lind. Brahms commente : "Jamais je n'aurais imaginé qu'on puisse avoir autant de plaisir à voyager avec deux femmes !" En Septembre Brahms est à Düsseldorf, auprès de Clara, avec Joachim. La Noël 1855 réunit, en l'absence de Schumann, toute la famille, Brahms et Joachim compris. En Janvier 1856, Clara et Brahms sont à Vienne pour y faire entendre des oeuvres de Schumann. En Juillet 1856 à Anvers, Brahms accueille Clara retour d'Angleterre.

C'est aussi lors d'évènements marquants que Clara et Brahms se retrouvent, souvent avec Joachim. Particulièrement importante est la première, le 10 Avril 1868, du "Requiem Allemand", oeuvre majeure et d'importance majeure de Brahms, lequel fait son entrée dans la nef de la cathédrale de Brême au bras de Clara. Au mariage de Julie, le 22 Septembre 1869, Julie pour laquelle Brahms aurait eu quelque faible, Brahms est là, ainsi que Joachim. Le 30 Avril 1880, c'est l'inauguration à Frankfurt du monument à Schumann. Il eût été impensable que Brahms n'y soit pas présent au coté de Clara. Et le 13 Mars 1892, quand Clara donnera son dernier concert public, c'est à Brahms qu'elle le consacrera avec la version pour quatre mains des Variations sur un thème de Haydn.

Clara, peu après l'hospitalisation de Schumann à Endenich avait envoyé à Brahms pour son anniversaire, des écrits de Schumann, en commentant : "Je crois que Robert aurait fait de même". Elle reprenait là l'usage, habituel dans le couple Schumann, des cadeaux d'anniversaire sous la forme d'une composition personnelle, dédiée à l'autre, parfois composée pour l'occasion.

Et pendant des années, Clara, Brahms et Joachim se sont attelés au travail considérable que nécessitait la mise au point pour l'édition des oeuvres complètes de Schumann. Mises au point difficiles à partir des manuscrits, et tri jugé nécessaire par eux. A vrai dire seul le concerto pour violon fut éliminé de ce corpus, d'un commun accord d'ailleurs. Ce concerto ne fut édité qu'en 1937, soi disant pour "remplacer" dans le répertoire le concerto de Mendelssohn, interdit par les Nazis du fait de l'origine juive de l'auteur.

La correspondance entre Brahms et Clara par contre subit un sort singulier, Clara plaidant pour sa non publication, voire sa destruction (ce qu'elle a effectué en grande partie), Brahms, lui, étant d'un avis contraire et ayant agi en conséquence.

Ceci n'est qu'un des nombreux épisodes lors desquels Clara et Brahms, nonobstant leur grande affection mutuelle, furent en désaccord, voire en des conflits prenant la forme de ces brouilles suivies de réconciliations qui émaillent les relations des vieux amants, que Brahms et Clara semblent bien pourtant n'avoir jamais été. Clara disait en Mai 1860 : "Je me suis efforcée de ne pas faire attention à la mauvaise humeur de Johannes; ça marche de temps en temps". Plus tard, en I883, elle lui écrira : "Mais certaines de tes lettres me blessent; tu es souvent d'une grande maladresse". En 1868, quand Clara se plaint d'être épuisée par ses tournées de concerts, Brahms l'agace en lui suggérant d'en ralentir le rythme; elle lui reproche alors, avec une certaine véhémence, de ne pas la comprendre, elle et son vital investissement du concert et du public.

Tout en n'évoquant pratiquement jamais le caractère possiblement amoureux de leur relation, Clara ne s'en montre pas moins possessive et jalouse, lors au moins de deux épisodes. En 1861, quand Clara est à Detmold, chez les de Lippe, et que Brahms ébauche une amourette avec Agathe von Sibold, Clara ne peut cacher sa souffrance : "Mon coeur est triste et je ne peux m'empêcher de penser sans cesse à toi, et comme ce serait bien si tu étais ici... Aime moi vraiment, tendrement, toujours et toujours, c'est le mieux". En Mai : "Très cher Johannes, écris-moi aussi souvent que tu le peux, s'il te plaît, s'il te plaît". Et la jalousie de Clara éclate à nouveau, en 1868, quand Brahms attribue la première dédicace de sa troisième sonate pour violon et piano à Elisabeth von Herzogenberg, car, forte d'une tradition établie entre eux, comme ç'avait été le cas entre Robert et Clara, Brahms lui donnait traditionnellement la primeur voire la dédicace de chaque oeuvre qu'il produisait.

Alors que Brahms trouve, en Février 1878 que "Clara joue mieux que jamais", il arrive à Clara, à coté de ses dithyrambes sur certaines compositions de Brahms (le Requiem le "Triumphlied" ou le quatuor en sol mineur) de chercher, à propos d'autres oeuvres, "la petite bête", comme l'écrit Claude Samuel. Ainsi semblent critiqués comme les travaux d'un élève le double canon opus 30, le quintette opus 34, les variations Paganini, la quatrième symphonie ou les recueils de Lieder opus 69 à 72.

Et si Clara reconnaît toujours, en Juin 1889, en Brahms, "un génie puissant" elle déplore, comme on l'a vu, qu' "il n'y a plus cette relation profonde" . Et Brahms supprime dans son trio en SI la citation de "An ferne Geliebte" incluse pour Clara. C'est la brouille, la plus sévère, de 1891 :"J'ai oublié, dit Brahms, les détails de la conversation qui t'ont tant choquée, mais je suis navré de ne pas savoir tenir ma langue... Je ne sais plus lequel n'a pas été clair". Pour Clara "ces huit derniers jours ont été comme un mauvais rêve". Mais elle ne "peut pas oublier ce qui s'est passé", tout en lui souhaitant un bon anniversaire. Et quand Brahms proteste que Clara et Schumann ont été "les plus belles expériences de ma vie", Clara riposte vivement : "Si ta suspicion a quelque fondement, tu ne pourrais pas me compter parmi les plus beaux souvenirs de ta vie". Et, après l'avoir assuré de son pardon en quelque sorte, elle revient à la charge : "Johannes, ta dernière lettre m'a si profondément blessée que je ne peux faire rien de mieux que t'"envoyer une carte avec le strict nécessaire; si tu tiens à être désagréable, il est préférable que tu ne m'écrives pas".

Pour essayer de conclure, disons que Brahms, amoureux de Clara sans que cela se solde par une relation claire et établie de couple, se trouve avoir aussi vis à vis du couple Schumann un statut bien particulier. Encore une fois l'interprétation schématique dans l'optique d'un ménage à trois ou d'un mari complaisant nous semble dérisoire et assez vulgaire. Surtout, quelles que soient les vicissitudes de la relation Clara-Johannes, ce qui nous paraît essentiel, fondamental, c'est ce statut qui est donné à Brahms par le couple Schumann, et particulièrement par Robert Schumann lui-même. Non que, tel Coupeau dans "L'assommoir" de Zola, il pousse son ami le plus proche dans le lit de sa compagne, mais en tant qu'il inclut le jeune Brahms dans deux relations-situations avec lui. D'une part il constitue avec lui, et avec les autres "jeunes messieurs" (Joachim, Dietrich, Otto Grimm), comme un groupe de copains, ce qu'il a toujours cherché (qu'on se rappelle les réunions du Kaffeebaum, ou la virtuelle bande de "Compagnons de David", groupes où chacun se reconnaît dans - et s'identifie à - l'autre dans une relation spéculaire. D'autre part l'individu Brahms est littéralement embarqué par Schumann dans le statut d'enfant adoptif, comme si les sept et bientôt huit enfants par lui engendrés ne suffisait pas au père qu'est Schumann : "on n'en n'a jamais trop". Or il se trouve que d'une part ce tropisme groupal (avec à la clé des consommations collectives et importantes d'alcool que Clara critique sévèrement dans ses lettres à Robert... puis à Brahms), d'autre part ce besoin d'adopter des enfants qu'on n'a pas engendrés soi-même, en sus de ses propres enfants, se retrouvent régulièrement dans la problématique de sujets en proie à une addiction alcoolique. On objectera peut être que Schumann voyait tant dans "le groupe" que dans le "fils adoptif" le moyen de réaliser son plus grand désir : assurer sa succession, la poursuite de ce qui lui est le plus important dans la vie : les "voies nouvelles" en musique. Cela n'est nullement contradictoire et encore moins incompatible, bien au contraire. C'est sans aucun doute ce que cherchent beaucoup d'hommes alcooliques quelque chose, ou quelqu'un qui les prolonge, les perpétue en quelque sorte. Et on verra dans le chapitre suivant qu'il a bien fallu admettre ce qu'on se refusait à voir autrement que comme une "calomnie" du père Wieck : l'alcoolisme de Schumann; ce déni de réalité a persisté longtemps malgré des "plus qu'allusions", en fait fort explicites de Clara et de Schumann lui-même dans leurs lettres et journaux : le goût immodéré de Schumann pour les boissons alcoolisées et pour le tabac y apparaît clairement.

CHAPITRE V.

"QUI T'A RENDU SI MALADE ?"

(J. Kerner)

On a quelques scrupules, bien qu'on soit médecin, psychiatre et psychanalyste ou parce que tels, justement, à envisager de prendre pour objet d'étude clinique et psychopathologique, un musicien qu'on considère comme un des plus grands et pour lequel on ressent une profonde affection. De plus, une telle étude pose un problème épistémologique, celui de la validité d'une "psychographie" concernant un sujet que l'on n'a pas connu, pas rencontré, avec lequel on n'a pas dialogué. Et si, à la rigueur, on peut invoquer quelquechose qui peut s'assimiler à un contre - transfert de l'auteur vis à vis du sujet, , il manquerait, de toutes façons, à une telle étude les éléments décisifs que sont la demande du sujet, le transfert et les résistances du "patient".

Certes, il y a des précédents illustres, tel celui de Schreber "analysé" par Freud à partir de son journal, ou de Gide, magistralement étudié par Jean Delay.

Certes, il y a des faits patents, indéniables : Schumann est mort à l'asile, dans un état marastique ; sa vie a été émaillée de crises, le plus souvent dépressives, et parfois marquées par une hyperactivité ô combien productive, créatrice; enfin son journal et sa correspondance ne témoignent que trop de sa souffrance, ou, pour reprendre l'expression plus adéquate de Michel Schneider, sa douleur.

Pour commencer par l'aspect le plus classique, mais déjà aléatoire, il faut rappeler les diagnostics rétrospectifs portés par les différents auteurs :

- la paralysie générale, réévoquée et défendue avec ténacité par Ph. André)
- la psychose hallucinatoire chronique, ou plus généralement le délire chronique
- l'encéphalopathie hypertensive
- la psychose maniaco dépressive, la plus souvent invoquée, à juste titre
- l'alcoolisme chronique, généralement éliminé, jusqu'à ce que Dietrich Fischer - Dieskau fournisse à la discussion des éléments assez essentiels.

Pour aborder avec le minimum de rigueur clinique une telle discussion, il faut revenir d'abord à la clinique la plus factuelle. Sa caractéristique essentielle est certainement l'évolution par crises, pour ne pas dire cyclique. Reprenons donc les faits dans leur chronologie toute simple.

Une "biographie clinique". Les accès dépressifs commencent dès 1826; Schumann a alors 16 ans. C'est la mort du père, brutale : il n'était, en principe, pas malade, exceptée une tendance aux "vertiges" et peut être une "dépressivité". C'est aussi celle de sa soeur Emilie, tendrement chérie, probablement psychotique.. L'adolescent joyeux, le "Lichterpunkt" (point lumineux) de sa mère, devient triste, taciturne et renfermé pendant quelques mois.

En 1828, sa "crise de maturation", avec découverte de la réalité et révélation de son "destin", est marquée en fait d'une légère et brève dépression, avec repli sur soi, souffrance de la solitude (lettres à son ami Rosen et à sa mère). La musique lui est alors un refuge. Il rencontre Wieck, son futur maître et beau père.

En 1829, il quitte Leipzig pour Heidelberg où il poursuit ses études de droit. En Août il part en Italie, à pied, seul. Cette première séparation vraie du milieu familial est émaillée de péripéties assez misérables, de souffrances psychiques, de douleurs (précordiales), de nausées. Il écrit : “dépression générale, vraiment une effroyable mort dans la vie”.

En 1830, ayant imposé sa vocation musicale à sa mère, il revient à Leipzig, chez Wieck. En Octobre il connaît quelques semaines de désarroi, de dépression, sous forme d'apathie et “d'indifférence misanthrope”. Il travaille beaucoup le piano et ce sont, toute l'année, des alternances de dépression et d'hypomanie.

En Mai 1831, il est saisi de la terreur du choléra, croit mourir, fait son testament. La crise durera jusqu'en Septembre.

C'est en 1832 que, sous prétexte d'immobiliser un doigt par une ligature, pour mieux l'autonomiser, il se mutile : paralysie définitive. Il s'en trouve apathique et supporte moralement assez bien, finalement, cette mutilation somatique. Il abandonne donc la carrière de virtuose, mais s'investit dans le travail créateur de composition et l'étude rigoureuse de l'harmonie, du contre-point. Mais à la suite d'une absence des Wieck, il est saisi d'angoisse, craint de devenir fou, se réfugie chez sa mère, connaît une période d'hyperactivité (il compose ses Intermezzi, sa Toccata).

Au début de 1833, il se sent assez heureux à Leipzig, y mène joyeuse vie, marquée par quelques excès (alcool et tabac), quand surviennent les morts rapprochées de son frère Julius et surtout de sa belle- soeur Rosalie. Il est envahi par une “angoisse inexprimable”, une “mélancolie profonde”, “une lame en moi”, écrira-t-il plus tard à Clara Wieck. Et la nuit du 17 au 18 Août est “horrible : une idée fixe s'était emparée de moi, celle de devenir fou”; “une punition du ciel”, “une angoisse, un sentiment d'anéantissement”, “une effroyable agitation”, l'incapacité à “pouvoir répondre de ce que je pourrais faire de moi”, avec impulsion à se défénestrer qui l'amènera à déménager et le fixera ultérieurement sur une sorte de phobie. Il se sent “une statue insensible, au chaud comme au froid, avec de violents afflux de sang”. Il se dit incapable d'aller à Zwickau, chez sa mère, et d'écrire une lettre. Tout rentrera dans l'ordre en quelques semaines mais il se sentira fragile, interdisant qu'on lui parle de Julius et de Rosalie, deuil inassumable qu'accompagnent crainte de sa propre mort et sentiment de catastrophe.

L'année 1834 le voit à nouveau en plein activisme, fuite en avant, ce qu'il appelle son “combat”. C'est la période où il fréquente assidûment le “Kafee-Baum”, abuse de l'alcool et du tabac, vit une euphorie forcée. Il écrit des critiques littéraires, fonde sa revue (la “Neue Zeitschrift für Musik”) avec Wieck, Knorr et Schunke, compose les “Études d'après Paganini” op. 10, commence le “Carnaval” et les “Études Symphoniques”. Il se fiance, peut être sous la pression de Wieck, avec Ernestine von Fricken, tout en étant amoureux de Clara, “pour se sauver”, “s'accrocher de toutes ses forces à une présence féminine”, écrira-t-il plus tard.

En 1835, Clara étant revenue de Paris, il rompt, peu élégamment, avec Ernestine (“fille naturelle et pauvre”), et “travaille comme un ouvrier” au Carnaval (Chiara : passionato et Estrella : allegro) et aux Études Symphoniques.

En 1836, le 4 Février, il apprend la mort de sa mère, choc brutal qui le laisse calme, moins affecté que par les autres deuils, soutenu par Clara, que Wieck expédie alors à Dresde et pousse à la rupture. Au désespoir dans lequel cela le plonge, Schumann réagit encore par l'activisme tous azimuts : refuge dans le labeur, travail à la revue, par la fréquentation assidue de ses copains au Kafeebaum, avec usage massif de tabac, d'alcool, et tapage nocturne musical qui lui cause quelques ennuis... Il “investit” alors une autre belle soeur, comme une sorte de maîtresse, mais platoniquement. Sa production musicale est alors très abondante : les “Davidsbundlertänze”, la Sonate en fa, la “Fantaisie”, “forme assez souple pour exprimer passion, violence, malheur, mélancolie”, écrira-t-il plus tard.

En 1837, après qu'il eût dédié ses "Fantasiestücke" à Anna Robena Laitlaw, une pianiste de passage à Leipzig, Clara joue ses Études Symphoniques, et lui dit "oui", ce qui l'exalte; mais le 18 Octobre, après un entretien "horrible" avec Wieck qui lui pose ses conditions (assurer la sécurité matérielle de Clara), il se sent "atteint au plus profond de moi", et "malade, bien malade", craint de ne pouvoir travailler et que Clara l'abandonne.

En 1838, il projette d'installer la revue à Vienne (inspiré en cela par Clara... ou par Wieck), mais cette séparation possible par rapport à Clara, aux amis, l'angoisse, le rend insomniaque. Clara le soutient. Il lui écrit que "son art (le) rend complètement heureux" (22 Avril). De fait, il compose coup sur coup "Novelettes", "Scènes d'enfants", "Kreisleriana", "Humoresque", Sonate en sol, et termine la "Fantaisie". Il se sent "plein à éclater de musique"... Mais Clara, tout en résistant à son père, adopte les exigences que celui-ci posait à leur union, et tergiverse à s'associer à la plainte en justice contre lui, plainte dont le dépôt entraîne chez Schumann lui-même une grande culpabilité. Il pense à rompre, a des idées de suicide, puis exige de Clara "égards et ménagements". Il est "affaissé, ahuri par la douleur", se replie loin de ses amis, travaille peu, tant à la revue qu'en composition, a des visions de cercueils et de corbillards, se déclare "incapable même de prier".

L'état dépressif franc, fait de tristesse, de "fatigue intellectuelle", avec repli sur soi et idées de suicide, durera toute l'année 1839, d'autant que disparaissent son amie Henriette Voigt et son frère Édouard. Et Schumann dit avoir eu une prémonition de la mort de ce frère, à l'heure exacte de celle-ci, sous la forme d'un choral de trombones.

1840, c'est l'année heureuse du mariage avec Clara; sa dépression cède quand le tribunal lui donne raison contre Wieck. C'est l'année des Lieder : la moitié des compositions de cette forme a été produite dans cette seule année 1840. Il n'y a pas, alors, de crise, mais "perpétuellement la balance est oscillante entre la joie et la douleur" (18 Octobre). A coté de cette floraison de compostions, Schumann tient, avec Clara, un "journal de raison" où la vie quotidienne est inventoriée et codifiée sur un mode obsessionnel, mettant sur le même plan dépenses, même minimes, compositions, sentiments etc… Et si, en principe, "tout va bien" ainsi que l'année suivante, tant quant au couple qu'au travail et au premier enfant, Schumann, lors de cette période "heureuse", est, en fait, le plus souvent sombre.

En 1842, quand Clara part en tournée, il est pris dans le dilemme - ou bien jouer les prince consort au prix d'une humiliation, d'une souffrance narcissique - ou bien ne pas l'accompagner mais avec ce tourment conformiste :"mais que va dire le monde ?", sans parler du vécu d'abandon qui s'y associe alors. A la maison Schumann accapare pour lui l'unique piano, avec lequel il s'isole, aux dépens de Clara. Préoccupé financièrement (un deuxième enfant est à naître), il retravaille intensément, mais, selon lui, "il est résulté de ce surmenage une dépression qui nous a bien inquiétés. Mais le ciel m'a protégé et les soins affectueux de Clara ont contribué à ma guérison".

1844 sera une année particulièrement difficile et douloureuse. C'est d'abord un voyage en Russie dont l'idée lui "fait horreur", la séparation d'avec les enfants lui paraissant être ce qui lui est le plus insupportable. En fait, là aussi, il est au deuxième plan derrière les succès de Clara ("vous aussi, vous êtes musicien ?", lui dit-on) plus d'une fois). Schumann essaie de dissimuler, alternant les réassurances, l'ironie, l'effacement, vivant clos sur lui-même, et, selon D. Fischer-Dieskau, "dans un monde parallèle à celui de Clara". Il "déteste les compositeurs, origine de tous ses maux". Ses promenades solitaires ne le soulagent pas. Il absorbe "le plus souvent de grosses doses d'alcool, gâche ce qui lui restait de santé"... "Son destin d'alcoolique l'avait alors amené à une stérilité totale". Angoissé, mélancolique (une "catastrophe", écrit il), il dit n'avoir ni le temps ni le calme nécessaires pour composer. C'est "l'épuisement de mes dernières forces", "un martyre", avec cauchemars, terreurs nocturnes, crainte de la mort comme châtiment, et, déjà, la perception obsédante, auditive, musicale, d'un "la".

Fin Mai, retour de Russie, il se plaint de "fatigue nerveuse", d'une stérilité qui l'assombrit, toute contrariété aboutissant à des "malaises", une insomnie, une aboulie, une prostration, des crises de larmes, des tremblements. Bref, une dépression mélancolique avec développement de "phobies" des objets métalliques et même de la musique. "Je crois que j'ai abusé de la musique", dit il. Il abandonne la direction de sa chère revue. Cependant il réussit encore, au prix d'efforts épuisants, rassemblant toutes ses forces, à écrire les dernières scènes de son Faust, projet grandiose. Mais en Août, devant la persistance de ses troubles il va faire une cure à Karlsbad. S'il s'y sent mieux le jour, il passe des nuits atroces, peuplées de visions oniriques fébriles : remparts gigantesques couverts d'inscriptions menaçantes, visions de mort avec "des buissons d'ossements" et l'enterrement de sa mère "empoisonnée". Il ne "tient" alors que par Clara. Revenu tout aussi souffrant à Leipzig, il se voit "prescrire" Dresde où il se sentira, de fait, mieux dans l'immédiat, d'autant qu'après le départ de Mendelssohn pour Berlin, départ qui représente déjà pour Schumann une perte sévère d'amitié et d'estime, il voit refusée sa candidature à la succession de son ami à la direction du Gewandhaus. Cette déception amère, venue de la ville d'adoption "ingrate", provoque chez lui "un effondrement, un relâchement total des nerfs" (Fischer-Dieskau). Arrivé à Dresde en complet désarroi, Schumann s'apaise un temps, mais il est déçu par la ville qu'il qualifie de "désert musical"... malgré la présence de Wagner, qu'il trouve "prolixe" et "comédien". Il supporte mal la solitude et le déracinement. C'est "l'engourdissement de la vie en lui" (V.Basch).

Les crises, alors se multiplieront jusqu'en 1846. Le 8 Janvier il se dit "sérieusement incommodé". Le 16 "une grande faiblesse dans les jambes" (psychogène ou polynévritique ?). Le 7 Février, "grande dépression nerveuse". Le 28 Mars il se qualifie de malade "à moitié par imagination, à moitié pour de bon", état suivi d'une amélioration dès le lendemain. En Juillet "les forces entières vont revenir, je pourrai de nouveau travailler". Après une accalmie, c'est, en Septembre-Octobre, une nouvelle aggravation de l'état dépressif : épuisement, douleurs dans l'oreille, prurit diffus ("folles démangeaisons"), toujours l'hallucination élémentaire ("la"), des cauchemars et fantasmes "affreux", la crainte torturante de la mort. Le docteur Hebig prescrit des bains froids et l'abstention de "toute activité habituelle" (c'est à dire musicale), parce qu'il la perçoit sans doute comme compulsive. Mais Schumann ne peut que revenir à la musique, même, écrit-il, "lorsque des trompettes en Ut sonnent violemment dans ma tête". Visiblement la nature, hypochondriaque ou organique, des troubles échappe aux médecins.

Le 22 Octobre il écrit à Mendelssohn : "journée pénible, état aggravé, me sens misérable et mélancolique; je ne retrouve toujours pas entièrement ma force. Le moindre dérangement de ma vie ordinaire me met hors de moi, me cause un évènement maladif". De fait, Schumann est alors vide de toute inspiration, tout en ne pouvant pas "lâcher la musique". Il ne travaille que Bach, "l'incommensurable", et ses rares compositions sont en rapport : quatre fugues pour piano, études pour piano à pédalier.

En 1846, sur un fond d'abattement constant, les crises se répètent, entravant le travail. En Mai, les hallucinations auditives reprennent et Schumann se sent "obligé de tout convertir en notes". A l'automne, une cure à Norderney, en bord de mer, n'a aucun effet sur sa fatigue et son inactivité. Le 3 Septembre il écrit à Meinardus : "Je souffre tant, depuis longtemps, impossible d'achever une lettre". Le 5 Novembre, l'exécution de son concerto pour piano par Clara et son succès lui donnent quelque joie et une certaine surexcitation. Il passe l'hiver à Vienne, Prague et Berlin (on y joue "la Péri"); il s'y sent mieux mais craint le retour à Dresde. Il composera cette année 5 lieder op. 55, les ballades op. 59, et reprend le travail sur la 2ème symphonie, Genoveva et deux trios.

Après un bref intervalle libre, pendant lequel naît son 6ème enfant (qui passera 30 ans de sa vie en maison de santé), intervalle qui lui permet de retrouver une certaine créativité (Manfred, Album pour la jeunesse, Scènes de la forêt), c'est une nouvelle crise, qui durera jusqu'en 1849 : le 4 Novembre il apprend la mort de son cher Mendelssohn. Il est abattu : "Je ne peux plus entendre la musique", "c'est comme si on me découpait les nerfs avec un couteau", "je ne peux plus travailler, me reposer", "de sombres démons se sont emparés de moi" et "je dois rester éloigné, encore, de tout plaisir et de toute joie".

Par contre 1849 sera, après la disparition "d'une fatigue de mille ans", une période marquée par une humeur hypomane, une hyperactivité faisant de cette année "l'année féconde" : plus de 20 oeuvres naissent, dont la fin de Manfred, de Faust et de Genoveva. Il n'y a pas, alors, de "crise" proprement dite, et ce, malgré la mort de son frère Karl. Mais Schumann est surpris, ébranlé. Rentrant de promenade, il entend le tocsin, reste figé derrière sa fenêtre d'où il voit l'édification d'une barricade, les cadavres des insurgés qui lui suscitent horreur et tristesse, ainsi que Wagner, illuminé par ces combats. Les insurgés veulent l'enrôler. Il a honte de ne pas accomplir ce qu'il juge être un devoir et fuit par le jardin, n'emmenant avec lui qu'un seul de ses enfants. C'est Clara qui devra assumer tout. Et, au retour d'un bref exil à Kreischa, blessé moralement, il est de plus en plus triste, d'autant qu'il se sent incapable de travailler. Quand il va un peu mieux, il compose avec facilité 5 chants de chasse et 4 marches "républicaines", en hommage à l'insurrection et pour se racheter de sa culpabilité, ou de sa honte.

Les années suivantes verront une aggravation progressive de son état (dépression, fatigue, angoisse, insomnie), avec apparition de difficultés de langage. En Septembre 1850 des concerts réussis avec l'orchestre de Düsseldorf, où il réside maintenant, sont suivis d'une certaine et transitoire amélioration de son état. En 1851, nouvelle "année féconde" : il travaille beaucoup, au point d'étonner Clara, en particulier, entre autres activités, dans le cadre des concerts de la société de musique de chambre. De Mars à l'été, il est à nouveau fatigué et ne peut écrire. En Juin il ressent "malaises", "vertiges", asthénie, accablement, angoisse et il a quelque difficulté à diriger l'orchestre. Mais il est enthousiasmé par un voyage en Suisse et en Savoie. Sa productivité est considérable : Ouverture de "Jules César", "Phantasiestücke" op. 111, Lieder op. 104 et 107, "Le fils du roi" op. 116, le 3ème trio, les sonates pour violon et piano.

En 1852, il n'y a guère d'amélioration, mais un travail acharné, interrompu seulement par les voyages (sur la côte hollandaise, où il se sent mieux) et par ses crises ("absences", asthénie, insomnie et troubles du langage), lesquelles augmentent encore ses difficultés avec l'orchestre. De ce travail intensif naissent "Le pèlerinage de la rose", "Le page et la fille du roi", "La malédiction du chanteur", la Messe et le Requiem, uniquement des oeuvres vocales voire religieuses. Mais le voyage à Weimar où Liszt dirige "Manfred" doit être interrompu en chemin par une crise grave. Le 28 Octobre il écrit que c'est "le temps de la résignation".

Le début de l'année 1853 est encore marqué par un travail forcené. C'est sa dernière année productive, mais il est trahi par ses forces. Un séjour à Schweningen le rétablit à peu près mais, dès Juillet, à la suite d'une nouvelle crise (dépression, anxiété, apathie, hallucinations), le mal progresse : Schumann décline vite aux plans psychique et somatique. Il se croit atteint d'apoplexie, refuse de se lever. Le médecin "ne trouve rien" et l'invigore. En Août la dysarthrie s'accentue, il achoppe, hésite sur la prononciation des mots. Dans son journal, seulement quelques phrases laconiques, il ne parle plus de ses troubles. Sans doute a-t-il des hallucinations (le "la" obsessif), délire-t-il ? Il se prend d'une passion morbide pour les tables tournantes : "elles savent tout", dit-il. Enfin, à la suite de ses conflits avec l'orchestre et le comité, il est démis de ses fonctions de chef, sauf pour l'exécution de ses oeuvres personnelles. Humilié, déprimé, et sans doute délirant, il veut, une fois de plus, changer de ville. Fin 1853 toutefois, il ressent une accalmie après avoir fait la connaissance de Joachim, le violoniste, et du jeune Brahms.

A partir de 1854 sa biographie se confond complètement avec une observation psychiatrique. En Janvier, outre les troubles du langage, il tient des propos étranges, flous, hermétiques. Le 6 Février il écrit : "je vous écris à l'encre sympathique, et, entre ces lignes, il y a une écriture secrète qui se révèlera plus tard". Schumann se livre à des activités multiples, fait du grec et du latin, commence un "Jardin des Poètes", anthologie d'écrits sur la musique. "La musique se tait en ce moment, au moins extérieurement", écrit-il. Il propose au chef de Berlin d'échanger son poste avec lui ! Et, sur son refus, il lui répond agressivement. Les nuits du 11 Février et suivantes sont "mauvaises", d'après Clara, avec douleurs d'oreille, hallucinations, du "la" et "d'une céleste musique de tout un orchestre". Le 12 Février il écrit à Stern : "Buvons ensemble les eaux du Léthé". La nuit du 17 est marquée par un onirisme fait d'hallucinations visuelles et d'un "thème musical dicté par les anges", qui sera la source des "Variations posthumes", composition en fait démarquée du mouvement lent de son concerto pour violon, concerto que Schumann ne reconnaît pas. Et à l'aube, ce sont des visions terrifiantes de démons, de tigres et de hyènes, dans un climat de culpabilité et de damnation. Le 19, il est au lit et vit "un balancement entre le ciel et l'enfer", pense que ses centres nerveux sont dangereusement atteints. Le 20, il écrit encore de la musique, "sous la dictée des anges". Le 21, insomniaque, il se sent "criminel", affirme "qu'il faut lire sans cesse la Bible". Il supplie Clara de le quitter car il craint de lui faire du mal. On "fouille dans son cerveau, on le transperce". Il fait ses adieux, règle ses comptes, range ses compositions, en vue de sa fin prochaine. Les 24 et 25 Février, il entend en musique "les plus nobles harmonies", a "des souvenirs d'une vie antérieure", après laquelle il aurait "changé d'enveloppe corporelle", puis sombre dans un état mélancolique. Le 26 Février, survient une amélioration apparente. Il se met au piano, mange de façon gloutonne, s'exalte, se couvre de sueurs. Il déclare qu'il veut aller en clinique, prépare ses affaires : "Je vous reviendrai bientôt tout à fait guéri, plus maître de mes esprits et de mes actes". Il passe la nuit sous la surveillance d'une garde. Et le matin : "Clara, je ne suis pas digne de ton amour". "Toute exhortation était vaine", rapporte Clara. Il échappe à la surveillance, sort de la maison en robe de chambre, sous la pluie, file vers le Rhin. Démuni d'argent pour le péage, il laisse en gage un mouchoir de soie, et se précipite du pont dans le fleuve. Repêché par des mariniers, il tente une nouvelle fois de se noyer. Ramené ruisselant à la maison, il aperçoit ses enfants et s'écrie : "Ah ! Mon Dieu !". Le suicide ne semble pas avoir été induit par des ordres hallucinatoires, mais, sans doute, par des sentiments de culpabilité, d'indignité, ou par une certaine conscience de son état pathologique. Il est à rapprocher du souhait formulé en 1837, de jeter son alliance dans le Rhin, en suggérant à Clara de faire de même, pour ainsi les réunir.

Il est admis à la clinique d'Endenich, près de Bonn, où, d'abord en proie à des hallucinations auditives, il est apragmatique, agresse ses soignants, puis se calme. Le 1er Avril le docteur Reicharz écrit à Clara que Robert "est plus calme, reste au lit, est affable, naturel, peu loquace, et qu'il s'est excusé auprès de ses soignants, et a même fait une plaisanterie sur le 1er Avril". Angoisse et hallucinations cessent. Il semble sortir d'un état stuporeux ou confusionnel. En Juillet il envoie des fleurs des champs à Clara. Le 14 Septembre il peut écrire des lettres assez adaptées quant au style et au contenu à Clara, Brahms, Joachim, Simrock, mais où transpirent résignation et détachement: "Ô ! Si je pouvais vous voir et vous parler encore une fois ! Mais la route est trop longue". Il s'inquiète de son piano, de ses collections, plus que de Clara et de ses enfants, dont il s'enquiert surtout des progrès qu'ils font en musique. En Mai son activité s'appauvrit encore, il compulse un atlas, classe des noms de villes par ordre alphabétique et, lors d'une visite à Bonn, stationne longuement devant la statue de Beethoven. Il reçoit la visite de Brahms, de Joachim et de son élève Wasiliewski qui déplore "une machine dont les ressorts sont brisés, mais qui essaie encore de fonctionner, avec des secousses convulsives". A la mi 1855 Bettina von Arnim le visite. Il lui parle de voyages en Sicile, à Londres, et, bien qu'il soit délirant et trémulant, elle le voit guéri. Brahms vient le voir, plein d'espoir, mais Schumann ne le reconnaît pas, semble coupé de la réalité. Les anges sont revenus et le congratulent. Il produit des écrits illisibles et incohérents, qu'il signe "Robert Schumann, membre d'honneur du ciel". Le 23 Juillet le Docteur Reicharz écrit à Clara : "Si vous voulez voir votre mari vivant, venez vite." Clara arrive le 27 Juillet. Schumann est cachectique, refuse toute nourriture depuis des semaines. Elle lui fait avaler quelques bouchées et du vin, qu'il semble apprécier, ceci avec ses doigts qu'elle lui donne à sucer. "Je l'ai vu, écrira-t-elle, c'était le soir entre 6 heures et 8 heures. Il me souriait, m'a embrassée avec une infinie tendresse. Pour des trésors, je ne donnerais cette étreinte". Le 28 il souffre de douleurs multiples, crie, a des convulsions, puis s'apaise. Il mourra le 29 au matin.

Le rapport d'autopsie du Docteur Reicharz ne relève que des banalités, même pour l'époque, où existait déjà en Allemagne une neuropathologie relativement développée : "congestion des vaisseaux et ostéophytose, surtout de la base, pénétrant la dure-mère, qui est épaissie, adhérente, dégénérée (?), atrophie cérébrale diffuse". Ce n'est pas là ce qui éclairera le diagnostic rétrospectif, si on veut absolument en poser un.

L'épreuve, hasardeuse, de ce diagnostic rétrospectif est quand même facilitée du fait de la traversée de toutes ces crises par certains éléments cliniques sinon constants, tout au moins se répétant avec une insistance que le lecteur aura remarquée, et par l'évolution par crises, assez impressionnante. Par contre, certains symptômes, telles les hallucinations, rentrent mal dans les différents diagnostics évoqués, non tant les hallucinations visuelles que les auditives. Encore faudrait-t-il avoir des données plus claires et précises sur la nature exacte de celles-ci : tantôt élémentaires, acouphènes probables, tantôt élaborées, thématisées "musique des anges", ou démoniaque, ou intermédiaires, tel le "la" obsédant. En tout cas, le plus souvent, musicales. De plus, il semble, bien que les "doubles diagnostics" soient rarement satisfaisants, qu'il reste possible qu'une pathologie de type organique soit venue s'intriquer secondairement au tableau, véritable pathologie nosographiquement repérable, mais laissant ouvert le problème de ses rapports avec l'affection psychique, soit, aussi, pathologie liée à l'évolution subterminale, marastique.

De quelle affection Schumann était-il atteint ?

Le *premier diagnostic évoqué*, pour être le plus souvent éliminé, *est celui de psychose, voire de schizophrénie* (à l'époque, la "démence précoce" de Kraeplin). C'est le diagnostic porté par Moebius, s'appuyant sur les schizothymies (les "dépressions atypiques" ?), les troubles, intermittents chez Schumann, du contact, les hallucinations auditives et visuelles. On pourrait ajouter à cet argumentaire les tendances hypochondriaques, l'épisode d'automutilation, la rupture brutale de fiançailles, les pathologies éclatant lors de l'éloignement des proches : famille, puis Clara, enfants et amis, le formalisme de certaines oeuvres, au contenu pauvre. Mais au grand nombre des accès dépressifs s'oppose l'absence de morcellement, de dissociation, de délire véritable.

Il n'y a pas, en fait, de détachement, ni de froideur constants, malgré des épisodes d'hermétisme pseudo intellectuel, de paradoxalité. Le temps schumannien, parfois frénétique et agité, n'est pas "le temps figé du schizophrène". Schumann a surtout manifesté une hyperactivité : du labeur écrasant dans son travail à la revue à la prolixité dans la création : 148 opus en 20 ans ! Cette créativité ne tarira que lors des dernières années : 1849 et même 1851 seront, par excellence, des années fécondes. De même, les hallucinations n'apparaîtront qu'à l'âge de 40 ans, mais elles n'évoquent pas non plus la psychose hallucinatoire chronique de la nosologie française. Ceci pose d'ailleurs le problème du rapport entre, d'une part la psychopathologie du jeune Schumann (l'épisode de 1826, Schumann ayant 16 ans, posant l'éternel dilemme entre la crise d'adolescence - romantique - et l'entrée dans la schizophrénie), et la pathologie de l'homme adulte d'autre part.

Certes le témoignage de deux auteurs de poids sont à citer :

- celui de Victor Basch pour qui "tout contact avec les hommes et les choses le blesse et le meurtrit... toujours à nouveau, après s'être mêlé au monde, il se réfugie dans la solitude... n'écoute que son coeur". Et "La lutte incessante contre une force ennemie, enracinée au plus profond de son inconscient, qui, sans relâche, se dressait contre l'essor qu'il voulait prendre... Il avait tout reçu en partage (au physique, au psychique) mais un seul rouage de cet organisme physique et psychique, par ailleurs si merveilleusement doté, était faussé. Et, toujours à nouveau, il en entrava le jeu normal jusqu'à ce que, bien avant l'heure de sa naturelle désagrégation, il le détruisit".

- celui de Dietrich Fischer-Dieskau*c*, qui rapporte la relation d'une rencontre avec le poète Hebbel : "Après un bref salut à peine articulé, je passai un quart d'heure avec lui. Il ne dit rien, se contentant de me dévisager. Je me tus de mon côté, pour le mettre à l'épreuve et voir combien de temps durerait cette comédie. Il n'ouvrit pas la bouche. Enfin, n'en pouvant plus, je me levai brusquement. De son coté Schumann prit son chapeau et se mit à marcher, sans un mot, à mes côtés; gagné par la colère, j'en fis autant. Devant mon hôtel je pris rapidement congé de lui et ne l'invitai pas à m'accompagner". Ceci rappelle une autre situation, analogue, que Schumann avait conclue ainsi : "nous nous sommes bien compris". Et Fischer - Dieskau de commenter, à propos du Lied opus 35, sur un poème de Kerner "Qui t'a rendu si malade ?" : "Schumann, plus accablé que jamais" par le désir douloureux de contact avec le monde extérieur qui lui "paraît s'enfoncer dans la nuit et ne plus envoyer que des messages de plus en plus lointains..." Fischer-Dieskau remarque que "cet état d'âme est à l'origine d'un style nouveau : nombreuses altérations, passages chromatiques, montée "lancinante de ses ritardandi prolongés"... "style hardi" mais correspondant au "ressenti de Schumann : une angoisse s'infiltre dans les harmonies, semble ralentir l'écoulement du chant. Les accords se succèdent, refusent d'aboutir à un dénouement". Schumann est ici "un musicien solitaire, transporté dans des régions à lui, qui contemple de loin le monde et son train".

Ces notations ne sont pas à négliger cependant, car elles ont le mérite d'attirer notre attention sur ce qu'on appelle aujourd'hui "les pathologies du narcissisme" : ce que Freud nommait "Névroses narcissiques", intermédiaires entre névroses de transfert et psychoses.

L'évocation d'une pathologie cérébro-vasculaire est bien dans la note de la psychiatrie organiciste du XIXème siècle, spécialement en Allemagne. C'est le diagnostic de Kleinebreil et de Kerner. Cliniquement les troubles auditifs, les "douleurs d'oreille", les hallucinations élémentaires, les "vertiges", et les troubles de la parole susceptibles d'évoquer soit une anarthrie pure, soit des éléments aphasiques, pourraient aller dans ce sens. Mais ces éléments ne sont pas très rigoureusement caractérisés sur le plan séméiologique. Ils rendraient difficilement compte des hallucinations vraies et aussi des états dépressifs sauf, peut-être, à l'occasion d'une certaine conscience du déficit qui peut s'observer lors des détériorations artériopathiques. Mais aucune notion anamnestique ne confirme l'hypothèse d'une hypertension artérielle. Et l'autopsie qui mentionne "la dilatation des vaisseaux de la base" n'apporte guère de lumières. Toutefois cette hypothèse non confirmée a le mérite d'attirer l'attention sur l'intrication possible, dans les dernières années, d'une pathologie organique.

La paralysie générale, syphilitique, est le diagnostic retenu par Ph. André. Il lui consacre un argumentaire de 24 pages dans un volume qui en comporte 219 ! Avouons que cette argumentation n'est nullement convaincante. Sur quels arguments cliniques Ph.André peut-il s'appuyer (après Slater, Meyer, Moebius, Reinhard, Richartz, Gilbert) ? Sur les plans neurologique et somatique seule la dysarthrie pourrait être un argument ("parole difficile et embarrassée"). Mais "malaises", "vertiges", tremblement, "grande faiblesse des membres", démangeaisons diffuses ne sont ni spécifiques ni probants, de même que "l'échec de diverses cures" (Karlsbad etc...). Du point de vue psychique on pourrait, à la rigueur, retenir les épisodes dépressifs, qui, à vrai dire sont aussi fréquents lors des P.G. débutantes que l'humeur exaltée classique ("buvons ensemble les eaux du Léthé", écrit Schumann à Stern). Peu de troubles du comportement, excepté l'agression de ses soignants à la clinique (mais ce, à un stade pré-terminal), et "des épisodes d'achats inconsidérés". Les propos étranges, flous, hermétiques, certes, ne manquent pas, et certains rappellent ceux de Nietzsche, atteint, lui, réellement de P.G., telles ces lettres de Schumann, l'une signée "R.S., membre d'honneur du ciel", l'autre se terminant par : "je vous écris à l'encre sympathique", ou encore la proposition incongrue faite au chef d'orchestre de Berlin d'échanger avec lui leurs postes... La tocade des tables tournantes, avec laquelle Schumann importune tout son entourage pourrait aussi venir en appoint. Au registre des idées grandioses on pourrait ranger les hallucinations "d'une céleste musique d'un orchestre entier". De même les idées de transformation corporelle seraient elles dans "le ton" de la P.G. ? Mais, outre que rien de tout cela n'est pathognomonique, la conscience que ses "centres nerveux sont dangereusement atteints", même si c'est parce "qu'on fouille dans son cerveau", "on le transperce", va à l'encontre du diagnostic. De même des idées de culpabilité et d'indignité qui seraient en rapport avec une conscience de son état (un "châtiment du ciel"). Mais la notion d'une "syphilis primaire passée inaperçue" est une pure hypothèse d'école, invérifiable; à l'opposé de Schubert ou de Brahms, familiers des passades sexuelles avec des servantes d'auberge, il semble que Schumann avait, dans ce domaine, un comportement plus que réservé et prudent. L'appauvrissement de l'activité n'aura été patent que dans les toutes dernières années. Ph. André suppose qu'un traitement au mercure, pourrait rendre compte des tremblements et de l'évolution grave de sa paralysie d'un doigt. Rien n'est apporté de spécifiquement "P.G.tique" par le compte- rendu d'autopsie, certes peu éloquent en quoi que ce soit. Bref, là aussi l'évocation de la P.G. a la valeur d'indice intuitif de l'intrication, secondaire, d'un processus organique.

Reste le diagnostic le plus probable, celui d'une forme de psychose maniaco-dépressive, diagnostic retenu par Constance Pascal, Gilbert, etc..., ou d'une affection narcissique voisine. S'il n'y a pas de notion d'accès maniaque franc, mais de périodes, toutefois, d'euphorie et d'hyperactivité, le nombre et la teneur des accès dépressifs apparaît un argument assez décisif et l'on parle de formes unipolaires de la P.M.D. La douleur morale et la culpabilité sont exposées sans honte, et ceci malgré le grand conformisme de Schumann, son souci du "qu'en dira-t-on". A noter, l'importance de cette douleur dont Michel Schneider a brillamment montré ce qui la différencie de la souffrance, laquelle dit clairement son objet. Schumann se qualifie lui même de mélancolique, sans qu'on puisse réduire ce qualificatif à son sens commun, ni à la mélancolie romantique. Quant aux épisodes, fréquents, d'exaltation et d'hyperactivité, ce sont, par excellence, les "années fécondes" de 1840 ("le printemps des Lieder", soit 130 lieder en quelques mois), ou de 1849 (production de 30 oeuvres), avec, aussi, des achats inconsidérés, a priori étonnants chez un Schumann habité par une comptabilité obsessionnelle, des accès de gloutonnerie et des projets, de voyages entre autres , décidés puis tout aussi subitement abandonnés, au gré de l'humeur du moment. Et c'est plus qu'une fantaisie, pour Schumann, que de se représenter sans cesse, y compris dans sa musique, sous l'aspect des deux personnages opposés d'Eusébius et de Florestan, le sérieux et l'exalté : "Moi qui suis si facilement triste, et puis, soudainement, en plein bonheur". Quant à l'état intercritique, à la structure, on retrouve chez Schumann, avec évidence, tous les traits du fonctionnement obsessionnel : méticulosité, économie, scrupules, attachement aux aspects matériels les plus ténus, conformisme. Il n'est que de lire son journal (où tout est noté comme en une comptabilité), ou le projet de vie quotidienne, véritable contrat écrit pour Clara, pour s'en convaincre. Quant aux éventuels symptômes de type névrotique, ils vont aussi dans ce sens. Car les "phobies" notées par Ph.André, après maint auteur, relèvent plus du fonctionnement obsessionnel que phobique : ce sont, en général, des phobies d'impulsion déclenchées par les étages élevés, les objets tranchants, etc... Mais, en fait, le fonctionnement psychique de Schumann ne procède pas d'une névrose obsessionnelle mais de mécanismes obsessionnels qui sont ceux repérés depuis K.Abraham dans les périodes intercritiques des sujets maniaco-dépressifs. Mais il faut aussi noter que certaines manifestations symptomatiques s'intègrent mal à ce qu'on connaît du fonctionnement maniaco-dépressif. Non tant celles que pointe Ph.André : nosophobie, du choléra, de l'apoplexie; crainte de la mort, fatigabilité extrême; engourdissement ("les pieds glacés"); l'angoisse générale; la peur des médicaments, de l'empoisonnement; l'insomnie et le mal-être matinal, car ces éléments nous semblent au contraire tout à fait congruents. Par contre les troubles de la parole, les hallucinations, tout au moins celles qui sont bien cernées comme telles, la détérioration finale requièrent une explication que la P.M.D. seule ne donne pas. Enfin on aura remarqué que les accès dépressifs de Schumann paraissent liés, de toute évidence, à des évènements traumatiques : en particulier, mais pas exclusivement, à des deuils dont Schumann semble ne pas pouvoir faire les frais, effectuer sur eux ce qu'on appelle un travail de deuil. Si l'on a une conception organiciste voire cybernétique de la P.M.D., on entend le terme de "dépression endogène" qui qualifie ces accès, comme "sans rapport avec des évènements", l'opposant en cela à des "dépressions réactionnelles". Je préfère, avec d'autres, avoir de l'endogenéité une conception plus ouverte : celle d'une prédisposition, d'une vulnérabilité particulière, à des traumatismes de la vie dont les autres sujets font leur affaire sans tomber malades : c'est "la mélancolie ou le deuil", la mélancolie par incapacité à faire ce travail de deuil. La manie, dans cette perspective, est une manière "d'enjamber allègrement" le deuil, le travail de deuil et la dépression.

Il nous faut maintenant évoquer un aspect de la psychopathologie de Schumann qui est généralement méconnu, voire escamoté, mais qui semble devoir être intégré au diagnostic si on tient à la rigueur de celui-ci. C'est évoquer *l'alcoolisme de Schumann.* On admet assez facilement que Schumann fut malade, voire "fou", mais on n'admet généralement pas, on passe pudiquement sous silence son alcoolisme. Le fait que le vieux Wieck ait, entre autres, "accusé" Schumann d'alcoolisme a fait que tous, amis, contemporains, ou historiens, par la suite, ont systématiquement fait l'impasse sur cet aspect de la vie de Schumann. Pourtant, à relire lettres, journal, ou à ne pas prendre pour anecdotes ponctuelles les épisodes, nombreux, d'alcoolisation importante, mais aussi une consommation régulière d'alcool (et de tabac), on est bien contraint de donner à ces addictions leur place réelle. Le mérite de Fischer-Dieskau dans son livre sur Schumann, est de relever et la constance et l'importance de cette addiction. Donnons lui d'abord la parole : "Wieck avait accusé Schumann d'ivrognerie; les reproches ne semblent pas exagérés : la tradition rapporte en effet qu'il ne pouvait plus se passer d'alcool. Plus tard, par principe et par économie, il s'abstint de boire du vin et lui préféra la bière. Il en consommait au point de nuire à sa santé : la preuve en est les symptômes d'hypertension artérielle et de diabète qu'il présenta durant ses dernières années. Ces maux contribuèrent à provoquer chez lui l'apathie, la résignation et l'effondrement final... Avant cette date (4 Janvier 1840) Wieck fut mis en demeure d'apporter dans un délai de 45 jours la preuve d'une de ses affirmations : selon lui Robert Schumann aurait été alcoolique. Le tribunal avait rejeté tous les autres motifs invoqués... Schumann rassembla toutes ses connaissances et rédigea un écrit concernant sa réputation. Dans cet écrit Schumann réfute toutes les accusations mais ne dit rien de celle d'alcoolisme". Fischer-Dieskau rapporte aussi que "les rapports médicaux et les hypothèses avancées par les psychologues et des médecins passent sous silence son alcoolisme : c'était une chose dont on ne parlait pas, alors, et qui est, pourtant, une suite logique de ses premières dépressions et de sa psychose de fuite... Pourtant Schumann étudiant apprit l'équitation et l'escrime mais, par malheur, il prit aussi le goût de la boisson"... A la même époque "Schumann fut pris de peur à l'annonce d'une épidémie de choléra. Ce fut l'alibi qui lui permit de chercher un nouveau refuge dans l'alcool". Il n'est pas sans intérêt de citer aussi cette remarque de Fischer-Dieskau : "Peu sociable et renfermé depuis qu'il avait fondé une famille, époque à laquelle sa consommation d'alcool n'avait cessé d'augmenter"... Et "des accès d'angoisse et de mélancolie, voilà de quoi vécut le mari de Clara durant le temps passé en Russie, le plus souvent avec accompagnement de fortes doses d'alcool... La puissance de travail qu'il avait acquise en composant "La Péri" était retombée dans des proportions catastrophiques à la suite du voyage en Russie. Non seulement il fut déçu en voyant le peu de musique qu'il était capable d'écrire, mais il gâcha le peu qui lui restait de santé en se réfugiant dans la boisson... " Les mouvements contradictoires qui secouaient son âme, les crises de dépression, noyées dans l'alcool auquel il résistait "de moins en moins" amènent Fischer-Dieskau à émettre l'hypothèse que Schumann aurait pu subir ce qu'on appelait "cure de désintoxication" : "Mais le lien entre sa pensée et sa concrétisation semblait coupé. Diabète qu'il n'avait pas soigné, ou cure de désintoxication ?". Et encore : "Un voyage sur les bords du Rhin dut être interrompu alors que Schumann était seulement à Weimar : les médicaments que Schumann devait prendre provoquaient "des nausées interminables" : s'agissait-il du début d'une cure de désintoxication ?"... "Au contraire, temporairement libéré de l'alcool et de la dépression, il trouva dans son art un refuge contre les désordres du monde extérieur"... "Mais Schumann consacra encore une fois toutes ses forces et tout son temps au culte du verbe, dans la mesure où l'alcool ne lui enlevait pas sa lucidité..." Ceci dit, Fischer-Dieskau note aussi un détail intéressant : "Ce qui, aux yeux de Clara semblait être une promotion inouïe (sa nomination à Düsseldorf) remplit Schumann d'inquiétude, le poussant à chercher refuge dans l'alcool"... Et finalement : "La maladie, la dépression et l'alcoolisme le conduisirent à enterrer son rêve : devenir le prince des musiciens qui apporterait le bonheur à ses contemporains et les rendrait meilleurs". Et "pendant que Schumann souffrait et luttait pour préserver son génie et s'efforçait de mettre en oeuvre la totalité de ses dons, son destin d'alcoolique l'avait amené à une stérilité totale". Et lors du marasme terminal : "Elle (Clara) trempait son doigt dans du vin et le tendait au malade qui en aspirait bruyamment quelques gouttes... Le 23 Juillet, souffrant d'oedèmes, il cessait de s'alimenter".

Ces remarques, outre la qualité de leur auteur (qui par ailleurs relate dans un de ses livres comment il a eu à connaître, dans son entourage le plus proche, dans toute sa profondeur, le drame de l'alcoolisme), ont le mérite de coïncider avec ce que nous pouvons savoir de la clinique psychique de l'alcoolisme de Schumann. Non seulement sur le plan symptomatique (la possible hypertension, l'onirisme visuel avec ses zoopsies, la détérioration qui peut simuler la P.G. : la classique "pseudo P.G. alcoolique" et la fin marastique avec ses oedèmes et sa cachexie, mais surtout des aspects très prégnants et caractéristiques du fonctionnement psychique de Schumann qui le feraient reconnaître comme alcoolique en dehors même de toute information sur l'alcoolisation elle même. Le sur-investissement du travail comme élément défensif, avec l'effondrement quand ce travail n'est plus possible; sur-investissement, aussi, des enfants : Schumann en fait neuf en treize ans à Clara, arguant que "les enfants sont une bénédiction du ciel... On n'en n'a jamais trop".

Et Schumann écrit aussi que "Clara sait (?) que sa principale mission est d'être mère et je la crois heureuse dans une situation à laquelle nous ne pouvons rien changer" (Journal, 17-02-1848). Et l'on sait la place qu'ont tenu les enfants dans sa production musicale; sur-investissement, enfin, des amis ("les copains") du Kafee-Baum et des "Davidsbundsler"; sa dépendance permanente à tous les objets d'étayage narcissique et son effondrement chaque fois qu'il s'éloigne physiquement d'eux, qu'il s'agisse des amis, des enfants, de Clara ou de toutes les femmes dont il a eu, pour cela, un besoin impératif. On a vu, aussi, l'extrême difficulté à effectuer un vrai travail de deuil, sa négligence vis à vis des traitements médicaux (le diabète etc...), excepté les "cures" répétées, avec leur inefficacité régulière.

Il ne faut pas s'étonner de voir l'alcoolisme venir à la rescousse, chez Schumann, de défenses obsessionnelles aussi impérieuses que précaires dans leur efficacité et surtout de problématiques maniaco-dépressives dont l'atypicité exige sans doute ce "renfort", désastreux finalement.

Faire oeuvre de psychopathologie, ce sera, par delà le simple inventaire des symptômes, d'abord leur confrontation aux créations musicales de Schumann. Non pour en faire un pur reflet d'états pathologiques (jusqu'aux sempiternelles élucubrations sur les rapports entre folie, création et génie). Non pour guetter, dans l'évolution chronologique des oeuvres, les marques de la détérioration, ce qui ne se vérifiera, pour Schumann, qu'in extremis. C'est, plutôt, chercher la logique, le jeu des affects, représentations, fantasmes et défenses, et envisager la place de la création musicale dans l'économie, la dynamique de la tragédie schumanienne, son rôle dans la lutte défensive acharnée qui a permis à Schumann de vivre, quand même, en créant : composer de la musique, c'est aussi "composer avec", comme le remarque Michel Schneider. Et ceci nous amènera peut-être à saisir les ressorts essentiels de la problématique de l'individu Schumann, à les articuler avec les éléments cruciaux voire crucifiants de sa biographie, avec, évidemment, le poids des configurations familiales (parents, soeurs, frères et belles-soeurs), ce qui, nous l'espérons, ne nous cachera pas, derrière le drame de l'homme, son génie créateur, bien au contraire. Car au travers du jeu des humeurs, des crises, de sa lutte, c'est le souffle même de Schumann que nous sentirons alors, des "Variations Abegg" aux "Chants de l'aube".

Si quelque chose ressort avec insistance de la psyché et l'oeuvre schumaniennes, c'est, avant tout, ***"l'humor"***, terme allemand qui signifie humeur ("bonne" ou "mauvaise"), "thymie", mais aussi "humour". Ceci transparaît explicitement jusque dans les indications données pour certaines pièces, très fréquemment : "mit Humor" etc... Voire dans des titres d'oeuvres : "Humoresque". La musique schumanienne est musique de l'humeur et selon l'humeur : la "Stimmung", "l'innere Stimme", voix de la "météorologie intime", à la fois humorale et musicale. "Sehr innig zu spielen", "mit Innigkeit" : venant du dedans, c'est une couleur subjective plus qu'une dynamique. Fluide, volatile, changeant subitement (les "sautes d'humeur" flagrantes du "Carnaval"), elle alterne et unit parfois, en sous-main, abattement et exaltation. Elle est, en fait, plus souvent noire que lumineuse : "c'est peut être ce que j'ai fait de plus déprimé", écrit Schumann à propose de "l'Humoresque". Elle surgit du corporel, du biologique (de l'hormonal ?). Venant du dedans, elle est insaisissable directement, intemporelle, actuelle plus que dans un vrai présent entre passé et avenir. Ce serait, pour Michel Schneider, "une manière d'habiter le temps". Elle n'a pas les mots pour se dire, tout en y .poussant. Mais l'Humor, c'est aussi l'unité contradictoire avec "l'humour" qui, lui, est tourné vers le dehors, vers l'autre, comme "affirmation extérieure de l'intime", "arraché à l'intime", expression forcée et/ou renversée d'un dedans malheureux, et où, sous un dehors enjoué, transparaît l'humour noir. D'où le choix premier de Heine pour composer des Lieder. Solide, voire tranchant (le "trait d'esprit"), c'est déjà une élaboration, et/ou une pirouette et le fantasme psychique est transmué en fantaisie musicale. C'est une sauvegarde de l'esprit, esprit que Schumann sent menacé de mort. D'où le goût pour le jeu avec les mots, son usage pour composer : les "lettres dansantes" du Carnaval, le ASCH, à la fois ville natale d'Ernestine von Fricken et initiales renversées, en miroir, de Schumann, le jeu Leid - Lied et le "Ende von Lied" du 8ème Fantasiestück et le "Lied ohne Ende".

Mais ce qui semble dominer, aussi, la psyché de Schumann, c'est la ***problématique du double***. Dès son plus jeune âge Schumann utilise deux personnages imaginaires, Eusébius et Florestan qui, tous deux, le représentent, l'un sérieux, voire sombre, l'autre enjoué, expansif, voire fantasque. Ils seront aussi les personnages pseudonymes signataires de sa revue musicale, où il tente d'introduire un personnage-arbitre, conciliateur (Maître Raro, alias Wieck !) auquel il donne, par ses écrits, une place si difficile à trouver dans sa psyché. Schumann est bien "l'homme au double" que décrit Christian David qui place d'emblée la problématique de Schumann sous les auspices d'un "Doppelganger" qui le suit comme son ombre, et ce, depuis sa prime jeunesse, avant même toute influence littéraire. Il en cherchera et trouvera confirmation dans E.T.A. Hoffmann, Jean-Paul ou Chamisso. Il s'amusera à raconter à la toute jeune Clara des histoires de sosies. Ce "Doppelganger" qui, au départ, est un ange-gardien, un gage et un moyen de survie du Moi, deviendra aussi un persécuteur inquiétant et étrange, un avant-coureur de la mort. Et cela inspirera sa vie et tout son style d'écriture musicale, fait de contrastes, brutaux parfois, de changements de tempo, de rythme, de tonalité, qui surprennent puis captivent l'auditeur. La création schumanienne explose littéralement dans la plupart des oeuvres, quitte à ce que Schumann, à certains moments, abandonne cette spontanéité débridée pour se réfugier et s'enfermer dans la rigueur du contrepoint, le culte de Bach ("l'unique") et du Klavier, ce qui l'amène alors à produire des oeuvres où le formalisme évince la fantaisie. En 1850 il expurgera même certaines de ses oeuvres (les Études symphoniques, certains Lieder). Dans sa vie, si Schumann a tendance à être prodigue, il est aussi d'une grande rigidité dans ses comptes, lesquels occupent, certains jours, presque tout le journal intime dont il avait institué la tenue par le couple, de façon quasi dictatoriale, et ce, en pleine euphorie des jours de noces. S'il est, en 1849, de coeur avec les insurgés de Dresde, il est terrorisé par l'émeute, prend piteusement la fuite, et sa conduite dans sa vie privée est celle du bourgeois le plus conformiste ("mais que vont dire les gens ?" dit-il à Clara dans l'éventualité de ne pas la suivre dans un de ses déplacements). Mais une fois l'insurrection écrasée, il compose, comme pour acquitter une sorte de dette, de rachat de culpabilité, quatre marches en l'honneur des victimes de la répression. Le double est chez lui un trait permanent, qui ne se réduit pas à certains épisodes aigus (de dépersonnalisation ?) "Mon âme m'épouvante... m'enfuir pour l'éternité... je voudrais me transporter dans un autre corps", écrit-il dans ses jeunes années... La culpabilité est projetée dans un autre Moi, masqué, non reconnaissable ("ce n'est pas moi, çà !"), et l'on sait le goût de Schumann, dans ses oeuvres, pour les masques et leur échange. C'est, à la fois une défense contre l'angoisse, un combat d'arrière-garde contre la folie et une fuite de soi, de ses conflits insolubles, de ses deuils et pertes insurmontables. Le combat des "Compagnons de David contre les philistins" en réalisera une sublimation remarquable. Si, en 1840, le clivage évite les grandes catastrophes de la psychose, Schumann est, selon Chr.David, d'ores et déjà "fêlé", "déchiré aux racines même de mon être". Plus tard il sera hanté par Faust ("deux âmes, hélas, habitent ma poitrine"). Il sera sans cesse à la recherche de son unité, alors que ses compositions majeures sont surtout des "Stücke" (des fragments) qu'il réunit dans des "patchworks" sublimes. Les alternances précipitées, les redoublements, les reprises et autocitations, l'utilisation de la fugue semblent aller dans le même sens : "composer" avec la dualité. Et M. Schneider met bien en évidence que Schumann c'est Hoffmann, Jean-Paul, Chamisso et... Bach, le contraste des deux mains dans les partitions de piano, puis du piano et de la voix dans les Lieder, l'humeur dont il se joue et l'humour dont il joue, le son et le verbe (l'ancienne hésitation entre musique et écriture), la "clarté céleste et l'obscurité démoniaque" (dans les Scènes de Faust), le féminin et le masculin, la vie et la mort. Schumann est tout cela, où il n'y a pas à choisir, trier.

La mélancolie de Schumann n'est pas seulement romantisme, même extrême, et M. Schneider a montré avec force que ***la douleur*** qui l'accable (la "douleur morale" des classiques de la mélancolie) est bien autre chose que la souffrance. Schumann parle explicitement de sa "mélancolie" et évoque souvent sa douleur, mais il ne peut l'exprimer, la développer qu'au travers de sa musique : "Si vous me demandez le nom de ma douleur, je ne saurais vous le dire. Je crois que c'est la douleur elle-même, et ne saurais la désigner autrement". Et : "Je n'avais jamais connu la douleur. Je ne puis l'écraser, c'est elle qui me terrasse, et mille fois". Ou encore : "Je ne puis plus prier, tant la douleur m'a plié. Elle m'a rendu insensible"... "Je n'étais qu'une statue. Je n'éprouvais ni le froid ni le chaud". La douleur (Leid), est donc différente, et même à l'opposé de la souffrance (Schmerz), et est au dessous (ou en deçà) de l'opposition joie-souffrance. Elle est ce qui est quand on est devenu incapable d'éprouver la souffrance. La souffrance, elle, est multiforme, liée à l'objet : elle est justifiée, elle vient de quelqu'un ("Du hast mir den ersten Schmerz getan" de "L'amour et la vie d'une femme"). Elle est liée au langage et liée par lui : on peut dire : "*je* souffre". Elle a un sens, moral, psychique. Elle élabore la douleur et ne met pas le sujet comme tel en question. La douleur, elle, est pure, inconnaissable, non montrable ni communicable, et n'a de sens ni pour soi ni pour les autres. Elle est hors langage, indicible, indescriptible, ne produit pas de discours. Elle insiste et ne peut s'interpréter (au sens herméneutique). Elle est sans cause, sans objet (même perdu), ne vient de personne. Elle surgit de l'intérieur, physique et psychique confondus, comme une blessure, une effraction de leurs limites. Etymologiquement, elle est l'action (subie) de fendre, déchirer ("déchiré jusqu'aux racines de mon être", écrit Schumann). Illimitée, vis sans fin, sans histoire, elle est hors du temps, lequel ne peut l'apaiser. Il n'y a pas de "travail" possible de la douleur. C'est comme un temps douloureux qui ne passe pas, faux présent, actuel sans passé ni futur. Elle provoque étonnement, stupeur, sentiment d'injustice, incompréhension : "pourquoi ?" (du Lied "Warum ?"), "pourquoi moi ?", questions sans réponses. "Wer machte dich so krank ?", ce Lied est suivi, immédiatement, d'un autre, sur la même mélodie : "Airs anciens" (vieille chanson encryptée). Ou bien elle est à la fois la question et la réponse, opaques, ou bien c'est une réponse brute, dont on a oublié ce à quoi elle répond, comme le mélancolique qui a, selon Freud, le sentiment d'une perte sans savoir ce qu'il a perdu. Elle est monochrome, ne connaît pas de variantes, toujours identique, comme certains thèmes récurrents, répétitifs dans toute l'oeuvre de Schumann; on peut citer ici la Fantaisie, l'Humoresque, les Fantasiestücke, les Scènes de la forêt, les Impromptus sur un thème de Clara Wieck, les Davidsbundlertänze; et ceci dans tous les tempi et tonalités, pas seulement les tons mineurs, sombres, mais aussi les plus clairs, éventuellement violents, coupants, déchirants. La douleur est impropre, impensable pour le Moi, anonyme; elle désubjective : à son propos on ne dit pas "je" mais "on"; elle n'a pas, comme la souffrance son sujet pour la vivre. Plus que douleur de mourir, ce serait une douleur de ne pas mourir (le "mourir de ne pas mourir" de Sainte Thérèse d'Avila, des surréalistes... ou du syndrome de Cotard, prix terrible payé pour retarder la fin). Tautologique, la douleur est "douleur de la douleur", et quand il n'y aura même plus la douleur, la création musicale se taira, et ce sera le passage des splendides "Chants de l'Aube" aux pauvres variations "Geisterthéma" et la fin de l'homme Schumann.

L'aveu, par Schumann, qu'il cultivait sa douleur, a pu faire parler de masochisme foncier. Mais peut-être faut-il y regarder de plus près et y voir une ***"maladie du deuil"*** : deuil dont l'objet ni la fin ne lui sont perceptibles, deuil de soi qui ne peut mener qu'à la mort. Mais ceci après de longues années de crises, avant et après 1840, rythmées par des deuils sur lesquels aucun travail ne semble possible : "une effroyable mort dans la vie" écrit Schumann dès 1829.

- deuil de sa soeur Émilie avant tout, soeur chérie, psychotique qui, à 20 ans, se suicide à Zwickau dans la rivière "La Mülde". Et Schumann, auteur d'un roman autobiographique de jeunesse, dont le héros s'appelle "Robert de la Mulde", épousera Clara âgée de 20 ans, et se jettera dans le Rhin, en Février comme sa soeur. A sa sortie de crise dépressive il s'écriera : "Je nage en pleine musique !". Mais il fera toujours silence, le silence le plus absolu, sur ce deuil impossible qui semble, de fait, le noyau de sa mélancolie.
- deuil de son père, August, Robert ayant 16 ans, ce qui le laisse "dans les ténèbres du monde, sans guide, sans maître", après cette mort brutale, imprévisible et si précoce. De cet homme cultivé il gardera le goût des vieilles légendes qui inspireront se créations musicales.
- deuil de sa mère, Johanna-Christiana, qui l'affecte certes moins, mais qui réveille en lui une intense culpabilité, vu les conflits récents encore au sujet de sa vocation artistique, bien qu'elle ait été la première a lui donner le goût de la musique et du chant.
- deuil surtout, coup sur coup, dans l'été 1838, de son frère Julius et surtout de sa belle-soeur Rosalie, âme soeur et relation platonique par résignation. C'est l'effondrement : "la mélancolie pèse sur moi" (on pense à "l'ombre de l'objet s'abattant sur le Moi" dont parle Freud), et "une idée fixe s'était emparée de moi : celle de devenir fou".
- deuil de son ami Schunke, "mon double musical", avec lequel il avait partagé sa chambre d'étudiant.
- deuil de l'ami-frère Mendelssohn, qui finit de l'abattre et "l'envahit d'idées macabres"
- deuil de la jeune (et médiocre) poétesse Elisabeth Kullmann, dont Schumann s'était entiché.

Et l'éventualité de perdre Clara, même lors d'une séparation provisoire, provoque les mêmes affects : "moments affreux", "peur de perdre l'esprit".

Un travail de deuil ne semblait pouvoir se faire, qui aurait été guérir Schumann, (le) guérir (de) ses parents en lui. Car il n'y a pas, ici, refoulement dynamique mais refoulement conservateur, les objets encryptés ne se manifestant que par des "fantômes". On pense à sa folie des tables tournantes, faisant parler les morts, à ces pauvres Geisterthéma-variations pré-terminales, et à ce jeu terrible avec le "lointain", "l'étranger" (Ferne, Fremde), qui n'est qu'un proche (Nähe), inaccessible, lié à l'enfance. Ces deuils (inaccomplis), non exempts, on le verra, d'ambivalence, sont des deuils de soi, du fait de l'identification narcissique, 3ème pilier, selon Freud, de la mélancolie.

Les problèmes d'identification posés à Schumann ne pouvaient être que complexes, voire insolubles. Comment incorporer des images d'objets aussi opposés que son père et sa mère ? Comment naviguer entre, selon ses propres termes, "une infinie rancune et un amour infini " ? Comment négocier une dette de gratitude pour des soins peut-être (trop) attentifs (et pesants) ? Et que faire de ces objets d'identification qui sont tous morts ?

- le père, August-Friedrich, Schumann l'aurait voulu garder comme appui fort, prestigieux, stimulant. Certes, cultivé, sensible, artiste et ami des arts il était, mais aussi idéaliste, fantaisiste, marginal, sujet aux affects dépressifs, à l'imprévoyance, la prodigalité, en proie à la névrose d'échec, et en tout cas laissant trop tôt Robert seul face à sa mère.
- la mère, Johanna-Christiana, rigide, traditionaliste, terre à terre, culpabilisante : "tu n'as vécu depuis la mort de ton père que pour toi-même" - et possessive dans son amour débordant pour son "Lichterpunkt" : "ta fidèle bien aimée, ta véritable amie dans la douleur et dans la joie, reste lui fidèle car tu l'as choisie pour compagne..." Et, associant dénégation et chantage : "que le poids de ta décision retombe sur toi seul". Sans doute était elle masochiste et hypochondriaque. Robert ne pouvait que ressentir, touchant son avenir, une opposition totale entre elle et son père. Il choisit finalement l'art (son père) contre le droit (sa mère). Mais, tout en arguant que son père, vivant, l'aurait approuvé ("grande intelligence qui me comprit, me désigna pour l'art et la musique"), il ne peut que feindre la passion pour le droit ("la noblesse de la jurisprudence !"), puis accuse sa mère de lui "barrer la route" ("je te le dis tendrement et avec amour, il me semble toujours que tu me barres la route comme autrefois"). Ceci n'empêche pas Robert de l'idéaliser, et d'écrire : "oui, fidèle, même si elle me trahissait". Contrairement à sa promesse il ne lui dédicacera aucune oeuvre, et restera inconscient de son ambivalence. Mais les deux parents laisseront en Schumann des traces indélébiles, contradictoires, ne serait-ce que la prodigalité de l'un, et l'attachement tatillon aux détails matériels de l'autre.

D'Émilie, sa soeur suicidée, il adoptera finalement l'issue dans la folie et la noyade dans le fleuve, ne "parlant" d'elle que par ses crises de prurit, rappel de la maladie de peau dont elle était atteinte. Et l'imminence (en réalité l'annonce ?) de la mort de son frère fut vécue par Schumann, quasi oniriquement, sur un mode d'identification narcissique ("l'ombre de l'objet tombant sur le Moi"), sous la forme d'un choral funèbre de trombones résonnant dans sa tête. Et Schumann cherchera toute sa vie des substituts identificatoires.

- en ses chers poètes : Hoffmann, Jean-Paul, Chamisso, Novalis.
- en des personnages prestigieux mais incompatibles : Napoléon et... Metternich !
- au virtuose Moscheles, il attribua sa vocation, confirmée par Dorn, son premier maître, et par Thibault, son professeur de droit, mélomane ardent et musicien raté.

- Wieck même, dont il eût voulu être le meilleur disciple; figure respectée, admirée, image d'autorité ("Maître Raro", le conciliateur), utilisée d'abord comme tiers prestigieux dans son conflit avec sa mère, dont il veut conquérir sa fille chérie, et qui deviendra l'ennemi, objet de haine dont la défaite finale entraînera chez Schumann culpabilité et dépression.

- plus tard son cher Mendelssohn, sans parler de ses rapports tumultueux et ambivalents avec Liszt et jusqu'à Brahms, son fils spirituel et rival caché.

Mais ce serait oublier que les identifications substitutives féminines auront le plus grand poids : nombre de femmes, la plupart aussi inaccessibles que sa propre mère : Agnès Carus, ses belles-soeurs, Clara même, toutes étant du même coup objet d'identification et d'amour, et dont il ne peut parler que comme de Madones...

Si Schumann évoque pour nous une grande passion amoureuse, avec longue lutte pour conquérir Clara, ***sa vie affective et sexuelle*** n'a pas l'univocité, la simplicité, la limpidité qu'on en déduirait trop rapidement. La pudicité, l'exaltation du sentiment pur contre la "sensualité vile" (empreinte laissée par sa mère), l'idéalisation, quelque peu désexualisante, lors de fiançailles chastes et prolongées, caractérisent une vie affective et sexuelle restée adolescente. Et à la maturité, si celle-ci survint, la sexualité sera surtout occupée d'une procréation quasi compulsive. Que les femmes, de nombreuses femmes, aient tenu grand place dans la vie de Schumann ne fait pas de lui un homme sans sérieux problèmes, bien au contraire. Flirt juvénile balançant entre Liddy et Nanny, vite abandonné sous prétexte qu'elles n'aimaient pas, comme lui, Jean-Paul, soeur, belles soeurs, Rosalie et Thérèse ("complètement dénué d'appui féminin, (cela) m'abattrait si, pour moi, tu ne remplaçais tout"), première fiancée, Ernestine, répudiée peu élégamment parce que bâtarde et pauvre..., Henriette Voïgt, Agnès Carus ("la céleste et divine femme du Docteur"), égéries idéalisées, "Madones", interdites comme telles, la pianiste Anne Laitlaw, qui ne fait que passer, cela fait beaucoup en sus de Clara : "je voulais de toutes forces m'attacher à une femme, cela me fut d'autant plus facile que j'étais aimé". "Mais toutes veillent sur moi" (comme des Madones ?). "Clara, tu es celle qui m'a vraiment, depuis de longues années, éloigné de toute relation avec une femme". Et la chambre de Clara "est comme une chapelle", son piano "comme un orgue", Clara "comme un retable".Je vais "vers toi comme vers Marie", "Ange Gardien contre le désespoir",... "Mais ta présence ici paralyserait mes projets et mon travail" (noli me tangere ?). Clara, c'est la lutte épuisante pour l'arracher au père Wieck, la crainte de ne pas l'atteindre, de la perdre, mais aussi une grande dépendance vis à vis d'elle, corrélative de sa propre fragilité psychique, l'inspiratrice de certains chefs d'oeuvre, dont certains à elle dédiés (impromptus, Lieder de 1840 : "Du meine Seele, du mein Herz, du meine Wohn, ou du mein Schmerz..."), l'identification, en double narcissique, mêlée à la passion amoureuse, la bisexualité marquée de Schumann, la femme-enfant-soeur devenant la femme essentiellement mère. C'est aussi un moyen d'atteindre (à tous les sens) le père. Mais dès 1840 la désaffection amoureuse est là : Clara confinée aux taches maternelles et ménagères (comme la mère de Robert), au détriment de son art à elle, l'unique piano accaparé par Schumann pour son travail de créateur (Clara est là pour qu'il compose), l'humiliation d'être, malgré tout, vu comme "prince consort" de la virtuose, et, sans doute une rivalité, une envie, et une agressivité inconscientes vis à vis d'elle. Schumann, sur sa fin criera sa peur de lui faire du mal et se noircira : "Je suis indigne de toi !". Il lui aura dédié ses plus belles oeuvres (la Fantaisie, les Davidsbundlertänze, les Novelettes, les Impromptus, le quatuor en LA, le concerto pour piano), lui attribuant l'origine de certains thèmes, lesquels ne sont pas toujours exaltants et sont même souvent dépressifs (le thème descendant que M. Schneider relève dans la plupart des oeuvres). A sa mère il n'aura dédié aucune pièce. Quant à Clara, elle ne le visitera à l'asile que deux fois, dont l'avant veille de sa mort. Derrière toutes ces femmes, Clara comprise, évidemment, la mère. L'issue de l'Oedipe est, pour Schumann, problématique : mort précoce du père, mère se présentant comme la "compagne" qu'il a "choisie" et lui offrant une bague de fiançailles "pour le protéger du péché". Sera-ce celle qu'il donnera à Clara et qu'il lui suggérera de jeter dans le Rhin, acte proprement mortifère ? Dans les "Dichterliebe" la Notre Dame de Cologne bien aimée, des bords du Rhin, dont les yeux, les lèvres, les joues sont celles de la bien aimée, aboutira, au Lied final, au "cercueil énorme où j'ai mis mon amour et ma douleur". Car "l'amour maternel est éternel, sans fin, répété, le plus profond, désintéressé, réciproque", opposé par Schumann (1828) à l'amitié et à la relation amoureuse exogamique, vouées à être trompées. L'état de Madone est un rempart bien nécessaire. Mais la persistance d'une problématique incestueuse maternelle (conquérir Clara, qui "appartient" au père), est relativement moins évidente que l'attirance incestueuse fraternelle : soeur, belles - soeurs, et même Clara ("comme frère et soeur depuis toujours"). Et cela va du roman autobiographique de jeunesse (avec Séléné-Emilie, soeur et double féminin de Gustav-Robert), à l'investissement psychique énorme mis à composer "Manfred", héros d'un amour coupable pour sa soeur Astarté ; bouleversé, Schumann ne put, un jour, en achever la lecture à Wasiliewski et il tomba malade en se dirigeant vers Weimar où Liszt donnait la première de l'oeuvre, représentation à laquelle il ne put donc assister. L'homosexualité de Schumann a été avancée, latente, déviée (les belle-soeurs et Clara comme moyens d'approcher ses frères et le père Wieck). Il est surtout nécessaire de souligner la bisexualité et la forte féminité de Schumann. Bref, les choses n'étant pas résolues au mieux (par la castration symbolique), Schumann s'infligera, dans le réel, une automutilation qui tend à y suppléer, en toute inconscience, Schumann accusant Dieu de cet "accident" ("pourquoi m'as tu fait cela ?", condensé, peut-être, avec le "pourquoi m'as tu abandonné ?"). On a objecté que renoncer au piano-virtuose au profit de Clara (mais avec quelles réserves...), c'était, aussi pour ouvrir la voie à la composition (et ce, au détriment de Clara). Mais il y a là, aussi, l'effet d'un excès de zèle dans la soumission aux exigences techniques de Wieck, et, sans doute, aussi, une marque de la culpabilité vis à vis de sa mère : c'est lui, ici, qui se "barre la route".

Schumann aura donc lutté toute sa (courte) vie, *partagé entre sa cyclothymie, son fonctionnement addictif et ses défenses obsessionnelles aussi rigides que précaires,* dont témoignent son ambivalence vis à vis de ses objets (mère, Clara, Wieck lui-même), toute sa vie quotidienne, et ce qu'il consigne dans son "journal de raison", ainsi que sa culpabilité, son masochisme moral, sa complaisance aux idées tristes, l'inaccessibilité, pour lui, de l'objet d'amour valorisant (la rose intouchable), son intolérance à la victoire remportée sur Wieck, sous la forme d'un retournement sur soi des pulsions agressives quand il n'y a plus d'ennemi extérieur. Économiquement, Schumann s'est épuisé à conquérir Clara, à sur-investir dans la musique ("j'ai fait trop de musique"), à subir la lutte d'un surmoi sévère (maternel) contre des pulsions trop fortes. Comment continuer, dès lors à masquer l'autodestruction longtemps maintenue mais qui vient, et d'abord celle de l'esprit en même temps que celle de la musique ? Schumann avait "sorti" du cycle "Dichterliebe" les poèmes de Heine les plus "durs" : l'amour trahi, la noyade dans le Rhin, et même ceux sur lesquels il avait déjà composé : "ton visage" (de la femme morte), "il brillait, mon amour", et "ma voiture roule lentement", tout en conservant "j'ai pleuré en rêve", véritable marche funèbre, parallèle du deuxième mouvement du quintette. L'ombre, la nuit vient, il n'y a même plus de douleur et après celle de ne pas mourir, c'est la hâte à passer et à payer, enfin, la dette au péage (un mouchoir de soie...). Cela durait depuis trop longtemps ("j'ai l'impression qu'on m'entoure de voiles noirs et qu'on m'y cache"), un temps qui n'en finissait pas. Ce n'est plus "la fantaisie de cadavres", mais bientôt les démons-bêtes féroces, et les anges qui lui dictent la dernière musique (Geisterthéma), peu après les "Chants de l'aube", ultime composition où la musique pouvait encore lier les effets de la pulsion de mort. La mort, désormais, est plus supportable que la "mort dans la vie", la "non vie". Enfin libéré du temps douloureux qui ne passe pas et qu'on a voulu faire s'écouler plus vite comme les enfants, en composant sans cesse, "aussi vite que possible", comme disent les indications de certaines pièces, on va toucher enfin à ce "lointain", cet "étranger".

Clivage, identification à des objets morts, dette non soldable, voilà qui pousse Schumann dans le ***champ de l'addiction***, alcoolique et tabagique en l'occurrence. Et outre le lien de dépendance à l'alcool, on reconnaît là toute la problématique narcissique de l'alcoolique, avec la nécessité absolue de prothèses pour soutenir un narcissisme précairement constitué : c'est le groupe des "copains" dont la solidarité soutient le sujet, groupe du Kaffeebaum, essentiellement masculin (excepté Clara), des Davidsbundler; c'est la nécessité de procréer des enfants, objets narcissiques jusqu'à y sacrifier Clara et son art propre ("une bénédiction du ciel, on n'en n'a jamais trop"), rempart narcissique aussi massif que fragile : il arrivait à Schumann, rencontrant les siens, de leur sourire comme à des enfants étrangers, et, une fois à l'asile il ne s'enquerra guère d'eux ; mais surtout c'est la défense par le sur-investissement du travail créateur, avec cette production acharnée : "créer tant qu'il fait jour". Ce qui implique que si ce travail créateur a permis la survie, au moment où sa possibilité s'éteindra, il n'y aura plus qu'à rendre les armes et à mourir, ce qu'il fera en 1854.

Ce qui caractérise la musique de Schumann, peut être, et qui en fait le charme fascinant, c'est qu'à tout moment elle peut surprendre, est inattendue, donne l'impression qu'on monte avec lui "en marche", ou qu'on est surpris comme par un "déjà ouï" paradoxal. Peu de composition classique : annonce, développement, conclusion. Schumann, plus qu'il ne "varie", répète, à l'image de son temps à lui, et de la douleur. Souvent il ne conclut pas, ou sa conclusion surprend par sa forme ou sa survenue, dérobade, cache-cache voire pirouette de masques, codas énigmatiques, incertitude sur la fin ou le commencement. Il excelle dans les "Stücke" (morceaux, fragments) plus que dans les grandes architectures, unit les pièces en "patchworks" disparates (les "disparates" de Goya ?). Il y a apparition, fantomatique, puis disparition, tels ces accords qui s'évanouissent, note après note, que remarque M. Schneider (variations Abegg, Papillons, etc…).

Le rythme impose sa loi à la ligne mélodique, qui peut en être bousculée, comme mettant à nu la "pulsation brute des affects"(Beaufils), alternant brusquement tension et détente, usant à l'extrême de la syncope, laquelle surprend parfois par sa place (initiale, éventuellement), de même que les accents, accélérant progressivement ou brutalement le tempo, laissant des trous rythmiques ou des cadences suspendues.

Ce sont des "crépitements d'accords", des chromatismes induisant l'incertitude, esquivant la modulation, des altérations imprévisibles, des dissonances laissées en suspens, non résolues, ou ayant une issue étrange.

Schumann donne des indications qui dépassent les classiques et lapidaires "allegro", "andante" etc... et sont de véritables indications verbales d'interprétation.

Tout ceci se retrouve dans les oeuvres majeures (Davidsbundlertänze, Humoresque, Carnavals, Scènes de la forêt, Nachtstücke, Fantaisie, Fantasiestücke, Novelettes), et correspond bien à ce que nous pouvons savoir de Schumann.

Mais peut-on, aussi, saisir dans sa musique les indices de sa dégradation ? Une certaine "désaffectivation" qui apparaît au détriment de "l'élixir infernal" cher à Jankélévitch, un appauvrissement du contenu et du style, parfois caricature de Schumann par lui-même, avec abus d'auto-citations, de procédés plus ou moins stéréotypés, "retours du même", comme redites d'une musique intérieure obsessive? Et peut-on situer, chronologiquement, une cassure ? Raisonnablement, non. Certains la situeront à la composition de "La Péri" ? On peut soutenir que le génie Schumannien persistera malgré un certain aplatissement jusqu'au passage des splendides "Chants de l'aube" aux pauvres variations "Geisterthéma", et que la coupure est présente, précocement, au sein même de chaque œuvre. Ce qui est certain, c'est que Schumann, à plusieurs reprises, tente d'endiguer, de "cadrer" le flot trop violent, explosif, de musique et "la pulsation brute des affects" qui le sous-tendent, en se réfugiant dans une rigueur, une élaboration complexe, étonnante chez lui malgré sa vénération fidèle à Bach et sa science de la fugue, du contrepoint. Ceci au point d'étouffer le Schumann que nous aimons dans des oeuvres par trop formelles. Ce qui n'a pour intérêt que de nous rappeler ce qu'étaient ses conflits internes si violents.

Schumann aura lutté contre sa désagrégation psychique en créant. En élaborant (sublimant ?), comme en un traitement canalisant son surplus d'énergie, dont une part notable était destructrice ("la musique se fait de ce qui défait le musicien", écrit Rémy Stricker), et se "débarrassant", pour notre plaisir et notre joie, de contenus psychiques et conflits insolubles pour lui, par toute autre voie, d'affects insupportables qui sont ainsi expulsés, pulvérisés, à l'instar de ce que décrit chez certains patients Joyce Mac Dougall. Véritable miracle alchimique, puisque d'un "au delà du principe de plaisir", de l'univers intime et inexorable de la répétition et de la pulsion de mort, naissent des merveilles. Il s'y est épuisé, usé, et quand il a senti se déliter ses capacités créatrices, il n'a plus eu qu'à se retirer du monde et à mourir.

Post-scriptum

Deux ans après la parution de ce qui constitue ce chapitre sous la forme d'un article pour la revue de l'Association des Médecins Musiciens et Mélomanes (Mai 1998), parut le très beau et très important livre, chez Fayard, de Madame B. François-Sappey professeur au C.N.M.P.

La profonde connaissance qu'a Madame François-Sappey du grand musicien et de son oeuvre apportait sur tous les plans des données telles que je dus remanier le manuscrit du livre que, modestement, je préparais de mon coté sur Schumann. Inévitablement le livre de Madame F.S. comportait quelque dix pages consacrées à "la maladie" de Schumann. Si certains éléments en sont à prendre en considération, il me paraît nécessaire de dire mon désaccord sur pas mal de points, et, à vrai dire, sur l'appréciation d'ensemble qui se dégage de ces quelques pages. J'espère que Madame F.S. ne m'en voudra pas trop de "ramener" ici mon point de vue "d'homme de l'art", c'est à dire de médecin, psychiatre et psychanalyste, avec les réserves liminaires, bien entendu, que je faisais sur l'entreprise "psychobiographique" concernant un homme que l'on n'a jamais rencontré, ni évidemment connu dans une relation clinico-thérapeutique, et a fortiori psychanalytique.

Madame François-Sappey a le mérite de nous révéler les aventures sexuelles de jeunesse (d'une jeunesse déjà avancée : 21 ans) de Schumann avec une certaine Christel, qui apparaît de “petite vertu”, et qui a eu les honneurs d’un pseudonyme, comme tous les personnages de la galerie du “Davidsbund”, cette association imaginaire des “compagnons de David” dans laquelle Schumann englobait des personnes ayant réellement vécu dans son entourage, des musiciens célèbres mais disparus, et d’autres auxquels Schumann n’a pas demandé leur avis pour les enrôler dans son groupe de combat !

Madame François-Sappey, tout en optant pour le caractère “plurifactoriel” de l’affection qui a frappé Schumann - et on ne peut que la suivre sur ce point - penche quand même pour la thèse soutenue par notre confrère Ph. André, qui est celle d’une paralysie générale, phase tertiaire d’une syphilis que Christel lui aurait donné en cadeau.

Cette thèse me semble éminemment critiquable. En effet, si la symptomatologie immédiate d’une maladie sexuellement transmissible, faite, essentiellement de douleurs locales évoque plus une blennorragie gonococcique qu’un chancre primaire d’inoculation syphilitique, l’association des deux affections pourrait n’être pas impossible. Mais il faut admettre que ce qui ressort du journal intime de Schumann n’est guère probant en faveur d’une syphilis. Le grand anxieux hypochondriaque qu’était Schumann, en “aurait fait plus” dans son journal, même dans le langage pudique et “codé” dont il était coutumier, si le diagnostic de syphilis avait été avancé (un mélancolique se voit trop facilement atteint des maladies les plus graves et les plus “honteuses”). Cette affection était déjà bien connue des médecins et redoutée dans le grand public comme une des pires maladies, à laquelle on attribuait tous les maux médicaux de la terre. De plus, il faudrait aussi admettre que la syphilis secondaire, avec ses manifestations cutanées assez spectaculaires, serait passée inaperçue, chose assez improbable. Et Clara eût été, fort probablement, contaminée par son époux; or rien n’est signalé, au cours de la longue vie de Clara, comme survenue d’une maladie grave.

Le traitement au mercure ou à l’arsenic, qui était alors le traitement de la syphilis, est, dans l’histoire de Schumann, une pure hypothèse, qui ne repose, je crois, sur aucun fait anamnestique éprouvé, transmis par un document. Que le Dr André suppose que la paralysie du médius droit ait été facilitée par un traitement au mercure peut être une idée élégante, mais ce n’est qu’une hypothèse reposant seulement sur une autre hypothèse.

Enfin, si en 1856, Bayle n’avait pas encore “bouclé” définitivement l’entité clinico-bactério-anatomique de la première psychose organique dite “P.G.”, on en connaissait déjà l’anatomie pathologique, surtout en Allemagne, mère de la neuropathologie. Or le compte rendu d’autopsie dont le Dr Reichaz, clinicien et thérapeute, mais pas, que je sache, anatomopathologiste, a certainement confié la tâche à un spécialiste averti, brille par des banalités, non “spécifiques”, le mot convient bien.

Je veux bien croire qu’au milieu du XIXème siècle, l’aura moraliste qui entourait la syphilis, maladie honteuse, aurait pu contribuer à l’escamotage d’éléments pouvant la révéler. Clara, ses filles, leurs amis auraient été fort capables d’y contribuer, comme cela s’est produit pour l’alcoolo-tabagisme de Schumann, nonobstant des faits cliniques assez évidents. Mais des médecins... Et les notes du Dr Reicharz, certes amputées de quelques feuillets, ne recèlent rien de catégorique ou d’explicite, même quant à la clinique pré-terminale, l’expression “forme partielle (?) de paralysie générale” dont on a tiré argument prête plutôt à sourire, comme d’un calembour hasardeux.

Par contre, l’alcoolo-tabagisme, d’une part, la maniaco dépressive d’autre part, n’ont pas, dans les diagnostics retenus par Madame F. S. la place qui, là, légitimement, leur revenait. Et, plus que d’ une affection plurifactorielle (on parle, de nos jours, de “co-morbidité” en une conception, en fait, rigide et compartimentée jusqu’à l’absurde de la psychopathologie), plus que d’une rencontre, une intercurrence, comme de hasard, de deux affections différentes, il s’agit d’un état qui montre la parenté, les racines psychopathologiques communes des manifestations addictives ou de la "névrose narcissique" que constitue la maniaco dépressive, donc d'une pathologie du narcissisme. Les éléments dépressifs et hypomaniaques sont présents, évidents à l'anamnèse, ainsi que le fonctionnement obsessionnel, de règle entre les crises, que révèle bien le journal intime. Et les faits d'addiction au tabac et à l'alcool sont nombreux et patents. Wieck, qui a essayé de les utiliser contre Schumann pour s'opposer au mariage avec sa fille, ne se trompait sans doute pas, quoiqu'on en ait dit, protesté, crié à la calomnie. Mais, comme je l'ai signalé, les quatre piliers du discours manifeste le plus typique des alcooliques, ces quatre "prothèses narcissiques" qu'ils se donnent, sont aussi présents, visibles, prégnants dans tout ce que nous pouvons savoir de Schumann : le travail, travail de création, sur-investi, et qui lui a permis, assuré une survie d'une certaine durée; les "copains" qui, comme pour Schubert, (autre alcoolique probable, qui composait dans les cafés), tenaient une place essentielle dans l'économie de la vie quotidienne de Schumann, des commensaux de l'adolescence et post-adolescence aux compagnons imaginaires du "Davidsbund", ou très réels du "Kaffeebaum"; les gosses, et l'on sait la prolificité et le sur-investissement de la procréation, des enfants, que Schumann proclame ("jamais assez"), et qui maintient Clara asservie au rôle de mère; le culte de la mère idéalisée, femme-mère-madone, enfin.

Certes des faits ne sont pas expliqués par le diagnostic d'affection narcissique oscillant entre manifestations maniaco-dépressives et addictives, affection compensée le temps d'une courte vie par le travail créatif : ce sont les hallucinations, celles qui ne sont pas seulement des acouphènes, ni celles d'un onirisme pré-terminal; je veux parler des hallucinations musicales, "musique des anges" qui est dictée à Schumann. Serait-ce, là encore, ce délire hallucinatoire d'occupation à la tâche professionnelle que décrit Tausk, à ceci près qu'ici, Schumann - par projection - s'en voit l'auditeur plus que l'auteur ?

Deuxième post-scriptum

Au moment de remettre le manuscrit à l'éditeur, je trouve chez une libraire spécialisée le très intéressant et très bien fait volume de Madame Vetroff - Muller : "Robert Schumann : l'homme, Etude psychanalytique", L'Harmattan, éditeur. Je ne fais ici que signaler ce remarquable travail, car il a une autre caractéristique : les problèmes d'addiction alcoolo-tabagique de Schumann n'y semblent pas abordés non plus, ce qui confirme une fois de plus combien ce versant possible de la psyché est voué à un assez évident processus de méconnaissance, pour ne pas parler de déni !

Un premier éclairage de l'homme

Une introduction à l'œuvre

Nous voici parvenus au terme de ce premier volume consacré à Schumann.

On pourra s'étonner que ne règne pas une cohérence parfaite entre ses différents chapitres. J'assumerai, pour ma part, la responsabilité totale quant à cet état de choses. Car rien ne me paraîtrait plus détestable que d'offrir un ensemble bien "bouclé", et fermé, alors, à tout développement et approfondissement ultérieur.

Si les approches historique, biographique, familiale-conjugale, et clinique-psychopathologique me paraissent, les unes comme les autres, indispensables et non substituables l'une à l'autre; rien ne me paraîtrait plus fallacieux qu'une vision unilinéaire de l'homme et du musicien Schumann, qu'elle soit historique avec Marcel Brion, ou psychopathologique, avec Rémy Stricker. Il ne s'agit pas, en cela, de rechercher une position éclectique, mais d'obéir à la nécessité épistémologique d'appuyer les unes sur les autres les données apportées par diverses disciplines et divers angles d'approche, et d'essayer de trouver les rapports d'intrication de l'histoire, du rôle de tel individu dans son processus. Il ne saurait y avoir de psychopathologie qui ne serait pas appuyée sur des faits cliniques, pas plus que d'individu complètement coupé de son époque et de son milieu.

Mais, à un moment donné, cette convergence et cette intrication ont forcément leurs limites, à moins qu'on opère un montage artificiel qui, comme on l'a dit plus haut, aurait le tort d'être factice et de constituer un ensemble clos, fermé à tout développement ultérieur. Ce livre est le fruit d'une confrontation datée : c'est l'état où je suis parvenu aujourd'hui dans ma recherche sur Schumann et son oeuvre.

L'essentiel me parait être de servir une "cause" : faire aimer Schumann et sa musique, Schumann avec son génie, sa sensibilité, ses failles et ses défauts parfois insupportables. C'est cela, je crois, l'amour. Et si j'aime passionnément l'homme et son oeuvre, j'espère que ce ne serait pas abuser de lui que de dire, après la grande pianiste Schumanienne qu'est Madame Martha Argerich : "je crois que Schumann m'aime bien". Comme elle, mais à ma manière et en toute proportion, j'aimerais avoir réussi à le bien servir, avec amour.

Ce livre, enfin, n'est qu'une introduction à ce qui reste essentiel : la connaissance, la compréhension et l'amour d'une oeuvre qui a fait de Schumann, non seulement l'artiste romantique par excellence, mais un des plus grands musiciens de l'histoire de la musique. Pouvoir chanter les "Dichterliebe" (les amours du poète) est un grand bonheur, que je connais. Je pense que jouer des "Davidsbundlertänze", les "Phantaisiestücke", la Fantasie ou les "Scènes de la forêt" en est, certainement un autre, aussi intense.

BIBLIOGRAPHIE

En ce qui concerne l'Allemagne au XIXème siècle :

- Rovan J. Histoire de l'Allemagne des origines à nos jours, Paris, Seuil, 1994
- Poidevin R. et Schirmann S. Histoire d e l'Allemagne, Paris, Hatier, 1995
- Bouchenot-Déchin P. Le roman de la Saxe, Paris, Rocher 2006
- Lukacs G. Brève Histoire de la littérature allemande, Paris, Nagel, 1949
- Heine H. De l'Allemagne, Paris, Les Presses d'Aujourd'hui, 1979
- Vermeil E. Henri Heine, ses vues sur l'Allemagne et les révolutions européennes, Paris, Éditions Sociales Internationales, 1939
- Brion M. Schumann et l'âme romantique, Paris, Albin Michel, 1954
- Engels F. La révolution démocratique bourgeoise en Allemagne, Paris, Éditions Sociales, 1952

En ce qui concerne la biographie de Schumann :

- Brion M. op. cit.
- Basch V. Schumann. Paris, Félix Alcan, 1926
- Mallet-Joris F.L'image parfaite de l'artiste romantique, in Robert Schumann, Paris, Génies et Réalités, Hachette, 1970
- Schumann E. Robert Schumann, Paris, Gallimard, 1937
- Collin A. La vie de Robert Schumann, Paris, Gallimard, 1931
- Schumann R. et C. Lettres d'amour, Paris, Buchet Chastel, 1976
- Schumann R. et C. Journal intime, Paris, Buchet Chastel, 1976
- Fischer-Dieskau D. R. Schumann le verbe et la musique, Paris, Seuil, 1984

En ce qui concerne le couple Clara / Robert Schumann :

- Schumann R. et C. op. cit.
- François-Sappey B. Clara Schumann, Éditions du Papillon, 2001
- Samuel C. Clara S. Les secrets d'une passion, Paris, Flammarion, 2006
- Pitrou R. Clara Schumann, Paris, Albin Michel, I961
- Gyomai I. Les amours de Schumann, Paris, Les Éditions de France, 1938

En ce qui concerne l'étude psychopathologique :

- Pitrou R. La vie intérieure de Robert Schumann, Paris, Henri Laurens, 1925
- André Ph. Schumann, les chants de l'ombre, Paris, J.C. Lattès, 1982
- Stricker R. Robert Schumann le musicien et la folie, Paris, Gallimard, 1984
- Schneider M. La tombée du jour. Schumann, Paris, Seuil, 1989
- David C. L'homme au double, Robert Schumann, Paris, in Génies er Réalités Hachette, 1970
- Vetroff-Muller, C. Robert Schumann ; l'homme, étude psychanalytique, Paris, L'Harmattan, 2004
- Fischer-Dieskau D. op. cit.

INDICATIONS DISCOGRAPHIQUES

Il s'avère de plus en plus difficile d'offrir, dans un ouvrage qu'on espère voir rester disponible plusieurs années, une discographie qui ne soit pas seulement une anthologie historique d'enregistrements, certes éminents, mais devenus introuvables chez les disquaires, si cette profession existe encore autrement qu'à titre d'espèce quelque peu préservée, voire en disparition.

Les catalogue généraux, et ceux des maisons d'édition dites "majors", en effet, ne permettent guère d'y retrouver et d'y choisir des gravures qui eurent l'honneur de recevoir, vu leur qualité exceptionnelle, prix, diapasons d'or, ffff ou étoiles du type Michelin. Une politique économique, commerciale, à court terme, l'emporte maintenant sur une véritable politique culturelle, artistique. Ainsi ont disparu des catalogues des intégrales telles que celles de Karl Engel, ou de Reine Gianoli. Ces intégrales n'avaient certes pas une homogénéité absolue dans l'excellence, mais avaient le mérite de mettre à portée d'oreille de l'amateur éclairé voire du passionné, des pièces considérées comme mineures, à tort ou à raison, en tout cas rarement éditées à titre isolé.

On conseillera donc au lecteur qui ne se considérerait pas comme indigne de "chiner" chez certains disquaires-antiquaires des disques CD voire vinyles, parfois en bon état, permettant d'entendre encore aujourd'hui les meilleurs enregistrements de toute la discographie schumanienne.

En ce qui concerne les oeuvres pianistiques

Ainsi pourront-ils avoir le privilège de connaître les interprétations, majeures à mon avis, de Sviatoslav Richter, cet immense artiste dont, de surcroît la psychologie profonde personnelle le mettait d'emblée en résonance avec celle de Schumann. De même tout CD ou vinyle d'Emil Gilels est à prendre et entendre. De même leurs gravures ordonnées par le grand Maître Pablo Casals avec Jacques Thibaud et Alfred Cortot.

Une anthologie remarquable, assez complète regravée en CD est celle d'Yves Nat comprenant "Papillons" op. 2, Toccata op. 7, Fantasie op. 12, Scènes d'enfants op. 15, Kreiseriana op. 16, Romances op. 28, Chants de l'aube op. 133 (insurpassable !) (EMI Class. 762) 1412. J'avoue la préférer, même, à celle d'Alfred Cortot. Du même niveau, les CD de Jean Martin, chez Arion (ARN 268218, 68226, 68294), en quatre coffrets consacrés en partie à des pièces peu enregistrées, considérées à tort comme mineures.

Un certain nombre de gravures encore couramment disponibles ne sauraient être absentes de la discothèque de l'amateur éclairé :

- celles de Martha Argerich (DGG ou EMI), pour les Fantasiestücke op. 12, les Scènes d'enfants op. 15 les Kreiseriana op. 16, la 2ème sonate en sol op. 22, et, avec Robinovitch pour la version à 2 pianos de l'andante et variations op. 46
- celles de Radu Lupu (DECCA, pour les Scènes d'enfants op. 15, les Kreisleriana op. 16, l'Humoresque op. 20
- celles d'Arthuro Benedetti Michelangeli, (DGG), pour les deux Carnavals op. 9 et 26
- celles de Maurizio Pollini, pour les Davidsbundlertänze op. 6, l'Allegro op. 8, les sonates N° 1 en fa# op. 11, N° 3 en fa op. 14 ("la grande"), les "Chants de l'aube" op. 133

On peut encore trouver des interprétations de Richter chez EMI ou DGG, mais surtout dans des collections d'éditions moins couramment présentes dans les étagères; BBC legends BBCL 902 et 41262; Dorémi DHR 7786; Multisonic 310 193; Olympia OLP 338, Supraphon 111421; ceci pour les "Variations Abegg" op. 1, les "Papillons" op. 2, la toccata op. 7, le "Carnaval" opo. 9 quelques "Fantasiestücke" op. 12, les Études Symphoniques op. 13, le Carnaval de Vienne op. 26, quelques Novelettes op. 22, quelques unes des "Marches Républicaines" op. 76, les Scènes de la Forêt op. 82, les "Bunte Blätter" op. 99.

De même, sont encore au catalogue des interprétations de Gilels (Philips PHI 456 76 92 ou BBC Legends BBCL 401152 pour la Toccata op. 7, les Fantasiestücke op. 12, les Études Symphoniques op. 13, l'Arabesque op. 18.

Les oeuvres pour piano à quatre mains (op. 66, 85, 109, 130), gravées sur vinyle par M. Dalberto chez Arion n'ont malheureusement pas été rééditées en CD. Les oeuvres pour orgue et piano à pédalier (op. 56, 58, 60), P Lefebvre (Solstice FCD 023) l'ont été.

Pour la musique de chambre , une excellente intégrale est encore disponible chez Érato, avec le quatuor Via Nova, Jean Hubeau, Daria Hovora, Frédéric Lodéon, Gérard Caussé, Pierre del Vescovo, Walter Boeykens, Pierre Pierlot. De même une anthologie chez EMI Classics réunit Mikail Rudy, Michel Portal, Gérard Caussé et Boris Pergamentschikow, pour les Fantasiestücke pour Clarinette et piano op. 73, les trois romances pour clarinette et piano op. 94, les cinq pièces pour violoncelle et piano op. 102, les "Märchenbilder" pour alto et piano, les "Märchenerzählungen" pour clarinette, alto et piano op. 132.

Mais on ne saurait trop recommander encore :

Pour les trois quatuors à cordes, le quatuor Ysaye AEON 418

Pour le quatuor avec piano et les trois trios, le Beaux Arts Trio Philips PHI 4563232

Pour le chef d'oeuvre qu'est le quintette, autant d'interprétations aussi éblouissantes les unes que les autres :

- Martha Argerich EMI classics 557 3082
- Sviatloslav Richter quatuor Boredine DOREMI DHR 7796
- Arthur Schnabel quatuor Pro Arte AND 29 702
- Rudoilf Serkin, quatuor de Budapest SONY classical 0128722

Pour les deux sonates violon et piano et la Romance, le disque Christian Ferras-Pierre Barbizet domine toujours DGG 457 0272

De même celui de Dennis Brain - Gerald Moore pour l'adagio et allegro pour cor et piano Testament SBT 1022

Et le Fantasiestück pour violoncelle et piano, Natalia Gutmann-Martha Argerich EMI classics 5555 932

Enfin les cinq pièces dans le ton populaire pour violoncelle et piano, Casal-Mannes SONY SMR 589 33

Pour la musique concertante :

Le concerto pour piano est admirablement servi par Richter (avec l'introduction et allegro appassionato op. 92), Nat, Gilels, Lipatti, Michelangeli ou Clara Haskill

Le concerto pour violoncelle par Casals

Le concerto pour violon par Gidon Kremer EMI Classics 569 334

Le Konzertstück pour quatre cors et orchestre Gardiner orchestre révolutionnaire et romantique ARCHIV 474 54 12

La fantaisie pour violon et orchestre op. 131 par Leonid Kogan, Brillant Classic BRIL 900030

Pour les symphonies et ouvertures :

Furtwengler pour les 1ère, 2ème et 4ème symphonies DGG A77 0062 et 457 7222.

Celibidache pour la 3ème EMI Classics 5565172

L'orchestre de la radio polonaise pour l'ensemble des ouvertures (Fiancée de Messine, Hermann et Dorothée, Jules César, Manfred) NAXOS NX 550608

Pour les Lieder :

L'essentiel est assuré par

- d'une part le coffret de la quasi intégrale splendide de Dietrich Fischer-Dieskau - Christoph Eischenbach, chez DGG
- d'autre part les quelques enregistrements de Kathlin Ferrier chez DECCA, dont l'indispensable et sublime "L'amour et la vie d'une femme".

On peut y ajouter

- les enregistrements remarquables de Janet Baker BBC legends 40 492
- de Fritz Wunderlich 'les "Amours du poète") DGG 449 7472

La relève des anciens se présente bien avec :

- Thomas Hampson (les KernerLieder op. 35; Frühe Lieder) Warner classics 2292549352
- Mathias Goerne (les Amours du poète op. 48, Liederkreis op. 24) DECCA 4582652.

Pour les mélodrames ("Deklamation") :

Une seule édition des trois ballades par D. Fischer-Dieskau, Kehring, piano, D.G.G. 4775320

Pour les ensembles vocaux et les oeuvres chorales :

Quelques bons enregistrements :

- Choeurs profanes parles choeurs de Karlsruhe Brillant Classic 92 148 et 99 948
- Romances et ballades pour choeurs (op. 64, 67, 69, 91, 96, 145, 146 Hänssler classic 993 002
- Duos Peter Schreier, Hans Siffert ORF C 224031
- Chants tziganes pour quatuor op. 31, 103, 112 Musicaphon 85 13 31

Pour la musique religieuse :

- Requiem : l'édition Hungaroton HCD 11 609
- Messe : celle de l'Orchestre de la Radui de Cologne Capriccio 67 001

Enfin, pour l'opéra, les oratorios profanes, et musiques théâtrales :

- Genoveva, opéra, avec Eda Moser, Fischer Dieskau, Peter Schreier, direction Kurt Masur Berlin Classic BC 20 562

- Le pèlerinage de la rose direction Kühn Chandos 93 50
- Le Paradis et la Péri op. 50
- Le requiem pour Mignon op. 98 a
- Nachtlied op. 108 avec B. Bonney et Prégardien, direction Gardiner ARCHIV 457 6602
- Manfred, déclamation op. 115, direction Leinsdorf Golden melodram GH 40054
- Scènes de Faust, très belle version avec Br. terfel, E. Mathis, B. Bonney, direction Abbado SONY S2K 66308 (Mais la non réédition de la splendide version B.Britten avec D. Fischer Dieskau, E. Harwood, J. Shirley-Quik, F. Palmer, M. Dickinson, P. Stevens, R Lloyd, l'Englisch Chamber Orchestra gravée par DECCA, est difficilement compréhensible.)

Espérons qu'en 2010, année du bicentenaire de la naissance de Schumann, cette faute sera réparée et que seront éditées ou rééditées les nombreuses et belles oeuvres chorales, oratorios et ballades que Schumann a pu composer avec bonheur mais pour lesquelles il semble avoir été assez mal servi. De même, certaines gravures d'interprétations exceptionnelles de S. Richter ou E. Gilels mériteraient grandement leur réédition.

Principales villes d'Allemagne où vécut Schumann, ou qu'il visita :

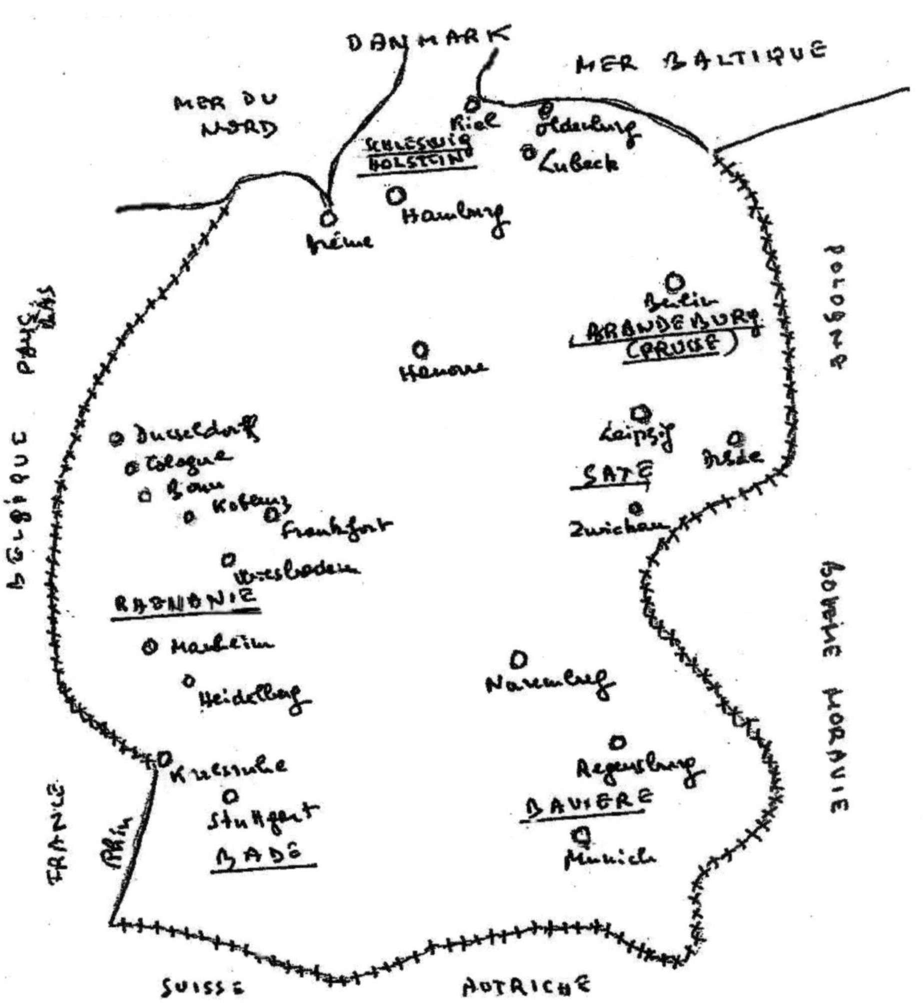

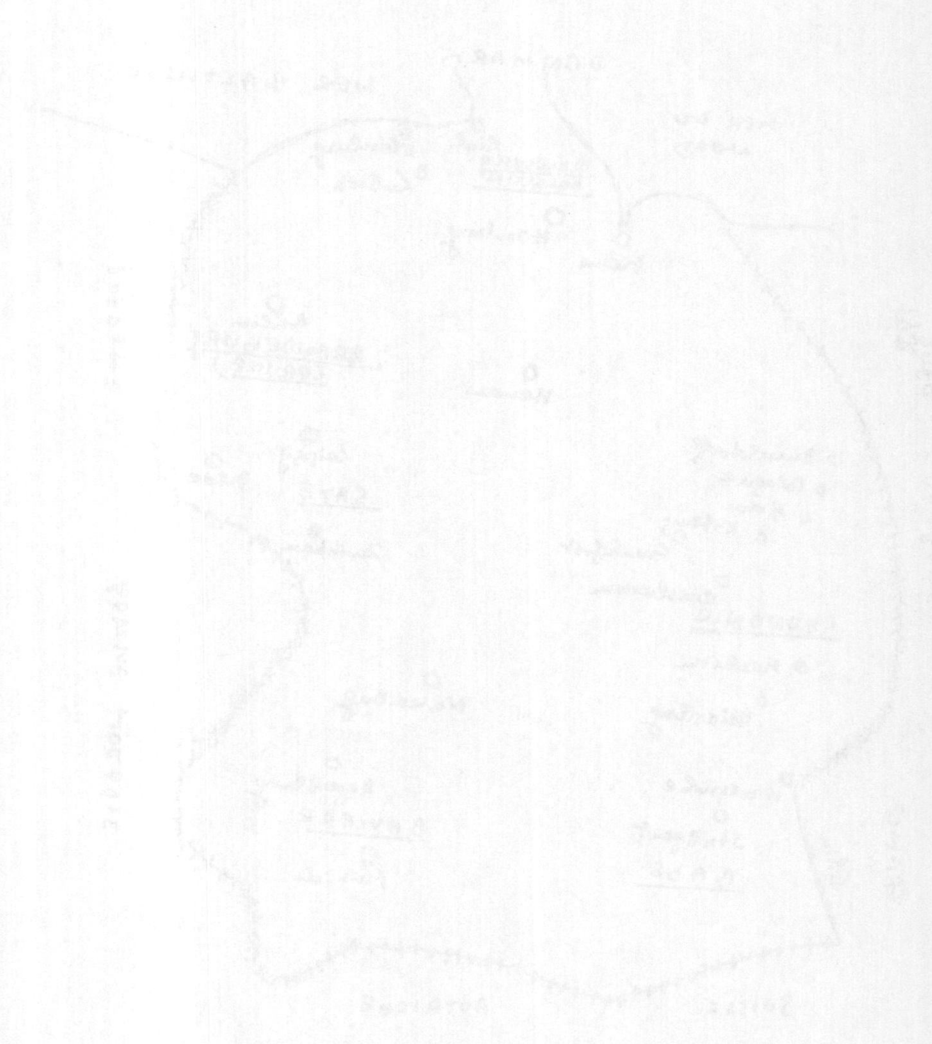

Table des Matières

L'HARMATTAN, ITALIA
Via Degli Artisti 15 ; 10124 Torino

L'HARMATTAN HONGRIE
Könyvesbolt ; Kossuth L. u. 14-16
1053 Budapest

L'HARMATTAN BURKINA FASO
Rue 15.167 Route du Pô Patte d'oie
12 BP 226 Ouagadougou 12
(00226) 76 59 79 86

ESPACE L'HARMATTAN KINSHASA
Faculté des Sciences Sociales,
Politiques et Administratives
BP243, KIN XI ; Université de Kinshasa

L'HARMATTAN GUINEE
Almamya Rue KA 028 en face du restaurant le cèdre
OKB agency BP 3470 Conakry
(00224) 60 20 85 08
harmattanguinee@yahoo.fr

L'HARMATTAN COTE D'IVOIRE
M. Etien N'dah Ahmon
Résidence Karl / cité des arts
Abidjan-Cocody 03 BP 1588 Abidjan 03
(00225) 05 77 87 31

L'HARMATTAN MAURITANIE
Espace El Kettab du livre francophone
N° 472 avenue Palais des Congrès
BP 316 Nouakchott
(00222) 63 25 980

L'HARMATTAN CAMEROUN
Immeuble Olympia face à la Camair
BP 11486 Yaoundé
(00237) 99 76 61 66
harmattancam@yahoo.fr

L'HARMATTAN SENEGAL
« Villa Rose », rue de Diourbel X G, Point E
BP 45034 Dakar FANN
(00221) 33 825 98 58 / 77 242 25 08
senharmattan@gmail.com

624823 - Octobre 2015
Achevé d'imprimer par

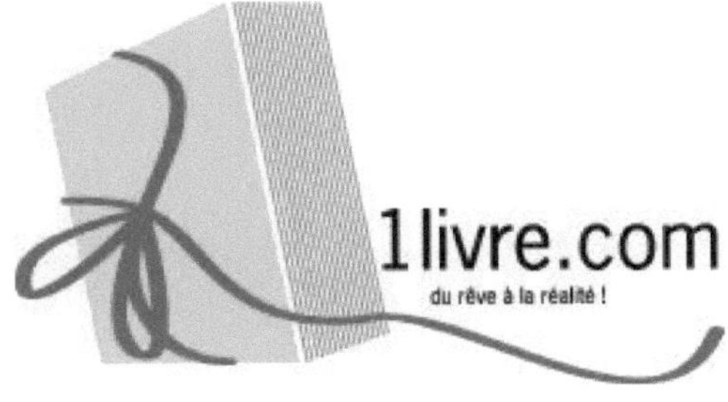